▶▶▶ 张勇斌 编

汽车电气控制与检修

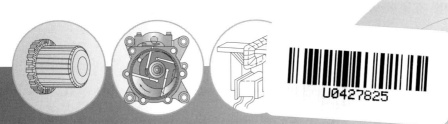

化学工业出版社

·北京·

本书主要介绍了轿车上应用的各个电气系统的结构、原理和检修等内容，包括汽车电气基础、蓄电池、交流发电机和调节器、启动系统、汽车照明信号报警装置、汽车空调系统、汽车仪表、安全气囊、辅助电器和汽车电路图及线路等。

本书适合本科或高职高专院校汽车类专业师生使用，也可供应用型人才以及企业生产一线的相关工程人员参考。

图书在版编目（CIP）数据

汽车电气控制与检修/张勇斌编.—北京：化学工业出版社，2019.2
ISBN 978-7-122-33363-6

Ⅰ.①汽… Ⅱ.①张… Ⅲ.①汽车-电气设备-车辆修理 Ⅳ.①U463.6②U472.41

中国版本图书馆CIP数据核字（2018）第279982号

责任编辑：黄　滢　　　　　　　　　　文字编辑：冯国庆
责任校对：宋　玮　　　　　　　　　　装帧设计：刘丽华

出版发行：化学工业出版社（北京市东城区青年湖南街13号　邮政编码100011）
印　　刷：三河市延风印装有限公司
装　　订：三河市宇新装订厂
787mm×1092mm　1/16　印张20¼　字数559千字　2019年4月北京第1版第1次印刷

购书咨询：010-64518888　　　　　　　售后服务：010-64518899
网　　址：http://www.cip.com.cn
凡购买本书，如有缺损质量问题，本社销售中心负责调换。

定　　价：89.00元　　　　　　　　　　　　　　　　　　　版权所有　违者必究

前言

PREFACE

产业是强国之本,教育是民族之魂。

改革开放四十年来,我国制造业发展迅速,迄今为止有 220 多个制造行业处于世界领先地位,我国已经成为世界第二大经济体和名副其实的制造大国。但是我国工业总体大而不强的问题仍然突出,在产业结构水平、自主创新能力和质量品牌建设等方面与发达国家差距明显。一方面科技创新不足,产品缺乏核心竞争力;另一方面工艺相对落后,产品质量仍有待提高。因此,现阶段我国急需一大批技艺精湛、勇于攻坚、脚踏实地和精益求精的工匠人才。

随着经济的发展和人民生活水平的提高,汽车作为一种交通工具已经进入寻常百姓家。汽车保有量的大幅度增长导致汽车维修行业急需大批的高级维修技能人才。此外,汽车技术不断进步和新技术的不断出现,对汽车维修行业和从业人员水平提出了更高的要求。汽车电气是汽车维修从业人员必须掌握的一门基础课程,据统计,汽车故障中大约有 80% 以上为电气故障,汽车电气维修知识对汽车维修人员的重要程度可见一斑。为了培养出技艺精湛的汽车维修工匠人才,需要先进且实用的理论知识来武装,基于此目的编写了此书。

本书主要介绍了轿车上应用的各个电气系统的结构、原理和检修的内容。与社会上的相似书籍相比,考虑到发动机点火应属于汽车电子控制方面的知识,本书只做简要介绍;考虑到汽车空调系统的难度,本书对空调部分做了详细、具体的介绍;考虑到汽车维修实践性强的特点,增加了拆装和实训的内容。在编写的过程中力求体现三个方面:一是力求简洁易懂,避免冗繁的叙述;二是以常见车型为例,突出新知识、新技术、新工艺和新方法;三是图文并茂,尽可能理论联系实际,使读者容易接受。本书既适合本科或高职院校汽车类专业作为教材使用,也可供应用型人才以及企业生产一线的相关工程人员参考。

本书由郑州铁路技师学院的张勇斌编写;河南农业大学的李冠峰教授和河南工业大学机电工程学院院长刘保国教授审阅,并提出了很多宝贵的意见,在此表示衷心的感谢。

由于笔者水平有限,书中难免有疏漏之处,欢迎广大读者批评指正。

编者

目 录
CONTENTS

第一章　汽车电气基础 1
　　第一节　汽车电气系统的特点及电路构成 1
　　第二节　汽车电气故障的检测 9
　　第三节　配电系统的维修 13

第二章　蓄电池 17
　　第一节　蓄电池的分类和结构 17
　　第二节　铅蓄电池的工作原理 20
　　第三节　蓄电池的容量及其影响因素 22
　　第四节　蓄电池的充电 24
　　第五节　蓄电池常见的故障 27
　　第六节　蓄电池的使用维护与检测 30

第三章　交流发电机和调节器 37
　　第一节　交流发电机的结构 37
　　第二节　交流发电机的工作原理 40
　　第三节　常见的交流发电机 44
　　第四节　交流发电机的故障检测 50
　　第五节　电压调节器 52
　　第六节　充电系统的使用维护和检修 60
　　第七节　交流发电机的拆装和试验 63

第四章　启动系统 67
　　第一节　启动原理与起动机 67
　　第二节　起动机的原理特性与组成结构 68
　　第三节　起动机的检修、试验及维护 76
　　第四节　起动机的拆装 79
　　第五节　启动电路与启动系统故障诊断 81

第五章　汽车照明信号报警装置 85
　　第一节　汽车照明灯 85
　　第二节　汽车信号灯 95
　　第三节　电喇叭 99
　　第四节　汽车报警装置 101
　　第五节　汽车照明信号报警装置的检测 107
　　第八节　照明系统的维修 111

第六章　汽车空调系统 121
　　第一节　概述 121
　　第二节　制冷原理 125
　　第三节　空调的制冷系统 128
　　第四节　汽车暖风与通风装置 147

第五节	汽车空调的控制系统	155
第七章	**安全气囊**	**178**
第一节	安全气囊概述	178
第二节	安全气囊检修实例	185
第三节	安全气囊系统的维护	189
第四节	帕萨特轿车安全气囊系统故障诊断	192
第八章	**汽车仪表**	**195**
第一节	概述	195
第二节	传统仪表	196
第三节	数字仪表	204
第四节	帕萨特 B5 轿车数字仪表的故障自诊断	210
第九章	**辅助电器**	**233**
第一节	电动雨刮	233
第二节	电动座椅	240
第三节	电动车窗	247
第四节	电动后视镜	255
第五节	中央集控门锁	258
第六节	辅助电器的故障诊断与检修	266
第十章	**汽车电路图与线路**	**285**
第一节	汽车电路图概述	285
第二节	汽车电路图的识读	299
第三节	汽车电气线路故障诊断	301
第四节	汽车电路图读图实例	304
第五节	汽车电气常用检测工具的使用	312
参考文献		**317**

第一章

汽车电气基础

第一节　汽车电气系统的特点及电路构成

一、汽车电气系统的特点

汽车电气系统有 5 个特点，分别是单线制、负极搭铁、两个电源、用电设备并联和低压直流供电。

1. 单线制

所谓单线制，就是利用汽车发动机和底盘、车身等金属机件作为各种用电设备的共用连线（俗称搭铁），而用电设备到电源只需另设一根导线。任何一个电路中的电流都是从电源的正极出发，经导线流入到用电设备后，通过金属车架流回电源负极而形成回路。采用单线制不仅可以节省材料（铜导线），使电路简化，而且便于安装和检修，降低故障率。

2. 负极搭铁

所谓搭铁，就是采用单线制时，将蓄电池的一个电极用导线连接到发动机或底盘等金属车体上。若蓄电池的负极连接到金属车体上，称为负极搭铁；反之，若蓄电池的正极连接到金属车体上，称为正极搭铁。我国标准中规定汽车电器必须采用负极搭铁。目前世界各国生产的汽车大多采用负极搭铁的方式。

3. 两个电源

所谓两个电源，是指蓄电池和发电机两个供电电源。蓄电池是辅助电源，在汽车未运转时向有关用电设备供电；发电机是主电源，当发动机运转到一定转速后，发电机转速达到规定的发电转速，开始向有关用电设备供电，同时对蓄电池进行充电。两者互补可以有效地使用电设备在不同的情况下都能正常地工作，同时也延长了蓄电池的供电时间。

4. 用电设备并联

所谓用电设备并联，是指汽车上的各种用电设备都采用并联方式与电源连接，每个用电设备都由各自串联在其支路中的专用开关控制，互不产生干扰。

5. 低压直流供电

汽车电气设备采用低压直流供电，柴油车大多采用 24V 直流供电，汽油车大多采用 12V 直流电压供电。

二、汽车电气设备电路的组成

如图 1-1 所示是广州本田雅阁轿车点烟器系统电路。汽车电气系统主要由电源、用电设备和中间装置三部分组成。

任何电气设备和电控装置要想获得电源供应，中间装置的连接是必不可少的。常见的连接装置有汽车线束、开关装置、保险装置、继电器、连接端子和连接器等，这些中间装置的选用

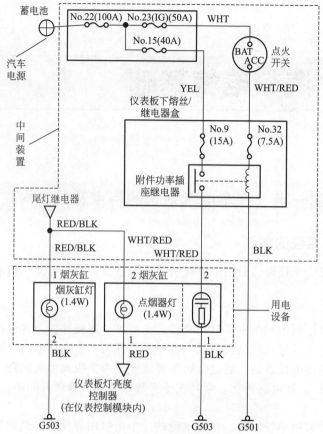

图 1-1　广州本田雅阁轿车点烟器系统电路
1,2—插接头端子

和装配直接影响到用电设备的运行状况。随着科学技术的发展，尤其是信息网络技术的进步，现代汽车绝大多数的电气控制渐渐取消了继电器的控制，采用了控制单元的控制。控制单元既是用电设备，又是对用电设备进行控制的开关，而这种开关具备存储计算功能，能够实现自动的管理。

1. 汽车线束

（1）汽车用电线　汽车用电线按承受电压的高低分为高压导线和低压导线两种。

① 导线截面积的正确选择。根据用电设备的负载电流大小选择导线的截面积。其一般原则为，长时间工作的电气设备可选用实际载流量60%的导线，短时间工作的用电设备可选用实际载流量60%~100%的导线。同时，还应考虑电路中的电压降和导线发热等情况，以免影响用电设备的电气性能和超过导线的允许温度。为保证一定的机械强度，一般低压导线截面积不小于$0.5mm^2$。各种铜芯导线标称截面积的允许载流量见表1-1。

表 1-1　各种铜芯导线标称截面积的允许载流量

铜芯导线截面积/mm^2	0.5	0.75	1.0	1.5	2.5	4	6	10	16	25	35	50
载流量(60%)/A	7.5	9.6	11.4	14.4	19.2	25.2	33	45	63	82.5	102	129
载流量(100%)/A	12.5	16	19	24	32	42	55	75	105	138	170	215

表1-2为汽车12V蓄电池系统主要电路导线截面积选择的推荐值。

表1-2　汽车12V蓄电池系统主要电路导线截面积的推荐值

汽车类型	标称截面积/mm²	用途
轿车、货车、挂车	0.5	后灯、顶灯、指示灯、仪表灯、牌照灯、燃油表、雨刮器电动机
	0.8	转向灯、制动灯、停车灯、分电器
	1.0	前照灯的单线(不接保险器)、电喇叭(3A以下)
	1.5	前照灯的电线束(接保险器)、电喇叭(3A以上)
	1.5～4	其他连接导线
	4～6	电热塞
	4～25	电源线
	16～95	起动机电缆

② 导线的颜色。为了区分汽车的用电设备的线路，以利于当出现故障后在很短的时间内查找出故障，往往汽车的各种线束绝缘外皮用不同的颜色或者两种不同颜色相间配合，线路绝缘皮上的颜色为主色，在主色上分布细条状的颜色为辅色。标称截面积大于1.5mm²的双色线，主辅颜色的搭配见表1-3。

表1-3　标称截面积大于1.5mm²的汽车线束常用颜色搭配

主色	辅色						
	红(R)	黄(Y)	白(W)	黑(B)	棕(N)	绿(G)	蓝(U)
红(R)	—	○	○	○	—	○	○
黄(Y)	○	○	○	○	△	△	△
蓝(U)	○	○	○	○	△	—	
白(W)	○	○	○	○	○	○	△
绿(G)	○	○	○	○	○		○
棕(N)	○	○	○	○		○	○
紫(P)	—	○	○	○	○	○	△
灰(S)	○	○	—	○	○	○	○

注：○表示允许搭配的颜色；△表示不推荐搭配的颜色。

(2) 汽车线束　为使全车线路规整、安装方便及保护导线的绝缘，汽车上的全车线路除高压线、蓄电池电缆和起动机电缆外，一般将同区域的不同规格的导线包扎起来，如图1-2所示。

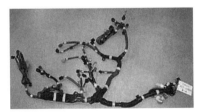 

图1-2　汽车的线束包扎

① 线束的包扎。
a. 电缆半叠包扎法，涂绝缘漆，烘干，以增加电缆的强度和绝缘性能。
b. 新型线束，局部塑料包扎后放入侧切口的塑料波纹管内，使其强度更高，保护性能更好，查找线路故障也更方便。

② 线束的安装。同一种车型的线束在制造厂里按车型设计制造好后，用卡簧或绊钉固定在车上的既定位置，其抽头恰好在各电气设备接线柱附近位置，安装时按线号装在其对应的接线柱上。各种车型的线束各不相同，同一车型线束按发动机、底盘和车身分多个线束。

2. 开关装置

汽车上所有用电设备的接通和停止，都必须经过开关控制。对开关的要求是坚固耐用、安全可靠、操作方便、性能稳定。汽车的开关可以分为点火开关、组合开关和其他开关三种类型。表1-4所示为汽车上常见的开关符号。

表1-4 汽车上常见的开关符号

序号	图形符号	名称	序号	图形符号	名称
1		旋转、旋钮开关	13		拉拔开关
2		液位控制开关	14		推拉多挡开关位置
3	OP	机油滤清器报警开关	15		钥匙开关(全部定位)
4	t°	热敏开关动合触点	16		多挡开关,点火、启动开关,瞬时位置为2能自动返回至1(即2挡不能定位)
5	t°	热敏开关动断触点	17		节流阀开关
6		热敏自动开关动断触点	18	BP	制动压力控制
7		热继电器触点	19		液位控制
			20		凸轮控制
8		旋转多挡开关位置	21		联动开关
			22		手动开关的一般符号
9		钥匙操作	23		定位(非自动复位)开关
10		热执行器操作	24		按钮开关
11	t°	温度控制	25		能定位的按钮开关
12	P	压力控制			

(1) 点火开关 点火开关是汽车电路中最重要的开关，是各条电路分支的控制枢纽，是多挡多接线柱开关。其主要的功能和对应挡位是，锁住转向盘转轴——锁止挡（Lock 挡），接通点火仪表指示——点火挡（ON 或 IG 挡），启动发动机——启动挡（ST 或 START 挡），收放机专用并解锁方向盘——专用挡（Acc 挡），柴油车启动加热——加热挡（HEAT 挡）。其中启动挡、预热挡因为工作电流很大，开关不易接通过久，所以这两挡在操作时必须用手克服弹簧力，扳住钥匙，一松手就弹回点火挡，不能自行定位，其他挡均可自行定位。点火开关的结构及表示方法如图 1-3 所示。

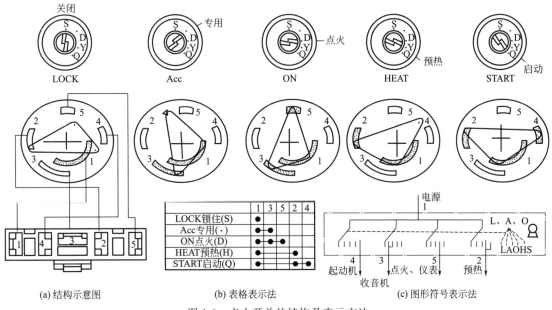

图 1-3 点火开关的结构及表示方法

(2) 组合开关 多功能组合开关将照明（前照灯、变光）开关、信号（转向、危险警告、超车）开关、刮水器/清洗器开关等组合为一体，安装在便于驾驶员操纵的转向柱上。如图 1-4 为日产轿车组合开关的挡位和接线柱关系，图 1-5 为其内部结构图。

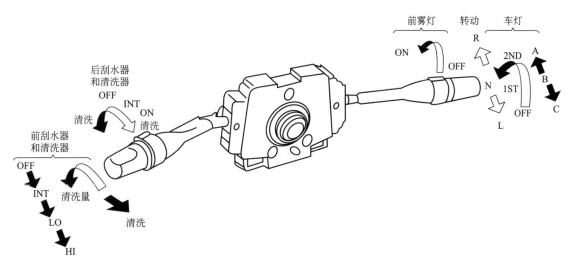

图 1-4 日产轿车组合开关的挡位和接线柱的关系

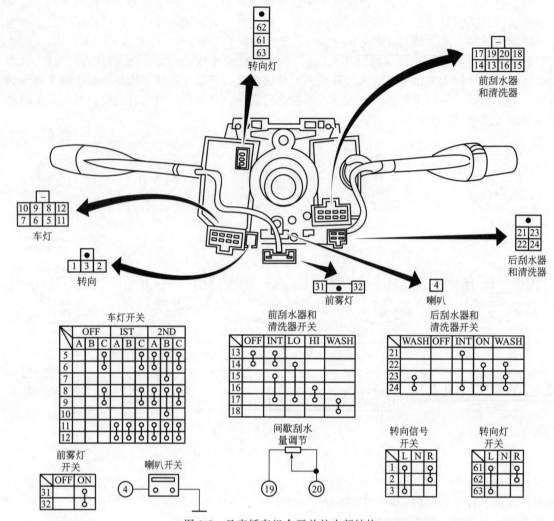

图 1-5 日产轿车组合开关的内部结构

3. 保险装置

当电路中流过超过规定的过大电流时,汽车电路保险装置能够切断电路,从而防止烧坏电路连接导线和用电设备,并把故障限制在最小范围内。汽车上的保险装置主要有熔断器、易熔线和断路器。易熔线和熔断器符号如图1-6所示。

(a) 易熔线符号　　(b) 熔断器符号

图 1-6　易熔线和熔断器符号

(1) 易熔线(图1-7)　易熔线是一种大容量的熔断器,用于保护电源电路和大电流电路。使用易熔线时应该注意以下内容。

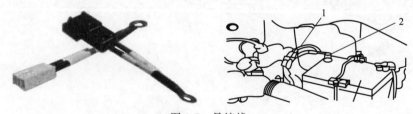

图 1-7　易熔线
1—易熔丝；2—电池接线柱

① 绝对不允许换用比规定容量大的易熔线。
② 易熔线熔断，可能是主要电路发生短路，因此需要仔细检查，彻底排除隐患。
③ 不能和其他导线绞合在一起。
（2）熔断器（图1-8）
① 熔断器选用原则。熔断器装置标称值＝电路的电流值/0.8。例如，某电路设计的最大电流为12A，应选用15A的熔断器。

图1-8 熔断器的结构

② 熔断器熔断后的应急修理。行驶途中的应急修理，可用细导线代替熔断器。一旦到达目的地或有新熔断器时，应及时换上。

注：a.更换熔断器，一定要用与原规定相同的熔断器。汽车上增加用电设备时，不要随意改用容量大的熔断器，最好另外再安装熔断器。

b.熔断器熔断，必须找到真正的故障原因，彻底排除隐患。

c.熔断器支架与熔断器接触不良会产生电压降和发热现象。如发现支架有氧化现象或脏污必须及时清理。

（3）断路器（图1-9） 断路器在电路中用于防止有害的过载（额外的电流）。断路器是机械装置，它利用两种不同金属（双金属）的热效应断开电路。如果额外的电流经过双金属带，双金属带会弯曲，触点开路，阻止电流通过。当断路器冷却后，触点会再次闭合，电路导通。当无电流时，双金属带冷却，

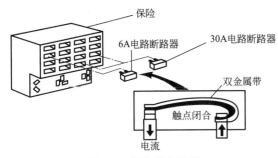

图1-9 断路器的原理

会使电路重新闭合，电路断路器复位。

4. 继电器

继电器可以实现自动接通或切断一对或多对触点，用小电流控制大电流，可以减小控制开关的电流负荷，保护电路中的控制开关。继电器的原理是电磁感应，即通电线圈一旦通电使得铁芯产生磁性，在磁力吸合力下触点闭合或断开，起到自动开关的作用。如进气预热继电器、空调继电器、喇叭继电器、雾灯继电器、中间继电器、风窗刮水器/清洗器继电器、危险报警与转向闪光继电器等。继电器相关说明如图1-10～图1-13所示。

图1-10 继电器实体

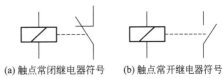

图1-11 继电器的符号

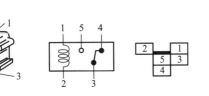

图1-12 继电器的模块
1～5—端子

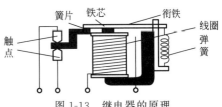

图1-13 继电器的原理

继电器分为常开继电器、常闭继电器和常开、常闭混合型继电器三种类型。继电器的每个插脚都有标号，与中央接线盒正面板的继电器插座的插孔标号相对应。要想在原车上安装额外的电子附件，简单地接入已有的电路中可能会使保险装置或配线过载。采用继电器扩展（图1-14）可有效解决这一问题。

5. 连接器

连接器又叫插接器（图1-15），现代汽车上使用很普遍。为防止在汽车行驶过程中脱开，汽车上的线路连接均采用闭锁装置。

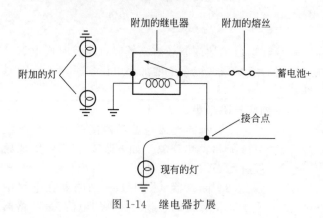

图1-14 继电器扩展　　　　　　　　　　图1-15 插接器

6. 电子控制单元

汽车电子控制单元是指由集成电路组成的用于实现对数据的分析、处理、发送等一系列功能的控制装置，在汽车上广泛应用，并且集成度越来越高。

汽车电子控制单元主要由输入电路、A/D（模/数）转换器、微型计算机和输出电路四部分组成。

（1）输入电路　输入电路的主要功能是对传感器的输入信号进行预处理，使输入信号变成微处理器可以接收的信号。因为输入信号有两类，即模拟信号和数字信号，所以分别由相应的输入电路对其进行处理。

（2）A/D转换器　A/D转换器的功用是将模拟信号转变为数字信号。如空气流量传感器、水温传感器、进气温度传感器、线性输出式常气门位置传感器等向汽车电子控制单元输出的是模拟信号（即连续变化的信号），它们经输入电路处理后，都会变成具有一定幅值的模拟电压信号，但微型计算机不能直接处理它，还须用A/D转换器转换成数字信号。

（3）微型计算机　微型计算机包括CPU、存储器、输入/输出接口（I/O接口）、总线等。信号通过输入接口进入CPU，经过数据处理后，把运算结果送至输出接口，使执行器工作。

（4）输出电路　输出电路是微型计算机与执行器之间建立联系的一个装置。它的功能是将微型计算机发出的指令信号转变成控制信号，以驱动执行器工作。

汽车电子控制单元是电子控制系统的核心部件，主要有如下功能。

① 接收传感器或其他装置的输入信号，并将输入信号处理成电脑能够接收的信号，如将模拟信号转换成数字信号。

② 为传感器提供参考电压，如2V、5V、9V或12V。

③ 存储、计算、分析处理信息，存储运行信息和故障信息，分析输入、输出信息，并进行相应的计算处理。

④ 输出执行命令，把信号变为强信号的执行命令。

⑤ 输出故障信息。

⑥ 完成多种控制功能，如在发动机控制中，电脑可完成点火控制、燃油喷射控制、怠速控制、排放控制、进气控制、增压控制等多种功能。

汽车电子控制单元的工作过程复杂而有序，工作速度快捷而有条不紊。下面以发动机电子控制单元为例，简要介绍其工作过程。

发动机启动时，电子控制器（ECU）进入工作状态，某些运行程序或操作指令从存储器（ROM）中调入中央处理单元（CPU）。这些程序可以控制燃油喷射、点火时刻、怠速转速等。在 CPU 的控制下，一个个指令按照预先编制的程序有条不紊地进行循环。在程序运行过程中所需要的发动机工况信息由各种传感器提供。

当曲轴位置传感器（CPS）检测的发动机转速与转角信号（脉冲信号）、进气歧管压力传感器（MAP）检测的负荷信号（模拟信号）和冷却液温度传感器（CTS）检测的温度信号（模拟信号）等输入 ECU 后，首先通过输入回路进行信号处理。如果是数字信号，就根据 CPU 的安排经缓冲器和 I/O 接口电路直接进入 CPU。如果是模拟信号，则首先经过模/数（A/D）转换器转换成数字信号，以便数字式单片机处理，然后才能经 I/O 接口电路输入 CPU。大多数信息暂时存储在 RAM 中，根据控制指令再从 RAM 传送到 CPU。

下一步是将预先存储在 ROM 中的最佳试验数据引入 CPU，将传感器输入的信息与其进行比较。CPU 将来自传感器的各种信息依次取样，与最佳试验数据进行逻辑运算，通过比较做出判定结果并发出指令信号，经 I/O 接口电路、输出回路控制执行器动作。如果是喷油器驱动信号，就控制喷油开始时刻和喷油持续时间，完成控制喷油功能；如果是点火器驱动信号，就控制点火导通角和点火时刻，完成控制点火功能。如果执行器需要线性电流量驱动，单片机就控制占空比来控制输出回路导通与截止，使流过执行器电磁线圈的平均电流线性增大或减小。

发动机工作时，微机运行速度相当快，如点火时刻控制，每秒钟可以修正上百次，因此控制精度很高，点火时刻十分准确。

现在汽车上所使用的电子控制单元（以德国大众为例）主要有车载网络控制单元、发动机控制单元、舒适系统控制单元、油泵控制单元、车门控制单元、座椅控制单元、转向柱控制单元、空调控制单元、自动变速器控制单元等。

第二节　汽车电气故障的检测

一、汽车电气故障的检测方法

1. 直观法

当汽车电气系统某个部位发生故障时，会出现冒烟、火花、异响、焦臭、高温等异常现象。通过人体的感觉器官对汽车电气进行直观检测，判断出故障的所在部位，可提高检修速度。

2. 检查保险法

当汽车电气系统出现故障时，首先应查看保险是否完好。如汽车在行驶过程中，若某个电器突然停止工作，同时该支路上的熔断器熔断，说明该支路有搭铁故障存在；某个系统的保险反复烧断，则表明该系统一定有类似搭铁的故障存在，不应只更换熔断器。

3. 低压搭铁试火法

低压搭铁试火法应用于判断线束或导线有无开路。拆下用电设备的某一线头对汽车的金属部分搭铁碰试，根据火花的有无，判断是否开路。注意：试火不宜用来检测汽车电子电路，以免损坏电子元件。

4. 试灯法

用一个汽车灯泡作为临时试灯，检测线束是否开路或短路，电器或电路有无故障等（图1-16）。此方法特别适合检测不允许直接短路的带有电子元件的电器。使用试灯法时应注意试灯的功率不要太大，在测试电子控制器的控制（输出）端是否有输出时尤其要慎重，防止控制器超载损坏。

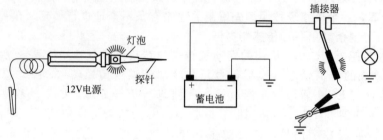

图1-16 试灯检测法

5. 短路法

短路法又叫短接法，即将某段导线或某一电器短接后观察用电器的变化（图1-17）。

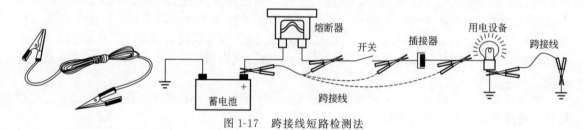

图1-17 跨接线短路检测法

6. 替换法

替换法用于故障原因比较复杂的情况，对可能产生的故障原因逐一进行排除。具体的做法是，用完好的零部件替换被认为有故障的零部件，这样做可以试探出怀疑是否正确。若替换后故障消除，说明怀疑成立；否则，安装回原件，进行新的替换，直至找到真正的故障部位。

7. 模拟法

模拟法是对发生故障的条件模拟验证后，进行故障诊断。常见的模拟方法有车辆振动模拟、热敏感性（温度）模拟（注意：不要将电气元件加热到60℃以上）、浸水模拟（注意：不得将水直接喷在电气元件上）、电负载模拟、冷启动或热启动模拟等。

8. 仪器法

随着汽车电气设备的日趋复杂，在维修中，特别是电子设备较多的车辆，使用专用的仪器是十分必要的。现代汽车上计算机控制系统越来越多，利用故障诊断仪读取故障码和数据流进行故障诊断非常快捷，能有效缩小故障范围，甚至能直接完成故障定位。因此对于计算机控制系统的故障，应该优先采用故障诊断仪的方法。

二、汽车专用万用表的使用

汽车专用万用表（图1-18）不但具有测量电压、电流、电阻、频率、电容、占空比、温度、闭合角、转速的功能，而且具有自动断电、自动变换量程、模拟条图显示、峰值保持、数据锁定、电池测试等功能。汽车专用万用表还配有一套配套件，如热电偶适配器、热电偶探头、电感式拾取器及 AC/DC 感应式电流钳等。汽车专用数字式万用表的使用方法如下。

1. 信号频率的测试

测试项目选择开关置于频率（Fred）挡，黑线（自汽车专用万用表搭铁插孔引出）搭铁，红线（自汽车专用万用表公用插孔引出）接被测信号线，显示屏显示被测频率。

2. 温度的检测

测试项目选择开关置于温度（Temp）挡，按下功能按钮（℃/℉），黑线搭铁，探针线插头端插入汽车

图 1-18　汽车专用万用表

专用万用表温度测量插孔，探针端接触被测物体，显示屏显示被测温度。

3. 点火线圈一次侧电路闭合角的检测

测试项目选择开关置于闭合角（Dwell）挡，黑线搭铁，红线接点火线圈负接线柱，发动机运转，显示屏显示点火线圈一次侧电路闭合角。

4. 频宽比的测量

测试项目选择开关置于频宽比（Duty Cycle）挡，黑线搭铁，红线接电路信号，发动机运转，显示屏显示脉冲信号的频宽比。

5. 转速的测量

测试项目选择开关置于转速（r/min）挡，将转速测量专用插头插入搭铁插孔与公用插孔中，感应式转速传感器（汽车专用万用表附件）夹在某一缸的高压点火线上，发动机运转，显示屏显示发动机转速。

6. 起动机启动电流的测量

测试项目选择开关置于"400V"挡（1mV 相当于 1A 的电流，即用测量电流传感器电压的方法来测量启动机启动电流），把霍尔电流传感器夹在蓄电池正极导线上，其引线插头插入电流测量插孔，按下最小/最大功能按钮，拆下高压点火线，用起动机转动曲轴 2～3s，显示屏显示启动电流。

7. 氧传感器的测试

拆下氧传感器线束连接器，测试项目选择开关置于"4V"挡，按下 DC 功能按钮，使显示屏显示"DC"，再按下最小/最大功能按钮，将黑线搭铁，红线与氧传感器相连；然后发动机以急速（2000r/min）运转，使氧传感器温度达到 360℃ 以上。此时，如混合气浓，则氧传感器输出电压为 0.8V；如混合气稀，则氧传感器输出电压为 0.1～0.2V。当氧传感器温度低于 360℃ 时（发动机处于开环工作状态），氧传感器无电压输出。

8. 喷油器喷油脉宽的测量

测试项目选择开关置于频宽比挡，测出喷油器工作脉冲频率的频宽比后，再将选择开关置于频率（Fred）挡，测出喷油器的工作脉冲频率，然后按下面公式计算喷油器的喷油脉宽。

$$喷油脉宽 = \frac{频宽比}{喷油频率}$$

三、汽车故障诊断仪的使用

汽车故障诊断仪（图 1-19）通过数据通信线以串行的方式获得控制电脑的实时数据参数，包括故障信息、实时运行参数、控制电脑与诊断仪之间的相互控制指令。通用诊断仪的主要功能包括电脑版

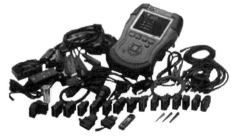

图 1-19　汽车故障诊断仪（博世 KT600）

本的识别、故障码的读取和清除、动态数据参数的显示、传感器和部分执行器的功能测试与调整、某些特殊参数的设定、维修资料及故障诊断提示、路试记录等。通用诊断仪测试的车型较多，使用范围较宽，与专用诊断仪相比，通用诊断仪无法完成某些特殊功能。

四、汽车线路的维修

1. 导线维修

大多数制造商推荐所有导线应用焊接方式进行维修。维修导线时，重要的是要使用如图 1-20 所示的正确操作。

① 从每 1 根需要维修绞接的导线去掉 12.7mm（约 1/2in）的绝缘层。

② 准备 1 根具有黏性衬的热装管置于导线一侧。要确保管子足够长，以覆盖并封住整个修理区。

③ 将导线的多股线相互搭叠放在插接器夹内。

④ 用压接工具将插接器夹和导线卷缩在一起。

⑤ 用松香芯型焊锡丝将连接处焊接在一起。

⑥ 热缩管的连接用喷枪加热并使连接点处于热缩管的中央位置。加热连接处直到管子紧紧封住，并使焊液从管子两端流出。

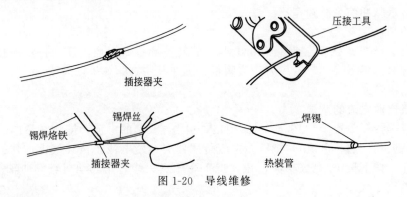

图 1-20 导线维修

2. 开关的检测

将开关拨到相应的位置，用万用表电阻挡检测对应的端子间电阻，若有电阻说明开关通路；反之，开关不通。此外，接触电阻不能超出范围。

3. 保险的检查

可用观察法检查，也可用万用表电阻挡测量熔断器是否熔断，如图 1-21 所示。

4. 继电器检测

（1）开路检测　以图 1-12 所示的继电器为例，用万用表 $R \times 100\Omega$ 挡检查：如果 1 脚-2 脚通，3 脚-4 脚通，3 脚-5 脚电阻 ∞，则正常，否则有问题。

（2）加电检测　在 1 脚和 2 脚之间加 12V 电压，则 3 脚-4 脚不通，3 脚-5 脚通，为正常。

5. 插接器的拆装与检测

（1）拆卸

① 断开蓄电池。

② 从其配对的一半元件上断开插接器。

③ 压下黄色或白色接头上的锁止凸舌，以松开端子。

④ 用专用工具压端子并将导线从插接器上拆下。

⑤ 修理或更换端子。

插接器的修理如图 1-22 所示。

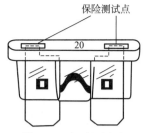

图 1-21 保险测试点

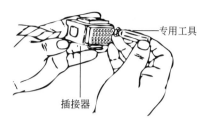

图 1-22 插接器的修理

（2）安装
① 使锁止凸舌复位。
② 将拆下的导线插入修理插头原来的插孔中。
③ 重复插入插接器上的每根导线，确保所有导线都插入正确的插孔中。另外插接器引出线的识别，参见相关电路图。
④ 在重新组装插接器时，锁止凸舌必须放到锁定位置，以防端子脱出。
⑤ 将插接器连接到其配对的一半元件中。
⑥ 连接蓄电池并测试所有受影响的系统。
（3）检测 在检查线路的电压或导通情况时，不必脱开连接器，只用万用表两探针插入插接器尾部的线孔内进行检查即可。

第三节 配电系统的维修

一、继电器盘和熔丝支架

1. 中央电器盒和继电器盒的拆装

拆卸中央电器盒和继电器盒时，先拆下左下方的护板。松开两个紧固螺栓，如需要，松开所有螺纹连接，如图 1-23 所示，拔出继电器、控制单元，然后松开相应的继电器盘，向下取下中央电器盒和继电器盘。

安装中央电器盒和继电器盘按与拆卸相反的顺序进行。

2. 熔丝支架的拆装

拆卸熔丝支架时，先小心地撬下仪表板左侧的护板，然后拧下如图 1-24 所示两个紧固螺栓 B（2N·m），然后压下定位块 C，向后拔出熔丝支架。

安装熔丝支架按与拆卸相反的顺序进行。

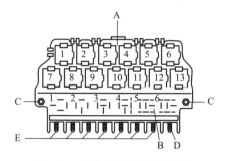

图 1-23 中央电器盒和继电器盘
A—继电器盘；B—中央电器盒；C—螺栓
（2N·m）；D，E—螺纹连接

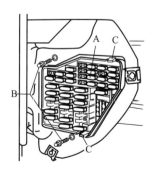

图 1-24 拆卸熔丝支架
A—熔丝支架；B—紧固螺栓
（2N·m）；C—定位块

3. 辅助继电器盘和辅助熔丝支架的拆装

拆卸辅助继电器盘和辅助熔丝支架时，先拆下左下方的护板。松开如图 1-25 所示的紧固螺栓 A（2N·m）和自攻螺钉 B，拔出继电器和控制单元，松开继电器转接器，如果需要，松开辅助继电器盘，从支架上拉出辅助继电器盘并向下取出。

安装辅助继电器盘和辅助熔丝支架按与拆卸相反的顺序进行。

二、重要的电气连接和插头连接

1. A 柱分线器

（1）司机一侧 A 柱分线器　司机一侧 A 柱分线器在左侧脚坑装饰板下，分线器插头的布置如图 1-26 所示，其插头的功能见表 1-5。

（2）副司机一侧 A 柱分线器　副司机一侧 A 柱分线器在右侧脚坑装饰板下，分线器插头的布置如图 1-27 所示，其插头的功能见表 1-6。

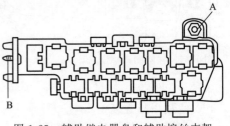

图 1-25　辅助继电器盘和辅助熔丝支架
A—紧固螺栓（2N·m）；B—自攻螺钉

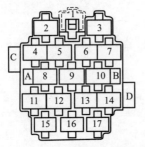

图 1-26　司机一侧 A 柱分线器插头的布置

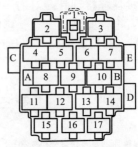

图 1-27　副司机一侧 A 柱分线器插头的布置

表 1-5　司机一侧 A 柱分线器插头的功能

插头	功　能
1	仪表板,黑色
2	中央门锁、扬声器,棕色
3	玻璃升降器,红色
4	车速控制装置（GRA）,随速辅助调节装置（Servotronik）,黑色
5	座椅调整,绿色
6	停车加热,蓝色
7	停车加热,白色
8	后线束,棕色
9	左大灯,红色
10	左大灯,浅粉色
11	后线束,蓝色
12	电话,白色
13	玻璃升降器,绿色
14	散热器风扇/压缩机,灰色
15	ABS,橙色
16	车顶,暗褐色
17	刮水器电动机,紫色
A	后线束,黑色
B	后线束,棕色
C	后线束,黑色、棕色、蓝色、绿色
D	司机安全气囊,黄色

表 1-6　副司机侧 A 柱分线器插头的功能

插头	功　能
1	仪表板,黑色
2	玻璃升降器,红色
3	中央门锁、扬声器,棕色
4	倒车警报,白色
5	收录机和扬声器,浅粉色
6	导航系统,紫色
7	中央门锁和安全气囊,黑色
8	右大灯,浅粉色
9	右大灯,红色
10	自动变速器,棕色
11	ABS,灰色
12	座椅调整/座椅加热/安全带警报,绿色
13	自水平悬架/大灯照程控制,红色
14	自动变速器,蓝色
15	日间行车灯,出租车、专用车,紫色
16	燃油箱预加压泵,出租车、专用车,深褐色
17	中央门锁,橙色
A	安全气囊,棕色
B	—
C	仪表板,棕色、蓝色
D	副司机安全气囊,黄色
E	自水平悬架,黑色

2. 压力舱内电器盒的拆装

拆卸压力舱内的电器盒时，先拆下压力舱盖。如图 1-28 所示，拧下六角螺栓（箭头）（5×SW8）并取下盖。拆下发动机电子控制单元和带辅助熔丝支架的辅助继电器盘，拔下插座上的供电插头。从电器盒开口处拔出发动机线束和橡胶垫圈。拧下如图 1-29 所示的两个紧固螺母 A（2N·m），抬起电器盒后部，将其从支架 B 上拉出。

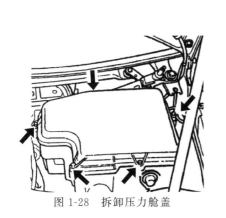

图 1-28 拆卸压力舱盖

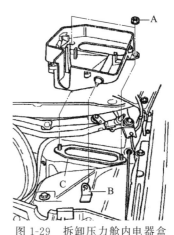

图 1-29 拆卸压力舱内电器盒
A—紧固螺母（2N·m）；B—支架；C—衬垫

安装衬垫 C 时应注意，不要挡住车身上开口。压力舱内的电器盒的安装按与拆卸相反的顺序进行。

3. 压力舱内电器盒下的分线器的拆装

拆卸压力舱内电器盒下的分线器时，先拆下电器盒，再拔下插座上供电插头，拧下两个十字头螺栓 A（图 1-30），从分线器上松开插头壳体，向下取下继电器盘。

安装压力舱盒内电器下的分线器按与拆卸相反的顺序进行。

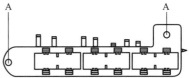

图 1-30 压力舱内电器盒下的分线器
A—十字头螺栓

三、控制单元安装位置示意图

控制单元安装位置如图 1-31 所示。

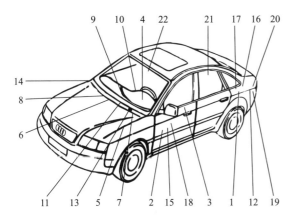

图 1-31 控制单元安装位置
1—超声波传感器控制单元 J347（在后备厢顶面装饰板后面的左车轮罩上部）；2—中央门锁控制单元 J429（在司机座椅下）；3—锁芯加热左控制单元 J210（司机一侧车门横梁上部）；4—仪表板内组合处理器 J218（与仪表一体）；5—带 EDS 的 ABS 控制单元 J104（在发动机舱内液压单元上）；6—带 EDS 的 ABS 控制单元 J104〔在副司机脚坑地毯下（如果装有 ESP）〕；7—发动机控制单元（在压力舱内）；8—自动变速器控制单元 J217（在副司机脚坑地毯下）；9—空调控制和显示单元 E87（在中央副仪表上）；10—安全气囊控制单元 J234（仪表板下中央通道上）；11—收录机控制单元（在中央副仪表上）；12—带 CD 机的导航系统控制单元 J401（在后备厢左侧盖板内）；13—导航系统操纵控制单元 402（在组合仪表后的横梁上）；14—GRA 控制单元 J213（在杂物箱后横梁上）；15—具有座椅位置记忆功能的座椅位置调节控制单元 J136（在司机座椅下）；16—倒车警报控制单元 J446（在后备厢左侧装饰板后）；17—大灯照程调节控制单元 J431（在后备厢左侧装饰板后）；18—横向加速度传感器 G200〔在司机座椅下（仅指装有 ESP 的车）〕；19—CD 机 R41（在后备厢左侧盖板内）；20—电话收发控制单元 R36（在后备厢左侧盖板内）；21—带低音扬声器（在后备厢右侧）的放大器 R43（在后备厢右侧盖板内）；22—自动防眩目后视镜 Y7（在前挡风玻璃上）

四、线束和插头的修理

1. 概述

奥迪 A6 车只有一条主线束，不像其他车有很多线束。只准使用 VAS1978（图 1-32）来修理线束和插头，VAS1978 的使用请见其使用说明书。注意受屏蔽保护的导线和 ABS 系统导线不能修理。

2. 0.35mm² 导线的维修

VAS1978 中有三种直径不同的修理用导线（0.5mm²，1.5mm²，4.0mm²），各自有相应的夹紧接头，修理 0.35mm² 导线必须使用 0.5mm² 的修理用导线。

如图 1-33 所示，用剥线钳剥开 0.35mm² 线端，使裸线长达到所需长度的 2 倍（12~14mm），将裸线折成一半长，用剥线钳剥开 0.5mm² 导线端部（6~7mm）。

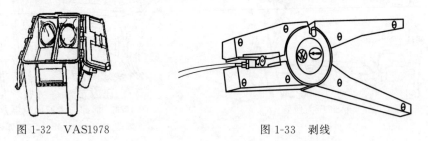

图 1-32　VAS1978　　　　　图 1-33　剥线

如图 1-34 所示，将夹紧接头放到导线端部，用夹钳将其两端夹紧，不要夹上导线端部绝缘层。注意一定要使用专用于 0.5mm² 的红色夹紧槽。

夹紧接头后，用热风机吹，使其收缩，如图 1-35 所示。注意应从中部向外加热接头，直到其完全密封且胶液流出。加热接头时，注意不要损坏其他导线、塑料件或绝缘材料。如果修理导线原来是缠绕的，那么该位置需用黄色绝缘带重新缠好，如需要，用扎带固定导线。

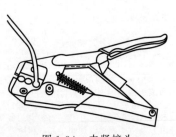 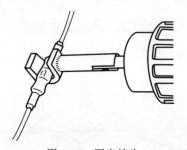

图 1-34　夹紧接头　　　　　图 1-35　固定接头

3. 维修线束和插头时的安全事项

注意检修电气系统前，应断开蓄电池地线。修理前应查明故障原因，如车身件锐边，电器件损坏、锈蚀等。

安全气囊线和屏蔽线（如转速传感器或爆震传感器线）不能修理。其他如拆装部件见相应维修手册。

修理线束时只许用黄线。如果线为黄色或线上包着黄色绝缘带，说明以前修理过。修理后应检查功能，如需要，查询故障存储器并进行基本设定。

第二章

蓄电池

第一节　蓄电池的分类和结构

一、蓄电池的分类

蓄电池是一种化学电源，靠其内部的化学反应来储存电能或向用电设备供电。充电时利用外部的电能使内部活性物质再生，把电能储存为化学能，放电时再次把化学能转换为电能输出，比如生活中常用的手机电池等。目前燃油汽车上使用的蓄电池主要有两大类：铅酸蓄电池（以下简称铅蓄电池）和镍碱蓄电池。由于人们对燃油汽车排放要求的提高和能源危机的冲击，各国正在不断探索和研制电动汽车，其主要的动力源为新型高能蓄电池。表 2-1 列出了常见蓄电池的类型及特点。铅蓄电池由于结构简单、价格便宜、内阻小、可以短时间供给起动机强大的启动电流而被广泛采用。铅蓄电池又可以分为普通铅蓄电池、干荷电铅蓄电池、湿荷电铅蓄电池和免维护铅蓄电池。各种铅蓄电池的类型及特点见表 2-2 所示。对于传统的干荷电铅蓄电池（如汽车干荷电电池、摩托车干荷电电池等）在使用一段时间后要补充蒸馏水，使稀硫酸电解液保持 1.28g/mL 左右的密度；对于免维护铅蓄电池，其使用直到寿命终止都不再需要添加蒸馏水。

表 2-1　常见蓄电池的类型及特点

类　型	优　点	缺　点	适用车辆
铅酸蓄电池	结构简单；价格便宜；内阻小；电压稳定；可以短时间供给起动机强大的启动电流	比容量小；使用寿命相对较短	一般车辆
镍碱蓄电池	容量大；使用寿命长；维护简单；能承受大电流放电而不易损坏	活性物质导电性差；价格较高	使用时间长、可靠性高的车辆
电动汽车蓄电池	比容量大；无污染；充、放电性能好；使用寿命长	结构复杂；成本高	电动汽车

表 2-2　各种铅蓄电池的类型和特点

类　型	特　点
普通铅蓄电池	新蓄电池的极板不带电，使用前需按规定加注电解液并进行初充电，初充电的时间较长，使用中需要定期维护
干荷电铅蓄电池	新蓄电池的极板处于干燥的已充电状态，电池内部无电解液。在规定的保存期内，如需使用，只需按规定加入电解液，静置 20~30min 即可使用，使用中需要定期维护
湿荷电铅蓄电池	新蓄电池的极板处于已充电状态，蓄电池内部带有少量电解液。在规定的保存期内，如需使用，只需按规定加入电解液，静置 20~30min 即可使用，使用中需要定期维护
免维护铅蓄电池	使用中不需维护，可用 3~4 年不需补加蒸馏水，极桩腐蚀极少，自放电少

二、蓄电池的功用

汽车上装有蓄电池和发电机两个直流电源,这两个直流电源并联,全车的用电设备均为并联。蓄电池的功用如下。

① 启动发动机时,蓄电池向启动系统和点火系统供电。

② 当发动机低速运转,发电机电压低于蓄电池的充电电压时,由蓄电池向用电设备供电。

③ 当发动机中、高速运转,发电机电压高于蓄电池的充电电压时,蓄电池将发电机的剩余电能储存起来。

④ 当发电机过载时,蓄电池协助发电机向用电设备供电。

⑤ 蓄电池还可以吸收电路中的瞬时过电压,保持汽车电器系统电压的稳定,保护电子元件。

汽车的电源电路如图2-1所示。

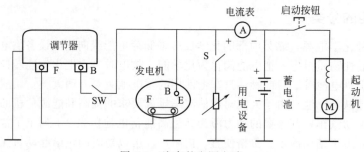

图2-1 汽车的电源电路

三、铅蓄电池的结构

铅蓄电池一般由6个单格电池串联而成,结构如图2-2所示。

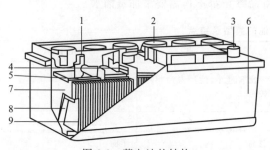

图2-2 蓄电池的结构

1—负极柱;2—加液孔盖;3—正极柱;4—穿壁连接;5—汇流条;6—外壳;7—负极板;8—隔板;9—正极板

1. 极板

极板是蓄电池的核心部分,蓄电池充、放电的化学反应主要是依靠极板上的活性物质与电解液进行的。极板分为正极板和负极板,均由栅架和活性物质组成。

栅架的作用是固结活性物质。栅架一般由铅锑合金铸成,具有良好的导电性、耐蚀性和一定的机械强度。为了降低蓄电池的内阻,改善蓄电池的启动性能,有些铅蓄电池采用了放射形栅架。如图2-3所示为桑塔纳轿车蓄电池放射形栅架的结构。

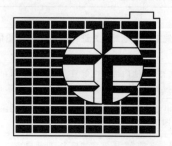 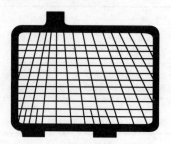

图2-3 桑塔纳轿车蓄电池放射形栅架的结构

正极板上的活性物质是二氧化铅（PbO_2），呈深棕色；负极板上的活性物质是海绵状的纯铅（Pb），呈青灰色。将活性物质调成糊状填充在栅架的空隙里并进行干燥即形成极板，如图2-4所示。将正、负极板各一片浸入电解液中，可获得2V左右的电动势。为了增大蓄电池的容量，常将多片正、负极板分别并联，组成正、负极板组，如图2-5所示。在每个单格电池中，正极板的片数要比负极板少一片，这样每片正极板都处于两片负极板之间，可以使正极板两侧放电均匀，避免因放电不均匀造成极板拱曲。

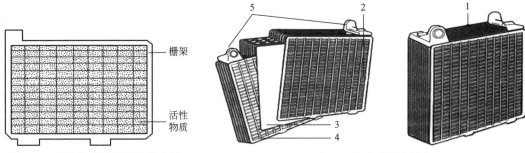

图 2-4 活性物质在极板中的布置

图 2-5 蓄电池单格结构
1—极板组总成；2—负极板；3—隔板；4—正极板；5—极板连条

2. 隔板

隔板插放在正、负极板之间，以防止正、负极板互相接触造成短路。隔板应耐酸并具有多孔性，以利于电解液的渗透。常用的隔板材料有木质、微孔橡胶和微孔塑料等。其中，木质隔板耐酸性较差，微孔橡胶隔板性能最好但成本较高，微孔塑料隔板孔径小、孔率高、成本低，因此被广泛采用。

3. 电解液

电解液在蓄电池的化学反应中，起到离子间导电的作用，并参与蓄电池的化学反应。电解液由纯硫酸（H_2SO_4）与蒸馏水按一定比例配制而成，其密度一般为$1.24 \sim 1.30 g/cm^3$。

4. 壳体

壳体用于盛放电解液和极板组，应该耐酸、耐热、耐震。壳体多采用硬橡胶或聚丙烯塑料制成，为整体式结构，底部有凸起的肋条以搁置极板组。壳内由间壁分成3个或6个互不相通的单格，各单格之间用铅质连条串联起来，如图2-6所示。壳体上部使用相同材料的电池盖密封，电池盖上设有对应于每个单格电池的加液孔，用于添加电解液和蒸馏水，以及测量电解液密度、温度和液面高度。加液孔盖上的通风孔可使蓄电池化学反应中产生的气体顺利排出。

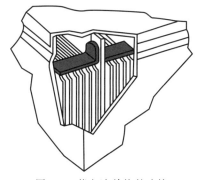

图 2-6 蓄电池单格的连接

5. 极柱

蓄电池各单格电池串联后，两端的正、负极柱穿出电池盖，用于连接外电路。正极柱标"＋"号涂红色，负极柱标"－"号涂蓝色或绿色等。蓄电池的极柱用铅锑合金浇铸。

6. 连条

连条用于连接蓄电池各单格。传统的连条安装在蓄电池外壳之外，不仅浪费材料、容易损坏，还导致蓄电池自放电，这种连接方式已被穿壁式连条所取代。当采用穿壁式连条连接单格电池时，所用连条尺寸很小，并且设在蓄电池内部。

四、免维护蓄电池的特点

现代的汽车目前几乎都采用了免维护蓄电池，尤其在传统轿车上几乎覆盖了百分之百。免维护蓄电池又称 MF 蓄电池，免维护是指在汽车合理使用期间，不需要对蓄电池进行加注蒸馏水、检测电解液液面高度、检测电解液密度等维护作业。免维护蓄电池的特点如下。

① 栅架材料采用铅钙合金，既提高了栅架的机械强度，又减少了蓄电池的耗水量和自放电。

② 采用了袋式微孔聚氯乙烯隔板，将正极板装在隔板袋内，既可避免正极板上的活性物质脱落，又能防止极板短路。因此壳体底部不需要凸起的肋条，降低了极板组的高度，增大了极板上方的容积，使电解液储存量增多。

③ 蓄电池内部安装有电解液密度计，可自动显示蓄电池的存电状态和电解液液面的高低。如果密度计的观察窗呈绿色，表明蓄电池存电充足，可正常使用；若显示深绿色或黑色，表明蓄电池存电不足，需补充充电；若显示浅黄色，表明蓄电池已接近报废，如图 2-7 所示。

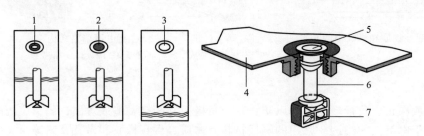

图 2-7 可视孔的颜色和结构
1—绿色（充电程度为 65% 或更高）；2—黑色（充电程度低于 65%）；3—浅黄色（蓄电池有故障）；4—蓄电池盖；5—观察窗；6—光学的荷电状况指示器；7—绿色小球

④ 采用了新型安全通气装置和气体收集器，在孔盖内部设置了一个氧化铝过滤器，可阻止水蒸气和硫酸气体通过，同时又可以使氢气和氧气顺利逸出。通气塞中装有催化剂钯，可促使氢、氧离子重新结合成水回到蓄电池中。

第二节　铅蓄电池的工作原理

1. 铅蓄电池的静止电动势

将铅蓄电池的正、负极板浸入电解液中，正、负极板与电解液相互作用，在正、负极板间就会产生约 2.1V 的静止电动势。铅蓄电池的静止电动势 E_j 为

$$E_j = 0.85 + \rho_{25℃}$$

式中　E_j——静止电动势，即开路电压，V；
　　　$\rho_{25℃}$——基准温度（25℃）时，电解液的密度，g/cm³。

注意，实测电解液的密度，应转换成 25℃ 时电解液的密度，转换关系式为

$$\rho_{25℃} = \rho_t + 0.00075(t-25)$$

式中　ρ_t——实测电解液的密度，g/cm³；
　　　t——实测电解液温度，℃。

因为铅蓄电池工作时，电解液密度总是在 1.12~1.30g/cm³ 之间变化，所以每个单格电池的电动势也相应地在 1.97~2.15V 之间变化。

2. 铅蓄电池的放电

当铅蓄电池的正、负极板浸入电解液中时，此时若接入负载，在电动势的作用下，电流就

会从蓄电池的正极经外电路流向蓄电池的负极,这一过程称为放电,蓄电池的放电过程是化学能转变为电能的过程。

(1) 放电率　放电率表示蓄电池放电电流大小,分为时间率和电流率。放电时间率指在一定放电量上蓄电池放电至放电终止电压的时间长短。例如在25℃环境下,如果蓄电池以电流I_t放电至放电终止电压的时间为t,这一放电过程称为t小时率,放电I_t称为t小时率放电电流。IEC标准规定放电时间率有20、10、5、3、1、0.5小时率及分钟率。放电电流率是为了比较额定容量不同的蓄电池电流大小而设立的,t小时率放电电流以I_t表示,通常以10小时率电流为标准I_{10}表示。

(2) 自由放电率　蓄电池不使用时仍然存在电量的减少现象,叫作自由放电。由于电池的局部作用造成的电池容量的消耗,容量损失与搁置之前的容量之比,叫作蓄电池的自由放电率。

(3) 放电终止电压　在25℃环境温度下以一定的放电率放电至能再反复充电使用的最低电压称为放电终止电压。

放电时,正极板上的PbO_2和负极板上的Pb,都与电解液中的H_2SO_4反应生成硫酸铅($PbSO_4$),沉附在正、负极板上。电解液中的H_2SO_4不断减少,密度下降。

理论上,放电过程可以进行到极板上的活性物质被耗尽为止,但由于生成的$PbSO_4$沉附于极板表面,阻碍电解液向活性物质内层渗透,使得内层活性物质因缺少电解液而不能参加反应,在使用中被称为放完电蓄电池的活性物质利用率只有20%~30%。因此,采用薄型极板,增加极板的多孔性,可以提高活性物质的利用率,增大蓄电池的容量。

(4) 蓄电池放电终了的特征

① 单格电池电压降到放电终止电压。

② 电解液密度降到最小许可值。

放电终止电压与放电电流的大小有关。放电电流越大,允许的放电时间就越短,放电终止电压也越低,见表2-3。

表2-3　放电电流与放电时间和单格电压之间的关系

放电电流	$0.05I_{20}$	$0.1I_{20}$	$0.25I_{20}$	I_{20}	$3I_{20}$
放电时间	20h	10h	3h	25min	5min
单格电池终止电压/V	1.75	1.70	1.65	1.55	1.50

(5) 蓄电池放电的注意事项

① 每日反复充放电以供使用时,电池寿命将会因放电量的多少而受到影响。

② 蓄电池的电解液密度几乎与放电量成比例。因此,根据蓄电池完全放电时的密度及10%放电时的密度,即可推算出蓄电池的放电量。测定铅蓄电池的电解液密度为得知放电量的最佳方式。因此,应定期地测定使用后的密度,以避免过度放电。测密度的同时,也测电解液的温度,以20℃所换算出的密度,切勿使其降到80%放电量的数值以下。

③ 内部阻抗会因放电量增加而加大,尤其放电终点时,阻抗最大,因为放电的进行使得极板内产生电流的不良导体——硫酸铅及电解液密度的下降,都导致内部阻抗增强,故放电后,务必马上充电,若任其持续放电状态,则硫酸铅形成稳定的白色结晶后(硫化现象),即使充电,极板的活性物质也无法恢复原状,而将缩短蓄电池的使用年限。

④ 当电池过度放电时,内部阻抗即显著增加,因此蓄电池温度也会上升。放电时的温度高,会提高充电完成时温度,因此,将放电终了时的温度控制在40℃以下为最理想。

3. 铅蓄电池的充电

充电时,蓄电池的正、负极分别与直流电源的正、负极相连,当充电电源的端电压高于蓄电池的电动势时,在电场的作用下,电流从蓄电池的正极流入,负极流出,这一过程称为充电。蓄电池充电过程是电能转换为化学能的过程。

充电时,正、负极板上的 $PbSO_4$ 还原成 PbO_2 和 Pb,电解液中的 H_2SO_4 增多,密度上升。

当充电接近终了时,$PbSO_4$ 已基本还原成 PbO_2 和 Pb,这时,过剩的充电电流将电解水,使正极板附近产生 O_2 从电解液中逸出,负极板附近产生 H_2 从电解液中逸出,电解液液面高度降低。因此,铅蓄电池需要定期补充蒸馏水。

铅蓄电池充足电的标志如下。

① 电解液中有大量气泡冒出,呈沸腾状态。

② 电解液的密度和蓄电池的端电压上升到规定值,且在 2~3h 内保持不变。

4. 铅蓄电池的型号

按 JB 2599—85《铅酸蓄电池产品型号编制方法》标准规定,铅蓄电池的型号分为三部分。

第Ⅰ部分表示串联的单格电池数,用阿拉伯数字表示,蓄电池的标准电压是该数字的 2 倍。第Ⅱ部分表示电池的类型和特征,用两个汉语拼音字母表示。第一个字母为"Q"表示启动型铅蓄电池;第二个字母表示电池的结构特征(如干荷电铅蓄电池用"A"表示;薄型极板用"B"表示;免维护蓄电池用"W"表示)。第Ⅲ部分表示额定容量,也称为蓄电池 20h 放电率容量,用阿拉伯数字表示,单位为 A·h,单位略去不写;在其后用一个字母表示特殊性能,如高启动率用"G"表示,塑料槽用"S"表示,低温启动性好用"D"表示。如型号 6-QA-60 表示额定电压 12V、额定容量 60A·h 的启动型干荷电铅蓄电池。铅蓄电池型号各部分的含义见表 2-4。

表 2-4 铅蓄电池型号各部分的含义

第Ⅰ部分	第Ⅱ部分		第Ⅲ部分	
串联的单格电池数	蓄电池的类型	蓄电池的特征	蓄电池的额定容量	蓄电池的特殊性能
用阿拉伯数字表示	用大写的汉语拼音首字母表示,如 Q——启动用铅蓄电池 N——内燃机车用铅蓄电池 M——摩托车用铅蓄电池	用大写的汉语拼音字母表示,如 A——干荷电铅蓄电池 H——湿荷电铅蓄电池 W——免维护铅蓄电池 B——薄型极板 无字母——普通铅蓄电池	20h 放电率容量,单位为 A·h,单位略去不写	用大写的汉语拼音首字母表示,如 G——高启动率 D——低温性能好 S——塑料槽蓄电池

第三节 蓄电池的容量及其影响因素

一、蓄电池的容量

蓄电池的容量 C 等于放电电流 I_f 与放电时间 t_f 的乘积。

$$C = I_f t_f$$

1. 额定容量

额定容量又称为标称容量,即在制造厂规定的条件下,蓄电池能放出的最低工作容量。例如，97A·h电池标称100A·h，有些厂家的电池则是在使用几个循环之后，实际容量达到或超出标称容量。

根据国标GB 5008.1—91《启动用铅酸蓄电池技术条件》规定，将充足电的新蓄电池，在电解液温度为（25±5）℃的条件下，以20h率的放电电流（即$0.05C_{20}$安培）连续放电至单池平均电压降到1.75V时，输出的电量称为蓄电池的额定容量，用C_{20}表示，单位为A·h。

例如，3-Q-90型蓄电池以4.5A[$0.05C_{20}=0.05×90=4.5(A)$]的电流连续放电至单池平均电压降到1.75V时，若放电时间大于等于20h，则其容量$C=I_f t_f \geqslant 90$A·h，达到了额定容量，为合格产品；若放电时间小于20h，则其容量低于额定容量，为不合格产品。

2. 储备容量

根据国标GB 5008.1—91《启动用铅酸蓄电池技术条件》规定，蓄电池在（25±2）℃的条件下，以25A恒流放电至单池平均电压降到1.75V时的放电时间，称为蓄电池的储备容量，单位为分钟。储备容量表达了在汽车充电系统失效时，蓄电池能为照明和点火系统等用电设备提供25A恒流的能力。

3. 启动容量

启动容量表征了铅蓄电池在发动机启动时的供电能力，是检验蓄电池质量的重要指标之一。启动容量受温度影响很大，故又分为低温启动容量和常温启动容量两种。

（1）低温启动容量 电解液在−18℃时，以3倍额定容量的电流持续放电至单格电压下降至1V时所放出的电量。持续时间应在2.5min以上。

（2）常温启动容量 电解液在30℃时，以3倍额定容量的电流持续放电至单格电压下降至1.5V时所放出的电量。持续时间应在5min以上。

二、影响蓄电池容量的因素

根据电化当量与活性物质的量计算出来的容量叫作蓄电池的理论容量。实际容量是指蓄电池放电时所测得的容量，取决于活性物质的量及利用率。活性物质与铅板相关，但并不等同于铅重量，与利用蓄电池极板的结构形式、放电电流的大小、温度、终止电压、原材料质量及制造工艺、技术和使用方法有关，而且是变化的。目前，已知单块极板最大容量为100A·h/2V。可见，实际的蓄电池容量和理论容量是不同的，在蓄电池的使用中要注意影响蓄电池的实际容量的因素。

1. 结构因素

蓄电池极板的表面积越大，极板片数越多，参加反应的活性物质就越多，容量就越大。另外，极板越薄，活性物质的多孔性越好，则电解液向极板内部的渗透越容易，活性物质利用率就越高，输出容量也就越大。

2. 使用因素

（1）放电电流 放电电流越大，蓄电池的容量就越小，如图2-8所示。当放电电流增大

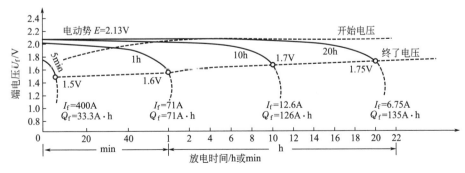

图2-8 放电电流与蓄电池容量的关系

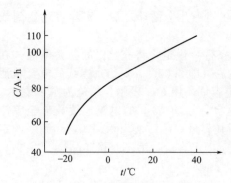

图 2-9 蓄电池容量与温度的关系

时，化学反应速率加快，$PbSO_4$ 堵塞孔隙的速率也加快，导致极板内层大量的活性物质不能参与反应，蓄电池的实际输出容量减小。同时电解液密度迅速下降，导致蓄电池的端电压也迅速下降，因而缩短了放电时间。因此在实际使用中必须严格控制启动时间，每次启动的时间不应超过 5s，且连续两次启动之间的时间间隔不应少于 15s。

（2）电解液温度（图 2-9） 电解液温度升高有利于电池内部活性物质的反应，有利于容量的增加。当电池温度在 25～30℃之间时，其容量最大，温度再升高，将不利于电池的使用。

当蓄电池温度降低时，其容量也会因以下原因而显著减少。

① 电解液不易扩散，两极活性物质的化学反应速率变慢。

② 电解液的阻抗增加，蓄电池的电压下降，5 小时率容量会随蓄电池温度下降而减少。

因此，蓄电池冬季比夏季的使用时间短；特别是用于冷冻库的蓄电池，由于放电量大，而使一天的实际使用时间显著减短；若欲延长使用时间，则在冬季或是进入冷冻库前，应先提高其温度。

（3）电解液密度 适当提高电解液的密度，可加快电解液的渗透速度，提高蓄电池的电动势和容量。但电解液密度过大，又将导致黏度增加，内阻增大，反而使蓄电池容量降低。

第四节 蓄电池的充电

一、充电设备

蓄电池是直流电源，必须用直流电源对其进行充电。充电时，充电电源的正极接蓄电池的正极，充电电源的负极接蓄电池的负极。汽车上的充电设备是由发动机驱动的交流发电机。补充充电多采用硅整流充电机、晶闸管整流充电机和智能充电机等。

二、充电方法

1. 恒压充电

恒压充电是指充电过程中，充电电源电压保持恒定的充电方法。恒压充电的接线方法如图 2-10 所示。恒压充电的特性曲线如图 2-11 所示。若充电电压过高，将导致过充电；充电电压过低，将导致充电不足。一般单格电池充电电压选为 2.5V。

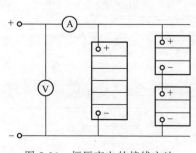

图 2-10 恒压充电的接线方法

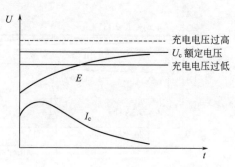

图 2-11 恒压充电的特性曲线

在恒压充电初期，充电电流较大，4～5h 内即可达到额定容量的 90%～95%，因而充电时间较短，而且不需要照管和调整充电电流，适用于补充充电。由于充电电流不可调节，所以不适用于初充电和去硫化充电。

2. 恒流充电

指充电电流保持恒定的充电方法。广泛用于初充电、补充充电和去硫化充电等。恒流充电的接线方法如图 2-12 所示。恒流充电的特性曲线如图 2-13 所示。为缩短充电时间，充电过程通常分为两个阶段。第一阶段采用较大的充电电流，使蓄电池的容量得到迅速恢复，当蓄电池电量基本充足，单格电池电压达到 2.4V，开始电解水产生气泡时，转入第二阶段，将充电电流减小一半，直到电解液密度和蓄电池端电压达到最大值且在 2～3h 内不再上升，蓄电池内部剧烈冒出气泡时为止。恒流充电的适应性强，可任意选择和调整充电电流的大小，有利于保持蓄电池的技术性能和延长使用寿命，其缺点是充电时间长，要经常调节充电电流。

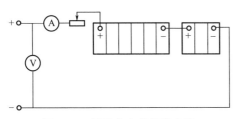

图 2-12 恒流充电的接线方法

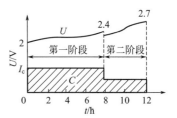

图 2-13 恒流充电的特性曲线

3. 脉冲快速充电

脉冲快速充电必须用脉冲快速充电机进行，其充电电流波形如图 2-14 所示。脉冲快速充电的过程是，先用 0.8～1 倍额定容量的大电流进行恒流充电，使蓄电池在短时间内充至额定容量的 50%～60%，当单格电池电压升至 2.4V，开始冒气泡时，由充电机的控制电路自动控制，开始脉冲快速充电，首先停止充电 25ms（称为前停充），然后再放电或反向充电，使蓄电池反向通过一个较大的脉冲电流（脉冲深度一般为充电电流的 1.5～3 倍，脉冲宽度为 150～1000μs），然后再停止充电 40ms（称为后停充），以后的过程为，正脉冲充电-

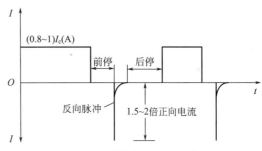

图 2-14 脉冲充电的电流波形

前停充-负脉冲瞬间放电-后停充-正脉冲充电……循环进行，直至充足电。脉冲快速充电的优点是充电时间可大大缩短（新蓄电池充电仅需 5h，补充充电需 1h）。缺点是对蓄电池的寿命有一定的影响，并且脉冲快速充电机结构复杂，价格昂贵，适用于电池集中、充电频繁、要求应急的场合。下列蓄电池不能进行快速脉冲充电。

① 未使用过的新蓄电池。
② 液面高度不正常的蓄电池。
③ 各单格电解液密度不均匀的蓄电池，各单格电压差大于 0.2V。
④ 电解液浑浊并且带褐色（极板活性物质脱落）。
⑤ 极板硫化。
⑥ 当充电时电解液温度超过 50℃ 的蓄电池。

三、充电种类

1. 初充电

指对新的或更换极板后的蓄电池进行的第一次充电,其操作步骤如下。

① 按蓄电池制造厂的规定和本地区的气温条件,加注一定密度的电解液(加注前,电解液温度不得超过30℃),放置4~6h,使极板浸透,并调整液面高度至规定值。

② 将蓄电池的正、负极分别与充电机的正、负极相连。

③ 采用两阶段恒流充电法充电时,第一阶段充电电流为额定容量的1/15,待电解液中有气泡冒出、单格电池电压达2.4V时,转入第二阶段,将电流减小一半,直至蓄电池充足电为止。充电过程中应注意测量电解液的温度,当温度超过40℃时,应将电流减半,如温度继续上升达45℃时,应停止充电,待冷却至35℃以下时再充电。

④ 充好电的蓄电池应检查电解液的密度,如不符合规定,应用蒸馏水或 $1.4g/cm^3$ 的稀硫酸进行调整,并调整液面高度至规定值。调整后,再充电2h,直到电解液密度符合规定为止。不同型号铅蓄电池的初充电电流值见表2-5。

表2-5 不同型号铅蓄电池的初充电电流值

蓄电池型号	额定容量 $C_2/A \cdot h$	额定电压/V	初充电				补充充电			
			第一阶段		第二阶段		第一阶段		第二阶段	
			电流/A	时间/h	电流/A	时间/h	电流/A	时间/h	电流/A	时间/h
3-Q-75	75	6	5	30~40	2.5	25~30	7.5	10~12	3.75	3~5
3-Q-90	90	6	6	30~40	3	25~30	9	10~12	4.5	3~5
3-Q-105	105	6	7	30~40	3.5	25~30	10.5	10~12	5.25	3~5
6-Q-60	60	12	4	30~40	2	25~30	6	10~12	3	3~5
6-Q-75	75	12	5	30~40	2.5	25~30	7.5	10~12	3.75	3~5
6-Q-90	90	12	6	30~40	3	25~30	9	10~12	4.5	3~5

蓄电池的首次充电称为初充电,初充电对蓄电池的使用寿命和电荷容量有很大的影响。若充电不足,则蓄电池电荷容量不高,使用寿命也短;若充电过量,则蓄电池电气性能虽然好,但也会缩短它的使用寿命,所以新蓄电池要小心谨慎地进行初充电。对于干荷电铅蓄电池,按使用说明书,在规定的2年储存期内,只要加入规定密度的电解液搁置15min,不需要充电即可投入使用。但是,如果储存期超过2年,由于极板上有部分氧化,为了提高其电荷容量,使用前应进行补充充电,充电5~8h后再用。

2. 补充充电

补充充电是指对使用中的蓄电池在无故障的前提下,为保持或恢复其额定容量而进行的正常的保养性充电。一般汽车用蓄电池应每隔1~2个月从车上拆下来进行一次补充充电。使用中,如发现下列现象之一时,必须及时进行补充充电。

① 电解液密度降至 $1.15g/cm^3$ 以下时。

② 冬季放电量超过25%,夏季超过50%时。

③ 前照灯灯光比平时暗淡,启动无力时。

④ 单格电池电压降到1.70V以下时。

补充充电可采用恒压充电或两阶段恒流充电。汽车上的蓄电池采用恒压充电法充电;充电间多采用两阶段恒流充电法充电。采用两阶段恒流充电法进行补充充电时,应先用 $C_{20}/10$ 的电流进行充电,当单格电池电压达到 2.4V 以上时,改用 $C_{20}/20$ 的电流充电至充足为止。不同型号铅蓄电池的补充充电电流值见表 2-5。

有些驾驶员常忽视对在用车蓄电池的补充充电。由于蓄电池在车上充电不彻底,易造成极板硫化;同时,在使用中充、放电的电量是不平衡的,倘若放电大于充电而使蓄电池长期处于亏电状态,蓄电池极板就会慢慢硫化。这种慢性硫化,会使蓄电池电荷容量不断降低,直到启动无力,大大缩短蓄电池的使用寿命。为使蓄电池极板上的活性物质及时得到还原,减少极板硫化,提高蓄电池电荷容量,延长其使用寿命,对在用车蓄电池应定期进行补充充电。

3. 间歇过充电

间歇过充电是为了避免使用中的铅蓄电池极板硫化的一种预防性充电,汽车用铅蓄电池应每隔 3 个月进行一次。充电方法是,先按补充充电的方法将蓄电池充足电,停歇 1h 后,再以减半的充电电流值进行过充电至沸腾,再停歇 1h 后,重新接入充电,如此反复,直到蓄电池刚接入充电时,立即沸腾为止。

蓄电池经常过量充电,即使充电电流不大,但电解液长时间"沸腾",除了活性物质表面的细小颗粒易于脱落外,还会使栅架过分氧化,造成活性物质与栅架松散剥离。

4. 循环锻炼充电

循环锻炼充电是为防止铅蓄电池极板钝化而进行的保养性充电。铅蓄电池使用中常处于部分放电的状况,参加化学反应的活性物质有限,为避免活性物质长期不工作而收缩,每隔 3 个月进行一次循环锻炼充电。充电方法是,先按照补充充电或间歇过充电方法将铅蓄电池充足电,再用 20 小时率的电流连续放电至单格电池电压降为 1.75V 为止,其容量降低不得大于额定容量的 10%,否则,应进行充、放电循环,直至容量达到额定容量的 90% 为止,方可使用。

5. 去硫化充电

去硫化充电是消除铅蓄电池极板轻度硫化的一种排故性充电。充电方法和步骤如下。

① 将铅蓄电池按 20h 放电率,放电至单格电池电压降至 1.75V 为止。

② 倒出电解液,用蒸馏水反复冲洗几次,然后加入蒸馏水至规定的液面高度,用初充电的第二阶段充电电流进行充电,当电解液密度增大到 $1.15g/cm^3$ 时,再将电解液倒出,加入蒸馏水,继续充电,反复多次,直至电解液密度不再上升为止。

③ 换用正常密度的电解液,按初充电方法将蓄电池充足电。

④ 用 20h 放电率放电,检查容量,若其输出容量可达额定容量的 80% 以上,则可装车使用;若达不到,应更换蓄电池或修理。

第五节 蓄电池常见的故障

一、蓄电池的常见故障

1. 极板硫化

(1) 故障特征 极板上生成一层白色粗晶粒的 $PbSO_4$,在正常充电时不能转化为 PbO_2 和 Pb 的现象。

① 硫化的电池放电时,电压急剧降低,过早降至终止电压,电池容量减小。

② 蓄电池充电时单格电压上升过快,电解液温度迅速升高,但密度增加缓慢,过早产生气泡,甚至一充电就有气泡。

(2) 故障原因

① 蓄电池长期充电不足或放电后没有及时充电,导致极板上的 $PbSO_4$ 有一部分溶解于电解液中,环境温度越高,溶解度越大。当环境温度降低时,溶解度减小,溶解的 $PbSO_4$ 就会

重新析出，在极板上再次结晶，形成硫化。

② 电解液液面过低，使极板上部与空气接触而被氧化。在行车中，电解液上下波动与极板的氧化部分接触，会生成大晶粒 $PbSO_4$ 硬化层，使极板上部硫化。

③ 长期过量放电或小电流深度放电，使极板深处活性物质的孔隙内生成 $PbSO_4$。

④ 新蓄电池初充电不彻底，活性物质未得到充分还原。

⑤ 电解液密度过高、成分不纯，外部气温变化剧烈。

(3) 排除方法　轻度硫化的蓄电池，可用小电流长时间充电的方法予以排除；硫化较严重者采用去硫化充电方法消除硫化；硫化特别严重的蓄电池应报废。

2. 活性物质脱落

(1) 故障特征　主要指正极板上的活性物质 PbO_2 的脱落。蓄电池容量减小，充电时从加液孔中可看到有褐色物质，电解液浑浊。

(2) 故障原因

① 蓄电池充电电流过大，电解液温度过高，使活性物质膨胀、松软而易于脱落。

② 蓄电池经常过充电，极板孔隙中逸出大量气体，在极板孔隙中造成压力，而使活性物质脱落。

③ 经常低温大电流放电使极板弯曲变形，导致活性物质脱落。

④ 汽车行驶中的颠簸振动。

(3) 排除方法　对于活性物质脱落的铅蓄电池，若沉积物较少时，可清除后继续使用；若沉积物较多时，应更换新极板和电解液。

3. 极板栅架腐蚀

(1) 故障特征　主要是正极板栅架腐蚀，极板呈腐烂状态，活性物质以块状堆积在隔板之间，蓄电池输出容量降低。

(2) 故障原因

① 蓄电池经常过充电，正极板处产生的 O_2 使栅架氧化。

② 电解液密度、温度过高，充电时间过长，会加速极板腐蚀。

③ 电解液不纯。

(3) 排除方法

① 腐蚀较轻的蓄电池，电解液中如果有杂质，应倒出电解液，并反复用蒸馏水清洗，然后加入新的电解液，充电后即可使用。

② 腐蚀较严重的蓄电池，如果是电解液密度过高，可将其调整到规定值，在不充电的情况下继续使用。

③ 腐蚀严重的蓄电池，如栅架断裂、活性物质成块脱落等，则需更换极板。

4. 极板短路

(1) 故障特征　蓄电池正、负极板直接接触或被其他导电物质搭接称为极板短路。极板短路的蓄电池充电时充电电压很低或为零，电解液温度迅速升高，密度上升很慢，充电末期气泡很少。

(2) 故障原因

① 隔板破损使正、负极板直接接触。

② 活性物质大量脱落，沉积后将正、负极板连通。

③ 极板组弯曲。

④ 导电物体落入池内。

(3) 排除方法　出现极板短路时，必须将蓄电池拆开检查。更换破损的隔板，消除沉积的活性物质，校正或更换弯曲的极板组等。

5. 自放电

（1）故障特征　蓄电池在无负载的状态下，电量自动消失的现象称为自放电。故障性自放电时，充足电的蓄电池在 30 天之内每昼夜容量降低超过 2%。

（2）故障原因

① 电解液不纯，杂质与极板之间以及沉附于极板上的不同杂质之间形成电位差，通过电解液产生局部放电。

② 蓄电池长期存放，硫酸下沉，使极板上、下部产生电位差而引起自放电。

③ 蓄电池溢出的电解液堆积在电池盖的表面，使正、负极柱形成通路。

④ 极板活性物质脱落，下部沉积物过多使极板短路。

（3）排除方法　自放电较轻的蓄电池，可将其正常放完电后，倒出电解液，用蒸馏水反复清洗干净，再加入新电解液，充足电后即可使用；自放电较为严重时，应将电池完全放电，倒出电解液，取出极板组，抽出隔板，用蒸馏水冲洗之后重新组装，加入新的电解液重新充电后使用。

6. 单格电池极性颠倒

（1）故障特征　单格电池原来的正极板变成负极板，负极板变成正极板。此时，蓄电池电压迅速下降，不能继续使用。

（2）故障原因　没有及时发现有故障的单格电池（如极板短路、活性物质脱落等），当蓄电池放电时，该单格电池由于容量小，首先放电至零，再继续放电时，其他单格电池的放电电流对它进行充电，使其极性颠倒。

（3）排除方法　对极性颠倒的单格电池应更换新极板。

二、蓄电池的保养

① 蓄电池长久不用，它会慢慢自行放电，直至报废。因此，每隔一定时间就应启动一次汽车，给蓄电池充电。另一个办法就是将蓄电池上的两个电极拔下来，需注意的是从电极柱上拔下正、负两根电极线时，要先拔下负极线，或卸下负极和汽车底盘的连接，然后再拔去带有正极标志（+）的另一端。蓄电池有一定的使用寿命，到一定的时期就要更换。在更换时同样要遵循上述次序，不过在把电极线接上去时，次序则恰恰相反，先接正极，然后再接负极。

② 当电流表指针显示蓄电量不足时，要及时充电。蓄电池的蓄电量可以在仪表板上反映出来。有时在路途中发现电量不够了，发动机又熄火启动不了，作为临时措施，可以利用其他车辆上的蓄电池来发动车辆，将两个蓄电池的负极和负极相连，正极和正极相连。

③ 电解液的密度应按照不同的地区、不同的季节按照标准进行相应的调整。

④ 在亏电解液时应补充蒸馏水或专用补液。切忌用饮用纯净水代替，因为纯净水中含有多种微量元素，对蓄电池会造成不良影响。

⑤ 在启动汽车时，不间断地使用起动机会导致蓄电池因过度放电而损坏。正确的使用办法是每次发动车的时间总长不超过 5s，再次启动间隔时间不少于 15s。在多次启动仍不着车的情况下应从电路、点火线圈或油路等其他方面找原因。

⑥ 日常行车时应经常检查蓄电池盖上的小孔是否通气。倘若蓄电池盖小孔被堵，产生的氢气和氧气排不出去，电解液膨胀时，会把蓄电池外壳撑破，影响蓄电池寿命。

⑦ 检查电池的正、负极有无被氧化的迹象。可用热水时常浇蓄电池的电线连接处，用铜丝刷清理干净，并涂上黄油。

⑧ 检查电路各部分有无老化或短路的地方。防止蓄电池因为过度放电而提前退役。

⑨ 蓄电池禁止亏电存放，若用完了闲置几天再充电，极板易出现硫酸盐化，容量下降。

⑩ 定期测量单节电池的电压，若其中有一块电池的电压低于 10.5V，此时应找维修站检

⑪ 冬季蓄电池容量随气温的降低而下降，这是正常现象，以20℃为标准，一般-10℃时容量为80%。

⑫ 长期保持蓄电池表面的清洁，存放车辆时禁止曝晒，应将车辆停放在阴凉、通风、干燥处。

⑬ 电池需要长时间放置时必须先充足电，一般每1个月补充一次。

⑭ 充电时要使用专用充电器，放置在阴凉、通风处，避免高温和潮湿。

⑮ 请勿使用有机溶剂清洗蓄电池外壳。

⑯ 请勿将蓄电池正负极端短路，以免发生危险。

⑰ 当仪表盘红色欠压显示灯发光时，表明电量进入"饥饿区"，应及时充电。充电时间应根据行驶里程长短有所不同，里程越长，充电时间就长；反之则短。

⑱ 蓄电池组若发生故障，应将其送交厂家授权处或有关机构妥善处理。不要随意丢弃，以免造成环境污染。

⑲ 由于蓄电池正、负极板材料不同，除了活性物质外，负极板还添加了硫酸钡、腐殖酸、炭黑和松香等材料，用来防止负极板收缩和氧化。另外，每个单格蓄电池的负极板数又总是比正极板数多一片，而且负极板比正极板略薄。当进行蓄电池的初充电或补充充电时，若不注意极性，会使蓄电池充反，使正、负极几乎都产生粗晶粒的$PbSO_4$，造成蓄电池电荷容量不足，不能正常工作，甚至导致蓄电池报废。因此，充电时一定要注意极性，切不可极性充反。

⑳ 正确充电。目前汽车上的电动设备越来越多，车主在使用这些电动设备时，尽量不要让蓄电池超负荷工作。蓄电池的超负荷工作会减少其寿命。

掌握正确的蓄电池充电方法很重要。

首先将蓄电池正极接电源正极，蓄电池负极接电源负极。然后初充电分两个阶段进行：先用初充电电流充到电解液放出气泡，单格电压升到2.3~2.4V为止；再将电流降为1/2初充电电流，继续充到电解液放出剧烈的气泡，电压连续3h稳定不变为止。全部充电时间为45~65h。

充电过程中应常测量电解液温度，用电流减半、停止充电或冷却的方法，将温度控制在35~40℃。初充电完毕时，若电解液密度不符合规定，应用蒸馏水或密度为$1.4g/cm^3$的电解液进行调整。调整后再充电2h，直至密度符合规定时为止。

提示：蓄电池一般2~3年更换一次。正确的蓄电池保养方法能保持蓄电池的正常寿命，让蓄电池"电力十足"。

第六节　蓄电池的使用维护与检测

蓄电池是车上很重要的电器部件。蓄电池正常工作时可给用户提供很多便利。为了保证蓄电池的使用寿命及功能，应按维修手册中所述进行检查及保养。除了在发动机启动时需使用蓄电池外，蓄电池还作为中继装置向车上所有用电器供电。

铅蓄电池警报说明如图2-15所示。

一、蓄电池的使用与维护

1. 蓄电池的储存

（1）新蓄电池的储存　未启用的新蓄电池，其加液孔盖上的通气孔均已封闭，不要捅破。保管蓄电池时应注意以下几点。

① 存放温度为5~30℃，环境干燥、清洁、通风。

② 不要受阳光直射，离热源距离不小于 2m。
③ 避免与任何液体和有害气体接触。
④ 不得倒置或卧放，不得叠放，不得承受重压。
⑤ 新蓄电池的存放时间不得超过 2 年。

(2) 暂时不用的蓄电池的储存　采用湿储存方法，即先充足电，再把电解液密度调至 $1.24\sim1.28\text{g/cm}^3$，液面调至规定高度，然后将通气孔密封，存放期不得超过半年。存放期间应定期检查，如容量降低 25%，应立即补充充电，交付使用前也应先充足电。

(3) 长期停用的蓄电池的储存　采用干储存法，即先将充足电的蓄电池以 20h 放电率放完电，然后倒出电解液，用蒸馏水反复冲洗多次，直到水中无酸性，晾干后旋紧加液孔盖，并将通气孔密封，存放条件与新蓄电池相同。

2. 启用新蓄电池

首先擦净外表面，旋开加液孔盖，疏通通气孔，注入新电解液，静置 4~6h 后，调节液面高度到规定值，按初充电规范进行充电后即可使用。干荷电蓄电池在规定存放期（一般为 2 年）内，启用时可直接加入规定密度的电解液，静置 20~30min 后，校准液面高度，即可使用。若超期存放或保管不当损失部分容量，应在加注电解液后经补充充电方可使用。

3. 蓄电池的拆装

(1) 蓄电池的拆卸　断开蓄电池前应查询收录机的防盗码。如果再次接上蓄电池，应按操作说明重新启动车上的装备（收录机、时钟、电动车窗升降器、发动机）。

打开压力舱盖。松开六角螺母 1（SW10），断开蓄电池接线柱上的地线，松开六角螺母 2（SW10），断开蓄电池正极接线柱上的正极接线，如图 2-16 所示。

拧下六角螺栓（SW13）并拆下固定件（拧紧力矩为 15N·m），从压力舱内取出蓄电池，如图 2-17 所示。

(2) 蓄电池的安装　最新一代蓄电池上有一个中央通气孔和一种称为"Fritte"的复燃（逆弧）保护装置。其功能是使充电时产生的气体可从蓄电池盖上的通气中溢出。在同一位置还装有复燃保护装置，它可防止点燃蓄电池所产生的可燃气。还有一点很重要，中央通气孔处有一根软管，安装时不要取下。只有这样，蓄电池才能通过"Fritte"和软管排气。"Fritte"由一个小圆玻璃纤维垫构成，该垫直径约 15mm，厚约 2mm。"Fritte"工作时像一个阀，蓄电池产生的气体就从该"阀"中溢出。

安装蓄电池时务必注意，中央通气孔处的软管（图 2-18 中箭头所示）不可取下。对于无该软管的蓄电池，注意上盖上的排气孔不要堵塞。蓄电池的安装可按与拆卸相反的

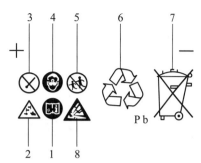

图 2-15　铅蓄电池警报说明

1—遵守维修手册中电器系统和使用说明书中铅蓄电池的使用说明；2—腐蚀危险（铅蓄电池内的酸液有强腐蚀性，因此必须戴上防护手套和眼镜。不要倾倒蓄电池，否则酸液可从排气孔中溢出）；3—禁止明火、火花、明灯及吸烟（用电缆及检测仪器检查时不要产生火花。不要使蓄电池短路）；4—戴上防护眼镜；5—小孩应远离酸液和铅蓄电池；6—报废处理；7—旧铅蓄电池不可作为家庭垃圾处理；8—爆炸危险（维护蓄电池时，蓄电池接线柱不可涂油脂。蓄电池接线卡只可用手轻插上，以免损坏蓄电池壳体。蓄电池接线柱拧紧力矩为 6N·m）

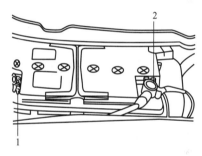

图 2-16　蓄电池接线

1，2—六角螺母

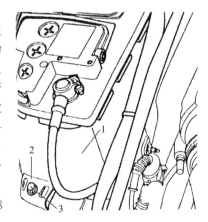

图 2-17　拆卸蓄电池

1—蓄电池；2—固定件；3—六角螺栓

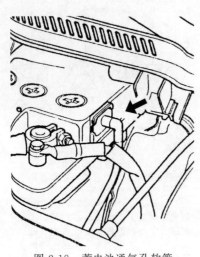

图 2-18 蓄电池通气孔软管

顺序进行。安装完后应检查蓄电池是否装牢。如蓄电池未装牢，由于蓄电池振动会影响其使用寿命；如固定不当，会损坏蓄电池栅板，固定件会压坏蓄电池壳体（酸可能流出，造成巨大损失），另外撞车时易引发其他事故。

（3）蓄电池的拆装注意事项

① 拆装、移动蓄电池时，应轻搬轻放，严禁在地上拖拽。

② 蓄电池型号和车型应相符，电解液密度和高度应符合规定。

③ 安装时，蓄电池固定在托架上，塞好防振垫。

④ 极柱涂上凡士林或润滑油，防腐防锈。极柱卡子与极柱要接触良好。

⑤ 蓄电池搭铁极性必须与发电机一致。

⑥ 接线时先接正极，后接负极，拆线时相反，以防金属工具搭铁，造成蓄电池短路。

4. 蓄电池的维护

① 保持蓄电池外表面的清洁干燥，及时清除极柱和电缆卡子上的氧化物，并确定蓄电池极柱上的电缆连接牢固。

清洗蓄电池时，最好从车上拆下蓄电池，用苏打水溶液冲洗整个壳体（图 2-19），然后用清水冲洗蓄电池并用纸巾擦干。对蓄电池托架，可先用腻子刀刮净厚腐蚀物，然后用苏打水溶液清洗托架（图 2-20），之后用水冲洗并干燥。托架干燥后，涂上防腐漆。

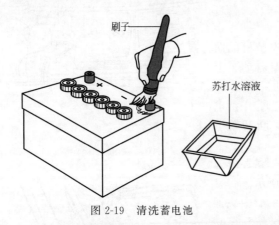

图 2-19 清洗蓄电池

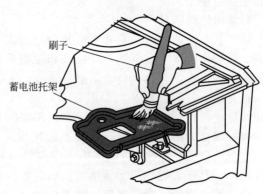

图 2-20 清洗托架

对极柱和电缆卡子，可先用苏打水溶液清洗，再用专用清洁工具进行清洁，如图 2-21 所示。清洗后，在电缆卡子上涂上凡士林或润滑油，防止腐蚀。注意：清洗蓄电池之前，要拧紧加液孔盖，防止苏打水进入蓄电池内部。

② 保持加液孔盖上通气孔的畅通，定期疏通。

③ 定期检查并调整电解液液面高度，液面不足时，应补加蒸馏水。

④ 汽车每行驶 1000km 或夏季行驶

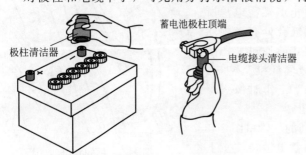

图 2-21 对极柱和电缆卡子的清洗

5~6天、冬季行驶 10~15 天，应用密度计或高率放电计检查一次蓄电池的放电程度，当冬季放电超过 25%、夏季放电超过 50% 时，应及时将蓄电池从车上拆下进行补充充电。

⑤ 根据季节和地区的变化及时调整电解液的密度。冬季可加入适量的密度为 $1.40g/cm^3$ 的电解液，以调高电解液的密度（一般比夏季高 $0.02~0.04g/cm^3$ 为宜）。

⑥ 冬季向蓄电池内补加蒸馏水时，必须在蓄电池充电前进行，以免水和电解液混合不均而引起结冰。

⑦ 冬季蓄电池应经常保持在充足电的状态，以防电解液密度降低而结冰，引起外壳破裂、极板弯曲和活性物质脱落等故障。蓄电池电解液密度、放电程度和冰点温度的关系见表 2-6。

表 2-6 蓄电池电解液密度、放电程度和冰点温度的关系

放电程度	充足电		放电 25%		放电 50%		放电 75%		放电 100%	
	密度(25℃)/(g/cm³)	冰点/℃	密度(25℃)/(g/cm³)	冰点/℃	密度(25℃)/(g/cm³)	冰点/℃	密度(25℃)/(g/cm³)	冰点/℃	密度(25℃)/(g/cm³)	冰点/℃
电解液的密度和冰点	1.31	-66	1.27	-58	1.23	-36	1.19	-22	1.15	-14
	1.29	-70	1.25	-50	1.21	-28	1.17	-18	1.13	-10
	1.28	-69	1.24	-42	1.20	-25	1.16	-16	1.12	-9
	1.27	-58	1.23	-36	1.19	-22	1.15	-14	1.11	-8
	1.25	-50	1.21	28	1.17	-18	1.13	-10	1.09	-6

二、蓄电池的技术状态检测

1. 外部检查

① 检查蓄电池封胶有无开裂和损坏，极柱有无破损，壳体有无泄漏，否则应修理或者更换。

② 疏通加液孔盖的通气孔。

③ 清洁蓄电池外壳，并用钢丝刷或极柱接头清洗器清洁极柱和电缆卡子上的氧化物，清洁后涂抹一层凡士林或润滑脂。

2. 检测蓄电池电解液液面高度

① 用玻璃管测量法，如图 2-22 所示。工具：内径为 3~5mm 的玻璃管。液面高度标准值为 10~15mm。

② 观察液面高度指示线法，如图 2-23 所示。正常液面高度应介于两线之间，液面过低时，应加入蒸馏水补充。

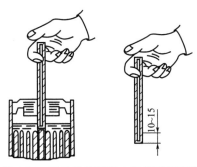

图 2-22 用玻璃管测量电解液液面高度

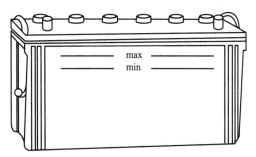

图 2-23 观察蓄电池液面高度指示线

3. 检测蓄电池电解液密度

电解液密度的大小，是判断蓄电池容量的重要标志。电解液密度检测再加上蓄电池加载检测即可清楚表明蓄电池状态。检测电解液密度时蓄电池温度不得低于10℃，可以在蓄电池刚充完电就检测电解液密度。测量蓄电池电解液密度时，蓄电池应处于稳定状态。蓄电池充、放电或加注蒸馏水后，应静置半小时后再测量。

用吸式密度计测量电解液密度，其测量过程如图2-24所示。拧下所有蓄电池堵塞（蓄电池各格堵塞），将虹吸管（图2-25）插入一个格内尽量抽取电解液，直到浮子浮起。对其他各格重复上述检测过程。电解液密度越高，浮子浮起得越多（图2-26）。根据虹吸管上的刻度可得知电解液密度。

图2-24 用吸式密度计测量电解液密度

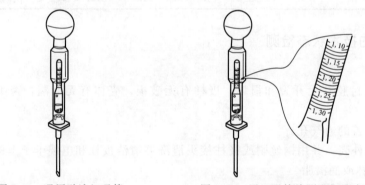

图2-25 通用酸液虹吸管　　图2-26 用虹吸管检测电解液密度

各格电解液密度之差不可大于 $0.04g/cm^3$，电解液密度应不低于 $1.24g/cm^3$。不同状态对蓄电池电解液密度的要求见表2-7。如果检测的电解液密度不合要求，则蓄电池不能继续使用，必须报废。

表2-7 不同状态对蓄电池电解液密度的要求

地区	充电状态	密度/(g/cm³)
正常气候地区	完全放电	1.12
	半充电	1.20
	充满电	1.28
热带地区	完全放电	1.08
	半充电	1.16
	充满电	1.23

测得的密度值应用标准温度（15℃）予以校正（同时测量电解液温度）。不同温度条件下

电解液密度修正值见表2-8。

表2-8 不同温度条件下电解液密度修正值

测得电解液温度/℃	45	30	15	0	−15	−30	−45
密度计测量数修正值/(g/cm^3)	+0.02	+0.01	0	−0.01	−0.02	−0.03	−0.04

通过对各个单格电池电解液密度的测量，可以确定蓄电池是否失效。如果单格电池之间的密度相差0.04g/cm^3，则该电池失效。

电解液密度与放电程度的关系是，密度每下降0.01g/cm^{3}相当于蓄电池放电6%，当判定蓄电池在夏季放电超过50%、冬季放电超过25%时不宜再继续使用，应及时进行补充充电，否则会使蓄电池早期损坏。

4. 蓄电池开路电压的测量

测量蓄电池开路电压时，蓄电池应处于稳定状态，蓄电池充、放电或加注蒸馏水后，应静置半小时后再测量。蓄电池开路电压可用万用表的电压挡测量，将万用表的正、负表笔分别与蓄电池的正、负极相接即可。蓄电池端电压可以反应蓄电池的存电程度，它们之间的关系见表2-9。

表2-9 蓄电池端电压与蓄电池存电状态的关系

存电状态/%	100	75	50	25	0
蓄电池电压/V	12.6以上	12.4	12.2	12	11.9以下

5. 负荷试验检测

负荷试验要求被测蓄电池至少存电75%以上，若电解液密度低于1.22g/cm^3，用万用表测得静止电动势不到12.4V，应先充足电，再做测试。

(1) 使用高率放电计检测 高率放电计的结构如图2-27所示。

高率放电计是模拟起动机工作状态，检测蓄电池容量的仪表。它由一个电压表和一个负载电阻组成。由于在检测时，蓄电池对负载电阻的放电电流可达100A以上，所以，能比较准确判定蓄电池的容量和基本性能，它是目前普遍使用的检测仪表。以12V蓄电池为例，使用方法如下。

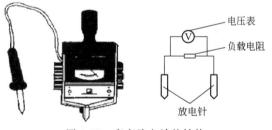

图2-27 高率放电计的结构

将高率放电计的正、负放电针分别压在蓄电池的正、负极柱上，保持15s，若电压保持在9.6V以上，说明性能良好；若稳定在11.6～10.6V，说明存电充足；若电压迅速下降，说明蓄电池已经损坏。注意：此项测量不能连续进行，必须间隔1min后才可以再次检测，以防止蓄电池损坏。

(2) 随车启动测试 在启动系统正常的情况下，以起动机作为试验负荷。拔下分电器中央高压线并搭铁，将万用表置于电压挡，红、黑表笔分别接在蓄电池正、负极柱上，接通起动机15s，读取电压表读数，对于12V蓄电池，应不低于9.6V。

6. 蓄电池的充电

蓄电池充电房间内不允许有明火或吸烟，因为充电时会产生气体，该气体很容易被引燃。精密工具不可放入充电间，因为充电时改变了室内空气成分，因而会产生腐蚀性。蓄电池在充电、电压测量和负荷检测时必须拧紧堵塞。

将蓄电池接到充电器上前，应关闭充电器，蓄电池充电前，其最低温度不得低于10℃。

应使用蓄电池充电器来充电，如 VAG1471、VAG1648 或 VAG1974。如还要将蓄电池装到车上使用，必须遵守空载电压和电解液密度的规定。蓄电池充电方法如下。

断开蓄电池地线和正极接线。将蓄电池正极接线柱接到充电器正极接线柱上，负极接线柱接到充电器的负极接线柱上。

如果蓄电池长时间未在行车中使用，如库存车，由于静态用电器（如时钟）的作用，蓄电池自身放电。如出现这种情况，蓄电池会硫化，即极板表面硬化。如果蓄电池在过度放电后又马上充电，则会产生硫化反应。如未出现这种情况，表明极板仍能硬化，但蓄电池充电能力受影响。其储备功率下降。蓄电池过度放电后，电解液（硫酸与水的混合液）中几乎只剩下水，硫酸已大量减少。在温度达到 0℃ 以下时，液体会膨胀，从而胀破蓄电池壳体。用传统的充电器对已过度放电的蓄电池进行快速充电时，蓄电池根本不接受充电电流或由于表面放电现象过早地表示"已充满电"，表面看起来蓄电池已正常，这种蓄电池必须以小电流进行充电。

对过度放电的蓄电池（空载电压为 11.6V 或更低）进行充电，充电时间至少应为 24h。充电电流（最大值）只能为蓄电池容量的 10%，也就是说对于 60A·h 的蓄电池，充电电流最大值为 6A，充电电压（最大）只能为 14.4V。过度放电蓄电池不可快速充电。

7. 注意事项

① 电解液的配制：根据当地的气温条件，选择合适的电解液密度。配制电解液时，先用耐酸的容器装蒸馏水，然后将浓硫酸慢慢注入水中，同时用清洁的玻璃棒搅拌，使其混合均匀。测量其密度和温度，若不符合要求，适当调整，直至合格为止。

② 蓄电池的初充电：现在汽车普遍采用干荷电蓄电池，所以初次使用只需按规定加足电解液后，静置 30min 即可装车使用。

③ 蓄电池的补充充电：首先清除蓄电池脏污和极柱上的氧化物，拧下加液孔盖，疏通通气孔。将充电机与蓄电池相连，选择合适的电压和电流。

④ 严格遵守各种充电方法的操作规范。

⑤ 处于寒冷天气的蓄电池在充电之前，需检查电解液是否结冰，不可对结冰的蓄电池进行充电，否则会引起爆炸。

⑥ 充电前，需检查电解液的液面高度，电解液不足时，不得充电。

⑦ 充电过程中应注意测量电解液的温度，当温度超过 40℃ 时，应将电流减半，如温度继续升高达 45℃ 时，应停止充电，待冷却至 35℃ 以下时再充电。也可采用风冷或水冷的方法来降温。

⑧ 初充电应连续进行，不可长时间间断。

⑨ 室内充电时，应旋下加液孔盖，使氢气和氧气能顺利排出。

⑩ 充电间要安装通风设备，在充电过程中，通风设备应不停地工作，以排出有害气体，避免爆炸危险及损害操作人员的健康。

⑪ 充电间严禁烟火。

第三章 交流发电机和调节器

第一节　交流发电机的结构

一、发电机的功用

发电机是汽车的主要电源，其功用是在发动机正常运转时，向所有用电设备（起动机除外）供电，同时给蓄电池充电。汽车用发电机可分为直流发电机和交流发电机，由于交流发电机的性能在许多方面优于直流发电机，因此直流发电机已被淘汰。目前汽车采用三相交流发电机，内部带有二极管整流电路，将交流电整流为直流电，所以，汽车交流发电机输出的是直流电。交流发电机必须配装电压调节器，电压调节器对发电机的输出电压进行控制，使其保持基本恒定，以满足汽车用电器的需求。在普通交流发电机三相定子绕组基础上，增加绕组匝数并引出接线头，增加一套三相桥式整流器。低速时由原绕组和增绕组串联输出，而在较高转速时，仅由原三相绕组输出。充电系统的组成如图 3-1 所示。

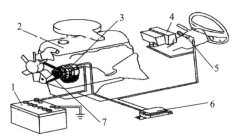

图 3-1　充电系统的组成
1—蓄电池；2—发动机；3—发电机；4—充电指示灯；5—点火开关；6—电压调节器；7—驱动皮带

二、普通交流发电机的结构

普通交流发电机一般由转子、定子、整流器、前后端盖、风扇、带轮等组成。如图 3-2 所示为 JF132 型 6 管普通式交流发电机的结构。

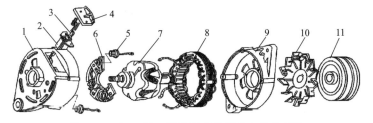

图 3-2　JF132 型 6 管普通式交流发电机的结构
1—后端盖；2—电刷架；3—电刷；4—电刷弹簧压盖；5—硅二极管；6—元件板；
7—转子总成；8—定子总成；9—前端盖；10—风扇；11—V 带轮

1. 转子

转子的功用是产生磁场。转子由爪极、磁轭、励磁绕组、滑环、转子轴等组成，如图 3-3

和图 3-4 所示。转子轴上压装着两块爪极，爪极被加工成鸟嘴形状，爪极空腔内装有励磁绕组和磁轭。滑环由两个彼此绝缘的铜环组成，压装在转子轴上并与轴绝缘，两个滑环分别与励磁绕组的两端相连。当给两滑环通入直流电时，励磁绕组中就有电流通过，并产生轴向磁通，使一块爪极被磁化为 N 极，另一块爪极被磁化为 S 极，从而形成六对（或八对）相互交错的磁极。当转子转动时，就形成了旋转的磁场。交流发电机的磁路为磁轭→N 极→转子与定子之间的气隙→定子→定子与转子间的气隙→S 极→磁轭。

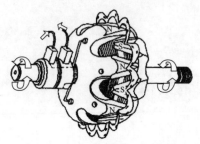

图 3-3 交流发电机的转子总成

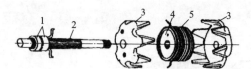

图 3-4 交流发电机转子的结构
1—滑环；2—转子轴；3—爪极；4—磁轭；5—励磁绕组

2. 定子

定子的功用是产生交流电。定子安装在转子的外面，和发电机的前后端盖固定在一起，当转子在其内部转动时，引起定子绕组中磁通的变化，定子绕组中就产生交变的感应电动势。定子由定子铁芯和定子绕组（线圈）组成。定子铁芯由内圈带槽、互相绝缘的硅钢片叠成。定子绕组有三组线圈，对称地嵌放在定子铁芯的槽中。三相绕组的连接有星形接法和三角形接法两种，如图 3-5 所示，都能产生三相交流电。三相绕组必须按一定要求绕制，才能获得频率相同、幅值相等、相位互差 120°的三相电动势。

① 每个线圈的两个有效边之间的距离应和一个磁极占据的空间距离相等。

② 每相绕组相邻线圈始边之间的距离应和一对磁极占据的距离相等或成倍数。

③ 三相绕组的始边应相互间隔 $2\pi\div120°$ 电角度（一对磁极占有的空间为 360°电角度）。

在国产 JF13 系列交流发电机中，一对磁极占 6 个槽的空间位置（每槽 60°电角度），一个磁极占 3 个槽的空间位置，所以每个线圈两条有效边的位置间隔是 3 个槽，每相绕组相邻线圈始边之间的距离 6 个槽，三相绕组的始边的相互间隔可以是 2 个槽、8 个槽、14 个槽等。

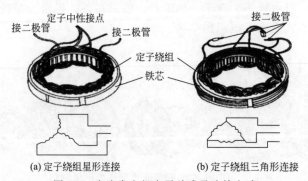

图 3-5 交流发电机定子总成及连接方式

3. 整流器

整流器的功用是将定子绕组的三相交流电变为直流电。整流器由整流板和整流二极管组成，6 管交流发电机的整流器是由 6 个硅整流二极管分别压装（或焊装）在相互绝缘的两块板上组成的,其中一块为正极板(带有输出端螺栓),另一块为负极板,负极板和发电机外壳直接相连(搭铁),也可以将发电机的后盖直接作为负极板。6个整流二极管分为正极管和负极管两种。引出电极为正极的称为正极管,3个正极管装在同一块板上,称为正极板;引出电极为负极的称为负极管,3个负极管安装在负极板上,也可直接安装在后盖上,如图3-6所示。

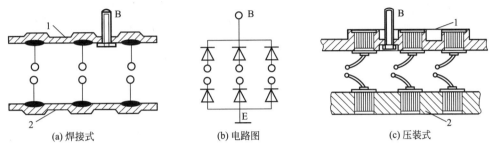

图3-6 交流发电机整流二极管安装示意图
1—正整流板;2—负整流板

汽车用硅整流二极管是专用的,有如下特点。

① 允许的工作电流大,如ZQ50型二极管的正向平均电流为50A,浪涌电流为600A。

② 承受反向电压的能力高,可承受的反向重复峰值电压在270V左右,反向不重复峰值电压在300V左右。

③ 只有一根引线(引出电极)。

④ 根据引出电极的不同分为正二极管和负二极管。有的二极管引线是正极,有的二极管引线是负极,引出线为正极的二极管叫正极管,引出线为负极的二极管叫负极管,所以说整流二极管有正二极管和负二极管之分。

整流器总成的形状各异,有马蹄形、半圆形和圆形等,如图3-7所示。交流发电机整流器和定子绕组的连接如图3-8所示。

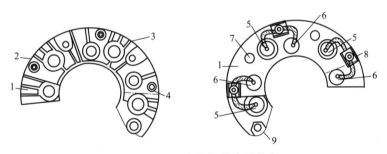

图3-7 JF132发电机整流器总成
1—负整流板;2—正整流板;3—散热片;4—螺栓孔;5—正极管;
6—负极管;7—安装孔;8—绝缘垫;9—B+端子

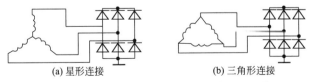

图3-8 交流发电机整流器和定子绕组的连接

4. 端盖及电刷组件

端盖一般分两部分(前端盖和后端盖),起支撑转子、定子、整流器和电刷组件的作用。

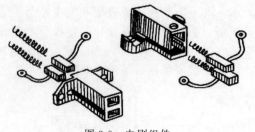

图3-9 电刷组件

端盖一般用铝合金铸造,一是可有效地防止漏磁;二是铝合金散热性能好。后端盖上装有电刷组件。电刷组件由电刷、电刷架和电刷弹簧组成,如图3-9所示。电刷的作用是将电源通过滑环引入励磁绕组。两个电刷分别装在电刷架的孔内,借助弹簧压力与滑环保持接触。电刷和滑环的接触应良好,否则会因为磁场电流过小,导致发电机发电不足。电刷架根据发电机类型的不同,其安装位置也不同。安装在发电机后端盖上的称为外装式,这种结构便于电刷的维护与更换;与整流器安装在一起的称为内装式,当维护或更换电刷时,将发电机后端盖上的防护罩拆下。

励磁绕组通过两个电刷(F和E)和外电路相连,根据电刷和外电路的连接型式不同,发电机分为内搭铁型和外搭铁型两种,如图3-10所示。

(1)内搭铁型交流发电机 励磁绕组的一端经负电刷(E)引出后和后端盖直接相连(直接搭铁)的发电机称为内搭铁型交流发电机,如图3-10(a)所示。

(2)外搭铁型交流发电机 励磁绕组的两端(F和E)均和端盖绝缘的发电机称为外搭铁型交流发电机,如图3-10(b)所示。

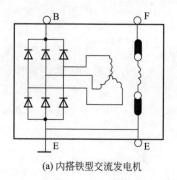
(a) 内搭铁型交流发电机

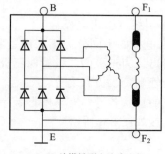
(b) 外搭铁型交流发电机

图3-10 交流发电机的搭铁型式

5. 带轮及风扇

交流发电机的前端装有带轮和风扇,由发动机通过传动带驱动发电机的转子轴和风扇一起旋转。发电机工作时,定子绕组和励磁绕组中都会有热量产生,温度过高会烧坏导线的绝缘,导致发电机不能正常工作,所以为发电机散热是必须的。为了提高散热能力,有的发电机装有两个风扇(前后各一个),如丰田轿车的发电机。

第二节 交流发电机的工作原理

一、交流发电机发电原理

如图3-11所示,发电机定子的三相绕组按一定规律分布在发电机的定子槽中,内部有一个转子,转子上安装着爪极和励磁绕组。当外电路通过电刷使励磁绕组通电时,便产生磁场,使爪极被磁化为N极和S极。当转子旋转时,磁通交替地在定子绕组中变化,根据电磁感应原理可知,定子的三相绕组中便产生交变的感应电动势。这就是交流发电机的发电原理。

由原动机(即发动机)拖动直流励磁的同步发电机转子以转速n(r/min)旋转,三相定

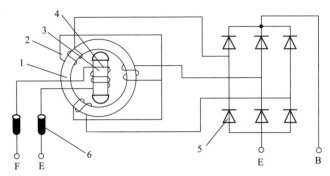

图 3-11 交流发电机发电原理示意图
1—定子铁芯；2—定子绕组；3—转子；4—励磁绕组；5—整流二极管；6—电刷

子绕阻便感应交流电动势。定子绕阻若接入用电负载，电动机就有交流电能输出，经过发电机内部的整流桥将交流电转换成直流电从输出端子输出。

交流发电机分为定子绕组和转子绕组两部分，三相定子绕组按照彼此相差120°电角度分布在壳体上，转子绕组由两块极爪组成。当转子绕组接通直流电时即被励磁，两块极爪形成N极和S极。磁力线由N极出发，透过空气间隙进入定子铁芯再回到相邻的S极。转子一旦旋转，转子绕组就会切割磁力线，在定子绕组中产生互差120°电度角的正弦电动势，即三相交流电，再经由二极管组成的整流元件变为直流电输出。

① 交流电动势的变化频率 f 和转速、磁极对数成正比。

$$f = \frac{pn}{60}$$

式中　p——磁极对数；

n——发电机转速，r/min。

在交流发电机中，由于转子磁极呈鸟嘴形，其磁场的分布近似正弦规律，所以交流电动势的波形也近似正弦规律。如果发电机定子的三相绕组是对称绕制的，则产生的三相电动势也是对称的。

② 定子每相电动势的有效值的表示。

$$E_\phi = 4.44 K f N \Phi = C_e \Phi n$$

式中　K——绕组系数（和发电机定子绕组的绕线方式有关）；

N——每相绕组的匝数，匝；

f——频率，Hz；

Φ——每极磁通，Wb；

C_e——电动机结构常数（$C_e = 4.44KNp/60$）；

E_ϕ——相电动势。

由此可见，当交流发电机结构一定时（结构常数不变），相电动势和发电机转速、磁通成正比。

二、交流发电机整流原理

交流发电机定子的三相绕组中，感应产生的是交流电，是通过6个二极管组成的三相桥式整流电路整流为直流电的，整流电路如图3-12(a)所示。二极管具有单向导通性，当给二极管加上正向电压时二极管导通，当给二极管加上反向电压时二极管截止。将定子的三相绕组和6个整流二极管按图3-12(a)所示的电路连接，发电机的输出端B、E上就输出一个脉动直流电压，如图3-12(c)所示，这就是发电机的整流原理。

1. 整流原理

（1）二极管的导通原则

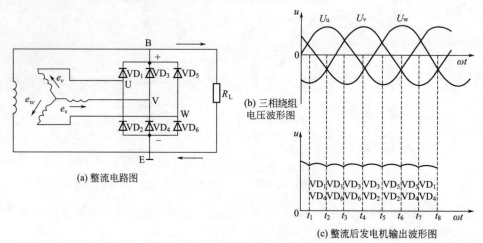

图 3-12 交流发电机整流原理

① 当 3 个正二极管负极端连接在一起时，正极端电位最高者导通。
② 当 3 个负二极管正极端连接在一起时，负极端电位最低者导通。
（2）整流过程的分析
① 同时导通的二极管总是两个，正、负二极管各一个。
② 三相桥式整流电路中二极管依次循环导通，使得负载 R_L 两端得到一个比较平稳的脉动直流电压，如图 3-12(c) 所示。

2. 中性点电压

在定子绕组为星形连接时，三相绕组的公共结点称为中性点。从三相绕组的中性点引一根导线到发电机外，标记为"N"。"N"点电压称为中性点电压。中性点电压的瞬时值是一个三次谐波电压，如图 3-13 所示，平均值为发电机输出电压（平均值）的一半，即带有中性点接线柱的发电机，可用中性点电压来控制各种用途的继电器工作。

利用中性点电压提高发电机功率。有的发电机（如夏利发电机）的整流器有 8 个整流管，其中两个整流管接在中性点处（1 个正极管和 1 个负极管），如图 3-14 所示。把中性点电压和三相绕组并联输出，实践证明这样可提高发电机功率 $10\%\sim15\%$。由于中性点电压的瞬时值是一个三次谐波，其波峰在有些时候可能大于三相绕组的最高值，此时，中性点正极管 VD_7 导通，其他三个正极管截止，由 VD_7 供给外电路高电压；同理，波谷也能小于三相绕组的最低值，此时，中性点负极管 VD_8 导通，参与对外输出，这样就提高了发电机的对外输出能力，提高了发电机的输出功率。

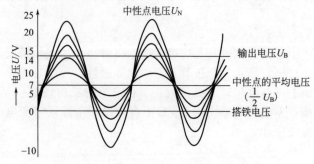

图 3-13 交流发电机中性点电压波形

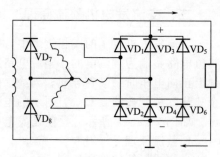

图 3-14 具有中性点二极管的整流电路

三、串激式交流发电机的励磁

当开关闭合后，首先由蓄电池提供电流。电路为蓄电池正极→充电指示灯→调节器触点→励磁绕阻→搭铁→蓄电池负极。此时，充电指示灯由于有电流通过，所以灯会亮。

但发动机启动后，随着发电机转速提高，发电机的端电压也不断升高。当发电机的输出电压与蓄电池电压相等时，发电机"B"端和"D"端的电位相等，此时，充电指示灯由于两端电位差为零而熄灭。指示发电机已经正常工作，励磁电流由发电机自己供给。发电机中三相绕阻所产生的三相交流电动势经二极管整流后，输出直流电，向负载供电，并向蓄电池充电。

除了永磁式交流发电机不需要励磁以外，其他形式的交流发电机都需要励磁，因为它们的磁场都是电磁场，必须给励磁绕组通电才会有磁场产生而发电，否则发电机将不能发电。将电流引入到励磁绕组使其产生磁场称为励磁。目前汽车上用的交流发电机大多为串激式交流发电机，这种发电机的工作有他励和自励两个过程。

1. 他励

在发电机转速较低时（发动机未达到怠速转速），自身不能发电，需要蓄电池供给发电机励磁绕组电流，使励磁绕组产生磁场来发电。这种由蓄电池供给磁场电流发电的方式称为他励发电。

2. 自励

随着转速的提高（一般在发动机达到怠速时），发电机定子绕组的电动势逐渐升高并能使整流器二极管导通，当发电机的输出电压U_B大于蓄电池电压时，发电机就能对外供电。当发电机能对外供电时，就可以把自身发的电供给励磁绕组，这种自身供给磁场电流发电的方式称为自励发电。交流发电机励磁过程是先他励后自励。当发动机达到正常怠速转速时，发电机的输出电压一般高出蓄电池电压1～2V，以便对蓄电池充电，此时，由发电机自励发电。不同汽车的励磁电路各不相同，但有一个共同特点是励磁电路都必须由点火开关控制。交流发电机的励磁电路如图3-15和图3-16所示。

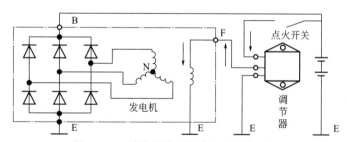

图3-15 6管内搭铁型交流发电机的励磁

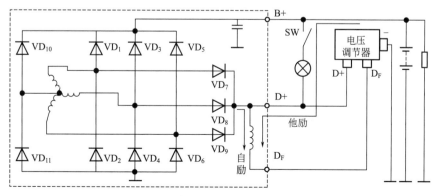

图3-16 11管外搭铁型交流发电机的励磁

第三节 常见的交流发电机

一、交流发电机的分类

1. 按总体结构分（图 3-17）

（1）普通交流发电机 这种发电机既无特殊装置，也无特殊功能特点，使用时需要配装电压调节器，又称为"硅整流发电机"，例如 JF132（EQ140 用）。

（2）整体式交流发电机 发电机和调节器制成一个整体的发电机，例如别克轿车装配的是 CS 型发电机（包括 CS-121、CS-130 和 CS-144 三种不同的型号）。

（3）带泵的交流发电机 发电机和汽车制动系统用真空助力泵安装在一起的发电机。

（4）无刷交流发电机 不需要电刷的发电机，例如 JFW1913。

（5）永磁交流发电机 转子磁极为永磁铁制成的发电机。

(a) 普通交流发电机　　(b) 整体式交流发电机　　(c) 带泵型交流发电机

图 3-17　按总体结构分类常见的三种类型的交流发电机

2. 按整流器二极管的数目分（图 3-18）

（1）6 管交流发电机 例如 JF1522（东风汽车用）。

（2）8 管交流发电机 例如 JFZ1542（天津夏利汽车用）。

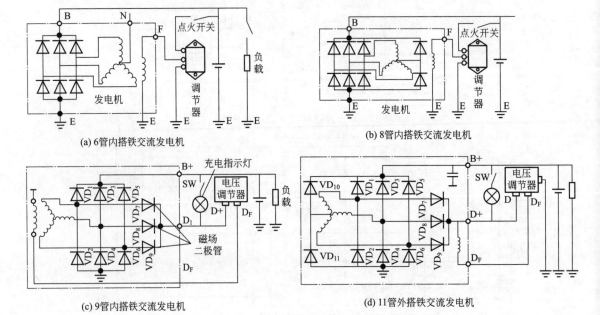

(a) 6管内搭铁交流发电机　　(b) 8管内搭铁交流发电机

(c) 9管内搭铁交流发电机　　(d) 11管外搭铁交流发电机

图 3-18　按整流器结构分类常见的四种类型的交流发电机

(3) 9 管交流发电机　例如 JFZ1913Z（日本日立、三菱、马自达汽车用）。

(4) 11 管交流发电机　例如 JFZ1913Z（奥迪、桑塔纳汽车用）。

3. 按励磁绕组搭铁型式分

(1) 内搭铁型交流发电机［图 3-19(a)］　磁场绕组的一端（负极）直接搭铁（和壳体相连）。

(2) 外搭铁型交流发电机［图 3-19(b)］　磁场绕组的一端（负极）接入调节器，通过调节器后再搭铁。

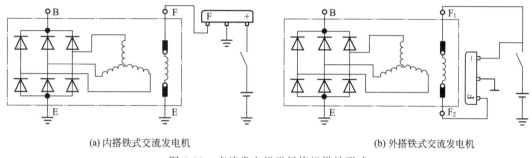

(a) 内搭铁式交流发电机　　　　　　　(b) 外搭铁式交流发电机

图 3-19　交流发电机磁场绕组搭铁形式

注意：交流发电机搭铁型式不同，所配用的调节器及接线方法不同，充电系统故障检查方法也不同，使用时应予注意，否则发电机不发电，调节器不工作（图 3-20 和图 3-21）。

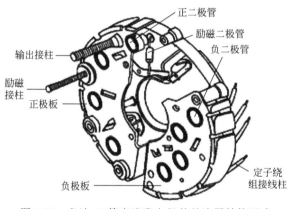

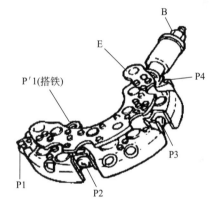

图 3-20　奥迪 11 管交流发电机的整流器结构型式　　　图 3-21　本田雅阁 8 管交流发电机的整流器结构型式

二、常见发电机的结构型式

1. 8 管交流发电机

8 管交流发电机（如夏利车用）和 6 管交流发电机的机构基本是相同的，所不同的是整流器有 8 个硅整流二极管，其中 6 个组成三相全波桥式整流电路，还有 2 个是中性点二极管，1 个正极管接在中性点和正极之间，1 个负极管接在中性点和负极之间。对中性点电压进行全波整流。

2. 9 管交流发电机

(1) 9 管交流发电机结构特点　9 管交流发电机和 6 管交流发电机的结构基本相同，所不同的是整流器，9 管交流发电机的整流器是由 6 个大功率硅整流二极管和 3 个小功率励磁二极管组成。其中 6 个大功率整流二极管组成三相全波桥式整流电路，对外负载供电。3 个小功率管二极管与三个大功率负极管也组成三相全波桥式整流电路，专门为发电机磁场供电，所以称

3个小功率管为励磁二极管。

如图3-22所示为LR160-708型9管交流发电机电路图。

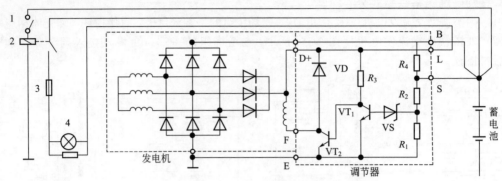

图3-22 LR160-708型9管交流发电机电路图
1—点火开关；2—主继电器；3—熔丝；4—充电指示灯

（2）充电指示灯电路 LR160-708型9管交流发电机的励磁电路还有一个功能，就是控制充电指示灯电路，在如图3-22所示电路中，有一个充电指示灯，其作用如下。

① 指示发电机是否有故障。

② 警告驾驶员停车后关断点火开关。

（3）充电指示灯的工作原理

① 当点火开关接通时，发电机未发电，由蓄电池供给磁场电流。此时充电指示灯亮，表示蓄电池放电，发电机他励发电。

② 当发动机启动后，转速升高到怠速及其以上时，发电机应能正常发电并对外输出，此时，磁场电流由发电机供给，发电机自励发电。若充电指示没有熄灭，说明发电机不发电或充电指示灯电路有故障。

③ 发动机熄火后，由于发电机不再发电，如果没有关断点火开关，蓄电池会通过磁场电路向励磁绕组放电，充电指示灯会再次发亮，提醒驾驶员关断点火开关，避免蓄电池放电时间过长烧坏励磁绕组和引起蓄电池亏电。

3. 11管交流发电机

（1）11管交流发电机整流器的结构特点 11管交流发电机的整流器由8个大功率硅整流二极管和3个小功率磁场二极管组成，8个整流管（其中6个接三相绕组，2个接中性点）组成全波桥式整流电路对外负载输出，3个小功率磁场二极管与3个大功率负极管也组成三相全波桥式整流电路，为发电机磁场供电和控制充电指示灯电路。如图3-23所示。

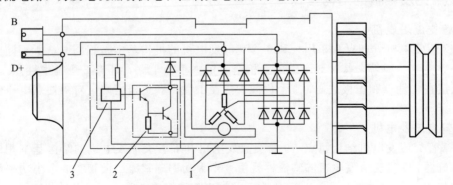

图3-23 桑坦纳轿车用整体式外搭铁型11管发电机电路原理
1—交流发电机；2—电压调节器；3—调节器的传感器

（2）调节器的特点　桑塔纳发电机为整体式外搭铁型交流发电机，采用集成电路调节器，调节器和电刷架制成一个整体安装在发电机内部，称为整体式发电机。外搭铁型是指发电机磁场的负电刷通过调节器后再搭铁。桑塔纳发电机的外部有两个接线柱，分别为火线接线柱 B+ 和磁场接线柱 D+，火线接线柱 B+ 向全车供电，磁场接线柱 D+ 的作用是由蓄电池向励磁绕组提供励磁电流使发电机发电，并且控制充电指示灯电路。11 管交流发电机目前在汽车上应用较多，因为它具有中性点二极管，可提高发电机功率，又有励磁二极管，可控制充电指示灯电路。去掉 11 管交流发电机中的 3 个励磁二极管，就变成了 8 管交流发电机。8 管交流发电机的充电指示灯电路由调节器直接控制。

4. 无刷交流发电机

由于没有电刷和滑环，所以不会因为电刷及滑环的磨损和接触不良造成励磁不稳定或发电机不发电等故障；同时工作时无火花，也减小了无线电干扰。无刷交流发电机分为爪极式、激磁式和永磁式三种。

（1）爪极式无刷交流发电机

① 结构及工作原理。如图 3-24 所示，爪极式无刷交流发电机励磁绕组是静止的，它通过一个磁轭托架固定在后端盖上，所以不再需要电刷。两个爪极中，只有一个爪极直接固定在电机转子轴上，另一个爪极则用非导磁焊接在前一爪极上。当转子旋转时，一个爪极就带动另一个爪极一起在定子内转动，当励磁绕组中有直流电通过时，爪极被磁化，就形成了旋转磁场。其结构原理与磁路如图 3-25 所示。

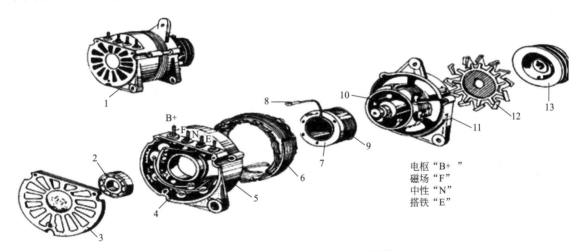

图 3-24　爪极式无刷交流发电机的结构

1—外形；2—后轴承；3—防护罩；4—整流器；5—壳体；6—定子；7—磁轭；8—励磁绕组接头；9—励磁绕组；10—爪极；11—前端盖；12—风扇；13—带轮

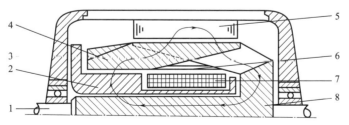

图 3-25　爪极式无刷交流发电机的结构原理与磁路

1—转子轴；2—磁轭托架；3—端盖；4—爪极；5—定子铁芯；6—非导磁联结环；7—励磁绕组；8—转子磁轭

② 特点。爪极式无刷交流发电机的优点是结构简单、维护方便、工作可靠，不存在电刷与滑环接触不良导致的发电不稳或不发电故障；缺点是爪极间连接工艺困难，由于磁路中间隙加大，发电机相同输出功率下需加大励磁电流。

(2) 激磁式无刷交流发电机　激磁式无刷交流发电机也称励磁发电机。励磁电动机即发电装置和三相同步发电机相连的电动机。励磁就是向发电机转子提供转子电源的装置。根据直流电动机励磁方式的不同，可分为他励磁、并励磁、串励磁、复励磁等方式。直流电动机的转动过程中，励磁就是控制定子的电压使其产生的磁场变化，改变直流电动机的转速。

① 主要作用。

a. 维持发电机端电压在给定值，当发电机负荷发生变化时，通过调节磁场的强弱来恒定机端电压。

b. 合理分配并列运行机组之间的无功分配。

c. 提高电力系统的稳定性，包括静态稳定性、暂态稳定性及动态稳定性。

② 按整流方式可分为旋转式励磁和静止式励磁两大类。其中旋转式励磁又包括直流励磁、交流励磁和无刷励磁；静止式励磁包括电势源静止励磁机和复合电源静止励磁机。

一般把根据电磁感应原理使发电机转子形成旋转磁场的过程称为励磁。励磁分类方法很多，比如可按照发电机励磁的交流电源供给方式来分类。

第一类是由与发电机同轴的交流励磁机供电，称为交流励磁（他励）系统，此系统又可分为四种方式：交流励磁机（磁场旋转）加静止硅整流器（有刷）、交流励磁机（磁场旋转）加静止可控硅整流器（有刷）、交流励磁机（电枢旋转）加硅整流器（无刷）、交流励磁机（电枢旋转）加可控硅整流器（无刷）。

第二类是采用变压器供电，称为全静态励磁（自励）系统，当励磁变压器接在发电机的机端或接在单元式发电机组的厂用电母线上，称为自励励磁方式，把机端励磁变压器与发电机定子串联的励磁变流器结合起来向发电机转子供电的称为自复励励磁方式。这种结合方法也有四种：直流侧并联、直流侧串联、交流侧并联、交流侧串联。

(3) 永磁式无刷交流发电机　永磁式无刷交流发电机是指由热能转变的机械能转化为电能的发电装置，由法国最先研制成功。在目前的直流电动机中，用直流电流来产生主极磁场的励磁方式，称为电流励磁；若用永久磁体取代电流励磁，以产生主极磁场，则此种电动机称为永磁式无刷交流发电机。

永磁式无刷交流发电机具有体积小、损耗低、效率高等优点，在节约能源和环境保护日益受到重视的今天，对其研究就显得非常必要。在许多情况下可以为小型和微型电动机所采用。采用变频电源供电时，永磁式无刷交流发电机也可用于调速传动系统。随着永磁材料性能的不断提高和完善，永磁式无刷交流发电机已在家用电器、医疗器械、汽车、航空和国防等各个领域内获得了广泛的应用。

永磁式无刷交流发电机作为车用发电机有高效、节能、低碳、功率大和体积小等优点，但也有输出电压不易调节、高频铁损大、发电机温度高、启动转矩大等自身缺陷。永磁式无刷交流发电机的不足之处是，若使用不当，在过高温度或过低温度下工作时，在冲击电流所产生的电枢反应作用下，或者在剧烈的机械振动下，有可能产生不可逆的退磁，使发电机的性能下降，甚至无法使用。因此，使用永磁式无刷交流发电机时应特别予以注意。

5. 带泵交流发电机

带泵交流发电机与普通交流发电机基本一样，不同的是转子轴很长并伸出后端盖，利用外花键与真空泵的转子内花键相连接，驱动真空泵与发电机转子同步旋转，给汽车制动系统中的真空筒抽真空，为制动系统的真空增压器提供真空源，主要用于没有真空源的柴油机（汽油机可直接从进气歧管处取得真空，制动时因节气门几乎关闭而在进气歧管中形成高真空，而柴油机无节气门），例如国产 JFB2525 型带泵交流发电机。

6. 双整流发电机

双整流发电机是一种新型交流发电机，它大大改善了普通交流发电机低速充电性能和高速最大功率输出，又不增设比较复杂的控制电路，因此没有增加充电系统的故障率。

三、交流发电机的型号

根据中华人民共和国汽车行业标准 QC/T 73—93《汽车电器设备产品型号编制方法》的规定，汽车交流发电机型号由产品代号、电压等级代号、电流等级代号、设计序号、变型代号五部分组成，如图 3-26 所示。

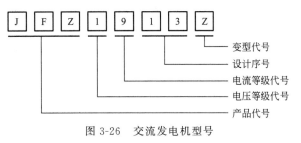

图 3-26 交流发电机型号

第 1 部分为产品代号。交流发电机的产品代号有 JF、JFZ、JFB、JFW 四种。产品代号用英文字母表示，例如 JF——普通交流发电机，JFZ——整体式（调节器内置）交流发电机，JFB——带泵的交流发电机，JFW——无刷交流发电机。

第 2 部分为电压等级代号。电压等级代号用一位阿拉伯数字表示，例如 1 表示 12V 系统，2 表示 24V 系统，6 表示 6V 系统。

第 3 部分为电流等级代号。

电流等级代号	1	2	3	4	5	6	7	8	9
电流/A	≤19	20~29	30~39	40~49	50~59	60~69	70~79	80~89	≥90

第 4 部分为设计序号。设计序号按产品的先后顺序，用阿拉伯数字表示。

第 5 部分为变型代号。交流发电机以调整臂位置作为变形代号，从驱动端看，调整臂在左边用 Z 表示，调整臂在右端用 Y 表示，调整臂在中间不加标记。

注：进口发电机不符合上述标准。

四、交流发电机的性能指标

1. 额定电压

交流发电机的电压受电压调节器控制，一般比较稳定，只是在发动机启动阶段略有变化。正常情况下，发动机达到怠速转速时，发电机的输出电压应能达到一个稳定值，这个电压值称为发电机的额定电压（12V 系统的发电机额定电压为 14V，24V 系统的发电机额定电压为 28V）。

2. 空载转速

交流发电机不带负载，能够达到额定电压时的初始转速值定为空载转速，空载转速在发电机出厂时通过试验确定，列入产品说明书。空载转速是汽车设计时选择发动机和发电机速比的主要依据，也是发电机使用过程中性能是否下降的评价指标之一。

3. 额定电流和额定转速

交流发电机受结构、转速等条件的限制，对外输出电流的能力是有限的，为了评价发电机的对外输出电流能力，把发电机输出最大电流的 2/3 定为发电机的额定电流，达到额定电流时的转速定为额定转速。发电机出厂时，通过试验确定额定转速和额定电流，并列入产品说明书，发电机的额定转速和额定电流是评价发电机性能的重要指标。表 3-1 列出了几种常见的国产交流发电机的主要性能指标。

表 3-1　几种常见的国产交流发电机的主要性能指标

交流发电机型号	额定电压/V	空载转速/(r/min)	额定电流/A	额定转速/(r/min)	使用车型
JFZ1913Z	14	1050	90	6000	桑塔纳、奥迪
JFZ1512Z	14	1050	55	6000	广州标致
JFZ2518	28	1150	27	5000	切诺基
JFZ1714	14	1000	45	6000	依维柯
JF13A	14	1000	25	3500	NJ1060

第四节　交流发电机的故障检测

当发现交流发电机不发电或发电量不足等故障时，应首先判断故障发生在外电路还是发电机内部，若初步确定故障在发电机内部，就应将交流发电机从车上拆下来，对其进行检测和修理。应先对交流发电机进行整机测试，目的是为了判定交流发电机有无故障和故障发生在哪个部位，以便有的放矢地修理。发电机的检测包括不解体检测和解体检测。不解体检测包括就车检测和整机检测。整机测试包括测量各接线柱之间的电阻、在万能试验台上进行空载电压和负载电流的试验、用示波器观察发电机输出波形。

一、发电机就车检测

就车检验法是在汽车上进行检测。关闭点火开关，将 0～50V 的电压表接到发电机 B 接线柱与 E 接线柱之间。启动发动机，提高转速，当发电机转速达到 2500r/min 时，电压在 14V 以上，电流为 10A 左右。此时打开前照灯、电动刮水器等电气设备，电流若为 20A 左右，表明发电机工作正常。

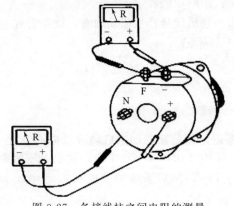

图 3-27　各接线柱之间电阻的测量

二、交流发电机的整机测试

1. 测量各接线柱之间的电阻（图 3-27 和表 3-2）

① 测量发电机的输出端子 B+ 和搭铁端子 E 之间的阻值（壳体或搭铁接线柱）。通过测量可以判断交流发电机整流器是否有故障，如有故障应将发电机解体进一步检测。

② 测量发电机正电刷 F 接线柱和负电刷 E 之间的阻值。通过测量各接线柱之间的阻值，不能确定交流发电机是否有无故障时，应进行试验台试验。

表 3-2　常用交流发电机各接线柱之间电阻的标准值

交流发电机型号		F(F1)与 E(F2)之间的电阻/Ω	B 与 E 之间的电阻/Ω		N 与 E 之间的电阻/Ω	
			正向	反向	正向	反向
有刷	JF11、JF13、JF15、JF21	5～6	指针式：40～50 数字式：约1200	指针式：>10000 数字式：1	指针式：10 数字式：约510	指针式：>10000 数字式：1
	JF12、JF22、JF23、JF25	19.5～21				
无刷	JFW14	3.5～3.8				
	JFW28	15～16				

2. 试验台试验

（1）空载试验　空载试验是在交流发电机不带任何负载（不对外输出电流）情况下的一种试验。空载试验的目的是初步测定发电机是否有故障。

（2）负载试验　负载试验就是在交流发电机带有负载（对外输出电流）情况下的一种试验。负载试验的目的是进一步测定发电机是否有故障。交流发电机的有些故障，在没有电流输出的情况下是表现不出来的，所以如果交流发电机空载试验正常情况下，应再做负载试验。

3. 用示波器观察输出电压波形

当交流发电机有故障时，其输出电压的波形将出现异常，因此，在有条件的情况下，可用示波器观察发电机的输出电压波形，根据输出电压波形可以判断交流发电机内部故障是整流器故障还是定子绕组故障，如图 3-28 所示。

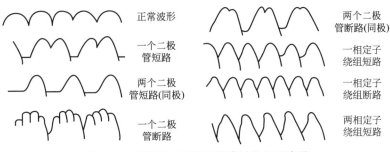

图 3-28　交流发电机各种故障时的电压波形

三、零部件的检修

1. 转子的检修

（1）励磁绕组的检修　用万用表测量励磁绕组的电阻，应符合标准。每个滑环与转子轴之间的阻值都应该是无穷大（图 3-29 和图 3-30）。

图 3-29　励磁绕组短路、断路的检修

图 3-30　励磁绕组搭铁的检修

（2）转子轴和滑环的检修　转子轴的弯曲会造成转子与定子之间间隙过小而摩擦或碰撞，如发现发电机运转时阻力过大或有异响，应检查转子轴是否有弯曲（图 3-31）。滑环应表面光滑，无烧蚀，厚度应大于 1.5mm。

（3）轴承的检修　若发现发电机运转时有异响，应仔细检查是否是因为轴承的损坏而造成的。

2. 定子的检修

（1）定子绕组的断路和搭铁故障检修（图 3-32）用万用表最大欧姆挡位测量定子三相绕组任一端线与铁芯间的绝缘情况，阻值应为"∞"（数字万用表显示 1）；如万用表指示导通（数字万用表显示一定的读数），说明定子绕组有绝缘不良或搭铁故障。

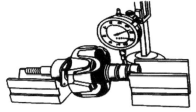

图 3-31　转子轴径向摆差的检修

(2) 定子绕组的短路故障检修（图 3-33） 用万用表 $R\times 1$ 挡（数字万用表用 $R\times 200$ 挡）分别检测定子绕组两个引线端子间的电阻。若万用表指示导通，说明定子绕组没有断路；若万用表指示不导通（数字万用表显示 1），说明定绕组有断路。

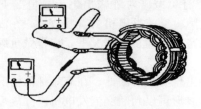
图 3-32 定子断路故障的检修

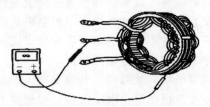
图 3-33 定子搭铁故障的检修

3. 整流器的检修

（1）普通整流器的检修　如图 3-34 所示，将二极管的引线与其他连接分离，用指针万用表的两个表笔分别接到二极管的引线与壳体上，测二极管的正向与反向电阻。二极管的正向电阻应符合标准值，反向电阻应在 $10k\Omega$ 以上。

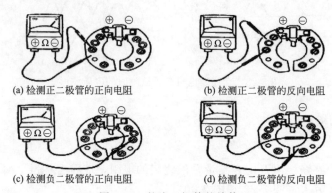
图 3-34 整流二极管的检修

（2）整体结构的整流器检修　整体结构整流器的整流板以及正、负硅二极管全部焊装在一起，不可分解。

如图 3-21 所示，检测正极管时，将指针万用表的红表笔接 B，黑表笔依次接 P1、P2、P3、P4，均应导通；交换两表笔后再测，均应为无穷大，否则表明有正二极管损坏，需更换整流器总成。

检测负极管时将指针万用表的黑表笔接 E，红表笔依次接 P1、P2、P3、P4，均应导通；交换两表笔后再测，均应为无穷大，否则表明有负二极管损坏，需更换整流器总成。

4. 电刷组件的检修

电刷和电刷架应无破损或裂纹，电刷在电刷架中应活动自如，不得出现卡滞现象。电刷露出电刷架部分的长度称为电刷长度，电刷长度不应超出磨损极限（原长的 1/2），否则应更换。电刷弹簧压力应符合标准，一般为 2~3N，将电刷压入电刷架使之露出部分约 2mm，弹簧压力过小时应更换。

第五节　电压调节器

一、电压调节器的功用

由于交流发电机的转子是由发动机通过皮带驱动旋转的，且发动机和交流发电机的速比为

1.7～3，因此交流发电机转子的转速变化范围非常大，这样将引起发电机的输出电压发生较大变化，无法满足汽车用电设备的工作要求。为了满足用电设备恒定电压的要求，交流发电机必须配用电压调节器才能工作。电压调节器是把发电机输出电压控制在规定范围内的装置，其功用是在发电机转速变化时，自动控制发电机电压保持恒定，使其不因发电机转速高时电压过高而烧坏用电器和导致蓄电池过充电，也不会因发电机转速低而电压不足，导致用电器工作失常。

二、电压调节器的分类

电压调节器的类型较多，按元器件的性质来分，可分为电磁振动式电压调节器和电子式电压调节器两种。电磁振动式电压调节器分为单触点式和双触点式两种。电子式电压调节器分为晶体管式、集成电路式和可控硅式三种。按搭铁形式可分为内搭铁式（与内搭铁式交流发电机配套使用）和外搭铁式（与外搭铁式交流发电机配套使用）两种。

电磁振动式电压调节器包括触点 K_1 和 K_2、衔铁、磁化线圈、调节弹簧、触点支架、电阻、接线柱等部分，如图 3-35 所示。

电磁振动式电压调节器的工作原理如下。

① 低速时励磁电路为蓄电池正极→电流表→点火开关→调节器火线接线 S→低速触点 K_1→衔铁→调节器磁场接线柱 F→发电机励磁绕组→搭铁→蓄电池负极。

② 当 $U<14V$ 时，工作电路不变，只是由他激变为自激。

③ 当 $14V<U<14.5V$ 时，工作电路是发电机正极→点火开关→调节器火线接线柱 S→R_1→R_2→调节器磁场接线柱 F→发电机励磁绕组→搭铁→发电机负极。

④ 当 $U \geqslant 14.5V$ 时，工作电路是发电机正极→点火开关→调节器火线接线柱 S→R_1→R_2→磁轭→衔铁→K_2→搭铁。

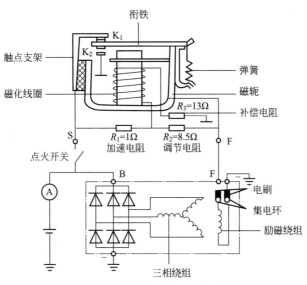

图 3-35 电磁振动式电压调节器

随着电子技术的发展，目前交流发电机几乎全部采用电子调节器。其优点是电压调节精度高，且不产生火花，还具有重量轻、体积小、寿命长、可靠性高、电波干扰小等优点。电子调节器有晶体管调节器和集成电路调节器两种（图 3-36）。

晶体管式电压调节器一般都由 2～4 个晶体管、1～2 个稳压管和一些电阻、电容、二极管

(a) 晶体管调节器　　　　　　　　　(b) 集成电路调节器

图 3-36　晶体管调节器和集成电路调节器

等组成，通过电路板连接成电路，然后用轻而薄的铝合金外壳将其封闭（图 3-37、图 3-38）。相比机械式电压调节器，具有体积小、重量轻、反应灵敏、无触点烧蚀、使用寿命长等优点。对于晶体管调节器，在使用过程中，最好使用汽车说明书中指定的调节器，如果采用其他型号替代，除标称电压、功率等规定参数与原调节器相同外，代用调节器必须与原调节器的搭铁形式相同，否则，发电机可能由于励磁电路不通而不能正常工作。常见晶体管式电压调节器的外壳有三个接线柱。B（＋）接线柱：点火开关接线柱。F 接线柱：磁场接线柱。E（－）接线柱：搭铁接线柱。

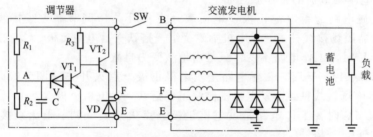

图 3-37　内搭铁晶体管式电压调节器

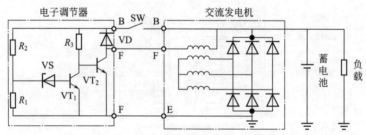

图 3-38　外搭铁晶体管式电压调节器

集成电路也称为 IC 电路。将二极管、三极管、电阻、电容等电子元件集成在一块硅基片上，制成一个独立的电子芯片。JFT151 型 IC 调节器的电路如图 3-39 所示，其在很多方面优

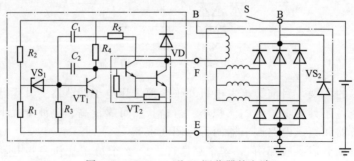

图 3-39　JFT151 型 IC 调节器的电路

于晶体管式调节器。比如体积更小，可将其安装在发电机内部，减少了外部线路，缩小了整个充电系统的体积，同时更加耐用。目前已被广泛的应用。

IC电压调节器和晶体管调节器的工作原理完全相同。根据发电机的电压信号，利用晶体管的开关特性控制磁场电流来调节发电机的输出电压。集成电路调节器同样也有内、外搭铁之分，外搭铁形式居多。

三、电压调节器的型号

电压调节器的型号如图3-40所示。

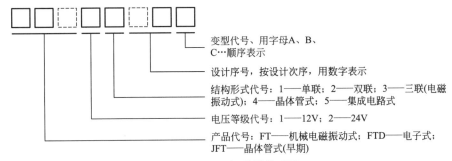

图3-40 电压调节器的型号

如FT126C表示12V的双联机械电磁振动式调节器，第6次设计，第3次变形；FTD152表示12V电子式集成电路调节器，第2次设计。

四、电磁振动式电压调节器的调压原理

交流发电机的三相绕组产生的相电动势有效值，即交流发电机所产生的感应电动势与转子转速和磁极磁通成正比。当转速n升高时，E_ϕ增大，发电机输出端电压U_B升高，当转速升高到一定值时，输出端电压达到限定值。要想使发电机的输出电压U_B不再随转速的升高而上升，只能通过减小磁通Φ来实现。又因磁极磁通Φ与励磁电流I_f成正比，所以减小磁通Φ也就是减小励磁电流I_f。所以，交流发电机电压调节器的调压原理是，当发电机转速升高时，调节器通过减小发电机励磁电流I_f来减小磁通Φ，使发电机的输出电压U_B保持不变；当发电机的转速降低时，调节器通过增大发电机的励磁电流I_f来增加磁通Φ，使发电机的输出电压U_B保持不变。

五、电子式电压调节器的工作原理

1. 外搭铁型电子调节器的工作原理

（1）基本电路（图3-38） 电子调节器有多种型式，其内部电路各不相同，但工作原理可用基本电路的工作原理去理解。外搭铁型电子调节器基本电路的特点是晶体管VT_1、VT_2采用NPN型，发电机的励磁绕组连接在VT_2的集电极和搭电源正极之间。

（2）工作原理

① 点火开关SW刚接通时，发动机不转，发电机不发电，蓄电池电压加在分压器R_1、R_2上，此时因U_{R_1}较低，不能使稳压管VS反向击穿，VT_1截止，使得VT_2导通，发电机磁场电路接通，此时由蓄电池供给磁场电流。随着发动机的启动，发电机转速升高，发电机他励发电，电压上升。

② 当发电机电压升高到大于蓄电池电压时，发电机自励发电并开始对外蓄电池充电，如果此时发电机输出电压U_B＜调节器调节上限U_{B_2}，VT_1继续截止，VT_2继续导通，但此时的

磁场电流由发电机供给，发电机电压随转速升高而迅速升高。

③ 当发电机电压升高到等于调节上限 U_{B_2} 时，调节器开始对电压进行调节。此时 VS 导通，VT_1 导通，VT_2 截止，发电机磁场电路被切断，由于磁场被断路，磁通下降，发电机输出电压下降。

④ 当发电机电压下降到等于调节下限 U_{B_1} 时，VS 截止，VT_1 截止，VT_2 重新导通，磁场电路重新被接通，发电机电压上升。

周而复始，发电机输出电压 U_B 被控制在一定范围内，这就是外搭铁型电子调节器的工作原理。

2. 内搭铁型电子调节器的基本电路

内搭铁电子调节器的基本电路如图 3-41 所示。内搭铁型电子调节器的基本电路的特点是晶体管 VT_1 和 VT_2 采用 PNP 型，发电机的励磁绕组连接在 VT_2 的集电极和搭铁端之间，与外搭铁型电路显著不同，电路工作原理和结构与外搭铁型电子调节器类似。

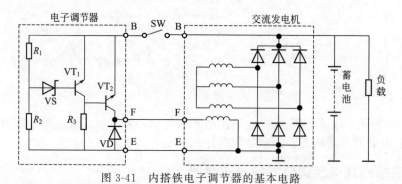

图 3-41 内搭铁电子调节器的基本电路

3. 电子调节器的工作特性

电子调节器通过三极管 VT_2 的通断控制磁场电流，随着转速的提高，大功率三极管 VT_2 的导通时间减小，截止时间增加，这样可使磁场电流平均值减小，磁通减小，保持输出电压 U_B 不变。发电机的输出电压 U_B、磁场电流 I_f（平均值）随转速 n 的变化关系称为电子调节器的工作特性。从图 3-42 的电子调节器的工作特性曲线可以看出，n_1 为电子调节器开始工作的转速，称为工作下限，随着发电机转速的升高，磁场电流减小。当发电机转速很高时，由于大功率三极管可不导通，磁场电流被切断，发电机仅靠剩磁发电，所以，电子调节

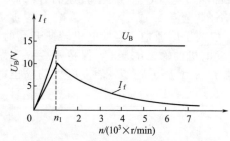

图 3-42 电子调节器的工作特性曲线

器的工作转速上限很高，调节范围很大。

六、电子式电压调节器的应用实例

1. JFT106 型晶体管调节器（图 3-43）

JFT106 型调节器属于外搭铁式晶体管调节器，调节电压为 13.8～14.6V，可与 14V 功率为 750W 外搭铁式 9 管交流发电机配套，也可与 14V 功率小于 1000W 的外搭铁式 6 管交流发电机配套。

R_1、R_2 为取样电阻，VD_1 为稳压门管，VT_6、VT_7、VT_8 为放大用三极管。

工作原理如下。

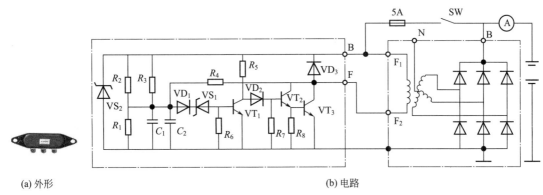

(a) 外形　　　　　　　　　　　　　　(b) 电路

图 3-43　JFT106 型晶体管调节器外形和电路图

① 当 $VD_1 < B+$ 时，VD_1 截止，使 VT_6 截止，VT_7、VT_8 导通，这时 VT_8 供给励磁电流，他励。

② 当 $B+ < VD_1 < 14.5V$ 时，VD_1 截止，仍由 VT_8 供给励磁电流，但变为自励。

③ 当 $VD_1 \geq 14.5V$ 时，VD_1 反向击穿导通，使 VT_6 导通，VT_7、VT_8 截止，断开励磁电路，发电机端电压迅速下降。

2. 集成电路调节器

（1）奥迪轿车交流发电机的集成电路调节器（图 3-44）　奥迪轿车交流发电机为整体式外搭铁型交流发电机，调节器为内装式，和电刷架安装在一起。该发电机外部有 2 个接线端子，分别是发电机输出端子 B+，蓄电池励磁的接线端子 D+。发电机内部和调节器的连接有三个，分别是 D+、F（和电刷负极相连）和搭铁端子 E。

（2）日产蓝鸟轿车交流发电机的集成电路调节器（图 3-45）　日产蓝鸟轿车交流发电机为整体式外搭铁型交流发电机，调节器为内装式，

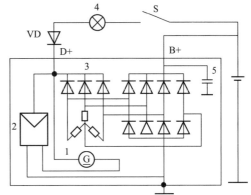

图 3-44　红旗、奥迪轿车发电机集成电路调节器电路图
1—励磁绕组；2—电压调节器；3—励磁二极管；
4—充电指示灯；5—防干扰电容器

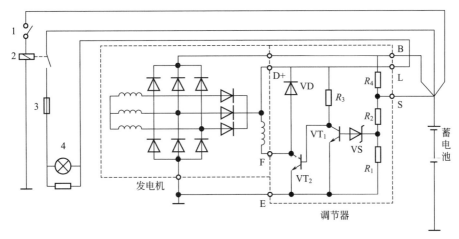

图 3-45　日产蓝鸟交流发电机的集成电路调节器电路图
1—点火开关；2—吸合线圈；3—熔丝；4—充电指示灯

和电刷架安装在一起。该发电机外部有3个接线端子,分别是发电机输出端子B+、蓄电池接线端子S、充电指示灯接线端子L。

(3)夏利轿车发电机的集成电路调节器(图3-46) 夏利轿车发电机为整体式交流发电机,调节器为内装式外搭铁型。该调节器有6个接线端子,F、P、E 3个端子用螺钉直接和发电机连接,B端子用螺母固定在发电机的输出端子"B"上,IG、L两个端子用金属线引到调节器的外部接线插座上。

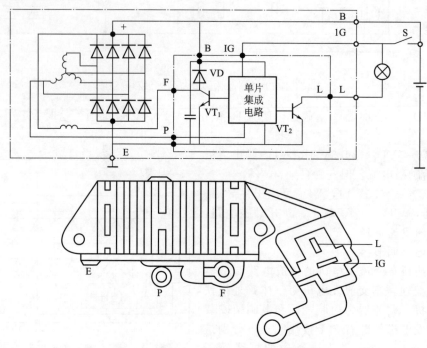

图3-46 夏利轿车发电机的集成电路调节器

(4)广州本田轿车交流发电机的集成电路调节器(图3-47) 广州本田轿车交流发电机为8管外搭铁型交流发电机,调节器为内装式外搭铁型,由发动机电脑控制。在汽车电路中有一个负载检测仪,检测电路中总电流负载大小,送信号到电脑,调节器送发电机电压信号到电脑,电脑根据这两个信号发送电信号到调节器,驱动调节器的控制电路工作,适时地接通和断开励磁绕组电流,从而控制发电机电压。

七、电压调节器的检测

1. 晶体管式电压调节器的检测

(1)用万用表测量各接线柱之间的电阻值,初步判断其性能 当使用此方法进行检测时,要注意选择合适的电阻挡位、万用表的种类与型号。测量结果与表3-3中的数据对照参考。

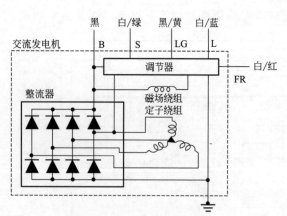

图3-47 广州本田轿车交流发电机
的集成调节器电路图
B—发电机输出接住;S,FR—接电脑;
L—接充电指示灯;LG—接点火开关

表 3-3 常见晶体管式电压调节器各接线柱之间电阻参考值

调节器型号	"+"与"-"之间的电阻/Ω		"+"与"F"之间的电阻/Ω		"F"与"-"之间的电阻/Ω	
	正向	反向	正向	反向	正向	反向
JFT121	200~300	200~300	90	>50k	110	>50k
JFT241	400~500	400~500	110	>50k	110	>50k
JFT126	1.5~1.6k	1.5~1.6k	4.6~5k	7.8~8k	5.5k	6.5~7k
JFT246	3000	3000	4.6~5k	9.5~10k	5.5k	8.5k
JFT106	1.4~1.6k	1.4~1.6k	1.5~2k	3~4k	1.4~1.6k	3~4k
JFT107	1.4~1.6k	1.4~1.6k	1.5~2k	3~4k	1.4~1.6k	3~4k

（2）用可调直流稳压电源及试灯法试验调节器性能　用可调直流稳压电源（输出电压为 0~30V，电流为 5A）和一个 12V（或 24V）、20W 的汽车照明灯代替发电机磁场绕组，按照图 3-48 所示接线进行试验。

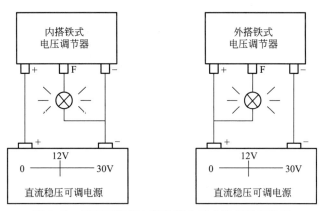

图 3-48　用直流稳压电源检测电子式调节器接线图

注意：当检测内搭铁式晶体管调节器时，试灯接在调节器"F"与"-"接线柱之间；当检测外搭铁式晶体管调节器时，试灯接在调节器"F"与"+"接线柱之间。调节直流稳压电源，使其输出电压从零逐渐升高，当 14V 调节器的电压升高到 6V（28V 调节器的电压升高到 12V）时，试灯开始点亮；随着电压不断升高，试灯逐渐变亮，当 14V 调节器的电压升高到 (14.0±0.5)V［当 28V 调节器的电压升高到 (28±1)V］时，试灯应该立即熄灭。继续调节直流稳压电源，使电压逐渐降低，试灯又重新变亮，并且亮度随电压的降低逐渐减弱，说明调节器良好；当施加到电子式电压调节器上的电压超过调节电压规定值时，试灯仍不熄灭，或者起控电压数值与规定值相差较大时，说明调节器有故障，不能起调节的作用；若试灯一直不亮，也说明调节器有故障，不能使用在汽车发电机上。

2. 发电机与调节器的就车测试

（1）检测发电机传动带的松紧度　用 30~50N 的力按下传动带，挠度应为 10~15mm，否则应调整传动带的松紧度。

（2）发电机与电压调节器的测试　关闭点火开关及车上所有的用电设备，测量蓄电池电压，为参考电压。启动发动机使其转速保持在 2000r/min，测量蓄电池的空载充电电压，比参考电压（原蓄电池端电压）高些，但不超过 2V；接通所有电器，测量蓄电池负载电压，至少高出参考电压 0.5V，说明发电机与调节器工作正常。若发动机运转后，测得空载电压低于或小于参考电压，仪表盘的充电指示灯常亮，说明充电系统出现不充电故障，应对充电系统按图 3-49 所示进行诊断，找出故障原因，予以排除。

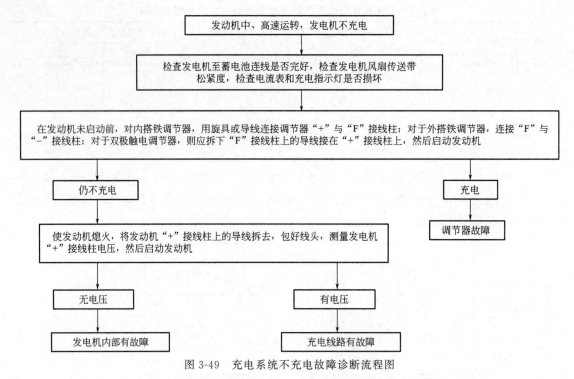

图 3-49 充电系统不充电故障诊断流程图

第六节　充电系统的使用维护和检修

一、充电系统使用注意事项

交流发电机与调节器的结构简单，维护方便，若正确使用，不仅故障少而且寿命长。若使用不当，则会很快损坏。因此在使用和维护中应注意以下几点。

① 蓄电池的极性必须是负极搭铁，不能接反。否则，会烧坏发电机或调节器的电子元件。

② 发电机与蓄电池之间的连接要牢靠，如突然断开，会产生过电压损坏发电机或调节器的电子元件。

③ 发电机运转时，不能用试火的方法检查发电机是否发电，否则会烧坏整流二极管。

④ 一旦发现交流发电机或调节器有故障，应立即检修，及时排除故障，否则会引起更大故障或蓄电池亏电，致使汽车不能行驶。

⑤ 为交流发电机配用调节器时，交流发电机的电压等级必须与调节器电压等级相同，交流发电机的搭铁类型必须与调节器的搭铁类型相同，调节器的功率不得小于发电机的功率，否则系统不能正常工作。

⑥ 线路连接必须正确，目前各种车型调节器的安装位置及接线方式各不相同，故接线时要特别注意。

⑦ 调节器必须受点火开关控制，发电机停止转动时，应将点火开关断开，否则会使发电机的磁场电路一直处于接通状态，不但会烧坏磁场线圈，而且会引起蓄电池亏电。

⑧ 当发现发电机或调节器有故障需要从车上拆下来检修时，首先关断点火开关及一切用电设备，拆下蓄电池负极电缆线，再拆卸发电机上的导线接头。

二、充电系统的维护

① 检查发电机驱动皮带。
② 检查导线的连接。
③ 检查运转时有无噪声。
④ 检查发电机是否正常发电。
⑤ 检查蓄电池是否有过充电现象。

三、充电系统电路及故障诊断

1. 上海帕萨特 B5 充电系统

(1) 电路图 如图 3-50 所示。

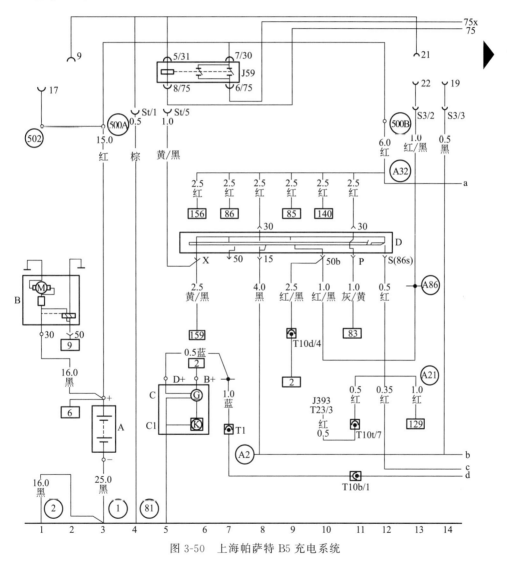

图 3-50 上海帕萨特 B5 充电系统

(2) 工作原理 当启动发动机时（点火开关在点火位置或启动位置），蓄电池电压通过中央接线盒→点火开关→组合仪表（通过充电指示灯 K2）→发电机 D+ 接线柱→磁场线圈→搭铁,充电指示灯发亮,指示蓄电池对发电机励磁。发动机启动后(怠速及以上转速运转时),交流发电机应能正常发电,蓄电池电压仍通过上述电路加在充电系统指示灯上,同时,交流发电机通过端子D+也供给指示灯电压,故充电指示灯两侧电压相等,指示灯熄灭。若发动机以怠速及以上转速运转,充电系统指示灯仍发亮,警示驾驶员交流发电机充电不正常,需及时维修。

（3）故障检测与维修

① 接通点火开关,充电指示灯不亮。

a. 可将发电机 D+ 的蓝色导线的插接件拔下并搭铁,充电指示灯仍不亮,故障为充电指示灯线路有断路,或充电指示灯本身坏,应检查线路,排除故障。

b. 若将发电机 D+ 的蓝色导线的插接件拔下并搭铁,充电指示灯仍不亮,可能的故障原因如下。

ⓐ 蓝色导线与发电机 D+ 接线柱接触不良,需重新接好。

ⓑ 发电机电刷损坏或磨损过短,需拆下发电机检测,更换发电机电刷组件。

ⓒ 发电机转子励磁线圈断路,需拆下发电机检测,更换发电机转子。

② 接通点火开关,发动机在怠速或更高转速时,充电指示灯不灭。

a. 停止发动机运转,可将发电机 D+ 的蓝色导线的插接件拔下并悬空,接通点火开关,充电指示灯仍亮,故障为充电指示灯线路有短路,应检查线路,排除故障。

b. 若将发电机 D+ 的蓝色导线的插接件拔下并悬空,接通点火开关,充电指示灯熄灭,可能的故障原因如下。

ⓐ 电压调节器损坏。

ⓑ 发电机定子绕组损坏导致发电机不发电。

ⓒ 电刷磨损或电刷弹簧损坏导致发电机不发电。

维修方法：逐项检查后,修理或更换有关损坏零部件。

③ 发电机发电量不足,故障现象是用电量大时,输出电压降低,可能的原因如下。

a. 传动带打滑。

b. 电刷和滑环接触不良。

c. 整流器短路或断路。

d. 输出导线与发电机的连接接触不良或导线内阻增大,造成压降过大。

维修方法：检查与调整发电机传动带张紧度。发动机熄火后,在曲轴带轮与发电机带轮中间位置,以拇指向下压传动带,最大挠度应小于5mm。如超过此值,需旋松调整支架上的调整螺栓,张紧传动带后再旋紧螺栓,复查张紧度是否达到规定值,如符合,即以 35N·m 的力矩拧紧调整螺栓。修理或更换损坏的零部件,包括电缆。紧固各导线的连接部位,如接线柱。

④ 发电机异常声响。

a. 传动带磨损或过松,更换或张紧。

b. 发电机轴承或电刷损坏,更换。

c. 转子与定子的铁芯在运转时碰撞,分解发电机,查找原因。

2. 广州本田充电系统

（1）电路图 如图 3-51 所示。

（2）工作原理 在发动机启动前,首次将点火开关转至"RUN"位置时,蓄电池电压通过熔丝4加到充电系统指示灯上。该指示灯通过交流发电机的端子L搭铁,此时充电系统指示灯点亮。当发动机以怠速及以上转速运转时,若交流发电机工作正常,蓄电池电压仍通过熔丝4加在充电系统指示灯上,同时,交流发电机通过端子L也供给指示灯电压,故充电系统指示灯两侧电压相等，指示灯熄灭。若发动机运转后交流发电机未对蓄电池充电时，充电系统指示灯通过交流发电机（端子L）接搭铁，此时，充电系统指示灯点亮，警示驾驶员交流发电机充电不正常。电负载检测仪测量充电系统总的电负载后，向发动机电脑发送信号，然后由发动机电脑控制电压调节器，当电负载较低时，交流发电机的励磁绕组断开，以减少发动机的机械负载，并提高燃油经济性。

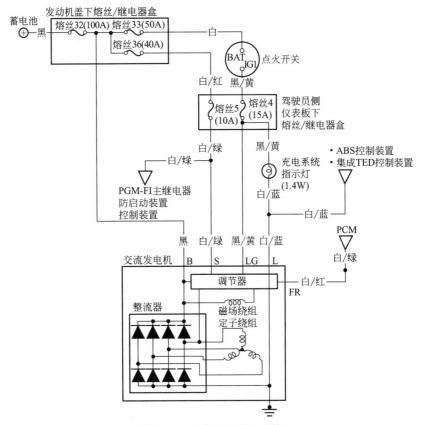

图 3-51　广州本田充电系统

第七节　交流发电机的拆装和试验

一、4 缸汽油发动机汽车发电机的拆装

1. 4 缸汽油发动机汽车发电机的拆卸

① 拆下冷却液膨胀罐和连接软管。

② 如图 3-52 所示，从节气门接头处的增压空气冷却器上拆下空气导管 1。

③ 如图 3-53 所示，按箭头方向松开多楔皮带张紧器，从发电机皮带轮上取下多楔皮带，放开张紧器。

④ 如图 3-54 所示，拧下发电机接线柱 30/B+ 的导线螺栓 2（SW13），其拧紧力矩为 16N·m，拧下接线柱 D+ 的螺栓 1（SW8），其拧紧力矩为 4N·m，从扎带（箭头）上松开线束。

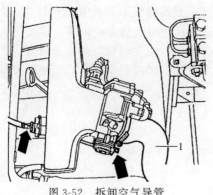

图 3-52 拆卸空气导管
1—空气导管

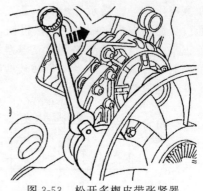

图 3-53 松开多楔皮带张紧器

⑤ 如图 3-55 所示，拧下内六角螺栓 1（6mm），松开六角螺母 2（SW17），轻轻向一旁摆动发电机，拔出下部螺栓并取下发电机。

图 3-54 拆卸发电机连接导线
1—接线柱 D+的螺栓；2—接线柱 30/B+的导线螺栓

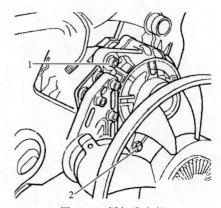

图 3-55 拆卸发电机
1—内六角螺栓（25N·m）；2—六角螺母（45N·m）

2. 4 缸汽油发动机汽车的发电机的安装

向后轻敲下部紧固螺栓衬套，以便将发电机装到支架上。然后按与拆卸相反的顺序装上发电机。注意多楔皮带安装是否正确（图 3-56）。

二、6 缸汽油发动机汽车发电机的拆装

1. 6 缸汽油发动机汽车发电机的拆卸

① 如图 3-57 所示，拧下进气管上的 2 个螺栓 1，然后向上拉进气管部件 2。

② 拆下隔音罩。

③ 使锁支架处于修理位置，取下多楔皮带。

④ 如图 3-58 所示，从发电机后面拆下空气导管 3，拧下发电机接线柱 30/B+ 的螺栓 1（SW13），拧下接线柱 D+的螺栓 2（SW8）。

⑤ 如图 3-59 所示，拧下位于扭矩支座上部的空调管路固定卡夹 1。

⑥ 如图 3-60 所示，从支架 1 上松开起动机和发电机导线。为此须切断 2 个扎带 2，然后松开定位凸起。

⑦ 如图 3-61 所示，拧下内六角螺栓 1（8mm）和锁紧螺母 2（SW15），松开螺栓 3（SW13），向下取下发电机 4。注意取出发电机时，要小心地压开空调管路。

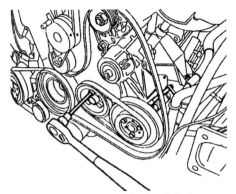

图 3-56 多楔皮带的正确安装

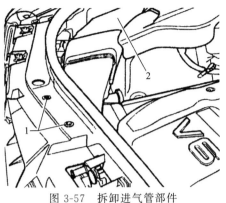

图 3-57 拆卸进气管部件
1—螺栓；2—进气管部件

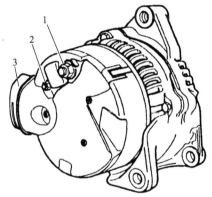

图 3-58 拆卸发电机连接
1—接线柱 30/B+ 的螺栓（16N·m）；2—接线柱 D+ 的螺栓（4N·m）；3—空气导管

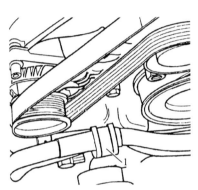

图 3-59 拆卸空调管路固定卡夹
1—空调管路固定卡夹

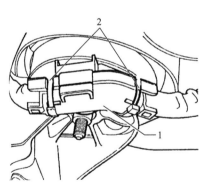

图 3-60 松开起动机和发电机导线
1—支架；2—扎带

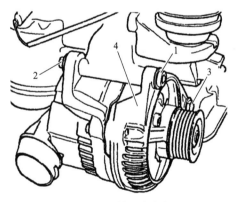

图 3-61 拆下发电机
1—内六角螺栓；2—锁紧螺母（45N·m）；
3—螺栓（22N·m）；4—发电机

2. 6 缸汽油发动机汽车的发电机的安装

6 缸汽油发动机汽车的发电机安装按与拆卸相反的顺序进行。注意多楔皮带的安装是否正确。

三、交流发电机的试验

1. 空载试验

① 将发电机安装在试验台的夹具上,选好套筒及橡胶传动接头,调整夹具位置,使被测发电机与试验台的调速电动机主轴同心。

② 按照如图 3-62 所示的试验电路原理图接线,检查接线是否正确,无误后方可启动试验台上的调速电动机。

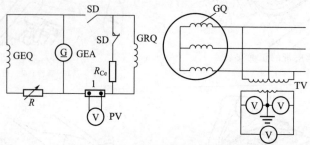

图 3-62 发电机空载特性试验电路

GRQ—发电机转子绕组;GQ—发电机定子绕组;GEQ—励磁机励磁绕组;GEA—励磁机电枢;
SD—灭磁开关;R—磁场变阻器;TV—电压互感器;PV—毫伏表;1—分流器

③ 启动试验台上的调速电动机,由蓄电池(或试验台上的电源)给发电机提供励磁电流。逐步提高电动机的转速。当转速上升到 500~800r/min 时,不再由外部电源给发电机提供励磁电流。发电机应能开始自励发电。

④ 继续提高转速,同时观察电压表的读数。

当电压达到额定电压时,记下此时发电机转速。关断调速电机开关,空载试验完毕。

⑤ 分析空载试验数据。

和标准值比较,若转速高于空载转速,则说明发电机有故障,应将发电机分解检测。如果不能确定发电机有故障,继续做负载试验。

2. 负载试验

在空载试验的基础上做负载试验。

① 将变阻器调节到阻值最大位置。

② 启动调速电动机,使发电机电压达到额定值。

③ 保持电压不变,同时提高发电机转速和输出电流,使转速达到额定值。记下此时的输出电流大小。关断调速电动机开关,负载试验结束。

④ 分析负载试验数据。

和标准值比较,若输出电流能达到额定电流,则说明发电机完好,否则表明交流发电机有故障,应将发电机分解检测。

3. 试验记录

试验记录见表 3-4。

表 3-4 试验记录

被测发电机型号	试验台型号:			操作:		
	额定电压/V	空载转速/(r/min)		额定转速/(r/min)	额定电流/A	
		标准值	实测值		标准值	实测值

第四章 启动系统

第一节 启动原理与起动机

一、发动机启动原理

要使发动机由静止状态过渡到工作状态,必须用外力转动发动机的曲轴,使气缸内吸入(或形成)可燃混合气并燃烧膨胀,工作循环才能自动进行。曲轴在外力作用下开始转动到发动机开始自动地怠速运转的全过程,称为发动机的启动。发动机启动的方法很多,汽车发动机常用的电动机启动是用电动机作为机械动力,当将电动机轴上的齿轮与发动机飞轮周缘的齿圈啮合时,动力就传到飞轮和曲轴,使其旋转。电动机本身又用蓄电池作为能源。目前绝大多数汽车发动机都采用电动机启动。

启动系统将储存在蓄电池内的电能变成机械能,要实现这种转换,必须使用起动机。起动机的功用是由直流电动机产生动力,经传动机构带动发动机曲轴转动,从而实现发动机的启动。启动系统包括以下部件:蓄电池、点火开关(启动开关)、起动机总成、启动继电器等。如图 4-1 所示为启动系统的组成。

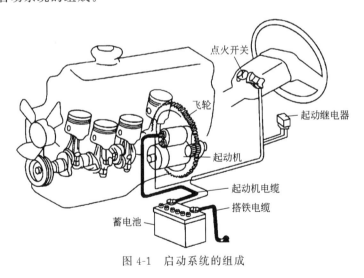

图 4-1　启动系统的组成

二、起动机基本知识

(1) 起动机构成　汽车用起动机主要由电动机部分、传动机构和控制开关三部分组成(图 4-2)。

(2) 起动机的功用　起动机的功用是利用起动机将蓄电池的电能转换为机械能,再通过传

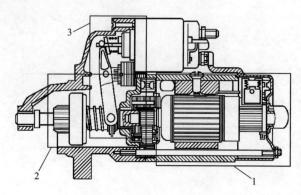

图 4-2 起动机的构成
1—串励直流电动机；2—传动机构；3—控制开关

动机构将发动机拖转启动。

（3）起动机的型号　根据我国行业标准 QC/T 73—93《汽车电器设备产品型号编制方法》的规定，起动机的型号包括以下五部分。

第 1 部分为产品代号：起动机的产品代号 QD、QDJ、QDY 分别表示起动机、减速起动机、永磁起动机。第 2 部分为电压等级代号：1 表示 12V，2 表示 24V，3 表示 6V。第 3 部分为功率等级代号："1"表示 0～1kW，"2"表示 1～2kW……"9"表示 8～9kW。第 4 部分为设计序号。第 5 部分为变型代号。

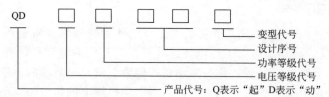

功率等级代号的对应功率见表 4-1。

表 4-1　功率等级代号的对应功率

功率等级代号	1	2	3	4	5	6	7	8	9
功率/kW	0～1	1～2	2～3	3～4	4～5	5～6	6～7	7～8	8～9

例如，QD27E 表示额定电压为 24V、功率为 6～7kW、第五次设计的起动机。

第二节　起动机的原理特性与组成结构

一、起动机的工作原理

起动机的工作原理可以通过其主要部件直流电动机的工作原理来说明。

直流电动机是将电能转变为机械能的设备，它是根据带电导体在磁场中受到电磁力作用的这一原理为基础而制成的，其工作原理如图 4-3 所示。

由于一个线圈所产生的转矩太小，且转速不稳定，因此实际上，电动机的电枢上绕有很多线圈，换向片数也随线圈的增多而相应增加，从而保证产生足够大的转矩和稳定的转速。

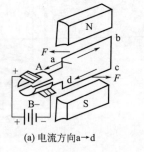
(a) 电流方向 a→d

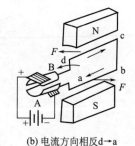
(b) 电流方向相反 d→a

图 4-3　起动机的工作原理

二、起动机的工作特性

在直流电动机中，按磁场绕组与电枢绕组的连接方式不同，可分为串激式、并激式和复激式三种。汽车用的起动机大多为串激式直流电动机，其特点如下：

① 启动转矩大，如图4-4所示。
② 力学特性软（即轻载转速高、重载转速低），如图4-5所示。
起动机的特性曲线如图4-6所示。

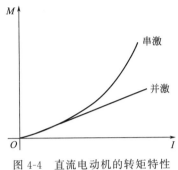

图4-4 直流电动机的转矩特性　　图4-5 直流电动机的力学特性

三、起动机的组成与结构

如图4-7所示为解放CA1091型汽车起动机的结构。不同类型的汽车上使用的起动机尽管形式不同，但其直流电动机部分基本相似，主要的区别就在于传动机构和控制装置各有差异。

① 直流串励电动机的作用是将蓄电池输入的电能转换为机械能，产生电磁转矩。

② 传动机构又称起动机离合器、啮合器。传动机构的作用是在发动机启动时使起动机轴上的小齿轮啮入飞轮齿环，将起动机的转矩传递给发动机曲轴；在发动机启动后又能使起动机小齿轮与飞轮齿环自动脱开。

③ 控制装置又称起动机开关，控制装置的作用是用来接通和断开电动机与蓄电池之间的电路，同时还能接入和切断点火线圈的附加电阻。

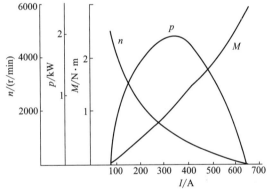

图4-6 起动机的特性曲线

众所周知，发动机的启动需要外力的支持，汽车起动机就是在"扮演"着这个角色。大体上说，起动机用三个部件来实现整个启动过程。直流串激电动机引入来自蓄电池的电流并且使起动机的驱动齿轮产生机械运动；传动机构将驱动齿轮啮合入飞轮齿圈，同时能够在发动机启动后自动脱开；起动机电路的通断则由一个电磁开关来控制。其中，电动机是起动机内部的主要部件，它的工作原理就是以安培定律为基础的能量的转化过程，即通电导体在磁场中受力的作用。发动机在以自身动力运转之前，必须借助外力旋转。发动机借助外力由静止状态过渡到能自行运转的过程，称为发动机的启动。发动机常用的启动方式有人力启动、辅助汽油机启动和电力启动三种形式。人力启动采用绳拉或手摇的方式，简单但不方便，而且劳动强度大，只适用于一些小功率的发动机，在一些汽车上仅作为后备方式保留着；辅助汽油机启动主要用在大功率的柴油发动机上；电力启动方式操作简便，启动迅速，具有重复启动的能力，并且可以远距离控制，因此被现代汽车广泛采用。

1. 直流电动机

直流电动机由电枢、磁极、电刷与刷架、外壳等组成。

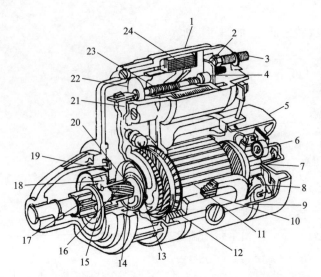

图 4-7 解放 CA1091 型汽车起动机的结构
1—电磁开关；2—触点；3—蓄电池接线柱；4—动触点；5—前端盖；6—电刷弹簧；7—换向器；8—电刷；9—机壳；10—磁极；11—电枢；12—磁场绕组；13—导向环；14—止推环；15—单向离合器；16—电枢轴；17—驱动齿轮；18—传动机构；19—制动盘；20—啮合弹簧；21—拨叉；22—活动铁芯；23—复位弹簧；24—保持线圈

(1) 电枢　电枢（图 4-8）用来产生电磁转矩，它由铁芯、电枢绕组、电枢轴及换向器组成。铁芯由多片互相绝缘的硅钢片叠成；电枢绕组采用很粗的扁铜线用波绕法绕制而成；换向器（图 4-9）的铜片较厚，相邻铜片之间用云母片绝缘。

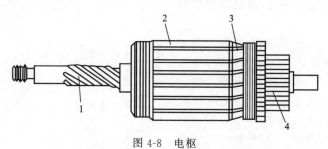

图 4-8　电枢
1—电枢轴；2—铁芯；3—电枢绕组；4—换向器

(2) 磁极　磁极由铁芯和激磁绕组构成，其作用是在电动机中产生磁场，磁极铁芯一般由低碳钢制成，并通过螺钉固定在电动机壳体上。磁极一般是 4 个，由 4 个激磁绕组形成两对磁极，并两两相对，常见的激磁绕组一般与电枢绕组串联在电路中，故被称为串激式直流电动机。磁极和电刷如图 4-10 所示。励磁绕组的连接方式如图 4-11 所示。

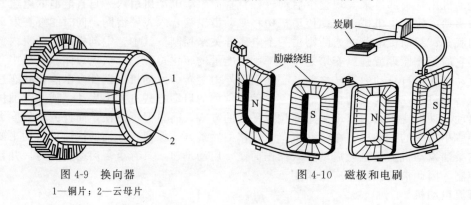

图 4-9　换向器　　　　　图 4-10　磁极和电刷
1—铜片；2—云母片

(3) 电刷与电刷架　电刷与电刷架的作用是将电流引入电枢，使电枢产生连续转动。电刷

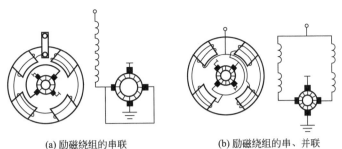

(a) 励磁绕组的串联　　　　　　　(b) 励磁绕组的串、并联

图 4-11　励磁绕组的连线方式

一般用铜和石墨压制而成，有利于减小电阻及增加耐磨性。电刷装在电刷架中，借弹簧压力紧压在换向器上。与外壳直接相连构成电路搭铁，称为搭铁电刷；与激磁绕组和电枢绕组相连，与外壳绝缘，称为绝缘电刷。起动机机壳的一端有 4 个检查窗口，中部有一个与壳体绝缘的电流输入接线柱，内部与励磁绕组的一端相连。端盖分前、后两个，前端盖由钢板压制而成，后端盖由灰口铸铁浇制而成。前后端盖均压装青铜石墨轴承套或铁基含油轴承套，外围有 2 个或 4 个组装螺孔。电刷安装在后端盖内，前端盖上有拨叉座，盖口有凸缘和安装螺孔，以及拧紧中间轴承板的螺钉孔。

（4）外壳　外壳由低碳钢卷制而成，或由铸铁铸造而成。起动机工作时间很短，所以一般采用滑动轴承。减速起动机由于其电枢的转速很快，因此电枢轴承采用滚动轴承。

2. 传动机构

传动机构包括啮合机构和超速保护装置两部分。车用起动机的传动机构的啮合机构有如下类型。

（1）惯性啮合式传动机构　接通点火开关启动发动机时，驱动齿轮靠惯性力的作用，沿电枢轴移出与飞轮啮合，使发动机启动；发动机启动后，当飞轮的转速超过电枢轴转速时，驱动齿轮靠惯性力的作用退回，脱离与飞轮的啮合，防止电动机超速。

（2）强制啮合式传动机构　接通启动开关启动发动机时，驱动齿轮靠杠杆机构的作用沿电枢轴移出，与飞轮环齿啮合，使发动机启动；发动机启动后，切断启动开关，外力的作用消除后，驱动齿轮在复位弹簧的作用下退回，脱离与飞轮环齿的啮合。

（3）电枢移动式啮合机构　起动机不工作时，起动机的电枢与磁极错开。接通启动开关启动发动机时，在磁极磁力的作用下，整个电枢连同驱动齿轮移动与磁极对齐的同时，驱动齿轮与飞轮环齿进入啮合。发动机启动后，切断启动开关，磁极退磁，电枢轴连同驱动齿轮退回，脱离与飞轮的啮合。

超速保护装置实际上是一个单向离合器。单向离合器的作用是单方向传递转矩，即启动发动机时将起动机的转矩传给发动机曲轴，而当发动机启动后，它又能自动打滑，不使飞轮齿环带动起动机电枢旋转，以免损坏起动机。如图 4-12 所示为滚柱式离合的结构。

单向离合器有滚柱式、摩擦片式、弹簧式、棘轮式等不同型式。其中，摩擦片式的单向离合器多用于大功率起动机。下面以滚柱式单向离合器为例进行介绍。滚柱式离合器是国内外汽车起动机中使用最多的一种，其工作原理如图 4-13 所示，其中，驱动齿轮用 40 号中碳钢加工淬火而成，与外壳连成一体。外壳内安装有十字块，十字块与外壳形成 4 个楔形槽，槽内安装有 4 套滚柱及弹簧。十字块与花键套固定连接，壳底与外壳密封。花键套筒的外面安装有缓冲弹簧、拨环及卡环。单向离合器总成利用花键套与起动机轴的花键形成动配合，做轴向移动和随轴移动。

滚柱式单向离合器由外围、滚子、弹簧和内圈组成，滚子数目通常为 6～8 个。工作过程

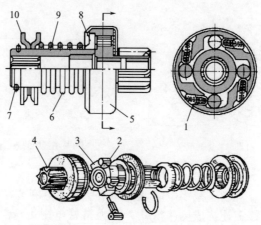

图 4-12 滚柱式离合器的结构
1—滚珠弹簧；2—滚柱（滚子）；3—十字块；4—驱动齿轮；5—外壳；
6—缓冲弹簧；7—卡环；8—底壳；9—花键套；10—拨环

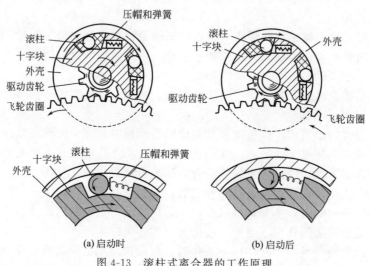

(a) 启动时　　　　　　(b) 启动后

图 4-13 滚柱式离合器的工作原理

中，若单向离合器的外圈相对于内圈沿逆时针方向转动，那么，滚子便在具有凸轮型线的开口槽中向大端移动并压缩弹簧。这时，单向离合器不会出现锁止现象，而允许外圈转动，也就是说，图示的单向离合器在任何时候都允许其外圈相对于内圈做逆时针转动。换一种说法，即允许其内圈相对于外圈做顺时针转动。

但在工作过程中，若单向离合器的外圈试图相对于内圈沿顺时针方向转动，那么，滚子便在开口槽中向小端移动，楔入内、外圈之间，将两者锁住，与此同时，还可以在两者之间传递扭矩。此刻，弹簧的作用是改善滚子最初的楔入动作，一旦滚子楔入开口槽的小端，则单向离合器出现锁止，从而不允许其外圈相对于内圈做顺时针转动，或内圈相对于外圈做逆时针转动。

外圈与滚子的接触面制成凸轮型线表面，并具有一定的楔入角。在现有结构中，此角一般为 6°～8°。考虑到机加工误差及使用中磨损的影响，为在接触区段保持不变的楔入角，常将开口槽的凸轮表面型线加工成对数的螺旋线。

滚子式单向离合器工作时，最大接触应力发生在滚子与内、外圈的接触处。严格地讲，由于滚子两侧的作用力相等，而且其与内圈凸面的接触面积要小于与外圈凹面的接触面积，所以，最大接触应力发生在滚子与内圈的接触表面上。这里，最易发生的是表面疲劳磨损，典型的失效形式是点蚀剥落。制造单向离合器滚子及内、外圈的金属材料，一般与滚动轴承材料相同。

由于单向离合器工作时，滚子始终受到旋转离心力的作用，因而总是试图从与外围的接触点向外偏移。所以，必须借助弹簧将滚子向开口槽小端压紧，以制止这种偏移，这也就是为什么要求弹簧应有一定预紧力的原因。

滚柱式离合器具有结构简单、坚固耐用、体积小、重量轻、工作可靠等优点，因此得到广泛应用。其不足是不能在大功率起动机上应用。

摩擦片式单向离合器主要用于柴油发动机上功率较大的起动机上，如图 4-14 所示。发动机启动后内接合鼓开始瞬间是静止的，在惯性力作用下，内接合鼓因为花键套筒的旋转而左移，从而使主、被动摩擦片压紧而传动，电枢转矩最终传给驱动齿轮。发动机启动后，飞轮齿圈的转速高于驱动齿轮，于是内接合鼓又沿传动套筒的螺旋花键右移，使主、被动摩擦片出现间隙而打滑，避免了电枢超速飞散。

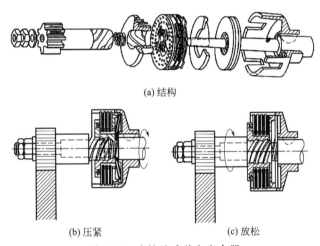

图 4-14 摩擦片式单向离合器

摩擦片式单向离合器可以传递较大转矩，并能在超载时自动打滑，但由于摩擦片易磨损，需经常检查调整，其结构也较复杂。

弹簧式单向离合器如图 4-15 所示，启动发动机时，电枢轴带动花键套筒 6 稍有转动，扭力弹簧 5 顺着其螺旋方向将齿轮柄与花键套筒 6 抱紧，起动机转矩经扭力弹簧 5 传给驱动齿轮 2，启动发动机。发动机启动后，驱动齿轮的转速高于花键套筒，扭力弹簧放松，驱动齿轮与

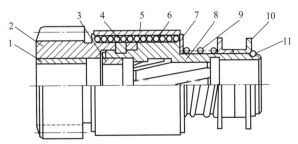

图 4-15 弹簧式单向离合器
1—衬套；2—驱动齿轮；3—挡圈；4—月形圈；5—扭力弹簧；6—花键套筒；
7—垫圈；8—传动套筒；9—缓冲弹簧；10—移动衬套；11—卡簧

花键套筒松脱打滑,发动机转矩不能传给电动机电枢。

弹簧式单向离合器结构简单,寿命长,成本低。但是其轴向尺寸较大,因此主要用于一些大功率起动机上。

3. 电磁操纵机构（电磁开关）

起动机电磁操纵机构主要由吸引线圈、保持线圈、驱动杠杆、启动开关接触片等组成。操纵机构通过控制启动电磁开关及杠杆机构（或其他某种装置），实现起动机传动机构与飞轮齿圈的啮合与分离,并且接通和断开电动机与蓄电池之间的电路,同时接入或切断点火线圈的附加电阻（传统点火装置）。电磁开关控制驱动齿轮与飞轮齿圈的啮合与脱离;控制起动机主电路的接通与分断。起动机的操纵机构（或称为控制机构）包括启动电磁开关、拨叉、拨环等部分。起动机的工作受电磁开关控制,而电磁开关受别的装置控制。当电磁开关直接受点火开关控制时,称为直接控制式电磁开关;当在电磁开关控制回路中加入继电器控制回路时,称为带启动继电器式电磁开关。

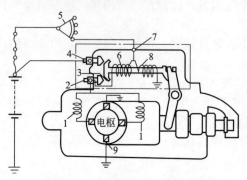

图 4-16 直接控制式电磁开关控制的起动机电路

1—励磁线圈；2—C 接线柱；3—旁通接线柱；
4—30 接线柱；5—点火开关；6—吸拉线圈；
7—50 接线柱；8—保持线圈；9—电刷

（1）直接控制式电磁开关 直接控制式电磁开关控制的起动机电路如图 4-16 所示。

（2）带启动继电器式电磁开关 带启动继电器式电磁开关控制的起动机电路如图 4-17 所示。

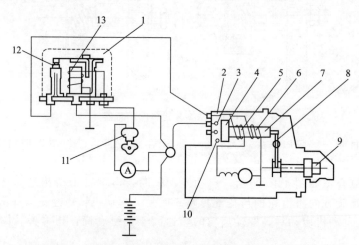

图 4-17 带启动继电器式电磁开关控制的起动机电路

1—启动继电器；2—起动机；3—起动机蓄电池接线柱；4—接触片；5—吸引线圈；
6—保持线圈；7—铁芯；8—驱动杠杆；9—小齿轮；10—电动机接线柱；
11—启动开关；12—启动继电器触点；13—启动继电器线圈

起动机电磁开关是起动机的关键部件,电磁开关的设计质量直接影响起动机的可靠性。

起动机电磁开关有两方面的作用,一是接通主电路,使起动机旋转;二是通过拨叉把驱动齿轮推出与发动机飞轮齿环啮合,所以要求电磁开关有相应的吸力、相应的行程、触点能可靠通断大电流,此外还要求尽可能减少体积和重量。

基于上述特点,电磁开关的触点结构一般都采用接触形式,即动触点制成桥片状或圆盘状，使其有较大的散热面和热容量。磁系统则大部分采用螺管式电磁铁结构，以达到相应的行程、相应的吸力、体积小、重量轻的要求。

电磁开关的动铁芯可在装有螺管式线圈的黄铜轴套中顺利移动。动铁芯拉杆通过拨叉单向器相连，在回位弹簧的作用下，动铁芯平时保持在不工作的初始位置，启动时，起动机驱动齿轮要向前移动12～20mm。因此，在电磁开关开始吸合时，需要很大的磁势，以产生必要的初始吸力，而吸动之后，气隙减小，电磁吸力急剧增加，大大超过保持吸合状态所需的力。为此，电磁开关采用两个线圈（吸引线圈和保持线圈），开始时由吸引线圈和保持线圈共同产生电磁吸力，当开关触点吸合后，使吸引线圈自动脱离工作状态，单独由保持线圈来保持开关吸合状态，保持线圈电流比较小，可用较细的导线绕制，这样既可缩小电磁开关的体积，又能达到合理的吸力匹配。为了保证起动机的可靠性，需要着重把握电磁开关的设计质量。

有的电磁开关的开关壳是由外壳和底极焊起来的，这样漏磁就大。因此在设计上如采用外壳和底板整体式的，并且加厚底板，这样就无漏磁，而且也增加了磁通。为使电磁开关可靠吸合和断开，要控制电磁开关的附加行程。附加行程一般在1.5～3.5mm之间，附加行程太小，可能引起吸合不可靠；附加行程太大，会造成触点不易断开，因此，电磁开关的附加行程最好控制在1.5～2.5mm之间。电磁开关的静触点材质一般为纯铜，如果杂质总量偏高，则容易产生主触点断开困难的现象，所以，静触点趋向于采用铜钨合金以及银铬合金，这些合金材料具有耐高温、熔点高、不易烧蚀、抗电弧性强等特点，能大大提高电磁开关的可靠性和寿命。

电磁开关动触片的材质也是纯铜，目前动触片趋向用银铜合金，因为银铜合金导电性能好。动触片的形状采用桥式片和圆盘式，可使其通电时散热快，不易因发热烧蚀而与静触点黏结。

回位弹簧一般为圆柱弹簧，趋向用鼓形弹簧，这样回位弹簧在工作压缩的终点不会并圈，且不易歪斜。

线圈管有铜皮卷的，有黄铜管的，目前趋向用不锈钢管，因不锈钢管的强度好，耐用，并且动铁芯在线圈管里吸合和回位也顺畅。

线圈管与动铁芯的气隙太大，由于气隙大，使动铁芯在吸放过程中，因自身重量的原因受到磨损而与线圈管卡住，因此趋向于线圈管与动铁芯之间的间隙为0.1mm左右。

四、启动系统的启动保护

具有启动保护装置的起动机电路如图4-18所示。

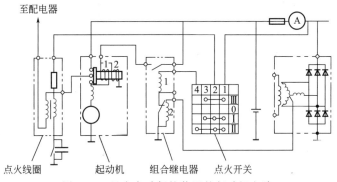

图4-18 具有启动保护装置的起动机电路

① 当点火开关置于启动挡（Ⅱ挡）时，电流走向为蓄电池正极→熔断器→电流表→点火开关启动触电Ⅱ→启动继电器线圈→保护继电器常闭触点→搭铁→蓄电池负极。

这时启动线圈有电，产生磁力，使启动继电器触点闭合，则电流走向为正极→起动机→B→启动继电器触点→S接线柱→起动机的电磁开关→吸引线圈（保持线圈）→启动点击→搭铁→负极。

此时，起动机进入启动状态。

② 松开点火开关，返回点火挡（Ⅱ挡），此时，启动继电器触点打开→停止起动机，也就是①中的继电器电路被断开。

③ 启动发动机后，点火开关没有回到Ⅰ挡，这时，组合继电器中的保护继电器线圈起作用。N点承受的是发电机中性点的电压，随着发电量的增加，N点电压增加，使常闭触点断开，切断了继电器电路，起动机停止工作（前面讲过充电指示灯的线路，L接点的充电指示灯，由于搭铁电路被切断，所以指示灯灭）。

④ 发动机运行时，点火开关在Ⅱ挡，与③相似，常闭触点在中性点的作用下断开，起动机是不会运转的，因此，起保护作用。

第三节 起动机的检修、试验及维护

一、起动机的检修

1. 激磁绕组的检修

激磁绕组的常见故障有接头松脱、绕组短路、断路或搭铁等。接头松脱故障，解体后可直接看到，绕组搭铁故障诊断可用万用表的欧姆挡测量。将绕组放在电枢检验仪上可检查绕组匝间是否短路。绕组连接脱焊，应重新施焊；绕组绝缘不良，应拆除旧绝缘层重新包扎并浸漆、烘干。如图4-19所示为激磁绕组的检查。

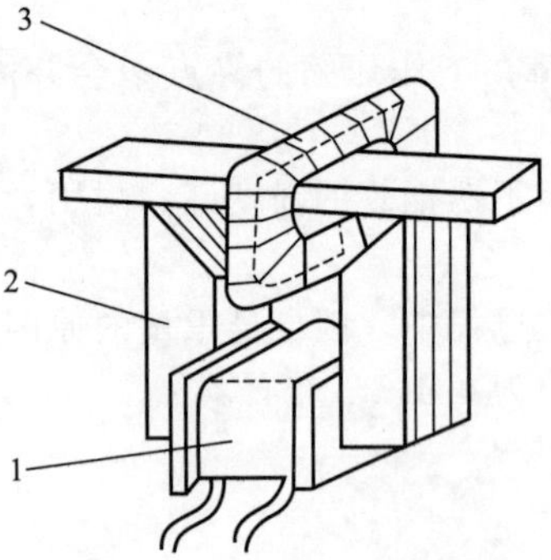

2. 电枢的检修

（1）电枢绕组的检修 电枢绕组常见的故障是匝间短路、断路或搭铁、绕组接头与换向器铜片脱焊等。检查绕组是否搭铁，可用万用表欧姆挡检测。检查电枢绕组匝间是否短路，可用感应仪。若电枢中有短路，则在电枢绕组中将产生感应电流，钢片在交变磁场的作用下，在槽上振动，由此可判断电枢绕组中的短路故障。电枢绕组若有短路、搭铁故障，则需重新绕制，并浸漆、烘干（图4-20～图4-22）。

图4-19 激磁绕组的检查
1—感应仪；2—铁芯；3—激磁绕组

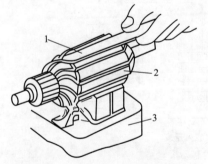

图4-20 起动机电枢绕组短路的检测
1—钢片；2—被检电枢；3—电枢检验仪

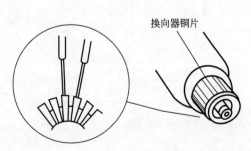

图4-21 起动机电枢绕组断路的检测

(2) 换向器的检修　换向器故障多为表面烧蚀、云母片突出等。轻微烧蚀用"00"号砂纸打磨即可。严重烧蚀或失圆时应精加工，但加工后换向器铜片厚度不得少于2mm。云母片如果高于铜片也应车削修整，云母片是否割低要看起动机的具体情况。有的起动机换向器的云母片要低于铜片，在检修时若换向器铜片间槽的深度小于0.2mm，就需用锯片将云母片割低至规定的深度。

(3) 电枢轴的检修　电枢轴的常见故障是弯曲变形。电枢轴径向跳动应不大于0.15mm，否则应校直，如图4-23所示。

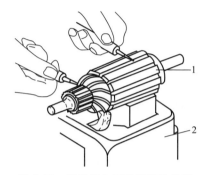

图4-22　起动机电枢绕组搭铁检测
1—被检电枢；2—电枢检验仪

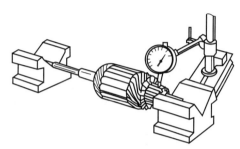

图4-23　电枢轴与电刷架的检修

3. 电刷与电刷架的检修

检查电刷的高度，一般不应低于标准的2/3，电刷的接触面积不应少于75%，并且要求电刷在电刷架内无卡滞现象，否则需进行修磨或更换。用万用表的欧姆挡或试灯法可检查绝缘电刷架的绝缘性。最后用弹簧秤测电刷弹簧的弹力，若不符合要求应予以更换或修理（图4-24）。

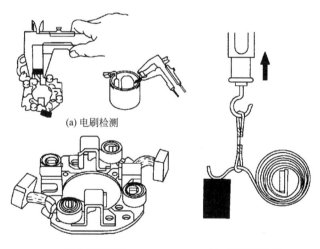

(a) 电刷检测

(b) 电刷架检测　　　(c) 电刷弹簧检测

图4-24　电刷、电刷架及电刷弹簧的检测

4. 单向离合器的检修

单向离合器常见的故障是打滑。可以用扭力扳手检测单向离合器的转矩。若转矩小于规定值，说明单向离合器打滑，应予以更换。对于摩擦片式单向离合器，如果转矩偏小，可以通过调整压环前的垫圈厚度使其达到要求。

5. 电磁开关的检修

电磁开关的常见故障一般是吸引线圈和保持线圈断路、短路和搭铁，接触盘及触点表面烧蚀等。线圈有否断路、搭铁可用欧姆表通过测量电阻来检查。如果线圈不良，应予以重绕或更换。接触盘及触点表面烧蚀，轻微的可以用锉刀或砂布修整。回位弹簧过弱应予以更换。

二、起动机的试验

1. 空载试验

将起动机夹紧，接通起动机电路，起动机应运转均匀、电刷无火花（图4-25）。其电流表、电压表和转速表上的读数应符合规定值。注意：每次空载试验不应超过1min，以免起动机过热。

2. 制动试验

在空载试验通过后，通过测量起动机全制动时电流和扭矩来检验起动机的性能良好与否。试验在万能试验台上进行，通电后迅速记下电流表、弹簧秤和电压表的读数，其全制动电流和制动转矩应符和规定值。注意：全制动试验要动作迅速，一次试验时间不要超过5s，以免烧坏电动机及对蓄电池使用寿命造成不利影响。表4-2记录了常见几种型号起动机的空载特性和全制动特性数据。

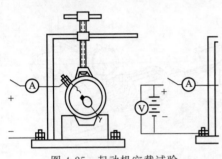

图4-25 起动机空载试验

表4-2 常见几种型号起动机的空载特性和全制动特性数据

型号	规格		空载特性		全制动特性			电刷		适用车型
	额定电压/V	额定功率/kW	电流/A	转速/(r/min)	电压/V	电流/A	扭矩/N·m	牌号	弹簧压力/N	
QD124A	12	1.85	95	5000	8	600	24	TS-2		解放 EQ1091
AD124H	12	1.47	90	5000	8	650	29.4		2~15	解放 CA1091
QD124F	12	1.47	90	5000	8	650	29.4		8~13	东风 EQ1090
321	12	1.1	100	5000	6	525	15.7	TS-4	12~15	北京 2020N
QD1225	12	0.96	45	6000	7	480	13			上海桑塔纳
QD142A	12	3	90	5000	7	650	25		12~15	南京依维柯
DW1.4	12	1.4	67	2900	9.6	160	13			北京切诺基
D6RA37	12	0.57	220	1000		350	85			神龙富康
B-23	12	0.7	55	5000						天津夏利
QD27	24	8.09	90	3200	12	1700	145	TSl03	12~15	红岩 CQ261

三、起动机的使用与维护

起动机属于汽车中贵重部件，轻易不会损坏，但是为了延长起动机的使用寿命，恰当的使用方法也是必要的。在启动发动机的过程中，要从蓄电池引入300～400A·h的电量，因此为了防止蓄电池出现过流或损坏的现象，启动时间不应超过5s；冬季容易出现启动困难的现象，多次启动时每次启动时间不宜过长，各次启动中也应留有适当间隔。

① 起动机每次启动时间不超过5s，再次启动时应间歇15s，使蓄电池得以恢复。如果连续第三次启动，应在检查与排除故障的基础上停歇2min以后进行。

② 在冬季或低温情况下启动时，应对蓄电池采取保温措施。

③ 发动机启动后，必须立即切断起动机控制电路，使起动机停止工作。

四、典型启动系统电路

上海帕萨特B5启动系统电路如图4-26所示。

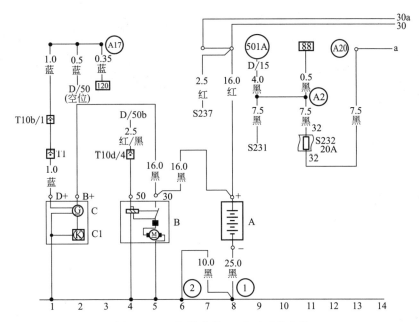

图4-26 上海帕萨特B5启动系统电路

A—蓄电池；B—起动机；C—发电机；C1—发电机调压器；D—点火开关；S231—熔丝（在熔丝架上）；S232—熔丝（在熔丝架上），20A；S237—熔丝（在保险丝架上）；T1—单针插头，在发动机缸体的右侧，蓝色；T10b—10针插头，在发动机室中的控制单元防护罩内的左侧，黑色（1号位）；T10d—10针插头、在发动机室中的控制单元防护罩内的左侧，棕色（2色位）；A2—正极连接点（15号火线），在仪表板线束内；A17—连接点（51），在仪表板线束内；A20—连接点（15a），在仪表板线束内；501A—螺栓连接点2（303号火线），在继电器板上；1—接地点，蓄电池至车身；2—接地点，变速器至车身

第四节 起动机的拆装

一、4缸汽油发动机汽车的起动机的拆装

1. 4缸汽油发动机汽车的起动机的拆卸

① 拆下隔音罩。拆下前保险杠，使锁支架处于修理位置。

② 松开压缩机多楔皮带张紧轮的紧固螺栓，松开并取下多楔皮带。

③ 拧下压缩机螺栓，该拧紧力矩为25N·m。将连着管路的压缩机挂到车身上。

④ 如图4-27所示，拧下接线柱B+的导线螺栓2，拔下接线柱50的插头1，拧下螺栓3，拧下导线卡夹4。

⑤ 如图4-28所示，拧下起动机紧固螺栓1和2，向下取下起动机。

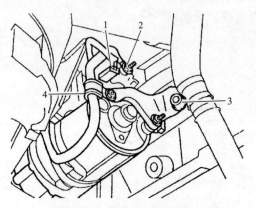

图4-27 拆卸起动机导线
1—接线柱50的插头；2—接线柱B+的导线螺栓（16N·m）；3—螺栓；4—卡夹

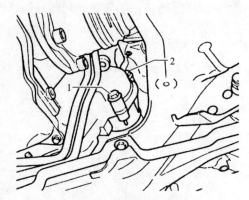

图4-28 拆下起动机
1,2—紧固螺栓（65N·m）

2. 4缸汽油发动机汽车的起动机的安装

4缸汽油发动机汽车的起动机的安装可按与拆卸相反的顺序进行。

二、6缸汽油发动机汽车的起动机的拆卸

① 为了拆卸起动机，必须先拆下发电机。

② 如图4-29所示，拧下接线柱B+的导线螺栓1，拔下接线柱50的插头2。

③ 对于带自动变速器的汽车，拆下右前车轮。如图4-30所示，通过右轮罩可拧下螺栓1（SW16），从发动机侧面可拧下螺栓2（SW16），向下取下起动机。

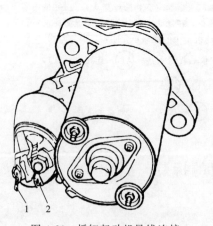

图4-29 拆卸起动机导线连接
1—接线柱B+的导线螺栓（16N·m）；2—接线柱50的插头

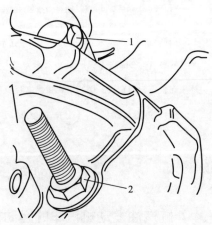

图4-30 拆下起动机
1,2—螺栓（65N·m）

④ 对于带手动变速器的汽车，还需要拧下后部隔音罩，如图 4-31 箭头所示。然后拧下起动机紧固螺栓 1 和 2（图 4-30），并向下取下起动机。

三、起动机拆装的注意事项

① 拆卸起动机前，先关闭点火开关，将蓄电池的搭铁线拆除，再拆除电磁开关上的蓄电池正极线。电脑控制发动机的车辆更要注意这一点。

② 在安装起动机时，先连接电磁开关上的蓄电池正极线，再接上蓄电池的正、负极线。接蓄电池正、负极线之前确保点火开关处在关闭状态，这是保护车上电子装置的必要措施。

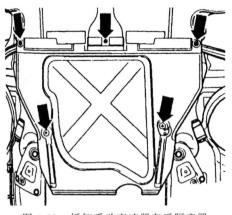

图 4-31　拆卸手动变速器车后隔音罩

③ 当起动机解体和组装时，对于配合较紧的部件，严禁生砸硬敲，应用拉、压工具进行分离与装入，以防止部件的损坏。

④ 当清洗起动机部件时，起动机电枢、励磁绕组和电磁开关总成用拧干汽油的棉纱进行擦拭，或用压缩空气吹净，以防止由于液体不干而造成短路或失火。其他部件用液体清洗剂清洁。

⑤ 起动机组装后，先对其进行测量调整后再进行试验台上的运转试验。当进行起动机运转试验时，要先进行空载试验，再进行全制动试验（24V 起动机一般提倡先做 12V 空载试验，再做 24V 空载试验），以防止因意外故障引起过载而烧坏实验设备或起动机本身。

四、起动机的检测

① 启动发动机的同时，接通前大灯或喇叭，观察灯光亮度和喇叭声响是否正常，如变弱，则检查蓄电池是否亏电和线路连接是否松动。

② 短接起动机电磁开关与蓄电池正极接柱，观察起动机运转情况，如运转正常，则检查点火开关。

③ 短接起动机开关接线柱，观察起动机运转情况，如运转正常，则检查起动机电磁开关。

④ 从车上拆下起动机，然后拆下起动机电刷，检查起动机电刷和换向器的表面状况，换向器表面应无烧蚀现象，电刷在电刷架内应活动自如，无卡滞现象，电刷与换向器的接触面积不应小于 4/5，电刷长度不应小于新电刷的 2/3。

⑤ 以上检测都正常，若起动机不转，则故障为励磁线圈断路。

⑥ 若起动机转动无力，则故障为励磁线圈短路。

⑦ 若外部电路接触火花很大，则故障为励磁线圈或电刷架搭铁。

⑧ 若有运转不均匀的现象，则故障为励磁线圈和电枢线圈短路。

⑨ 若输出扭矩小，则故障还可能为电刷接地不良。

⑩ 确认并排除故障后，将起动机装回发动机。

⑪ 再次启动发动机，发动机能正常启动，确认系统正常，无故障。

第五节　启动电路与启动系统故障诊断

一、启动电路的工作过程

1. 直接启动式电路的工作过程

直接启动式电路的组成及工作过程如图 4-32 所示。电磁开关推动起动机驱动齿轮强制啮入飞轮齿圈。直接启动式电路有3条电流工作回路,其工作过程如下。

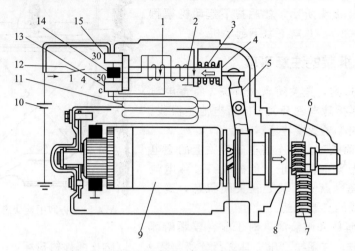

图 4-32 直接启动式电路的组成及工作过程

1—吸引线圈;2—保持线圈;3—回位弹簧;4—活动铁芯;5—拨叉;6—驱动齿轮;7—飞轮齿圈;8—离合器;
9—电枢;10—蓄电池;11—励磁线圈;12—点火开关;13—起动机磁场"C"接线柱;
14—起动机"50"接线柱;15—起动机"30"接线柱

直接启动连线如图 4-33 所示。当启动时,将点火开关旋转至起动挡,点火开关旋转至启动挡的瞬间,接通了两条电流回路,起动机实现了两个动作。

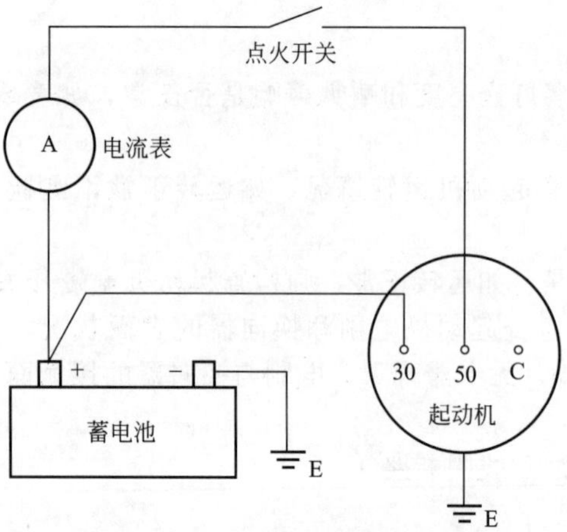

回路1:蓄电池正极→点火开关→"50"接线柱→吸拉线圈→"C"接线柱→起动机励磁绕组→电枢→搭铁→蓄电池负极。

回路2:蓄电池正极→点火开关→"50"接线柱→保持线圈→搭铁→蓄电池负极。

动作1:流经励磁与电枢绕组中的为小电流,起动机缓慢转动,保证了驱动齿轮与飞轮齿圈的顺利啮入。

动作2:磁场铁芯在吸拉线圈与保持线圈所产生的磁场的作用下,向左移动,同时拨叉推动起动机驱动齿轮向右移动,与飞轮齿圈啮合。

图 4-33 直接启动连线

磁场铁芯向左移动,导电盘接通电磁开关上的"30"接线柱与"C"线接柱,回路1短路(吸拉线圈的两端被加上蓄电池的端电压而短路不工作,磁场铁芯依靠回路2保持线圈产生的磁场,导电盘将"30"接线柱与"C"接线柱接通),接通了新的回路3,产生了新的动作3。

回路3:蓄电池正极→"30"接线柱→导电盘→"C"接线柱→起动机励磁绕组→电枢→搭铁→蓄电池负极。

动作3:流经励磁与电枢绕组中的大电流使起动机产生大转矩,经起动机的传动机构驱动飞轮齿圈使曲轴旋转,启动发动机。

发动机启动后,松开点火开关,"50"接线柱断电,由于机械惯性,松开点火开关的瞬间,导电盘仍将"30"接线柱与"C"接线柱接通,瞬间构成一个新的回路:蓄电池正极"30"接线柱导电盘→吸拉线圈→保持线圈→搭铁→蓄电池负极。吸拉线圈与保持线圈产生相反方向的磁场而导致有效磁场大大削弱，磁场铁芯失去磁场力，在回位弹簧的作用下迅速回位，导电盘与"C"接线柱和"30"接线柱分开，回路3被断开，驱动齿轮被拉回位，启动完毕。

在上述的3条回路中，将回路1和回路2认作一条回路，即启动系统的开关电路（在没有启动继电器的控制电路中，也可以认作控制电路）；回路3则被称为启动系统的主电路。

在传统点火系统中，图4-33中"30"接线柱和"C"接线柱之间还有一个旁通接线柱，用来在启动时短路点火线圈上附加电阻，改善了启动时的点火性能。目前，汽车较多采用电子点火，点火系统已不再设置附加电阻，在这种类型的车上，起动机电磁开关也没有旁通接线柱。

2. 继电器控制式起动电路的工作过程

如图4-34所示，商用汽车上的发动机都采用启动继电器控制起动机。启动电路由蓄电池、点火开关、启动继电器、起动机、导线等组成。当发动机启动时，将点火开关旋至启动挡位，启动继电器通电后，吸下衔铁使触点闭合，接通了电磁开关回路，起动机投入工作；发动机启动后，松开点火开关，点火开关自动转回到点火工作挡位，启动继电器线圈断电而触点被断开，电磁开关回路也随即断开，起动机停止工作。

继电器启动连线如图4-35所示。

启动继电器控制启动系统电路的主要特点如下。

① 实现了小电流控制大电流，对点火开关起保护作用，避免了点火开关的烧蚀，延长了点火开关的使用寿命。

② 实现了点火开关控制启动继电器，继电器控制起动机电磁开关，电磁开关控制直流电机的三级控制。

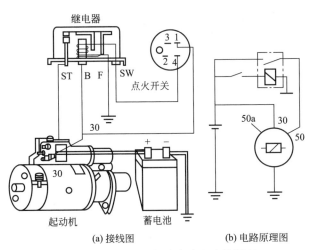

图4-34 继电器控制式启动电路的原理

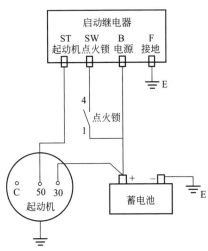

图4-35 继电器启动连线

二、启动系统故障诊断

1. 起动机不转

（1）故障原因

① 电源故障　蓄电池严重亏电或极板硫化、短路等，蓄电池极柱与线夹接触不良，启动电路导线连接处松动而接触不良等。

② 起动机故障　换向器与电刷接触不良，激磁绕组或电枢绕组有断路或短路，绝缘电刷搭铁，电磁开关线圈断路、短路、搭铁或其触点烧蚀等。

③ 启动继电器故障　启动继电器线圈断路、短路、搭铁或其触点接触不良。

④ 点火开关故障　点火开关接线松动或内部接触不良。
⑤ 启动线路故障　启动线路中有断路、导线接触不良或松脱等。
（2）故障诊断方法
① 检查电源　按喇叭或开大灯，如果喇叭声音小或嘶哑，灯光比平时暗淡，说明电源有问题。
② 检查起动机　用起子将起动机电磁开关上连接蓄电池和电动机导电片的接线柱短接，如果起动机不转，则说明是电动机内部有故障，应拆检起动机。
③ 检查电磁开关　用起子将电磁开关上连接启动继电器的接线柱与连接蓄电池的接线柱短接，若起动机不转，则说明起动机电磁开关有故障，应拆检电磁开关。
④ 检查启动继电器　用起子将启动继电器上的"电池"和"起动机"两个接线柱短接，若起动机转动，则说明启动继电器内部有故障。否则应再做下一步检查。
⑤ 检查点火开关及线路　将启动继电器的"电池"与点火开关用导线直接相连，若起动机能正常运转，则说明故障在启动继电器至点火开关的线路中，可对其进行检修。

2. 起动机启动无力

（1）故障原因
① 电源故障　蓄电池亏电或极板硫化短路，启动电源导线连接处接触不良等。
② 起动机故障　换向器与电刷接触不良，电磁开关接触盘和触点接触不良，电动机激磁绕组或电枢绕组有局部短路等。
（2）故障诊断方法　如出现起动机运转无力，首先检查起动机电源，检测蓄电池容量（用高率放电计检测），若容量不足，可用容量充足的蓄电池辅助供电的方法加以排除。
如果启动电源无问题，则应拆检起动机，首先检查电磁开关接触盘、换向器与电刷的接触情况，其次检查激磁绕组和电枢绕组。

3. 起动机空转

（1）故障原因　接通启动开关后，只有起动机快速旋转而发动机曲轴不转。这种症状表明起动机电路畅通，故障在于起动机的传动装置和飞轮齿圈等处。
（2）故障诊断方法
① 若在起动机空转的同时伴有齿轮的撞击声，则表明飞轮齿圈的齿或起动机小齿轮的齿磨损严重或已损坏，致使不能正确地啮合。
② 起动机传动装置故障有单向啮合器弹簧损坏，单向啮合器滚子磨损严重，单向啮合器套管的花键槽锈蚀，这些故障会阻碍小齿轮的正常移动，造成不能与飞轮齿圈准确啮合等。
③ 有的起动机传动装置采用一级行星齿轮减速装置，其结构紧凑，传动比大，效率高。但使用中常会出现载荷过大而烧毁卡死。有的采用摩擦片式离合器，若压紧弹簧损坏、花键锈蚀卡滞和摩擦离合器打滑，也会造成起动机空转。

第五章 汽车照明信号报警装置

第一节 汽车照明灯

一、汽车照明灯分类

1. 前照灯

前照灯也称作前大灯，安装在汽车头部的两侧，用于汽车在夜间或光线昏暗路面上行驶时的照明，有两灯制和四灯制之分。本节重点介绍汽车前照灯。

2. 雾灯

雾灯安装在车头和车尾，安装位置比前照灯稍低。安装于车头的雾灯称为前雾灯，一般左右各有一个；安装于车尾的雾灯称为后雾灯，有些车辆只有一个后雾灯。雾灯的光色为黄色或橙色。用于在有雾、下雪、暴雨或尘埃等恶劣条件下改善道路照明情况。雾灯一般由车灯开关和雾灯开关控制。

3. 示宽灯与尾灯

示宽灯和尾灯用于夜间给其他车辆指示车辆位置与宽度。位于前方的称为示宽灯，位于后方的称为尾灯。两灯均为低强度灯。

4. 制动灯

制动灯安装在车辆尾部，光色为红色，用于汽车制动时警示其他车辆，以免与其他车辆发生碰撞。

5. 转向信号灯和危险警告灯

转向信号灯安装在车辆两端及前翼子板上，向前后左右车辆表明驾驶员正在转向或改换车道，转向信号灯每分钟闪烁 60～120 次。转向信号灯一起同时闪烁，即作为危险警告灯用。

危险警告灯是当车辆紧急停车或驻车时，危险警告灯给前后左右的车辆显示车辆位置。

6. 牌照灯

牌照灯用于照亮尾部车牌。当尾灯亮时，牌照灯也亮。牌照灯由灯光开关控制。

7. 倒车灯

倒车灯安装于车辆尾部，光色为白色。用于倒车时提供照明，警示后面的车辆、行人注意安全。当点火开关接通，变速杆换至倒车挡时，倒车灯亮。目前在汽车上，通常将倒车灯、制动灯、尾灯、后转向信号灯等组合在一起，称为组合后灯。

8. 仪表灯

仪表灯用于夜间照亮仪表盘，使驾驶员能够看清仪表。当尾灯亮时，仪表灯同时亮。有些车辆还加装了灯光亮度控制变阻器，使驾驶员能够调整仪表灯的亮度。

9. 顶灯

顶灯用于车内照明，安装于驾驶室或车厢顶部。有些车型，也作为车门未关警告灯，当车门关闭不严时灯亮,提醒驾驶员注意。顶灯由顶灯开关和门控开关控制。

10. 后备厢灯

后备厢灯用于打开后备厢时照明,由后备厢门控开关控制。

二、汽车前照灯

为了确保夜间行车的安全,前照灯应保证车前有明亮而均匀的照明,使驾驶员能够辨明车前100m(或更远)内道路上的任何障碍物。前照灯应具有防眩目的装置,以免夜间会车时,使对方驾驶员目眩而发生事故。

1. 汽车前照灯的结构

汽车前照灯一般由光源(灯泡)、反光镜、配光镜(散光镜)三部分组成。

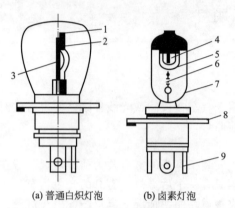

图 5-1 前照灯的灯泡
1,7—配光屏;2,4—近光灯丝;3,5—远光灯丝;6—定焦盘;8—泡壳;9—插片

(1)灯泡 目前汽车前照灯所用的灯泡有普通灯泡(白炽灯泡)、卤素灯泡和高压氙灯泡,前两种灯泡的灯丝均采用熔点高、发光强的钨制成,如图5-1所示。高亮度弧光灯如图5-2所示。

普通灯泡的灯丝用钨丝制成,玻璃泡内抽出空气,然后充以86%的氩气和14%的氮气的混合惰性气体以减少钨丝受热蒸发,延长其使用寿命,灯丝制成紧密的螺旋状。灯泡在长期使用后发黑,表明灯丝的损耗依然存在,因此并不能阻止钨丝的蒸发。卤素灯泡是在惰性气体中加入一定量的卤族元素(如碘、溴),使得从灯丝上蒸发出来的气态钨与卤族元素反应生成一种挥发性的卤化钨,在扩散到灯丝附近的高温区域后又受热分解,使钨重新回到灯丝上,如此循环防止了钨的蒸发和灯泡黑化的现象。白炽灯泡发光效率一般为8~12lm/W,卤素灯泡发光效率可达18~20lm/W,比白炽灯泡高20%以上。由于卤钨灯泡体积小、耐高温、发光强度高、使用寿命长,故而目前得到广泛的应用。现在汽车没有具体的灯光的亮度标准,目前市面出现了高压氙气灯泡,这种灯如果没有调好高度,就极有可能造成眩目。

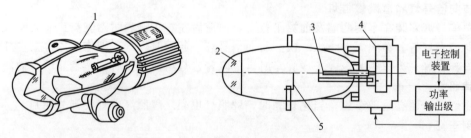

图 5-2 高亮度弧光灯
1—总成;2—透镜;3—弧光灯;4—引燃及稳弧部件;5—遮光板

(2)反射镜 反射镜的表面形状呈旋转抛物面,如图5-3所示,一般由0.6~0.8mm的薄钢板冲压而成,或由玻璃、塑料制成。其内表面镀银、铝或铬,然后进行抛光处理。目前反射镜内面采用真空镀铝的较多。

反射镜的作用是将灯泡的散射(直射)光反射成平行光束,使光度大大增强,增强几百倍乃至上千倍,以保证汽车前方150~400m范围内足够的照明,如图5-4所示。

图 5-3 半封闭式前照灯的反射镜

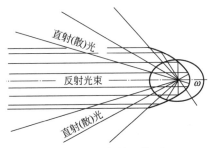

图 5-4 反射镜的作用

（3）配光镜 配光镜又称散光玻璃，由透光玻璃压制而成，是多块特殊棱镜和透镜的组合，外形一般为圆形和矩形，如图 5-5 所示。

配光镜的作用是将反射镜反射出的平行光束进行折射（图 5-6），使车前的路面有良好而均匀的照明，近年使用塑料配光镜。

图 5-5 配光镜的结构

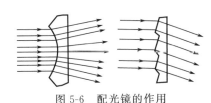

图 5-6 配光镜的作用

2. 前照灯防眩目的措施

（1）采用远、近光束变换 会车时采用近光灯。远光灯与近光灯两根灯丝，由变光开关控制其电路。

（2）用带遮光罩的双丝灯泡 在近光灯丝下方安装配光屏，遮住反射镜下半部分光线，避免近光灯束向斜上方照射。

（3）用非对称光形 在近光灯丝下方安装配光屏时，将配光屏偏转一个角度，使近光的光形分布不对称，达到防止眩目的目的。

（4）采用前照灯自动控制装置

前照灯是汽车夜间行驶必不可少的照明设备，为了提高汽车夜间行驶的速度，确保行车安全，不少汽车上采用了前照灯电子控制装置，对前照灯进行自动控制。常用的控制装置有前照灯自动变光器、前照灯状态自动调整系统、前照灯昏暗自动发光控制系统、前照灯关闭自动延时控制装置等。

① 前照灯自动变光器 是一种根据对方车辆灯光的亮度自动变远光为近光或变近光为远光的自动控制装置。它的优点是实现了自动控制，不需要驾驶员操纵，另外它的体积小，性能稳定可靠，且灵敏度高。在夜间两车相对行驶，当相距 150～200m 时，对方的灯光照射到自动变光器上，就立即自动变远光为近光，从而有效地避免了远光给对方驾驶员带来的眩目，待两车相会后，变光器又自动变近光为远光。

如图 5-7 所示为具有光敏电阻的自动变光器的电路。它主要由电子电路（包括晶体管 T_1～T_6、二极管 D 及电阻 R_2～R_{15}，光敏电阻 R 和继电器 J）组成。为了防止电子电路出故障后影响夜间行驶，还保留脚踏变光开关。

② 前照灯状态自动调整系统 前照灯的照明范围随汽车的负荷变化而变化，当汽车的负

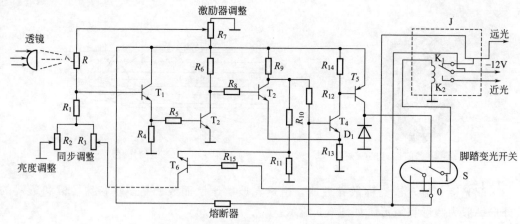

图 5-7 具有光敏电阻的自动变光器的电路
J—继电器；S—脚踏变光开关

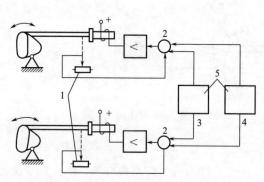

图 5-8 波许公司生产的前照灯自动
调整系统的工作原理
1—电感传感器；2—信号合成器；3—前桥；
4—后桥；5—标准信号发生器

荷较大时，前照灯距地面变近，使照明范围变小；反之，虽使照明范围增大，但会造成对面来车驾驶员的眩目，会引发安全事故。为了克服负荷对照明的影响，有些先进的车上装设有前照灯状态自动调整系统。根据汽车负荷的不同自动调整前照灯前倾的角度，使照明范围保持不变。如图 5-8 所示为波许公司生产的前照灯自动调整系统的工作原理。

③ 前照灯昏暗自动发光控制系统 昏暗自动发光控制系统的功用是，在行驶中，当车前的自然光的强度降低到一定程度时，自动将前照灯的电路接通，以确保行车安全，同时还有延时关灯的作用。如图 5-9 所示为昏暗自动发光控制系统电路，它主要由光传感器和控制元件及晶体管放大器组件两大部分组成。

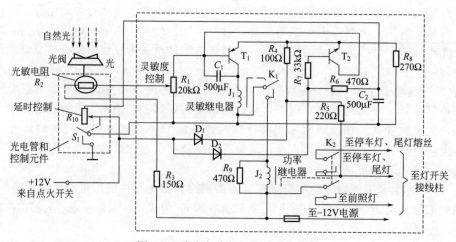

图 5-9 昏暗自动发光控制系统电路

④ 前照灯关闭自动延时控制装置

前照灯关闭自动延时控制装置的主要功能是，当汽车夜间停入车库后，为驾驶员下车离开车库提供一段时间的照明，以免驾驶员摸黑走出车库时造成事故。如图5-10所示为集成电路前照灯关闭自动延时控制装置的电路，其延时关闭时间为50s。

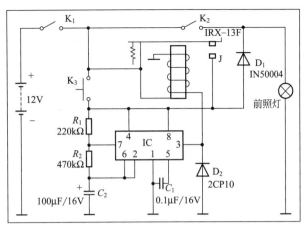

图5-10 前照灯关闭自动延时控制装置的电路
K_1—电源开关；K_2—车灯开关；K_3—延时按钮

3. 前照灯的类型

按照安装数量的不同可分为两灯制前照灯和四灯制前照灯。前者每个灯具有远、近光双光束；后者外侧一对灯为远近双光束，内侧一对灯为远光单光束。按照安装方式的不同可分为外装式前照灯和内装式前照灯。前者整个灯具在汽车上外露安装；后者灯壳嵌装于汽车车身内，装饰圈、配光镜裸露在外。

按照灯的配光镜形状不同可分为圆形、矩形和异形前照灯三类。

按照发射的光束类型不同可分为远光前照灯、近光前照灯和远近光前照灯三类。

按照前照灯光学组件的结构不同，可将其分为以下几种。

(1) 可拆式前照灯　该灯气密性差，反射镜易受湿气和尘埃污染而降低反射能力，严重降低照明效果，目前已很少采用。

(2) 半封闭式前照灯　其结构如图5-11所示。半封闭式前照灯的灯泡只能从反射镜后端装入。

(3) 封闭式前照灯　其结构如图5-12所示。封闭式前照灯（真空灯）的反光镜和配光镜用玻璃制成一体，形成灯泡。

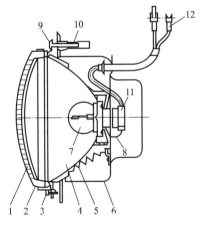

图5-11 半封闭式前照灯的结构
1—配光镜；2—固定圈；3—调整圈；4—反射镜；
5—拉紧弹簧；6—灯壳；7—灯泡；8—防尘罩；
9—调节螺钉；10—调整螺母；11—胶木插座；12—接线片

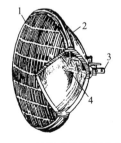

图5-12 封闭式前照灯的结构
1—配光镜；2—反射镜；3—插头；4—灯丝

(4) 投射式前照灯　其结构如图5-13所示。

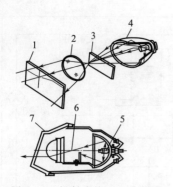

图 5-13 投射式前照灯的结构
1—屏幕；2—凸形散光镜；3—遮光镜；
4—椭圆反射镜；5—第一焦点（F_1）；
6—第二焦点（F_2）；7—总成

现在先进轿车上使用投射式前照灯或高亮度弧光灯。

投射式前照灯的反射镜近似于椭圆形状，它具有两个焦点。第一焦点处放置灯泡，第二焦点是由光线形成的，凸形配光镜聚成第二焦点，再通过配光镜将聚集的光投射到前方，投射式前照灯所采用的灯泡为卤钨灯泡。

第二焦点附近设有折光板，可遮挡上半部分光，形成明暗分明的配光。由于它的这种配光特性，因此也可用于雾灯。

（5）其他形式的前照灯

① 高亮度弧光灯。高亮度弧光灯的灯泡里没有灯丝，取而代之的是装在石英管内的两个电极，管内充有氙气及微量金属（或金属卤化物）。在电极上加上 5000～12000V 电压后，气体开始电离而导电。由气体原子处于激发状态，电极间蒸发了少量水银蒸气，高电压使水银蒸气弧光放电，最后转入卤化物弧光灯工作，采用多种气体是为了加快启动。弧光式前照灯由弧光灯组件、电子控制器和升压器三大部分组成。其灯泡的光色和日光灯相似，亮度是目前卤钨灯泡的 2.5 倍，寿命是卤钨灯泡的 5 倍，灯泡的功率为 35W，可节能 40%。

② 气体放电灯。近年德国宝马公司和波许公司携手研制了一种更新式的前照灯——气体放电灯。气体放电灯是由小型石英灯泡、变压器和电子控制器组成，通过变压器升压到 0.5 万～1.2 万伏的高压电，激励小型石英灯泡发亮，其亮度比现在用的卤素灯亮 2.5 倍，发出的亮光色调与太阳光十分相似，而且气体放电灯发亮并达到规定的工作温度时，功率消耗只有 35W，比卤素灯低 1/3，非常经济，很适宜用作轿车前照灯。目前奔驰 E 级、宝马 7 系列、丰田雷克萨斯、本田阿库拉等高档车都使用了这种新型前大灯。

③ LED 车灯。现在汽车照明灯已有白炽灯、卤素灯、氙灯等。除了前大灯外，其他灯具如小灯、指示灯、车厢内照明灯等多是采用白炽灯。但近年也流行 LED 做指示灯，如刹车指示灯、转向指示灯等。

4. 前照灯电路的组成及控制特点

（1）汽车前照灯电路的组成 汽车前照灯电路主要由灯光开关、前照灯继电器、变光开关及前照灯组成。

① 灯光开关 灯光开关有拉杆式、旋转式和组合式等多种形式，现代汽车上用得较多的是一体式组合开关，如图 5-14 所示。

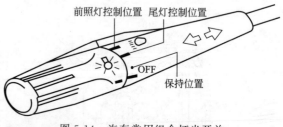

图 5-14 汽车常用组合灯光开关

② 前照灯继电器 它由一对触点和一个磁化线圈组成，外形有四个引脚，称为常开式继电器，如图 5-15 所示。

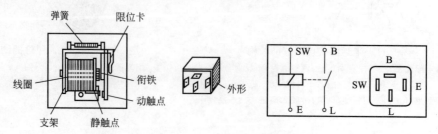

图 5-15 前照灯继电器

③ 雾灯电路。雾灯采用波光较长的黄色、橙色或红色灯光，其穿透能力强，用于当汽车在雨、雾天气行驶时道路的照明和警示。雾灯有前雾灯和后雾灯两种。前雾灯安装在汽车前部比前照灯稍低的位置，左、右各一个。后雾灯安装在汽车尾部，有些车辆只安装一个后雾灯，如桑塔纳 2000 轿车（左后方规格 12V/21W）。雾灯控制电路如图 5-16 所示。

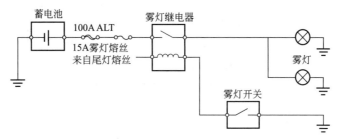

图 5-16 雾灯控制电路

将灯光开关置于"Ⅰ"位或者"Ⅱ"位，再按下雾灯开关，雾灯继电器磁化线圈有电流通过，其常开触点闭合；蓄电池电流经雾灯继电器常开触点至雾灯接地，雾灯点亮。雾灯一般由灯光开关和雾灯开关控制。

（2）前照灯电路的特点
① 照明电路一般情况下均受灯光开关控制。
② 灯光灯开关置于"Ⅰ"位，前小灯亮，尾灯亮；置于"Ⅱ"位，小灯、尾灯、前照灯均亮。
③ 变光开关可以实现对前照灯的远近光变换。
④ 雾灯一般由灯光开关和雾灯开关控制。只有将灯光开关置于"Ⅰ"位或者"Ⅱ"位的情况下，按下雾灯开关，雾灯才会工作。
⑤ 由于前照灯、雾灯在工作时电流大，为了保护前照灯开关和雾灯开关，安装有灯光继电器。用开关控制继电器，可实现通过继电器控制前照灯和雾灯的工作。

5. 前照灯的调整、检测与维护
（1）前照灯调整的操作规程
① 调整前的准备。轮胎气压应符合规定；前照灯配光镜表面应清洁；汽车空载；驾驶室内只准许乘坐 1 名驾驶员；场地平整。
注：对装用远、近光双丝灯泡的前照灯以调整近光光形为主。
② 检测程序。
a. 车辆正直居中行驶，在前照灯离检测灯箱 1m（或根据说明书要求的距离）处停车。
b. 车辆发动机处于怠速状态，置变速器于空挡，电源处于充电状态，开启前照灯远光。
c. 启动前照灯检测仪开始测量，不同型号的检测仪的操作方法不同，应按照说明书要求进行操作。
d. 当检测并列的前照灯（四灯制）时，将与受检灯相邻的灯遮蔽。
e. 检测完毕，前照灯检测仪归位，车辆驶离。
③ 注意事项。
a. 停车位置要准确，车身纵向中心线要垂直于前照灯受光面，否则会影响光束左右偏测量的准确性。
b. 当进行初检与复检时，尽量由同一检验员引车操作，驾驶员体重的变化会对光束上下偏测量的准确性和重复性造成影响，尤其对微型车影响较大。
c. 当前照灯检测仪正在移动或将要移动时，严禁车辆通过。

d. 检测完毕后车辆要及时驶离，车身不得长时间挡住轨道。

(2) 前照灯调整的方法

① 利用屏幕检验与调整前照灯。不同车型其调整方法和数据也不同，现以东风EQ1090型汽车装用的ND170-Ⅲ型前照灯为例，其检验方法如图5-17所示。

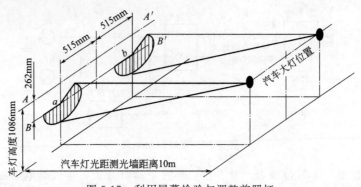

图5-17 利用屏幕检验与调整前照灯

② 采用集光式大灯检验仪调整前照灯。集光式大灯检验仪的结构如图5-18所示。

③ 利用前照灯检验仪检验与调整前照灯。前照灯检验仪根据其结构与原理的不同，可分为聚光式、屏幕式、投影式以及自动追踪式四种。它们的检验项目基本相同，可以检验前照灯的光束照射位置与发光强度（cd）或光照度（lx）。国产QD-2型前照灯检验仪属于屏幕式，其结构如图5-19所示，其光度指示装置如图5-20所示。

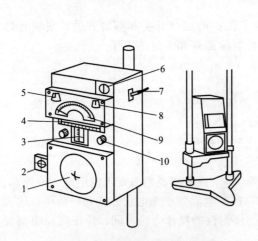

图5-18 集光式大灯检验仪的结构
1—集光镜；2—瞄准孔；3—垂直调整刻度；4—水平调整刻度；5—水平调整标准刻度；6—瞄准缝；7—转换开关；8—垂直调整标准刻度；9—光度计；10—调整钮

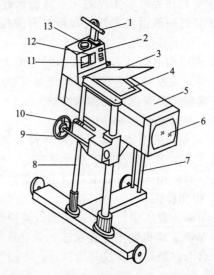

图5-19 QD-2型前照灯检验仪的结构
1—对正器；2—光度选择按钮；3—观察窗盖；4—观察窗；5—仪器箱；6—透镜；7—仪器移动把手；8—支架；9—仪器箱升降手轮；10—仪器箱高度指示标；11—光度表；12—光束照射方向参考表；13—光束照射方向选择指示旋钮

投影式前照灯检测仪的仪器主体包括车架和受光箱两部分。受光箱用以接收被检前照灯的光束并且对其进行检测。受光箱安装在车架上，可沿立柱上下移动，并且可在地面上沿轨道左右移动，其整体结构如图5-21所示。

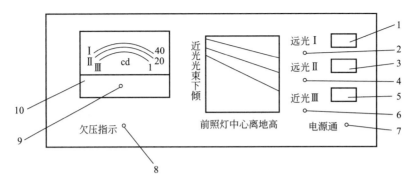

图 5-20 QD-2 型前照灯检验仪光度指示装置

1—远光Ⅰ按键；2—远光Ⅰ调零旋钮；3—远光Ⅱ按键；4—远光Ⅱ调零旋钮；5—近光按键；6—近光调零旋钮；
7—电源开关；8—电源电压指示灯；9—光度表调零旋钮；10—光度表

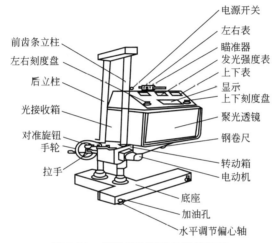

图 5-21 前照灯检测仪的整体结构

被检前照灯发出的光束经聚光镜会聚后，由反射镜反射到屏幕上。屏幕呈半透明状态，在屏幕上可看到光束的光分布图形。该图形近似于在 10m 屏幕上观察的光分部特性。屏幕上对称分布五个光检测器，如图 5-22 所示。

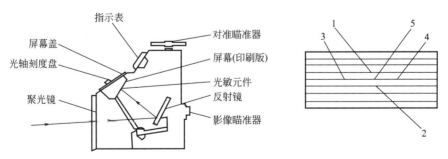

图 5-22 光接收箱内部结构和硅光电池板

1～5—光检测器

汽车前照灯的近光光形为非对称式，即光形分布有一条明显的明暗截止线。非对称式配光有两种：一种是在配光屏幕上，明暗截止线的水平部分在 V-V 线的左半边，右半边为水平线向上成15°的斜线，如图5-23(a)所示；另一种是明暗截止线右半边为水平线向上成45°的斜线至垂直距离为25cm转向水平的折线，由于明暗截止线呈Z形，亦称为Z形配光，如图5-23(b)所示。

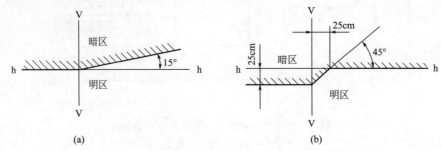

图5-23 非对称式配光示意

(3) 前照灯的检测标准

① 前照灯远光光束发光强度的检测标准。前照灯光强度检测表见表5-1。

表5-1 前照灯强度检测表

机动车类型	检测项目			
	新车		在用车	
	两灯制	四灯制	两灯制	四灯制
最高设计速度小于70km/h的汽车	10000cd	8000cd	8000cd	6000cd
其他汽车	18000cd	15000cd	15000cd	12000cd

注：四灯制是指前照灯具有四个远光光束。采用四灯制的机动车其中两个对称的灯达到两灯制的要求时视为合格。

当前照灯远光发光强度达不到要求时，应该更换灯泡或者前照灯总成。

② 前照灯光束偏移量的检测标准。

a. 在检验前照灯近光光束照射位置时，前照灯照射在距离10m的屏幕上，乘用车前照灯近光光束明暗截止线转角或中点的高度应为(0.7~0.9)H(H为前照灯基准中心高度，下同)，其他机动车(拖拉机运输机组除外)应为(0.6~0.8)H。机动车(装有一个前照灯的机动车除外)前照灯近光光束水平方向位置向左偏不允许超过170mm，向右偏不允许超过350mm。

b. 在检验前照灯远光光束及远光单光束照射位置时，前照灯照射在距离10m的屏幕上，要求在屏幕光束中心离地高度，对乘用车为(0.9~1.0)H，对其他机动车为(0.8~0.95)H。机动车(装有一只前照灯的机动车除外)前照灯远光光束水平方向位置要求：左灯向左偏不允许超过170mm，向右偏不允许超过350mm；右灯向左或向右偏均不允许超过350mm。

当照射位置不符合要求时，可通过调整前照灯总成后端盖上的水平、垂直调整螺钉予以调整。

③ 前照灯的调整部位如图5-24所示。

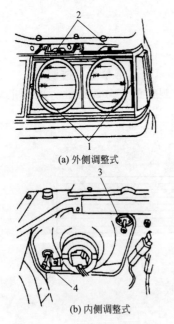

图5-24 前照灯的调整部位
1,3—左右调整螺钉；
2,4—上下调整螺钉

(4) 前照灯的维护
① 安装前照灯时，应根据标志，不得倾斜侧置。
② 散光玻璃应保持清洁，有灰尘时应及时清理干净。
③ 聚光镜和反射镜之间的密封垫圈应固定良好，密封可靠。
④ 更换灯泡时，应首先断开电源；接线时应注意远近光引脚位置。

第二节　汽车信号灯

一、汽车信号灯概述

汽车上除照明灯外，还有用以指示其他车辆或行人的灯光信号标志，这些灯称为信号灯。

信号灯也分为外信号灯和内信号灯，外信号灯指转向灯、制动灯、尾灯、示宽灯、倒车灯；内信号灯泛指仪表板的指示灯，主要有转向、机油压力、充电、制动、关门提示等仪表指示灯。

二、汽车转向灯及其闪光器

汽车转向灯主要用来指示车辆的转弯方向，以引起行人和其他驾驶员的注意，提高车辆行驶的安全性。另外，汽车转向灯同时闪烁还用作危险警报的指示。汽车转向灯的闪烁是通过闪光器来实现的，通常按照结构的不同和工作原理分为电热丝式、电容式、翼片式、水银式、晶体管式、集成电路式等。

过去汽车转向灯闪光器多采用电热式结构，由于它们工作稳定性差、寿命短、信号灯的亮暗不够明显，因而目前多采用结构简单、体积小、工作稳定、使用寿命长的电子式闪光器，即晶体管式和集成电路式两大类。

1. 电热丝式闪光器

电热丝式闪光器是利用镍铬丝的热胀冷缩特性接通或断开转向灯电路，从而实现转向信号灯及转向灯的闪烁的。该闪光器有"B""L"两个接线柱，分别接电源正极和转向灯开关。如图 5-25 所示为 SD56 型电热丝式闪光器的结构。

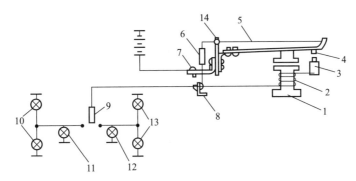

图 5-25　SD56 型电热丝式闪光器的结构
1—铁芯；2—线圈；3—固定触点；4—活动触点；5—镍铬丝；6—附加电阻丝；7,8—接线柱；9—转向开关；10—左（前、后）转向灯；11—左转向指示灯；12—右转向指示灯；13—右（前、后）转向灯；14—调节片

2. 电容式闪光器

电容式闪光器是利用电容器充、放电延时特性，使继电器的两个线圈产生的电磁吸力时而相同叠加，时而相反削减，从而使继电器产生周期性开关动作，使得转向信号灯及指示灯实现

闪烁的。如图 5-26 所示为电容式闪光器的结构。

工作原理：汽车转向时，接通转向开关 8，电流经蓄电池"+"→电源开关 11→接线柱 B→串联线圈 3→常闭触点 1→接线柱 L→转向灯开关→转向灯及转向指示灯→搭铁→蓄电池"-"。此时，串联线圈 4、电解电容器 7、灭弧电阻 5 被常闭触点 1 短路，而流经串联线圈 3 所引起的吸力大于弹簧片 2 的作用力，将常闭触点 1 迅速打开，转向灯处于暗的状态。

触点张开后，蓄电池开始向电容器充电，其回路为蓄电池"+"→电源开关 11→接线柱 B→串联线圈 3→并联线圈 4→电解电容器 7→转向灯开关 8→转向灯及转向指示灯→搭铁→蓄电池"-"。由于线圈的电阻较大，充电电流较小，仍不足以使转向灯亮；但是，串联线圈 3 和并联线圈 4 产生的电磁吸力方向相同，使触点保持张开状态。随着电容器两端电压升高，充电电流逐渐减小，电磁吸力也减小，在弹簧片作用下，常闭触点 1 闭合。

触点闭合后，电源通过串联线圈 3、常闭触点 1，经转向灯开关 8 向转向灯供电，电容器经并联线圈 4、常闭触点 1 放电。由于此时串联线圈 3 和并联线圈 4 方向相反，产生的电磁吸力减小，不足以使常闭触点 1 打开，此时转向灯亮。

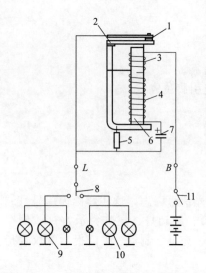

图 5-26　电容式闪光器的结构
1—常闭触点；2—弹簧片；3—串联线圈；
4—并联线圈；5—灭弧电阻；6—铁芯；
7—电解电容器；8—转向灯开关；
9—左转向信号灯及指示灯；10—右转向
信号灯及指示灯；11—电源开关

随着电容器两端电压下降，流经并联线圈 4 的电流减小，产生的退磁作用减弱，串联线圈 3 产生的电磁吸力又将常闭触点 1 断开，转向灯变暗。蓄电池再次向电容器充电。如此反复，使转向灯以一定的频率闪烁。

3. 翼片式闪光器

翼片式闪光器是利用电流的热效应，以热胀条的热胀冷缩为动力，使翼片产生突变动作，接通和断开触点，使转向灯及转向指示灯实现闪烁的。如图 5-27 和图 5-28 所示分别为直热及旁热翼片弹跳式闪光器的结构。

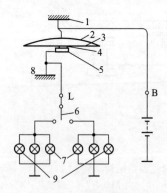 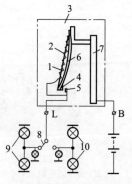

图 5-27　直热翼片弹跳式闪光器的结构
1,8—支架；2—翼片；3—热胀条；
4—动触点；5—静触点；6—转向
开关；7—转向指示灯向开关；9—转向信号灯

图 5-28　旁热翼片弹跳式闪光器的结构
1—热胀条；2—电阻丝；3—闪光器；4—动触点；
5—静触点；6—翼片；7—支架；8—转向开关；
9—左转向灯及指示灯；10—右转向灯及指示灯

4. 水银式闪光器

水银式闪光器是利用柱塞的上下运动及水银的流动使得串入转向灯电路中电极接通或断开，从而实现转向灯及指示灯闪烁的。如图 5-29 所示为水银式闪光器的工作原理图。

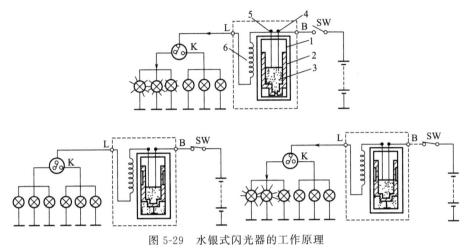

图 5-29　水银式闪光器的工作原理
1—外壳；2—柱塞；3—水银；4，5—电极；6—线圈

5. 晶体管式闪光器

晶体管闪光器分有触点式和无触点式两种，有触点式晶体闪光器是利用电容的充电和放电，使晶体管不断地导通与截止，控制继电器触点反复打开、闭合，使转向灯闪烁。该闪光器有"B""L/S""E"三个接线柱，分别接蓄电池正极、转向灯开关、蓄电池负极（接地）。无触点式晶体管闪光器利用了三极管的通断代替触电开关。

（1）有触点式晶体管闪光器的电路　如图 5-30 所示。

（2）无触点晶体管闪光器的电路　如图 5-31 所示。

（3）某电子闪光器的工作原理（图 5-32）

当接通电源开关和转向灯开关后，转向灯开关闭合，电流经蓄电池"+"→电源开关 SW→接线柱 B→电阻 R_1→继电器 J 常闭触点→接线柱 S→转向开关→转向灯及转向指示灯→搭铁→蓄电池负极，转向灯亮。

转向开关闭合，加在三极管上的电压为正向电压，三极管导通，电流经三极管的集电极

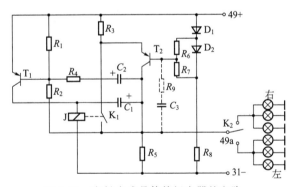

图 5-30　有触点式晶体管闪光器的电路

与发射极、继电器线圈搭铁。继电器线圈通电，常闭触点由闭合状态变为断开状态，转向灯处于暗的状态。与此同时，蓄电池经电阻三极管基极向电容充电。电流流向为蓄电池"+"→电源开关→接线柱 B→三极管的发射极→电容器→电阻 R_3→接线柱→转向开关→右转向灯。电容充满电后，三极管的基极电位升高，则三极管截止，继电器断电，触点又变为闭合，转向灯重新点亮。

继电器的触点闭合时，转向灯亮，触点断开时，转向灯熄灭，而触点的闭合与否取决于三极管的导通状态，电容 C 的充放电使三极管反复导通和截止，由此使得触点时通时断，转向灯闪烁发光。

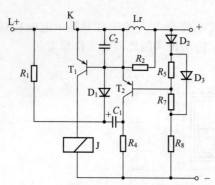

图 5-31 无触点晶体管闪光器的电路

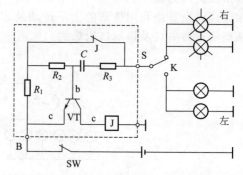

图 5-32 某电子闪光器的工作原理

6. 集成电路闪光器

集成电路闪光器与晶体管闪光器的不同之处就是用集成电路 IC 取代了晶体管振荡器，这类闪光器也分有触点式和无触点式两种。如图 5-33 所示为 SGF-141 型有触点式集成电路闪光器的工作原理。如图 5-34 所示为带有蜂鸣器无触点式集成电路闪光器的工作原理。

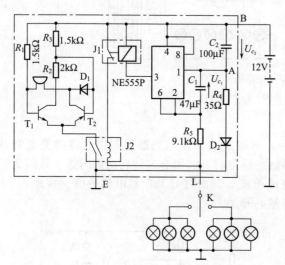

图 5-33 SGF-141 型有触点式集成电路闪光器的工作原理

三、制动灯

如图 5-35 所示，制动灯电路主要由制动灯、制动灯开关等组成。制动灯开关安装在制动踏板的附近，当踩下制动踏板时，制动灯开关闭合，制动灯被点亮。制动灯由制动开关控制，制动开关的形式有气压式、液压式和机械式。

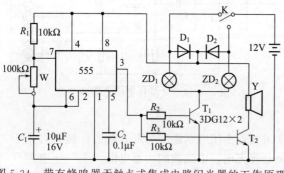

图 5-34 带有蜂鸣器无触点式集成电路闪光器的工作原理

图 5-35 制动灯电路

气压式和液压式制动开关通常用于商用汽车上，一般安装在制动管路中，利用管路中的气压或液压使开关中的两个接线柱相连，从而导通制动灯的电路。机械式制动开关一般安装在制动踏板的下方。当踩下制动踏板时，制动开关内的活动触点使两个接线柱接通，制动灯亮。松开制动踏板后，断开制动灯电路。制动开关结构及安装位置如图 5-36～图 5-38 所示。

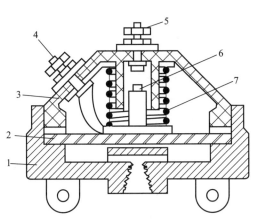
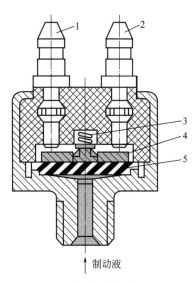

图 5-36 制动开关结构（一）
1—壳体；2—膜片；3—胶木盖；
4,5—接线柱；6—触点；7—弹簧

图 5-37 制动开关结构（二）
1,2—接线柱；3—弹簧；
4—触点；5—膜片

四、倒车灯

倒车灯安装在车辆的尾部，给驾驶员提供额外照明，使其能够在夜间倒车时看清汽车的后方，同时也警告后面的车辆，该汽车驾驶员想要倒车或正在倒车。

如图 5-39 所示，倒车信号装置主要由倒车开关、倒车灯、倒车蜂鸣器等部件组成。其工作过程是，当变速杆挂入倒挡时，在拨叉轴的作用下，倒挡开关接通倒车报警器和倒车灯电路，倒车灯亮，同时倒车蜂鸣器发出声响信号。

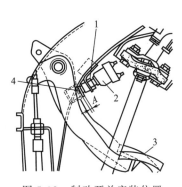
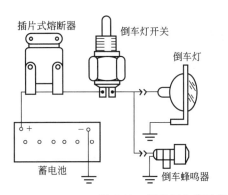
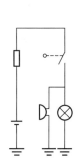

图 5-38 制动开关安装位置
1—调整螺母；2—制动开关；
3—制动踏板；4—制动踏板限制块

图 5-39 倒车灯电路示意

第三节 电喇叭

目前汽车上所装用的喇叭多为电喇叭，主要用于警告行人和其他车辆，以引起注意，保证行车安全。

喇叭按发音动力有气喇叭和电喇叭之分；按外形有螺旋形、筒形、盆形之分；按声频有高音和低音之分；按接线方式有单线制和双线制之分。

气喇叭是利用气流使金属膜片振动产生声响，外形一般为筒形，多用在具有空气制动装置的重型载重汽车上。电喇叭是利用电磁力使金属膜片振动产生声响，其声音悦耳，广泛使用于各种类型的汽车上。

电喇叭按有无触点可分为普通电喇叭和电子电喇叭。普通电喇叭主要是靠触点的闭合和断开，控制电磁线圈激励膜片振动而产生声响的；电子电喇叭中无触点，它是利用晶体管电路激励膜片振动产生音响的。在中小型汽车上，由于安装的位置限制，多采用螺旋形或盆形电喇叭。盆形电喇叭具有体积小、重量轻、指向好、噪声小等优点。

一、汽车电喇叭的结构及工作原理

1. 筒形、螺旋形电喇叭

筒形、螺旋形电喇叭的构造如图 5-40 所示，其主要机件包括山形铁芯、线圈、衔铁、膜片、共鸣板、扬声筒、触点以及电容器等。膜片和共鸣板借中心杆与衔铁、调整螺母、锁紧螺母连成一体。通过线圈的通断使得膜片不断振动，从而发出一定音调的声波，由扬声筒加强后传出。

2. 盆形电喇叭

盆形电喇叭的工作原理与筒形、螺旋形电喇叭相同，都是通过控制线圈的开闭使得膜片振动引起共鸣板共鸣来发声的。只不过盆形电喇叭的发声效果更好些，在没有扬声筒的情况下，仍能够发出较大的声响。盆形电喇叭的结构如图 5-41 所示，其工作过程如下：按下喇叭按钮，电流经蓄电池"+"→线圈→活动触点臂→固定触点臂→喇叭按钮→蓄电池"−"。线圈通电产生磁场，铁芯被磁化，吸引上铁芯下移，膜片被拉动，产生响声。由于上铁芯下移，压迫活动触点臂，使触点张开，线圈断电，磁场消失，衔铁连同膜片回位，于是膜片产生第二次声响，如此周而复始。

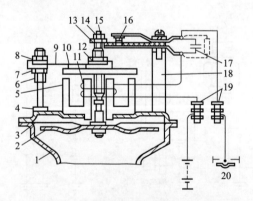

图 5-40　筒形、螺旋形电喇叭的构造
1—扬声器；2—共鸣板；3—膜片；4—底板；
5—山形铁芯；6—线螺柱；7,13—调整螺钉；
8,14—锁紧螺母；9—弹簧片；10—衔铁；
11—线圈；12—锁紧螺母；15—中心杆；16—触点；
17—电容器；18—导线；19—接线柱；20—按钮

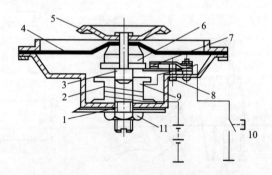

图 5-41　盆形电喇叭的结构
1—下铁芯；2—线圈；3—上铁芯；4—膜片；
5—共鸣板；6—衔铁；7—触点；8—调整螺母；
9—铁芯；10—按钮；11—锁紧螺母

3. 电子电喇叭

如图 5-42 所示为盆形电子电喇叭的结构，其电路如图 5-43 所示。

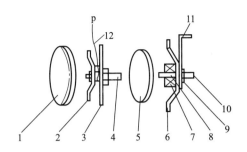

图 5-42　盆形电子电喇叭的结构
1—罩盖；2—共鸣板；3—绝缘膜片；4—上衔铁；
5—绝缘垫圈；6—喇叭体；7—线圈；8—下衔铁；
9—锁紧螺母；10—调节螺钉；11—托架；12—导线

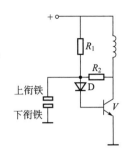

图 5-43　盆形电子电喇叭的电路
R_1—100Ω；R_2—470Ω；D—2CZV-D478B

由于晶体三极管取代了触点，避免了触点烧蚀等故障的产生，使得电喇叭的工作性能更为可靠。

二、喇叭继电器

为了得到更加悦耳的声音，在汽车上常装有两个不同音调（高、低音）的喇叭，其中高音喇叭膜片厚，扬声简短，低音喇叭则相反。有时甚至用三个（高、中、低）不同音调的喇叭。装用单个喇叭时，喇叭电流是直接由按钮控制的，按钮大多装在转向盘的中心。当汽车装用双喇叭时，因为消耗电流较大（喇叭继电器 15～20A），用按钮直接控制时，按钮容易烧坏。为了避免这个缺点，采用喇叭继电器，其构造和接线方法如图 5-44 所示。在装有两个（高音和低音）电喇叭的汽车上，当按下喇叭按钮后，电路为蓄电池"＋"→"电池"接线柱→线圈→按钮→搭铁。铁芯被磁化而吸闭触点，接通喇叭电路；蓄电池"＋"→"电池"接柱→触点臂→触点→"喇叭"接柱→喇叭→搭铁。

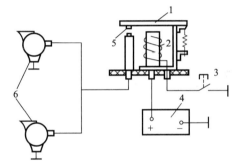

图 5-44　喇叭继电器的结构和接线方法
1—触点臂；2—线圈；3—按钮；
4—蓄电池；5—触点；6—喇叭

三、新型喇叭

随着科技的不断发展，一种新型喇叭——"环保喇叭"问世了，它采用语言压缩技术，由集成电路制成，是一种结构简单、制作容易、耗能少、无噪声污染、低分贝、声音轻细柔和、音质悦耳动听的门铃式发音装置。"环保喇叭"不需要更改汽车线路设备，直接并联到警示灯上。只要按下警示灯开关，就有声音、灯光双重提示，既完善了汽车警示功能，又解决了城市禁鸣喇叭的难题。

第四节　汽车报警装置

为了指示汽车某系统的工作状况、引起车外行人及车辆或本辆驾驶员的注意，保证行车安全，防止事故发生，所设置的灯光或声音信号装置称为报警装置。一般分为对内（车辆驾驶员）和对外（行人及其他车辆）两类报警装置。

对内报警装置通常由报警灯和报警开关组成，当被监测的系统或总成不正常时，开关自动接通而使指示灯发亮，用以提醒驾驶员注意。如机油压力报警灯、车门未关好报警、制动液压不足指示灯、燃油不足报警灯、发动机故障指示灯、变速器故障指示灯、制动系统故障报警、防盗报警等。

对外报警装置通常有危险报警闪光装置、转向蜂鸣器、倒车报警蜂鸣器、汽车防撞报警、座椅安全带报警、前照灯未关及点火钥匙未拔报警系统等。一般都带有声音信号或同时有灯光信号。

一、报警灯及报警开关

报警灯通常安装在驾驶室内仪表板上，功率为1～3W。在灯泡前有滤光片，以使灯泡发黄或发红。滤光片上常刻有图形符号，以显示其功能，其符号及含义如图5-45所示。

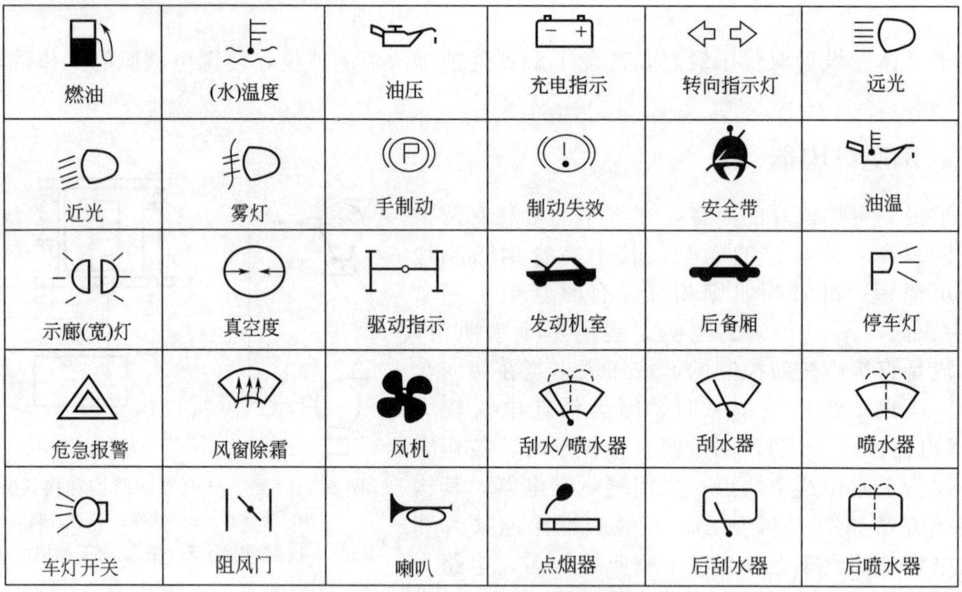

燃油	(水)温度	油压	充电指示	转向指示灯	远光
近光	雾灯	手制动	制动失效	安全带	油温
示廓(宽)灯	真空度	驱动指示	发动机室	后备厢	停车灯
危急报警	风窗除霜	风机	刮水/喷水器	刮水器	喷水器
车灯开关	阻风门	喇叭	点烟器	后刮水器	后喷水器

图5-45 常见图形符号及其含义

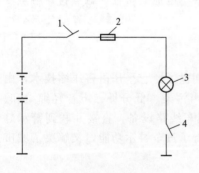

图5-46 报警灯电路
1—电源开关；2—熔丝；
3—报警灯；4—报警开关

一般报警灯和报警灯开关串联后接入电路，报警灯开关监视相应值，并按照设定条件动作，使得报警电路接通，报警灯点亮。报警灯电路如图5-46所示。

1.油压报警灯

机油压力的正常与否，直接影响汽车的使用性能与工作的可靠性，因此许多车辆设置了机油压力报警灯。如图5-47和图5-48所示为弹簧管式机油压力报警灯开关和膜片式机油压力报警灯开关。打开点火开关，发动机尚未启动时，机油压力开关处于接通状态，报警灯点亮。

发动机启动后，主油道压力升高，开关的触点断开，报警灯熄灭，表明润滑系统工作正常。如果运行过程中，油道出现堵塞、泄漏等情况，使得机油压力低于某一设定值，开关将接通，报警灯点亮，以提醒驾驶员立即停车修理。另外，有的车辆设有低压、高压两个压力值，当机油压力低于低压值或高于高压值时，低压常闭开关打开或高压常开开关接通，点亮报警灯。

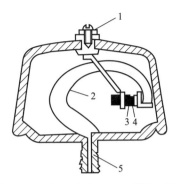

图 5-47　弹簧管式机油压力报警灯开关
1—接线柱；2—管形弹簧；3—静触点；
4—动触点；5—管接头

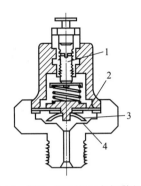

图 5-48　膜片式机油压力报警灯开关
1—调整螺钉；2—膜片；
3—活动触点；4—搭铁点

2. 冷却液温度报警灯

冷却液温度报警灯的作用是当冷却液温度升高至一定限度时，报警灯自动点亮，以示报警，其电路图如图 5-49 所示。在传感器的密封套管内装有条形双金属片，其自由端焊有动触点，而静触点直接搭铁。当温度升高至限定值时，由于双金属片膨胀系数的不同，向静触点方向弯曲，一旦两触点接触，便接通报警灯电路，红色报警灯点亮。

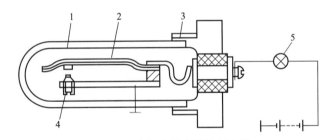

图 5-49　冷却液温度报警灯电路
1—冷却液温度报警传感器套筒；2—双金属片；3—螺纹接头；4—静触点；5—报警灯

3. 燃油量报警灯

当燃油箱内的燃油减少到某一限定值时，为了告知驾驶员，引起注意，在许多车辆上都装有燃油量报警灯，其电路如图 5-50 所示。它由负温度系数热敏电阻式燃油量报警传感和报警灯组成。当油箱内燃油量充足时，热敏电阻元件浸没在燃油中散热较快，其温度较低，电阻值相应大，故此电路中的电流较小，报警灯处于熄灭状态；当燃油不足时，热敏电阻元件露出油面，散热慢，温度升高，电阻值相应减小，电路中的电流增大，报警灯因此点亮，以示报警。

4. 制动液液面报警灯

制动液液面报警灯的传感器安装于制动液管内，其结构如图 5-51 所示。在传感器的外壳内装有舌簧开关，开关的两个接线柱与液面报警灯及电源相连接，浮子上固装有永久磁铁。当浮子随制动液面下降至规定值以下时，永久磁铁的电磁吸力使得舌簧开关闭合，接通报警灯电路，发出报警；当制动液液面在限定值以上时，浮子上升，由于吸力减弱，舌簧开关在自身弹力作用下，断开报警灯电路。

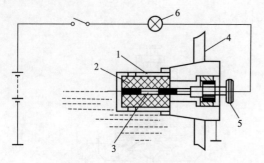
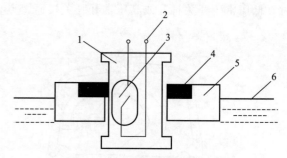

图 5-50 燃油量报警灯电路
1—外壳；2—防爆用金属网；3—热敏电阻元件；
4—油箱外壳；5—接线柱；6—报警灯

图 5-51 制动液液面传感器的结构
1—外壳；2—接线柱；3—舌簧开关；
4—永久磁铁；5—浮子；6—液面

5. 制动信号灯断线报警指示灯装置

如图 5-52 所示为制动信号灯断线报警指示灯电路。它由电磁线圈与舌簧开关构成的控制器、仪表板上的报警指示灯两部分组成。当汽车制动时，制动灯开关闭合，电流分别经点火开关、制动灯开关、控制器两并联线圈、左右制动信号灯、搭铁，使制动信号灯亮。同时两线圈所产生的磁场相互抵消，舌簧开关维持常开状态，报警指示灯不亮。当某一侧制动信号灯线路出现故障时，控制器线圈中只有一个有电流通过，通电的线圈产生电磁吸力使舌簧开关闭合，报警指示灯被点亮。

6. 制动系统低压报警指示灯

用气制动方式的汽车，必须装备制动系统低压报警装置。如图 5-53 所示为常见的制动系统低压报警传感器的构造。它由安装在制动系统储气筒或制动阀压缩空气输入道中的低气压报警传感器、仪表板上的红色报警指示灯两部分组成。当制动气压下降到规定值时，作用在膜片上的压力减小，复位弹簧使触点闭合，电路接通，报警指示灯被点亮，提醒驾驶员注意，否则会因制动系统不能正常工作，造成交通事故。当气压达到规定值时，作用在膜片上的压力增大，压缩复位弹簧使触点断开，电路切断，报警指示灯熄灭。

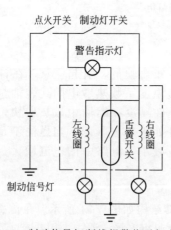
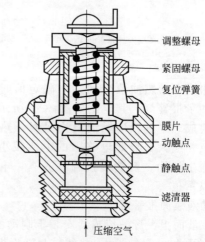

图 5-52 制动信号灯断线报警指示灯电路　　图 5-53 常见的制动系统低压报警传感器的构造

7. 制动蹄片磨损过量报警灯

制动蹄片磨损过量报警灯装置的工作原理如图 5-54 所示。制动蹄片磨损过量报警装置的作用是当制动摩擦片磨损到使用极限厚度时指示灯被点亮，发出报警信号。

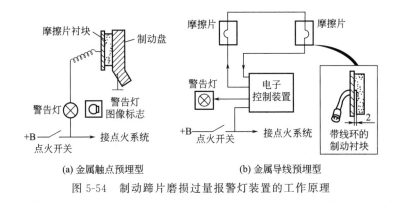

(a) 金属触点预埋型　　　　　(b) 金属导线预埋型

图 5-54　制动蹄片磨损过量报警灯装置的工作原理

在如图 5-54(a) 所示的装置中，将一个金属触点埋设在摩擦片内部。当摩擦片磨损至使用极限厚度时，金属触点就会与制动盘（或制动鼓）接触而使报警指示灯与搭铁接通，仪表板上的报警指示灯便会被点亮，以示警告。

在如图 5-54(b) 所示的装置中，将一段导线埋设在摩擦片内部，该导线与电子控制装置相连。当接通点火开关时，电子控制装置便向摩擦片内埋设的导线通电数秒钟进行检测，如果摩擦片已磨损到使用极限厚度，并且埋设的导线已被磨断，电子控制装置则使报警指示灯亮起，以示制动摩擦片需要更换。

8. 空气滤清器堵塞报警指示灯

如图 5-55 所示，它由与空气滤清器滤芯内外侧相连通的气压式开关传感器、报警指示灯两部分组成。气压式传感器是利用其上、下气室产生的压力差，推动膜片移动，从而使与膜片相连的磁铁跟随其移动。磁铁的磁力使舌簧开关打开或关闭，控制报警指示灯电路接通或断开。若空气滤清器滤芯未堵塞，说明传感器上、下气室间压差小，膜片及磁铁的移动量小，舌簧开关处于常开状态；若空气滤清器滤芯被堵塞，说明传感器上、下气室间压差增大，膜片及磁铁的移动量增大，磁铁磁力吸动舌簧开关而闭合，报警指示灯电路被接通，报警指示灯被点亮。

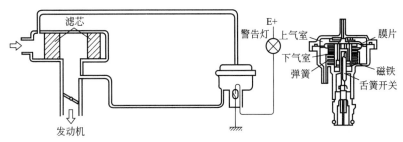

图 5-55　空气滤清器堵塞报警灯装置

二、声音报警

1. 倒车开关与倒车蜂鸣器

汽车倒车时，为了警告车后的行人和车辆驾驶员，在汽车的后部常装有倒车灯、倒车蜂鸣器或语音倒车报警装置，它们都由装在变速器盖上的倒车开关自动控制。倒车开关的结构如图 5-56 所示，当把变速杆拨到倒挡时，由于倒车开关中的钢球 1 被松开，在弹簧 5 的作用下，触点 4 闭合，于是倒车灯、倒车蜂鸣器或语音倒车报警器便与电源接通，使倒车灯发出闪烁信号，蜂鸣器发出断续鸣叫声，语音倒车报警器发出"倒车，请注意"的提示音。

倒车蜂鸣器是一种间歇发声的音响装置，其发声部分装用的是一个功率较小的电喇叭，控制电路是一个由无稳态电路和反相器组成的开关电路。如图 5-57 所示为倒车蜂鸣器电路。

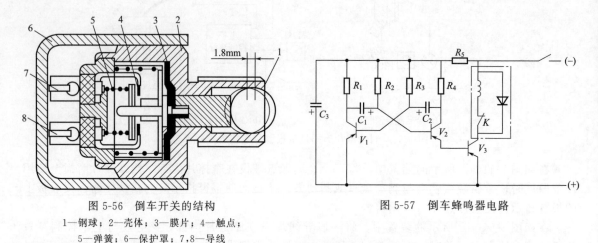

图 5-56 倒车开关的结构
1—钢球；2—壳体；3—膜片；4—触点；
5—弹簧；6—保护罩；7,8—导线

图 5-57 倒车蜂鸣器电路

2. 语音倒车报警

随着集成电路技术的发展，将语音信号压缩存储于集成电路用于安全报警已被广泛采用，语音倒车报警器即是其中之一。当汽车倒车时，倒车报警器便发出"倒车，请注意"的提示音，以提醒行人或其他车辆的驾驶员注意避让，从而确保车辆安全倒车。

如图 5-58 所示为语音倒车报警器电路。

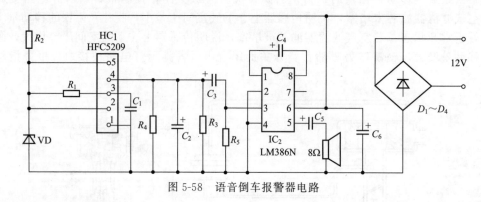

图 5-58 语音倒车报警器电路

3. 座椅安全带报警系统

当接通点火开关而没有扣紧座椅安全带时，座椅安全带报警系统蜂鸣器发出报警声响并点亮报警灯约 8s（图 5-59）。座椅安全带扣环开关是一端搭铁的常闭式开关，当座椅安全带被扣紧时，开关才张开，蓄电池电压随点火钥匙置于点火位时加至定时器，如果此时安全带未扣好，电路便通过常闭开关搭铁，接通蜂鸣器及报警灯电路。如果在安全带扣好的状态下接通点火开关，来自蓄电池的电流便通过加热器使得双金属带发热，达到一定程度后，使触点张开，从而切断电路。

4. 前照灯未关及点火钥匙未拔报警系统

如果驾驶员在离开车辆打开车门时没有关闭前照灯，蜂鸣器或发音器便发出鸣叫提示。驾驶员边门控制开关为常闭式、一端搭铁的开关，只有车门关闭时，该开关才断开。如果前照灯开关在前照灯或停车挡，则蓄电池电压经蜂鸣器和灯光开关加至驾驶员边门控制开关。如果此时驾驶员打开车门，蜂鸣器电路即被接通，于是发出鸣叫提示，直到前照灯关闭或驾驶员边门关闭才停止。

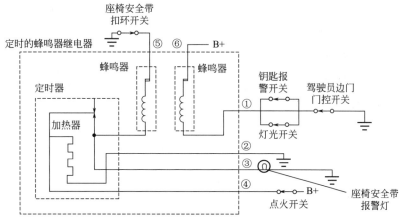

图 5-59　座椅安全带报警和前照灯未关及点火钥匙未拔报警系统

5. 防撞报警系统

为了提高行车安全，保护车辆及乘员，现代汽车装备了防撞系统。按照距离识别元件的不同，有红外线防撞系统、超声波防撞系统、激光防撞系统等。它们均采用单片机控制技术，能够自动检测并跟踪被测车辆与障碍物的距离，一旦该距离达到安全设置的极限距离时，便通过控制发出报警声音信号，并自动刹车，使车辆减速行驶乃至停车。

第五节　汽车照明信号报警装置的检测

一、闪光继电器的检测

1. 闪光继电器的就车检查

闪光继电器好坏的检查；闪光继电器故障部位的检查。

2. 闪光继电器的独立检测

将稳压电源、闪光继电器、试灯按照如图 5-60 所示接入试验电路，检测闪光继电器的工作情况。将稳压电源的输出电压调至 12V，接通试验电路，观察灯泡闪烁情况。如果灯泡能够正常闪烁，则闪光继电器完好；如果灯泡不亮，则表明闪光继电器损坏。

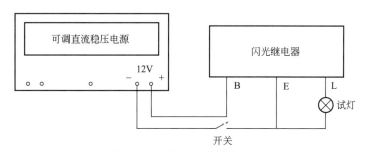

图 5-60　闪光继电器试验电路

二、电喇叭的调整

不同型式的电喇叭，其构造不完全相同，所以调整方法也不一致，但其原理基本相同

（图5-61）。

1. 电喇叭音调的调整

减小衔铁与铁芯间的间隙，可以提高音调。

2. 电喇叭音量的调整

电喇叭音量的大小与通过喇叭线圈中的电流大小有关。可通过改变触点的压力进而改变其接触电阻，以实现电喇叭线圈中的电流大小的不同，最终实现电喇叭音量大小的改变。

3. 电喇叭的维护

电喇叭触点应保持清洁，其接触面积不应低于80%。如果有严重烧蚀，应及时进行检修。电喇叭的固定方法对其发音影响极大，为了使电喇叭的声音正常，电喇叭不能作刚性的装接，而应固定在缓冲支架上，即在电喇叭与固定支架之间装有片状弹簧或橡胶垫。

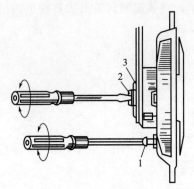

图5-61　电喇叭音调及音量的调整
1—音量调整螺钉；2—音调调整螺钉；3—锁紧螺母

三、喇叭继电器的检测

1. 喇叭继电器的就车检测条件

在喇叭完好的状态下进行。

2. 喇叭继电器的检测

（1）喇叭继电器线圈的检测　用万用表的$R \times 1$挡检测喇叭继电器"电池"接线柱与"搭铁"接线柱之间的电阻值，正常情况下，应有一定阻值。

（2）喇叭继电器触点的检测　用万用表的$R \times 10k$挡检测喇叭继电器"电池"接线柱与"搭铁"接线柱之间的阻值，正常情况应为无穷大，否则为触点粘连故障。

四、蜂鸣器的检测

蜂鸣器的就车检测以倒车蜂鸣器为例进行说明。

① 将点火开关置于"ON"挡，并将变速器操纵杆置于倒车挡，此时倒车蜂鸣器应发出鸣叫，且倒车指示灯点亮，否则为倒车蜂鸣器自身或线路故障。

② 用万用表电压挡检测蜂鸣器电源电压，正常时为蓄电池电压，否则为蜂鸣器电源线路故障。

③ 用万用表$R \times 1$挡检测蜂鸣器的搭铁情况，正常时应为0，否则为蜂鸣器搭铁线路故障。

五、前照灯电路检测

1. 桑塔纳轿车照明电路的分析

桑塔纳2000轿车照明电路如图5-62所示，其电路工作特点如下。

① 前照灯由点火开关和车灯开关共同控制，当点火开关置于1挡、车灯开关置2挡时，电流由电源正极→点火开关第三挪（从左起）1挡→车灯开关第一挪0挡→变光开关→熔丝→前照灯→大地，前照灯亮。通过变光开关控制远光、近光的变换。此外，远光灯还由超车开关直接点动控制，在汽车超车时当做超车信号灯用。

② 雾灯由点火开关、雾灯继电器、车灯开关控制，雾灯继电器线圈由车灯开关控制，雾灯继电器触点由负荷继电器控制，负荷继电器由点火开关控制。若要使用雾灯，点火开关必须置于1挡使负荷继电器接通，为雾灯继电器触点供电；车灯开关必须置于1挡或2挡使雾灯继

电器接通，这时，雾灯开关即可控制雾灯。当雾灯开关置于 1 挡时接通前雾灯的电路，置于 2 挡时同时接通前雾灯、后雾灯和雾灯指示灯的电路。

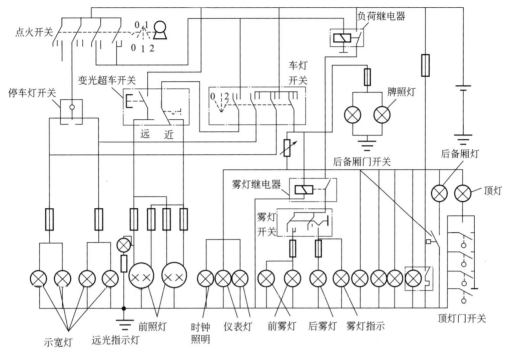

图 5-62　桑塔纳 2000 轿车照明电路

③ 牌照灯由车灯开关直接控制，不受点火开关控制，当车灯开关置于 1 挡或 2 挡时亮。仪表板、时钟、点烟器、雾灯开关、后风窗除霜器开关、空调开关等的照明灯均由车灯开关直接控制。当车灯开关在 1 挡或 2 挡时，上述照明灯均被接通，其亮度可通过仪表灯调光电阻进行调节。

④ 顶灯由顶灯开关和门控开关共同控制，当顶灯开关接通时（手动），顶灯亮。当顶灯开关断开时，顶灯由 4 个门控开关控制，只要有一个门关闭不严，这个门控开关就接通，顶灯就亮。

⑤ 后备厢灯由后备厢门控开关控制，当后备厢门打开时，门控开关闭合，后备厢灯亮。

2. 帕萨特轿车前照灯电路分析

如图 5-63 所示为帕萨特轿车前照灯电路。

① 将点火开关置于"ON"位，并将灯光开关开至前照灯位，前照灯的近光应点亮，否则应用万用表或试灯检测其电源电路、灯光开关、接地情况及灯丝的好坏。

② 在近光灯点亮的情况下，按动前照灯变光开关，远光灯应点亮，否则应用万用表或试灯检测电源电路中变光开关的好坏、接地情况及灯丝的好坏。

③ 前照灯灯光开关的检测：将灯光开关开至"前照灯"位置，用万用表检测其 1 接线柱与 7、4 接线柱之间的导通情况，正常时应导通（阻值为 0），否则为灯光开关故障。

④ 前照灯变光开关的检测：在未按动变光开关时，用万用表检测其 7、8 接线柱之间的导通情况，正常时应导通（阻值为 0）；若正常，按动变光开关，检测其 7、12 接线柱之间的导通情况，正常时应导通（阻值为 0），否则为变光开关故障。

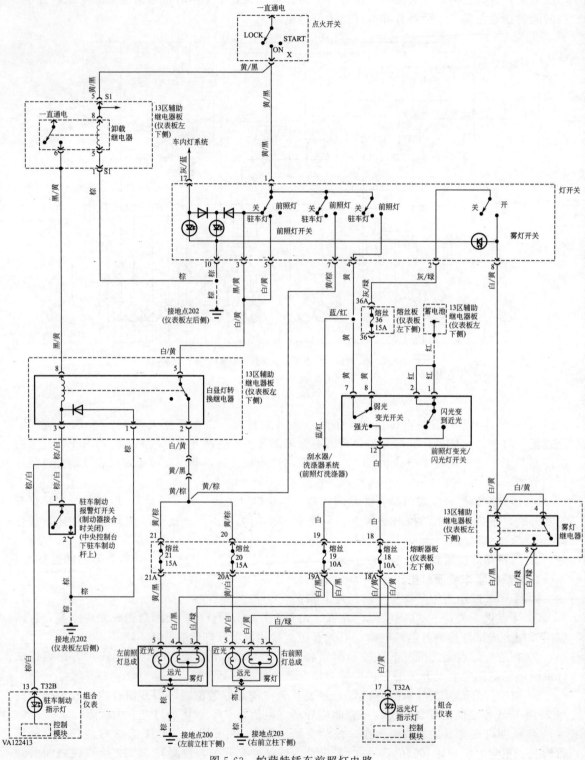

图 5-63 帕萨特轿车前照灯电路

第六节　照明系统的维修

一、大灯的维修

奥迪 A6 采用卤素大灯，卤素大灯的分解如图 5-64 所示。

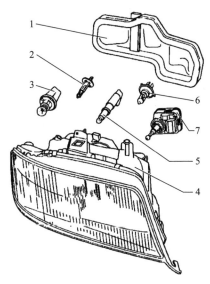

图 5-64　卤素大灯的分解

1—罩盖；2—近光灯灯泡（H1——12V，55W）；3—转向灯灯泡（12V，21W，橘黄色）；4—大灯壳体；
5—驻车灯灯泡（12V，5W）；6—远光灯灯泡（H7——12V，55W）；7—大灯照明调节电动机

1. 大灯的拆装

（1）大灯的拆卸　拆下保险杠，拧下两个 Torx 螺栓（T30），用通用工具（T 形把手，150mm 长，带磁性）拧下位于里侧的 Torx 螺栓（T30），拔下大灯的多孔插头，向汽车中部转动大灯，然后将其向前从车身上取下，如图 5-65 所示。

（2）大灯的安装　如图 5-66 所示，对于新大灯，应调整塑料螺栓（SW24）处的距离 a，更换了大灯后，必须减小塑料螺栓（SW24）的尺寸 a。如图 5-67 所示，安装时，向汽车的中部方向将大灯的销子装入导板。再往下可按与拆卸相反的顺序来安装。注意必须将大灯调整到车身轮廓线平齐后再紧固，安装后，调整大灯。

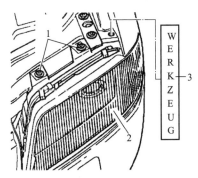

图 5-65　拆卸大灯

1—Torx 螺栓；2—大灯；3—通用工具

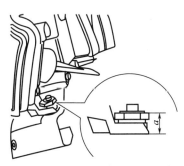

图 5-66　调整塑料螺栓处的距离

2. 大灯的调整

左大灯进行高度调整时，转动高度调整螺栓1和2，转动圈数要相同；侧向调整时只需转动高度调整螺栓2。右大灯调整螺栓与此对称，如图5-68所示。

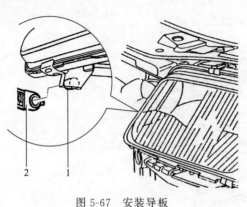

图5-67 安装导板
1—销子；2—导板

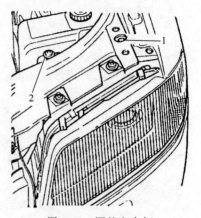

图5-68 调整左大灯
1—高度调整螺栓；2—高度/侧向调整螺栓

3. 大灯灯泡的更换

（1）更换近光灯泡（卤素大灯）

① 拆卸近光灯泡。对于右大灯，要拔下空气进气管的后部，拆下大灯壳体盖，拔下近光灯插头（图5-69），松开弹簧夹，从壳体中取出灯泡。

② 安装近光灯泡。将灯泡装入壳体，光手不要触摸灯泡玻璃，用弹簧夹固定灯泡，插上插头并装上壳体盖，用弹簧夹固定壳体盖。

（2）更换气体放电式大灯灯泡

① 拆卸气体放电式大灯灯泡。如图5-70所示，逆时针转动后拆下气体放电式大灯的插头和固定圈。

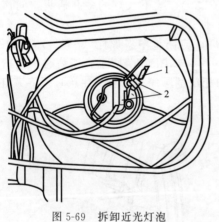

图5-69 拆卸近光灯泡
1—弹簧夹；2—近光灯插头

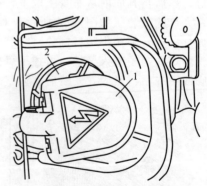

图5-70 拆卸气体放电式大灯灯泡
1—气体放电式大灯插头；2—固定圈

② 安装气体放电式大灯灯泡。将新灯泡装入壳体，光手不可触摸灯泡玻璃。如图5-71所示，将固定圈装到带两个槽（箭头）的气体放电灯上的定位凸起上，顺时针转动以固定。接好插头并装上壳体盖。

(3) 更换远光灯灯泡

① 拆卸远光灯灯泡。对于右大灯，要拔下空气进气管的后部，拆下大灯壳体盖，拔下供电插头（图5-72），松开弹簧夹并从壳体中取出灯泡。

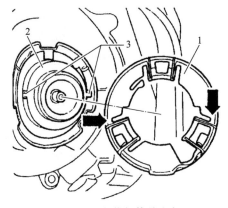

图5-71 安装气体放电灯
1—固定圈；2—气体放电灯；3—定位凸起

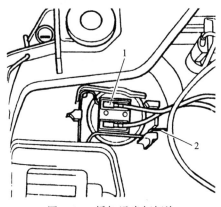

图5-72 拆卸远光灯灯泡
1—供电插头；2—弹簧夹

② 安装远光灯灯泡。将新灯泡装入壳体，光手不可触摸灯泡玻璃，用弹簧夹固定灯泡，插上插头并装上壳体盖，用弹簧夹固定壳体盖。

(4) 更换驻车灯灯泡

① 拆卸驻车灯灯泡。对于右大灯，要拔下空气进气管的后部，拆下大灯壳体盖，如图5-73所示，逆时针转动灯座，将其拉出壳体。只有当要更换灯座时，才拔下供电插头，从灯座上拔出灯泡。

② 安装驻车灯灯泡。将新灯泡装入壳体，光手不可触摸灯泡玻璃。按与拆卸相反的顺序进行安装。

(5) 更换转向灯灯泡

① 拆卸转向灯灯泡。对于右大灯，要拔下空气进气管后部，拆下大灯壳体盖，逆时针转动灯座，并将其拉出壳体，从灯座上取下灯泡，如图5-74所示。

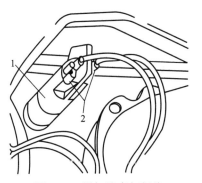

图5-73 拆卸驻车灯灯泡
1—灯座；2—供电插头

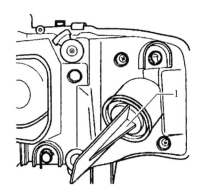

图5-74 拆卸转向灯灯泡
1—转向灯灯座

② 安装转向灯灯泡。将新灯泡装入壳体，注意光手不可触摸灯泡玻璃，然后按与拆卸相反的顺序进行安装。

4. 大灯照程调节电动机的拆装

拆装或更换调节电动机后，必须调整大灯。

（1）拆卸大灯照程调节电动机　对于右大灯，要拔下空气进气管后部，拆下大灯壳体盖，如图5-75所示，顺时针转动松开右大灯调节电动机，逆时针转动松开左大灯调节电动机。对于右大灯，向左侧面将调整轴球头从球头支座上拉出；对于左大灯，向右侧面将调整轴球头从球头支座上拉出，拔下供电插头。

（2）安装大灯照程调节电动机　大灯照程调节电动机的安装按与拆卸相反的顺序进行。

5. 安装大灯壳体修理包

如果大灯紧固垫板损坏，可装上修理包以代替损坏的紧固垫板，这时不需更换整个大灯总成。奥迪A6汽车上有左、右大灯修理包。左大灯修理包备件号为4B0 998 121；右大灯修理包备件号为4B0 998 122。

拆下紧固垫板已损坏的大灯，去掉如图5-76箭头所示位置已损坏的紧固垫板的剩余部分。将修理包中的紧固垫板装到大灯壳体棱边（箭头），从后面用2个螺栓紧固垫板。

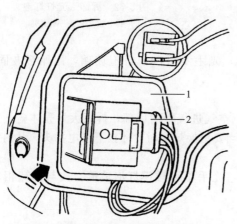
图5-75　拆卸大灯照程调节电动机
1—右大灯调节电动机；2—供电插头

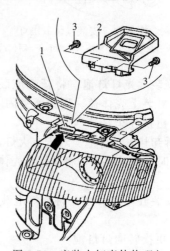
图5-76　安装大灯壳体修理包
1—损坏的紧固垫板；2—修理包的紧固垫板；3—螺栓

二、雾灯的维修

1. 雾灯的拆装

（1）拆卸雾灯　如图5-77所示，向前撬下塑料装饰板或拖车钩盖板（汽车右侧），拧下两个Torx凹头螺栓（新型汽车用十字头螺栓），取出灯总成，拔下插头。

如图5-78所示，拧下壳体盖上的十字头螺栓，松开弹簧夹并从壳体上取下灯座。如图5-59所示，拔下壳体端盖上灯泡供电插头A。

（2）安装雾灯　将新灯座装入壳体，光手不可触摸灯泡玻璃。用弹簧夹固定灯座，重新接上插头并装上壳体盖。再往下安装可按与拆卸相反的顺序进行。安装后应调整雾灯。

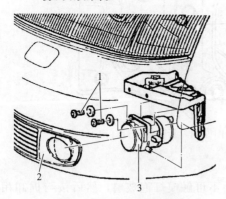
图5-77　拆卸雾灯总成
1—Torx凹头螺栓；2—塑料装饰板；3—灯总成

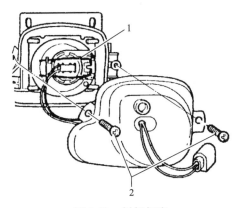 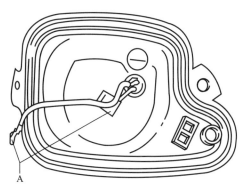

图 5-78 拆卸灯座　　　　　　　　　图 5-79 拔下灯泡供电插头
1—弹簧夹；2—十字头螺栓　　　　　　A—灯泡供电插头

2. 雾灯的调整

如图 5-80 所示，拉下保险杠下部护板（箭头）。如图 5-81 所示，转动调整螺栓（箭头）可降低光束，横向不可调。图 5-81 所示为右雾灯，左雾灯调整螺栓与此对称。

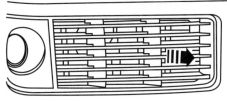 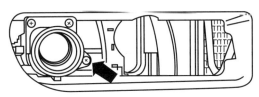

图 5-80 拆卸保险杠下部护板　　　　图 5-81 调整雾灯

3. 侧面转向灯的拆装

（1）拆卸侧面转向灯　如图 5-82 所示，逆着汽车行驶方向顶着固定板压转向灯（箭头）。然后将转向灯从翼子板上的孔中取出，拔下插头。

（2）安装侧面转向灯　插上插头，将转向灯装入翼子板。

三、尾灯的维修

尾灯的分解如图 5-83 所示。

1. 尾灯灯泡支架的拆装

（1）拆卸灯泡支架　打开后备厢内相应一

图 5-82 拆卸侧面转向灯

侧的盖板。如图 5-84 所示，拔下供电插头，压缩固定夹，沿车内方向从尾灯上取下灯泡支架，从灯座上拧下灯泡。

（2）安装灯泡支架　灯泡支架的安装按与拆卸相反的顺序进行。

2. 尾灯的拆装

（1）拆卸尾灯　打开后备厢内相应一侧的盖板，拔下供电插头，拧下如图 5-84 中箭头所示紧固螺母（4×SW8，4N·m），从汽车后部向外取下尾灯总成。

（2）安装尾灯　安装时，必须保证车身和尾灯壳体之间密封良好。尾灯的安装按与拆卸相

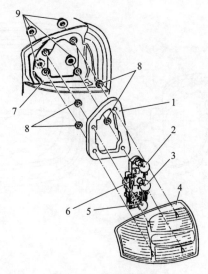

图 5-83 尾灯的分解

1—密封垫；2—转向灯灯泡（12V，21W）；3—倒车灯灯泡（12V，21W）；4—壳体；5—制动灯/尾灯灯泡（12V，21/5W）；6—灯泡支架；7—车身；8—垫片；9—紧固螺母（4×SW8，4N·m）

反的顺序进行。拧紧紧固螺母前，应调整车身与尾灯之间的轮廓线（间隙要均匀）。

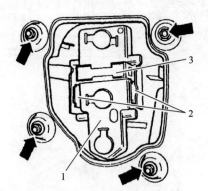
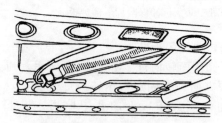

图 5-84 拆卸灯泡支架　　　　　图 5-85 松开高位制动灯
1—灯泡支架；2—固定夹；3—供电插头

3. 高位制动灯（普通轿车）的拆装

向下拉夹板处垫片与制动灯之间的定距架。如图 5-85 所示，从后备厢内的固定架上松开高位制动灯，并向下将其从薄板缺口上拉出，拔下插头。

如要更换灯泡，需从灯泡支架上撬下散光玻璃，如图 5-86 所示，将灯泡（10×12V，2.3W）插入灯泡支架。安装高位制动灯按与拆卸相反的顺序进行。

4. 牌照灯的拆装

图 5-87 表示的是右侧牌照灯。拆卸牌照灯时，拧下箭头所示的十字头螺栓，撬出灯泡支架，从夹座上取下灯泡（12V，5W）。

安装牌照灯按与拆卸相反的顺序进行。

图 5-86 更换高位制动灯灯泡

5. 后雾灯灯泡的更换

拆卸后雾灯灯泡时，如图 5-88 所示，向右转动带后雾灯灯泡的灯泡座并将其拉出。更换灯泡（12V,21W）。安装后雾灯灯泡按与拆卸相反的顺序进行。

6. 后装饰板的拆装

拆卸后装饰板时，拆下后备厢盖装饰板。如图 5-89 所示，拧下紧固螺母（6×SW10）（箭头），拔下插头，从汽车后部向外侧拆下后装饰板总成。安装后装饰板按与拆卸相反的顺序进行。

图 5-87 拆卸牌照灯

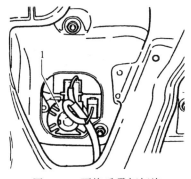

图 5-88 更换后雾灯灯泡
1—后雾灯灯泡座

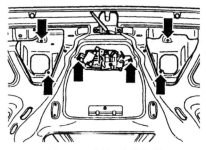

图 5-89 拆卸后装饰板

四、其他照明灯的维修

1. 前部车内灯的拆装

如图 5-90 所示，更换灯泡时只需撬下散光玻璃，前部车内灯灯泡规格为 12V、10W（2 个）。拆卸前部车内灯时，用平头螺丝刀小心撬下前部车内灯，拔下供电插头 4 和 5。
安装前部车内灯时，插上供电插头 4 和 5，装入前部车内灯并在其对面定位。

2. 后部车内灯的拆装

如图 5-91 所示，更换灯泡时只需撬下散光玻璃，后部车内灯灯泡的规格为 12V、10W（2 个）。

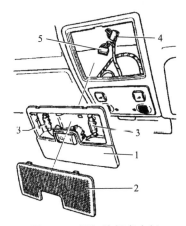

图 5-90 拆卸前部车内灯
1—车内灯；2—散光玻璃；3—车内灯灯泡；4,5—供电插头

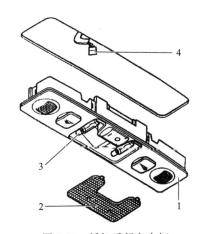

图 5-91 拆卸后部车内灯
1—后部车内灯；2—散光玻璃；3—后部车内灯灯泡；4—供电插头

拆卸后部车内灯时，用平头螺丝刀小心撬下后部车内灯，拔下供电插头。

安装后部车内灯时插上供电插头。装上后部车内灯并在反面定位。

3. 前部阅读灯的拆装

前部阅读灯灯泡规格为12V、5W（2个）。

拆卸前阅读灯时，如图5-92所示，用平头螺丝刀小心撬下前部阅读灯，拔下两个供电插头1和2。如图5-93所示，从灯座上取下位于阅读灯后面的灯泡（箭头）。

安装前阅读灯时，插上插头，装上阅读灯并在反面定位。

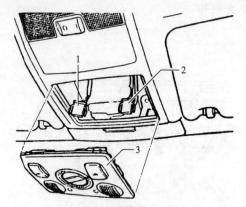
图5-92 拆卸前阅读灯
1,2—供电插头；3—阅读灯

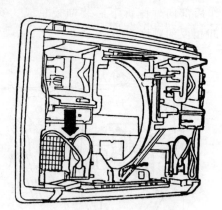
图5-93 拆卸前阅读灯灯泡

4. 后部阅读灯的拆装

更换后部阅读灯灯泡时须拆下后部车内灯，后部阅读灯灯泡规格为12V、5W。

拆卸后部阅读灯时，如图5-94所示，用平头螺丝刀小心撬下车内灯。

拔下供电插头。如图5-95所示，从灯座上取下车内灯背面的阅读灯泡（箭头）。

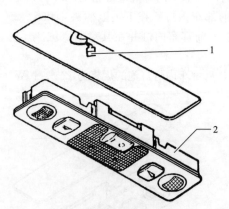
图5-94 拆卸后部阅读灯
1—供电插头；2—后部车内灯

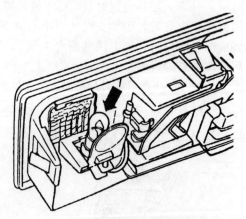
图5-95 拆卸后部阅读灯灯泡

安装后部阅读灯时，插上插头，装上车内灯并在反面定位。

5. 后备厢灯的拆装

更换灯泡时，必须拆下后备厢灯。后备厢灯灯泡规格为12V、5W（2个）。

拆卸后备厢灯时，如图5-96所示，用平头螺丝刀压入定位凸起并撬下后备厢灯，拔下供电插头,从灯座上取下后备厢背面的灯泡。

安装后备厢灯时,先插上插头,装上后备厢灯并在反面定位。

6. 杂物箱灯的拆装

更换灯泡时必须拆下杂物箱灯。杂物箱灯灯泡规格为12V、5W。

拆卸杂物箱灯时,如图5-97所示,用平头螺丝刀压入定位凸起并撬下杂物箱灯,拔下供电插头,从灯座上取下杂物箱灯背面的灯泡。

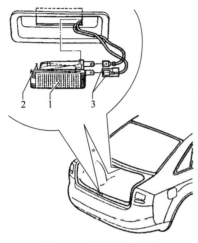
图5-96 拆卸后备厢灯
1—后备厢灯;2—定位凸起;3—供电插头

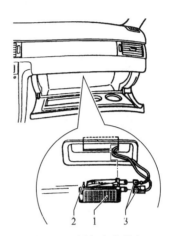
图5-97 拆卸杂物箱灯
1—杂物箱灯;2—定位凸起;3—供电插头

安装杂物箱灯时先插上插头,装上杂物箱灯并在反面定位。

7. 化妆镜灯的拆装

图5-98中表示的是左侧化妆镜灯,右侧与此对称。

拆卸化妆镜灯时,如图5-98所示,用平头螺丝刀插入箭头所示槽内,小心地撬出化妆镜灯,拔下插头,更换灯泡(12V、5W)。

安装化妆镜灯按与拆卸相反的顺序进行。

8. 脚坑灯的拆装

更换灯泡时必须拆下脚坑灯。脚坑灯灯泡规格为12V、5W(4个)。

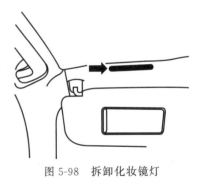
图5-98 拆卸化妆镜灯

拆卸脚坑灯时,如图5-99所示,用平头螺丝刀压入定位凸起并撬出脚坑灯,拔下供电插头,从灯座上取下脚坑灯背面的灯泡。

安装脚坑灯时,先插上插头,装上脚坑灯并在反面定位。

9. 车门反光灯和上下车灯的拆装

更换灯泡时必须拆下车门反光灯或上下车灯,车门反光灯灯泡规格为12V、5W(4个);上下车灯灯泡规格为12V、5W(4个)。

拆卸车门反光灯和上、下车灯时,如图5-100所示,将平头螺丝刀插入箭头所示槽中,小心地撬出车门反光灯和上、下车灯,拔下插头。

安装车门反光灯和上、下车灯按与拆卸相反顺序进行。

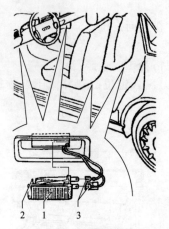 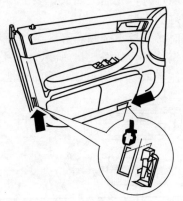

图 5-99 拆卸脚坑灯
1—脚坑灯；2—定位凸起；3—供电插头

图 5-100 拆卸车门反光灯和上、下车灯

第六章 汽车空调系统

第一节 概述

"汽车空气调节"简称汽车空调,是对空气进行冷却、加热、过滤、加湿或除湿、循环流动或不循环流动的处理过程,采用人为方式对车内空气流量、温度、湿度和清洁度进行调节。汽车安装空调系统,给驾驶员及乘客创造了舒适的环境,改善了工作条件,减轻了旅途疲劳,从而也提高了工作效率和安全性。这意味着空气的温度、湿度可在任何时候、在给定的条件下得以控制,保证车内人员的舒适、安全和视野。

一、汽车空调功用

对汽车内的空气进行调节,如温度、湿度、流速、洁净度等,满足人体舒适度,提供理想的人工气候环境。

人体感到舒适的温度:夏季为22~28℃,冬季为16~18℃。低于14℃感到冷,高于28℃感到燥热,高于40℃为有害温度,头部比脚部温度低2℃,"头凉足暖"。人体感到舒适的相对湿度:夏季为50%~60%;冬季为40%~50%。人体感到舒适空气的流速:低于0.2m/s以低速变动为佳。汽车内部空间小,乘员密度大,全封闭容易缺氧、二氧化碳浓度过高,一氧化碳和粉尘会进入车内,所以要采取净化措施,保持清洁度。

空调的功用如下。

调节车内温度:汽车空调在冬季利用其采暖装置升高车内温度,夏季利用制冷装置对车内降温。调节车内湿度:利用制冷装置冷却降温去除空气中的水分,再由采暖装置升温以降低空气的湿度。调节车内的空气流速:夏季空气流速稍大有利于人体散热降温,冬季气流速度过大会影响人体保温,因此夏季舒适风速一般为0.25m/s,冬季的舒适风速一般为0.20m/s。过滤净化车内空气:由于车内空间小,乘员密度大,车内极易出现缺氧,而车外道路上的粉尘等又容易进入车内造成空气污浊,影响乘员的身体健康,因此要求空调必须具有补充车外新鲜空气、过滤和净化车内空气的功能。

含义:进行冷、暖、通风三种的调节。

方式:汽车空调机采用的是蒸气压缩式制冷。

二、空调的组成

(1)通风装置(图6-1) 把车外新鲜空气吸进车内进行换气。将外部新鲜空气吸进车内,起通风和换气作用。同时,通风对防止风窗玻璃起雾也起着良好的作用。

(2)暖气装置(图6-2) 把车内空气或吸进来的新鲜空气加热。主要用于取暖,对车内空气或由外部进入车内的新鲜空气进行加热,达到取暖、除湿的目的。

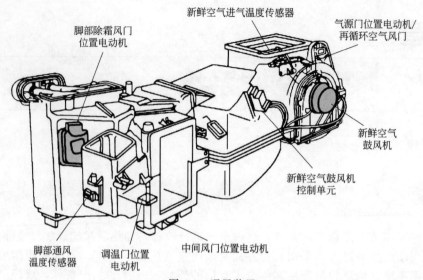

图 6-1 通风装置

(3) 冷气装置（图 6-3） 把车内空气或吸进来的新鲜空气冷却或除湿。对车内空气或由外部进入车内的新鲜空气进行冷却或除湿，使车内空气变得凉爽舒适。

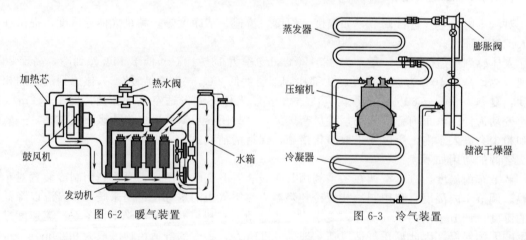

图 6-2 暖气装置　　　　　图 6-3 冷气装置

(4) 空气净化装置　净化空气，除去车内空气中的尘埃、臭味、烟气及有毒气体，使车内空气变得清洁。

(5) 控制装置　对制冷和暖风装置进行控制，使空调正常工作。对制冷和暖风系统的温度、压力进行控制，同时对车内空气的温度、风量、流向进行控制，保证汽车空调的正常工作。

空调控制装置如图 6-4 所示。控制电路包括点火开关、A/C 开关、电磁离合器、鼓风机开关、调速电阻器、各种温度传感器、制冷剂高低压力开关、温度控制器、送风模式控制装置、各种继电器等。

三、空调系统的分类

1. 按驱动方式分

(1) 独立式（图 6-5） 一般用于大客车。

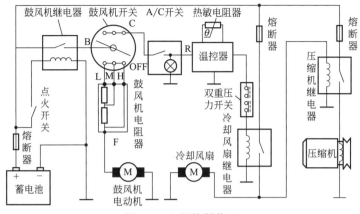

图 6-4 空调控制装置

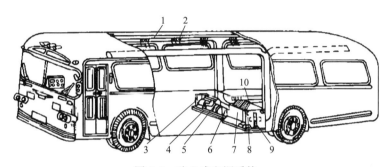

图 6-5 独立式空调系统
1—进气道；2—排气栅；3—散热器；4—空调发动机；5—离合器；6—压缩机；
7—蒸发器；8—冷凝器；9—冷凝风扇；10—循环空气入口

（2）非独立式（图 6-6） 一般用于小轿车和小型客车。非独立式根据组成不同又可以分为膨胀阀式和膨胀管式两种。

2. 按结构型式分

（1）整体式空调 将副发动机、压缩机、冷凝器和蒸发器通过传动带、管道连接成一个整体，安装在一个专用机架上，构成一个独立总成，由副发动机带动，通过车内通风管将冷风送入车内。

图 6-6 非独立式空调系统

（2）分体式空调 将压缩机、冷凝器、蒸发器以及独立式空调的副发动机部分全部分开布置，用管道连接成一个制冷系统。

（3）分散式空调 将蒸发器、冷凝器、压缩机等各部件分散安装在汽车各个部位，并用管道相连接。

3. 按蒸发器的位置分

（1）仪表台式 前置式空调，设置在仪表台下面。

（2）顶置式空调 蒸发器吊置于车顶上。

4. 按控制方式分

① 手动空调。

② 半自动空调。
③ 全自动空调。
④ 电控空调。

四、汽车空调的特点

① 抗冲击能力强（剧烈频繁振动冲击）。
② 动力源多样（独立式和非独立式）。
③ 制冷制热能力强（时间短，能量大，适应各种环境）。
④ 结构紧凑，重量轻。

五、空调常用的性能指标参数

1. 温度与湿度

湿度是用来衡量空气中含有水蒸气量多少的物理量。湿度通常有三种表示方法，即绝对湿度、含湿量、相对湿度。

(1) 绝对湿度 $1m^3$ 湿空气中所含水蒸气的质量，称为空气的绝对湿度。

(2) 含湿量 1kg 干空气中所含水蒸气的质量，称为空气的含湿量。

(3) 相对湿度 湿空气中实际所含的水蒸气量与同温度下饱和湿空气所含的水蒸气量的比值，称为空气的相对湿度。

温度是用来衡量物体冷热程度的物理量，测量温度的标尺称为温标。温度通常有三种温标测量方法，即摄氏温标（℃）、华氏温标（℉）、开氏温标（K）。

测量温度的仪表称为温度计，汽车空调常用的温度计有压力表式温度计、热敏电阻式温度计、热电偶式温度计。

干球温度计所测出的数据为干球温度，湿球温度计所测出的数据为湿球温度。

$$\frac{湿球温度}{干球温度} \times 100\% = 相对湿度$$

2. 压力与真空度

压力是表示均质的液体或气体对其容器壁的单位面积上的垂直作用力的物理量。用符号 p 表示，常用的单位有 kgf/cm^2、kPa、psi、bar。标准大气压，国际单位为帕斯卡（Pa）。它们的换算关系如表 6-1 所示。

表 6-1 压力单位的换算关系

kPa	kgf/cm²	mmHg	psi	atm
1	1.02	7.5	0.145	9.8×10^3
9.81	1	7.36×10^2	14.2	0.98
0.133	1.36×10^3	1	1.93×10^2	1.32×10^3
6.89	7.03	51.72	1	6.8×10^2
101.32	1.03	760	15.97	1

压力通常有三种表示方法，即绝对压力、表压力、真空度。

(1) 绝对压力 $p_绝$ 绝对压力表示的是实际的压力值，是把完全真空状态作为零值。

(2) 表压力 $p_表$ 表压力表示通过压力表上指示读出的压力值。它是将标准大气压作为零值，在此基础上进行压力计算的结果。

(3) 真空度 $p_真$ 真空度是低于标准大气压力的数值。

3. 汽化热

物质由液态变为气态的过程称为汽化。1kg 液体转变为气体所需要的热量，叫作该物体的汽化热。冷凝也叫作液化，是指气态物质经过冷却使其转变为液体。

4. 热量与热容

衡量物体吸收或者释放热的多少的物理量叫作热量，热量的单位为焦耳（J）。热的传递有传导、对流和辐射三种形式。

把单位质量（1kg）物体的温度升高 1℃ 所需要的热量叫热容。热容的单位单位为 J/(kg·℃)。

第二节　制冷原理

一、物态的变化

热量是物质分子不规则热运动动能大小的度量。热量总是从高温度物体向低温度物体传递的。物质状态改变是吸热和放热的过程。如图 6-7 所示为三态的物态转变。

二、制冷剂

制冷剂是空调系统中的"热载体"，俗称冷媒，它可根据空调系统的要求变化状态，实现制冷循环。制冷剂是制冷循环中的工作流体，在制冷系统运转时，它在其中循环流动，通过自身热力状态的循环变化，不断与外界发生能量交换，以达到制冷的目的，又称其为制冷工作介质，或制冷工质。

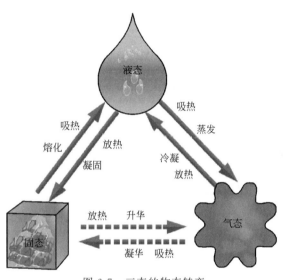

图 6-7　三态的物态转变

1. 制冷剂的性能特点

① 因为制冷是通过液体的蒸发来实现的，因此，制冷剂必须是易于气化或蒸发的物质。

② 制冷剂蒸发时的潜热越大，制冷剂的循环量就可以减少，制冷装置的体积就可缩小，因此，要求制冷剂要有较高的潜热。

③ 为保证制冷剂的安全工作，制冷剂应该是不易燃烧或爆炸的物质。

④ 制冷剂应该对人体没有伤害，但有特殊的气味，这样就能通过嗅觉来发现制冷系统是否有泄漏现象。

⑤ 制冷剂应该具有较高的稳定性，应该能反复使用，对金属、橡胶和润滑机油应该无明显的腐蚀现象。

⑥ 制冷剂的蒸发压力应该比大气压力高，以免空气进入制冷系统。

2. 制冷剂的选用

（1）R12　长期以来，汽车空调系统大多采用 R12 作为制冷剂。众所周知，R12 因泄漏而进入大气会破坏地球的臭氧保护层，危害人类的健康和生存环境，引起地球的温室效应。我国于 2000 年全部使用 R134a。因此，作为汽车维修人员，必须掌握新型制冷剂的空调系统的使用和维修特点。

制冷剂注入阀

图 6-8　R134a 制冷剂

(2) R134a（图 6-8）　现在汽车空调首选的制冷剂。R134a 制冷剂的分子式为 $C_2H_2F_4$，是卤代烃类制冷剂中的一种，具有以下特性。

① R134a 不含氯原子，不破坏大气臭氧层。

② R134a 具有良好的安全性能，不易燃烧、不易爆，无毒、无刺激性、无腐蚀性。

③ R134a 的传感性能好，因此制冷剂的用量可大大减少。

空调制冷剂的性能参数见表 6-2。

表 6-2　空调制冷剂的性能参数

冷媒	R134a
分子式	$C_2H_2F_4$
沸点	-26.16
气相密度($-25℃$)/(kg/m³)	5.50
液相密度($-25℃$)/(kg/m³)	1371
臭氧层破坏系数(ODP)	0
温室效应系数(GWP)	0.27
寿命/年	3.1
冷凝压力($-40℃$)/Pa	$10.614×10^5$
蒸发压力($-40℃$)/Pa	$0.8436×10^5$
工作压比	12.048
蒸发潜热/(kJ/kg)	219.3
制冷量($-25℃$)/(kJ/m³)	1185
对杂质的敏感度	高度敏感
理论排气温度/℃	125～130
冷冻润滑油	酯类油[聚烃基乙二醇合成油(PAG)、聚酯油(POE)]
溶水性	极易溶于水
真空度要求	高

3. R134a 制冷剂使用注意事项

① 制冷剂比氧气密度大，要摆放在规定的地方，要有良好的通风设备。

② 检修制冷系统时应做好安全防护，避免手和眼睛等处皮肤接触液态制冷剂，以免被冻伤。

③ R134a 系统必须使用专用密封圈与密封垫，否则会使密封圈与密封垫起泡、膨胀，并导致制冷剂外泄。在维修中，只要对管道系统的部件进行拆卸，就必须更换新的密封圈。更换密封圈时，应在其上涂抹少量压缩机油。

④ 加注 R134a 时，应使盛 R134a 的容器保持直立状态，确保 R134a 以气态方式进入系统，否则，R134a 可能会以液态方式进入压缩机，使压缩机损坏。

三、冷冻机油

空调压缩机使用的润滑油被称为冷冻油或冷冻机油，它是一种在高、低温工况下均能正常工作的特殊润滑油,其作用为润滑、冷却、密封、降低压缩机噪声。

冷冻油在空调制冷系统中完全溶解于制冷剂中,并随制冷剂一起在制冷系统中循环。

1. 冷冻机油的性能要求

冷冻机油是一种在高、低温工况下均能正常工作的特殊润滑油,其性能要求如下。

① 凝点低,具有良好的低温流动性。

② 黏度受温度的影响要小。

③ 与制冷剂的溶解性能要好。

④ 要有较高的热稳定性。

⑤ 化学性质要稳定。

根据上述原则,适用于 R134a 的润滑油只有两大类,即聚烃基乙二醇(PAG)和聚酯油(ESTER)。

制冷剂对应的冷冻机油见表 6-3。

表 6-3 制冷剂对应的冷冻机油

制冷剂类型	R-134a
压缩机机油型号	ND-OIL 8
压缩机机油类型	聚烃乙二醇(合成油)

冷冻机油的作用主要有以下几点:一是润滑压缩机;二是润滑运动部件及整个系统的密封件及垫圈,保证膨胀阀的适当开启;三是冷却作用,能及时带走运动表面摩擦产生的热量,防止压缩机温度过高或烧坏。压缩机机油是强吸湿品,它会吸收湿气,而湿气对空调系统有很大的破坏作用,所以用后应马上拧紧盖子。

2. 冷冻机油的使用规范

① R134a 空调系统及元件只能使用规定冷冻机油。非规定冷冻机油将影响压缩机的润滑效果,同时不同牌号的冷冻机油混用会导致冷冻机油氧化、失效,最终可能导致压缩机出现故障。

② R134a 可以快速吸收空气中的水分,为此必须遵守下列操作。

a. 从车上拆卸制冷元件时,应尽快将元件盖上(密封),以减少空气中湿气的进入。

b. 安装制冷元件时,在连接元件前,请勿拆下(或打开)元件的盖,并尽快连接制冷回路元件,以减少空气中湿气的进入。

c. 只能使用密封储存的规定润滑剂。使用完毕后,应立即密封润滑剂容器。如果润滑剂没有妥善封存,被湿气渗透后就不能再行使用。

③ 不能使用变质、浑浊的冷冻机油,否则会影响压缩机的正常运转。

④ 系统补充冷冻机油应按规定的剂量加入,冷冻机油过少会影响压缩机润滑;添加过量的冷冻机油,会影响空调系统的制冷量。

⑤ 在加注制冷剂时,应先加冷冻机油,然后再加注制冷剂。

3. 补充冷冻机油

在更换空调零部件时需补充冷冻机油,具体补充量如下(参考值)。

① 更换蒸发器芯总成时,冷冻机油补充量为整个系统加注量的 20%。

② 更换冷凝器总成、干燥瓶、管路时,冷冻机油补充量为整个系统加注量的 10%。

③ 重新充注制冷剂时,冷冻机油补充量为整个系统的 10%,如补充少量制冷剂,可以不补充冷冻油。

④ 更换压缩机:新压缩机一般都含有整个系统所需的冷冻机油的量,因考虑系统其他部件已有残存的冷冻机油,更换新压缩机应将压缩机冷冻机油适当排出一些。可将原来的压缩机内的润滑油排出并测量润滑油的量。同时,将新压缩机内的润滑油排出,重新充注润滑油,油量为原来压缩机内的量。在此基础上,向新的压缩机内再充注 10mL 的量。

第三节　空调的制冷系统

一、空调制冷系统的组成

物质的三种形态，即气态、液态和固态会互相转化，称为相变。汽车空调所采用的蒸气压缩式制冷就是利用液态制冷剂气化，发生相变吸热来产生冷效应。低温、低压的液态制冷剂进入用来冷却车内空气的蒸发器，在定压下气化。由于制冷剂气化时的温度低于环境温度，因此能自动吸收空气中的热量，使空气温度下降，产生冷效应。制冷剂吸热气化，由液体变成低温、低压的蒸气，然后被压缩机压缩变成高于环境温度的高温、高压气体，进入冷凝器将热量释放给外界空气，从而冷凝成高压的液态制冷剂，最后经过节流阀，变为低温、低压的液态制冷剂，再进入蒸发器气化吸热，这样就完成了一个制冷循环。

汽车制冷系统如图 6-9 所示。膨胀管式制冷系统的组成如图 6-10 所示。膨胀阀式制冷系统的组成如图 6-11 所示。

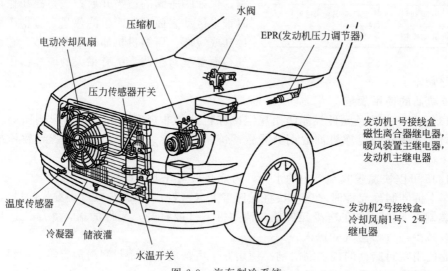

图 6-9　汽车制冷系统

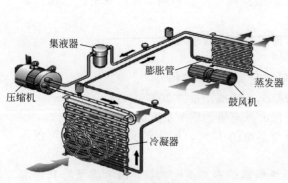

图 6-10　膨胀管式制冷系统的组成

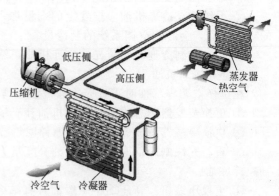

图 6-11　膨胀阀式制冷系统的组成

二、空调制冷系统的结构原理

目前主要采用单级压缩蒸气制冷循环系统，主要有四种类型，共同点是都能防止蒸发器结霜。

1. 恒温膨胀阀-吸气节流阀系统

吸气节流阀在蒸发器出口和压缩机进口之间，以便将蒸发压力控制在设定值范围内。

工作原理：系统工作时，蒸发器出口处压力作用到吸气节流阀的活塞上，再通过活塞上的小孔作用到膜片下方。当该压力大到克服弹簧压力时，将阀的活塞打开，蒸发压力下降，弹簧压力又使活塞向关闭位置移动。活塞不停地开和关，直到蒸发压力和弹簧压力平衡为止。这里的弹簧预紧力可通过调节螺钉来调整。

2. 储液器-阀组合系统

储液器-阀组合系统是由吸气节流阀、热力膨胀阀、储液器/干燥器组成的一个整体部件，储液器-阀组合件与蒸发器进出口相连。

工作原理：系统工作时，液体制冷剂从冷凝器通过储液器-阀组合件流向蒸发器。流入储液器-阀组合件的液体制冷剂降落到储液器底部，通过干燥剂除去水分后进入膨胀阀节流降压，再流向蒸发器。从蒸发器返回的制冷剂蒸气流向吸气节流阀后，进入压缩机，吸气节流阀能控制蒸发压力稳定在规定值范围内。

3. 离合器恒温膨胀阀系统

由热力膨胀阀和离合器控制蒸发压力。

工作原理：由热力膨胀阀来控制蒸发器供液量，从而保证蒸发压力在一定范围内变化。汽车车速增加时，压缩机转速随之增加，蒸发压力则随之降低，蒸发器表面结霜。这时，压力开关或热敏开关使离合器脱开压缩机，使压缩机停机，待霜层融化后，压力开关或热敏开关又自动接通，压缩机开始运行。

4. 离合器节流管系统

离合器节流管系统与离合器恒温膨胀阀系统不同之处在于，它用节流管代替了膨胀阀。节流管结构简单，不易损坏。但只能起节流降压作用，不能控制蒸发器的供液量，不能保证蒸发压力的稳定。

工作原理：汽车车速增加时，压缩机转速随之增加，蒸发压力降低，蒸发器表面结霜。这时，压力开关或热敏开关切断离合器电源，使压缩机停机，待霜层融化后，压力开关或热敏开关又自动接通，压缩机开始运行。

三、空调制冷系统的工作原理

蒸气压缩制冷系统主要由压缩机、冷凝器、液体膨胀装置和蒸发器等总成构成。制冷系统工作时，制冷剂以不同的状态在这个密闭系统内循环流动。汽车空调系统的制冷循环流程如图6-12所示。

制冷循环是由压缩、放热、节流和吸热四个过程组成的。

1. 压缩过程

压缩机吸入蒸发器出口处的低温低压的制冷剂气体，把它压缩成高温高压的气体，然后送入冷凝器。此过程的主要作用是压缩增压，以便气体易于液化。压缩过程中，制冷剂状态不发生变化，而温

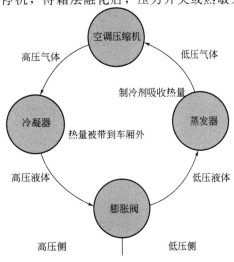

图6-12 汽车空调系统的制冷循环流程

度、压力不断升高,形成过热气体。

2. 放热过程

高温高压的过热制冷剂气体进入冷凝器(散热器)与大气进行热交换。由于压力及温度的降低,制冷剂气体冷凝成液体,并放出大量的热。此过程的作用是排热、冷凝。冷凝过程的特点是制冷剂的状态发生变化,即在压力、温度不变的情况下,由气态逐渐向液态转变。冷凝后的制冷剂液体是高压高温液体。制冷剂液体过冷度越大,在蒸发过程中其蒸发吸热的能力也就越强,制冷效果越好,即产冷量相应增加。

3. 节流过程

高压高温制冷剂液体经膨胀阀节流降温降压,以雾状(细小液滴)排出膨胀装置。该过程的作用是使制冷剂降温降压,由高温高压液体迅速地变成低温低压液体,以利于吸热、控制制冷能力以及维持制冷系统正常运行。

4. 吸热过程

经膨胀阀降温降压后的雾状制冷剂液体进入蒸发器,因此时制冷剂沸点远低于蒸发器内温度,故制冷剂液体在蒸发器内蒸发、沸腾成气体。在蒸发过程中大量吸收周围的热量,降低车内温度。而后低温低压的制冷剂气体流出蒸发器等待压缩机再次吸入。吸热过程的特点是制冷剂状态由液态变化到气态,此时压力不变,即在定压过程中进行这种状态的变化。上述过程周而复始地进行,便可使汽车内的温度达到并维持在给定的状态。

空调制冷系统各部分的功用如图 6-13 所示。空调系统高低压端的温度和压力见表 6-4。

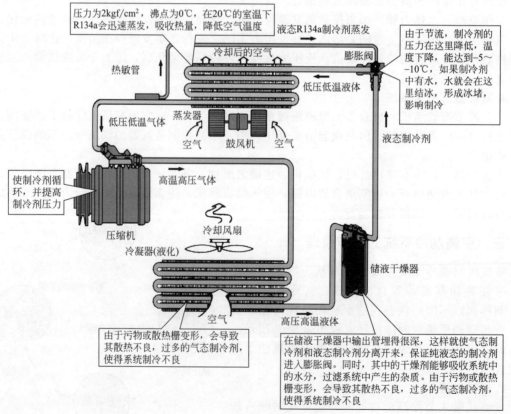

图 6-13 空调制冷系统各部分的功用

$1\text{kgf}/\text{cm}^2 = 0.098\text{MPa}$

表 6-4　空调系统高低压端的温度和压力

制冷剂	低压端		高压端	
	温度/℃	压力/(kgf/cm²)	温度/℃	压力/(kgf/cm²)
R134a	0±3	1.8~2.1	60±5	13~15

四、空调制冷系统的结构部件

汽车空调制冷系统由压缩机、冷凝器、储液干燥器、膨胀阀、蒸发器、风机、空调滤清器及制冷管道等组成。空调制冷系统的布置如图 6-14 所示。

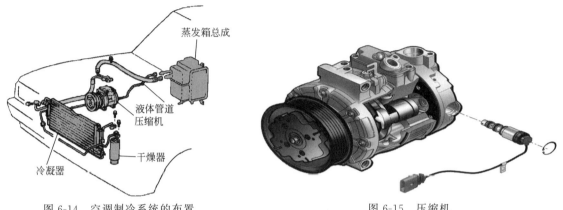

图 6-14　空调制冷系统的布置　　　　　图 6-15　压缩机

1. 压缩机

压缩机（图 6-15）是整个制冷系统中的"心脏"，主要是将低温低压的气态制冷剂压缩成高温高压的气态制冷剂，并维持制冷系统中制冷剂的不断循环。

压缩机有两个重要的功能：一是使系统内产生低压条件；二是使制冷剂循环，把制冷蒸气从低压压缩至高压，两种功能同时完成。

低压条件：使压缩机入口处的制冷剂处在低压状态，使蒸发器内的制冷剂流出蒸发器，使节流装置中适量的制冷剂流入蒸发器，空调系统中膨胀阀出口到压缩机入口之间是低压状态。

压缩制冷剂：压力的上升会使制冷剂所含热量增加，这对制冷剂来讲在冷凝器内放热是必要的。高压状态存在于压缩机出口到膨胀阀入口之间。

（1）容积型制冷压缩机

按运动形式的不同，可分为往复活塞式和旋转式两大类。

按工作时工作容量是否变化，可分为定排量式和变排量式。

往复活塞式压缩机有摆盘式和斜板式两种。其中摆盘式压缩机的活塞运动属于单向作用式，而斜板式压缩机的活塞运动属于双向作用式。

旋转式压缩机可分为旋叶式、转子式、螺杆式及涡旋式四种。

大型客车空调压缩机一般采用传统的曲轴连杆机构，即往复活塞式结构。中、小型汽车空调压缩机以斜板式、涡旋式为主。

① 斜板式压缩机　斜板式压缩机是一种轴向活塞式压缩机，其工作原理如图 6-16 所示，主要零件是主轴和斜板。各气缸以压缩机主轴为中心布置，活塞运

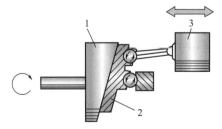

图 6-16　斜板式压缩机的工作原理
1—传动板；2—摇板；3—活塞

动方向与压缩机的主轴平行。斜板式压缩机有摇摆式和活塞式两种。摇摆斜板式压缩机的结构主要包括主轴、气缸、斜板、连杆、活塞、阀板、前后端轴承等。回转斜板式（活塞斜板式）压缩机的结构主要包括缸体、前后端盖、主轴、斜板、活塞、钢球与滑靴、轴承等。

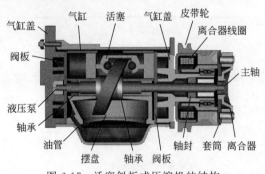

图 6-17 活塞斜板式压缩机的结构

斜板式压缩机工作时，主轴带动传动板一起旋转。由于楔形传动板的转动，迫使摆盘以钢球为中心，进行左右摇摆移动。摆盘和传动板之间的摩擦力，使摆盘具有转动的趋势，但是这种趋势被一对锥齿轮所限制，使得摆盘只能左右移动，并带动活塞在气缸内做往复运动。活塞斜板式压缩机的结构如图 6-17 所示。

回转斜板式压缩机的工作原理如图 6-18 所示。处于图 I 位置时，活塞向右移动至极限位置，前缸内压力降低，低压腔内的制冷剂从吸气口被吸入到前缸；当斜板转至图 II 位置时，活塞向左移动，前缸内压力升高，缸内气体被压缩；当斜板转至图 III 位置时，制冷剂被压缩成高温高压的气体从排气口排出，至此，完成一个循环。由于此活塞为双向活塞，因此右端活塞（图中"后缸"）的工作原理与左端相同。

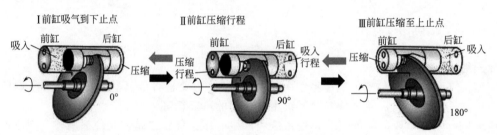

图 6-18 回转斜板式压缩机的工作原理

三缸斜板式，为三活塞等间隔 120°分布，五缸斜板式为五活塞等间隔 72°分布。为了使机器受力合理，结构紧凑，通常将活塞制成双头活塞，如是轴向 6 缸，3 缸在压缩机前部，另外 3 缸在压缩机后部；如是轴向 10 缸，5 缸在压缩机前部，另外 5 缸在压缩机后部。双头活塞的两活塞各自在相对的气缸（一前一后）中，活塞一头在前缸中压缩制冷剂蒸气时，活塞的另一头就在后缸中吸入制冷剂蒸气，反向时互相对调。各缸均备有高低压气阀，另有一根高压管，用于连接前后高压腔。斜板与压缩机主轴固定在一起，斜板的边缘装合在活塞中部的槽中，活塞槽与斜板边缘通过钢球轴承支承在一起。当主轴旋转时，斜板也随着旋转，斜板边缘推动活塞做轴向往复运动。如果斜板转动一周，前后两个活塞各完成压缩、排气、膨胀、吸气一个循环，相当于两个气缸作用。如果是轴向 6 缸压缩机，缸体截面上均匀分布 3 个气缸和 3 个双头活塞，当主轴旋转一周，相当于 6 个气缸的作用。

② 旋叶式压缩机 旋叶式压缩机的气缸形状有两种形状，一种是圆形；另一种是椭圆形。旋叶式压缩机主要由机体、转子、叶片三部分组成。转子外表面呈圆形，转子偏心地安装在气缸内，使两者在几何上相切，在气缸内壁与转子外表面间形成一个月牙形空间。转子上开有若干个纵向凹槽，在每个凹槽中都装有能沿径向自由活动的滑片，如图 6-19 所示，其内部构造如图 6-20 所示。

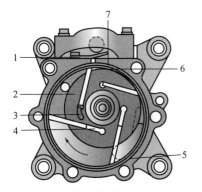

图 6-19 旋叶式压缩机的结构
1—排气阀；2—转子；3—油孔；4—叶片；
5—进气口；6—转子和气缸接触点；7—排气口

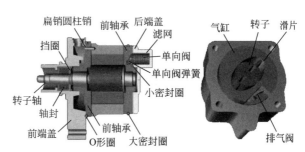

图 6-20 旋叶式压缩机的内部构造

当转子旋转时，转子上装有叶片，叶片在离心力的作用下从槽中甩出，其端部伸向气缸体的内壁。如图 6-21 所示，第 1 阶段，叶片、气缸体与转子三者之间构成了一个压缩室（如果多于 1 个叶片，就有 2 个压缩室）；第 2 阶段，随着转子的逆时针旋转，压缩室的空间逐渐增大，叶片通过排气口；第 3 阶段，叶片越过吸气孔后，制冷剂的压缩开始，因此制冷剂的压力和温度提高；第 4 阶段，高温的制冷剂经排气孔排出，并流向冷凝器。如此再重新开始吸气-压缩-排气-膨胀的工作过程。

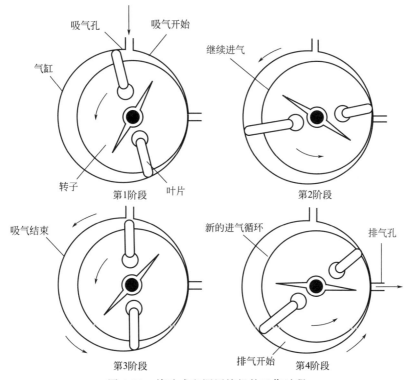

图 6-21 旋叶式空调压缩机的工作过程

圆形缸叶片有 2～4 片，椭圆形缸叶片有 4～5 片。旋叶式压缩机其单位压缩质量具有最大的冷却能力。它没有活塞，仅有一个阀，称为排气阀。排气阀实际上起一个止回阀的作用，防止在循环停止或压缩机不运行时，制冷剂蒸气通过排气口进入压缩机。在圆形气缸的旋叶式压缩机中，叶轮是偏心安装的，叶轮外圆紧贴气缸内表面的吸、排气孔之间。在圆形气缸中，转子的主轴和椭圆中心重合，转子上的叶片和它们之间的接触线将气缸分成几个空间，当主轴带动转子旋转一周时，这些空间的容积发生"扩大-缩小-几乎为零"的循环变化，制冷剂蒸气在这些空间内也发生"吸气-压缩-排气"的循环。压缩后的气体通过簧片阀排出。旋叶式压缩机没有吸气阀，因为滑片能完成吸入和压缩制冷剂的任务。对于圆形气缸而言，2叶片将空间分成2个空间，主轴旋转一周，即有2次排气过程。叶片越多，压缩机的排气脉冲越小。对于椭圆形气缸，4叶片将气缸分成4个空间，主轴旋转一周，有4次排气过程。缸内偏心或同心安有一个带有几个刮片的转子，转子转动时，因离心力和油压作用，刮片从槽中伸出，碰到缸壁，把气缸分成几个隔腔，将制冷剂从吸口吸入，压缩后从排气阀排出。

③ 往复活塞式压缩机　往复活塞式压缩机的结构如图6-22所示，其工作原理如图6-23所示。往复活塞式压缩机的进、排气阀主要由进气阀片、排气阀片、阀门片、挡片等组片。

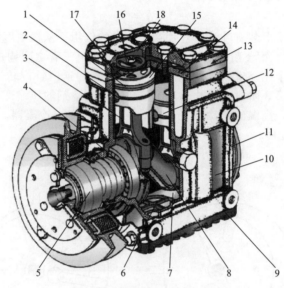

图6-22　往复活塞式压缩机
1—活塞环；2—活塞销；3—连杆；4—轴承；5—轴封总成；6—飞轮；7—曲轴箱；8—曲轴；9—油底壳；10—外壳；11—端板；12—气缸；13—气缸盖；14—阀套；15—活塞；16—进、排气阀；17—低压室；18—高压室

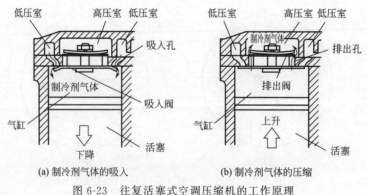

图6-23　往复活塞式空调压缩机的工作原理

当活塞下降时，推开进气阀片进入气缸；当活塞上升时，冷剂被压缩，压力上升，排气阀

片被制冷剂压向关闭位置；当制冷剂的压力达到一定值后，排气阀片被打开，高温高压的气体被排出送往冷凝器。往复活塞式压缩机包括压缩、排气、膨胀和吸气四个工作过程。

④ 螺杆式压缩机（图 6-24） 螺杆式压缩机主要由阴螺杆、阳螺杆、缸体、前后缸盖、油分离器、单向阀等组成，其工作过程如图 6-25 所示。

a.吸气过程。转子旋转时，阳转子的一个齿连续地脱离阴转子的一个齿槽，齿间容积逐渐扩大，并和吸气孔口连通，气体经吸气孔口进入齿间容积，直到齿间容积达到最大值时，与吸气孔口断开，齿间容积封闭，吸气过程结束。

图 6-24 螺杆式压缩机

  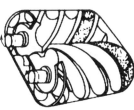 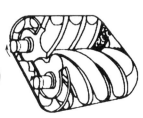

(a)吸气终了　　　　　　　(b)压缩　　　　　　　(c)压缩终了　　　　　　　(d)排气

图 6-25 螺杆式压缩机的工作过程

b.压缩过程。转子继续转动，在阴、阳转子齿间容积连通之前，阳转子齿间容积中的气体，受阴转子齿的侵入先行压缩，经某一角度后，阴、阳转子齿间容积连通，形成"V"字形的一对齿间容积，随着两转子齿的相互挤入，齿间容积被逐渐推移，容积也逐渐缩小，实现气体的压缩过程。

c.排气过程。由于转子旋转时齿间容积不断缩小，将压缩后的气体送到排气管，此过程一直延续到齿间容积最小为止。随着转子的连续旋转，压缩机不断完成吸气、压缩、排气过程的工作循环。

定排量压缩机的排气量随着发动机转速的提高而成比例提高，它不能根据制冷的需求而自动改变功率输出，而且对发动机油耗的影响比较大。它的控制一般通过采集蒸发器出风口的温度信号，当温度达到设定温度时，空调压缩机电磁离合器松开，压缩机停止工作。变排量压缩机可以根据设定的温度自动调节功率输出，空调控制系统不采集蒸发器出风口的温度信号，而是根据空调管路内压力的变化信号控制空调压缩机的压缩比来自动调节出风口温度。在制冷的全过程中，压缩机始终是工作的，制冷强度的调节完全依赖于装在压缩机内部的压力调节阀来控制。当空调管路内高压端的压力过高时，压力调节阀缩短空调压缩机内活塞行程以减小压缩比，这样就会降低制冷强度，当高压端压力下降到一定程度，低压端压力上升到一定程度时，压力调节阀则增大活塞行程以提高制冷强度。

(2) 变排量压缩机

① 压力调节式变排量压缩机（图 6-26） 这种压缩机活塞的工作行程可以根据高低压压力比率而改变。活塞行程的改变直接影响压缩机的压缩比率，从而调节制冷剂的输出率，改变制冷效率。在正常工作情况下，压缩机是持续运转的，压缩机不发生离合动作。压力调节式变排量压缩机的调节阀如图 6-27 所示。

② 电磁阀调节式变排量压缩机　通过腔内压力的改变，旋转斜盘的斜度随之改变，其对

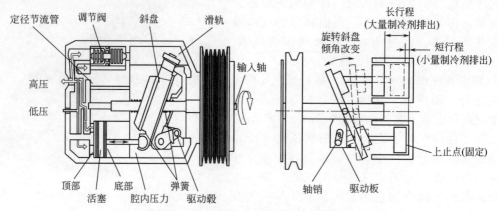

图 6-26 压力调节式变排量压缩机的结构

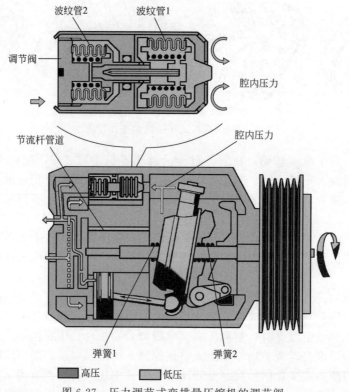

图 6-27 压力调节式变排量压缩机的调节阀

功率的调节范围是从 100%（斜度最大）～5%（斜度最小）。电磁阀调节式变排量压缩机的控制方式有两种，一种是根据冷却液的温度进行控制；另一种是根据蒸发器的温度进行控制。受冷凝器控制的变排量压缩机如图 6-28 所示。受蒸发器温度影响的变排量压缩机如图 6-29 所示。

在 50% 功率输出的运作下，电磁阀的电源接通，电磁阀克服弹簧力的作用，关闭 a 孔，打开 b 孔。高压气体无法经过 a 孔，推柱塞后部的压力降低，在弹簧力的作用下柱塞右移，排出阀打开，后部的五个缸不产生高压，只有前部五个缸继续产生高压气体。单向阀在压力差的作用下移，防止前部的高压回流，实现 50% 功率输出。

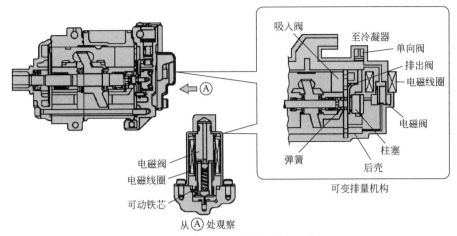

图 6-28 受冷凝器控制的变排量压缩机

在100%功率输出的运作下，电磁阀的电源不接通，电磁阀在弹簧力的作用下，关闭 b 孔，打开 a 孔。高压气体经过 a 孔，推柱塞关闭排出阀，后部的五个缸参与工作，其产生的压力推开单向阀，与前部五个缸产生的压力一起流向冷凝器，实现100%功率输出。

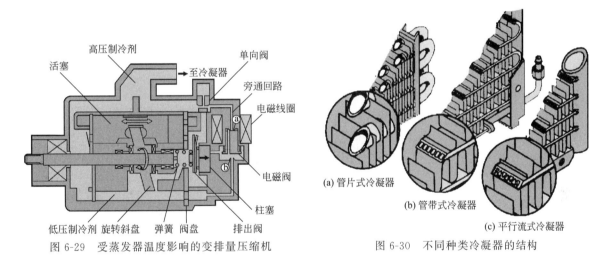

图 6-29 受蒸发器温度影响的变排量压缩机

图 6-30 不同种类冷凝器的结构

2. 冷凝器

汽车空调制冷系统中的冷凝器是制冷系统中唯一散热机件，是热交换设备，其作用是使从压缩机排出的高温、高压制冷剂蒸气在冷凝器中得到液化或冷凝，并把热量散发到车外空气中，从而使其凝结为高压制冷剂液体。汽车空调系统冷凝器的结构形式主要有管片式、管带式、平行流式等几种（图 6-30）。

（1）管片式　它是汽车空调中早期采用的一种冷凝器，制造工艺简单，由铜质或铝质圆管套上散热片组成。片与管组装后，经胀管法处理，使散热片胀紧在散热管上。这种冷凝器散热效果较差。一般用在大中型客车的制冷装置上。

（2）管带式　它由多孔扁管弯成蛇管形，并在其中安置散热带后焊接而成。管带式冷凝器的散热效果比管片式冷凝器好一些（一般高15%左右），但工艺复杂，焊接难度大，且材料要求高。一般用在小型汽车的制冷装置上。

（3）平行流式（鳍片式）　它是在扁平的多通管道表面直接焊出鳍片状散热片，然后装配成冷凝器。由于散热鳍片与管子为一个整体，因而不存在接触热阻，故散热性能好；另外，管、片之间无需复杂的焊接工艺，加工性好，节省材料，而且抗振性也特别好。所以，是目前较先进的汽车空调冷凝器。

3. 蒸发器

制冷剂在蒸发器内吸收热量并蒸发，载热空气被强迫通过蒸发器，空气的热量被气化的制冷剂吸收。制冷剂在离开蒸发器进入压缩机时变为低压略热蒸气。

蒸发器和冷凝器一样，也是一种热交换器，也称冷却器，是制冷循环中获得冷气的直接器件。外形近似冷凝器，但比冷凝器窄、小、厚。它的作用是让低温、低压液态制冷剂在其管道中吸热并蒸发，使蒸发器和周围空气的温度降低，从而在鼓风机的风力通过它时，能输出更多的冷气。蒸发器有管片式、管带式和层叠式三种结构，如图6-31～图6-33所示。管片式蒸发器结构简单、加工方便，但换热效率较差。管带式蒸发器比管片式蒸发器工艺复杂，效率可提高10%左右。层叠式蒸发器加工难度最大，但其换热效率也最高，结构也最紧凑。

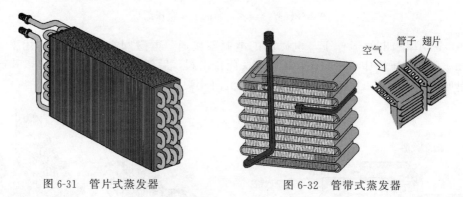

图6-31 管片式蒸发器　　　　图6-32 管带式蒸发器

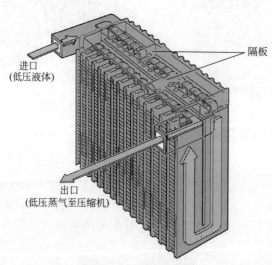

图6-33 层叠式蒸发器

进入蒸发器排管内的低温、低压液态制冷剂，通过管壁吸收穿过蒸发器传热表面空气的热量，使其降温。与此同时，空气中所含的水分由于冷却而凝结在蒸发器表面，经收集排出，使空气减湿，被降温、减湿后的空气由鼓风机吹进车室内，就可使车内获得冷气。

4. 储液干燥器

储液干燥器（图6-34）简称储液器。采用它的目的是为了防止过多的液态制冷剂储存在冷凝器里，使冷凝器的传热面积减少而使散热效率降低，还可滤除制冷剂中的杂质，吸收制冷剂中的水分，防止制冷系统管路脏堵和冰塞，保护设备部件不受侵蚀，从而保证制冷系统正常工作。它用于以膨胀阀为节流装置的系统中，安装在冷凝器和膨胀阀之间，当含有蒸气的液态制冷剂进入储液器后，使液态和气态的制冷剂分离。液态制冷剂通过膨胀阀进入蒸发箱（吸热箱），多余制冷剂可暂时储存在储液罐中。在制冷负荷变动时，及时补充和调整供给热力膨胀阀的液态制冷剂量，以保证制冷剂流动的连续和稳定性。同时，由于水分与制冷剂结合会生成酸或结冰，因此储液器中的干燥剂可用来吸收制冷剂中的水分，防止机件腐蚀或冰块堵塞膨胀阀。滤网用于过滤制冷剂中的杂质，防止膨胀阀堵塞。暂时储存一部分制冷剂将其保留到蒸发器需要排出时为止。

储液干燥器的结构如图 6-35 所示。它主要由外壳、视液镜、安全熔塞和管接头等组成。制冷剂在储液器中的流动情况如图中箭头所示。在储液器上部出口端装有一个玻璃视液镜，用于观察制冷剂在工作时的流动状态，由此可判断制冷剂量是否合适。对直立式储液器而言，安装时，一定要垂直，倾斜度不得超过 15°。在安装新的储液干燥器之前，不得过早将其进出管口的包装打开，以免湿空气侵入储液器和系统内部，使其失去除湿的作用。安装前一定要先弄清楚储液器的进、出口端，在储液器的进、出口端一般都打有记号，如进口端用英文字母"IN"，出口端用"OUT"表示，或直接打上箭头以表示进、出口端。

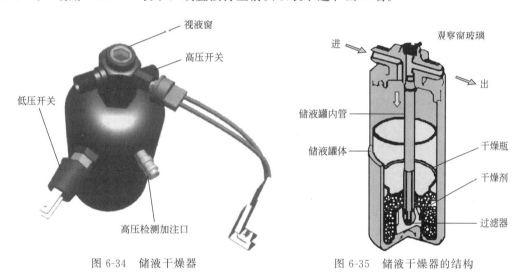

图 6-34 储液干燥器　　　　　图 6-35 储液干燥器的结构

储液器出口端旁边装有一个安全熔塞，也称易熔螺塞，它是制冷系统的一种安全保护装置。其中心有一个轴向通孔，孔内装填有焊锡之类的易熔材料，这些易熔材料的熔点一般为 85～95℃。当冷凝器因通风不良或冷气负荷过大而冷却不够时，冷凝器和储液器内的制冷剂温度及压力将会异常升高。当压力达到 3MPa 左右时，温度超过易熔材料的熔点，此时，安全熔塞中心孔内的易熔材料便会熔化，使制冷剂通过安全熔塞的中心孔逸出散发到大气中去，从而可避免系统的其他部件因压力过高而被胀坏。

5. 膨胀阀

为了达到最大的冷却效果，必须控制进入蒸发器的流量，这样才能确保蒸发器内的液态制冷剂完全蒸发，节流膨胀装置能够达到这个目的。汽车空调采用的节流膨胀装置主要是热力膨胀阀，另外还有 H 形阀、节流管等。

储液干燥器排出的制冷剂作为高压液体流入膨胀阀。当这种高压液体流经膨胀阀的节流孔时，制冷剂被强制流过此小孔并在另一侧喷出。这样就产生了一个压力差——压力和温度得到降低，而且雾化的制冷剂可流过蒸发器并且容易气化。因此具有节流作用、调节作用和控制作用。

膨胀阀也称节流阀，它是一种感压和感温阀，是汽车空调制冷系统中的一个主要部件。目前膨胀阀主要有内平衡热力膨胀阀、外平衡热力膨胀阀、H形膨胀阀、膨胀节流管（孔管）四种结构形式。

（1）内平衡热力膨胀阀（恒压式）　内平衡热力膨胀阀如图6-36所示，其工作原理如图6-37所示。

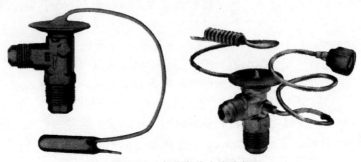

图6-36　内平衡热力膨胀阀

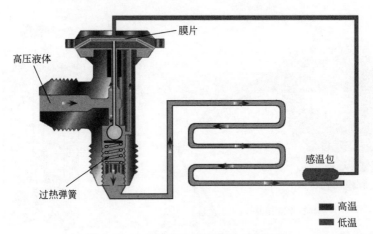

图6-37　内平衡热力膨胀阀的工作原理

内平衡热力膨胀阀对来自储液干燥器的高压液态制冷剂节流降压，即将液态高压制冷剂从其孔口喷出，急剧膨胀，变成低压雾状体，以便吸热气化。此外，它还调节和控制进入蒸发器中的液态制冷剂量，使其适应制冷负荷的变化，同时防止压缩机发生液击现象和蒸发器出口蒸气异常过热。利用装在蒸发器出口处的感温包来感知制冷剂蒸气的过热度，由此来调节膨胀阀开度的大小，从而控制进入蒸发器的液态制冷剂流量。感温包与蒸发器出口管接触，蒸发器出口温度降低时，感温包、毛细管和薄膜腔内的液体体积收缩，压力降低，阀口闭合，限制制冷剂进入蒸发器；相反，孔口开启，制冷剂流入蒸发器。

随着针阀开启，较多的制冷剂进入蒸发器，蒸发器内压力上升，回气温度降低，膜片下侧压力增加，阀门关闭。由于膜片上、下侧压力处于不平衡状态，因此孔口不断地开启和闭合，使制冷装置与负载相匹配。感温包和蒸发器必须紧密接触，不能和大气相通。如果接触不良，感温包就不能正确地感应蒸发器出口的温度。如果密封不严，感应的温度是大气温度。所以，要用一种特殊的空调胶带捆扎和密封感温包。

（2）外平衡热力膨胀阀（温控式） 外平衡热力膨胀阀的结构和工作原理如图 6-38 所示，其与内平衡热力膨胀阀的结构是大同小异的，内平衡热力膨胀阀膜片下方的压力是蒸发器进口压力，而外平衡热力膨胀阀膜片下方的压力是蒸发器出口的压力。由于蒸发器内部会产生压力损失，因此蒸发器出口压力要小于进口压力。要达到同样的阀开度，外平衡热力膨胀阀需要的过热度小些，蒸发器容积效率可以提高。大客车空调系统要选用外平衡热力膨胀阀。

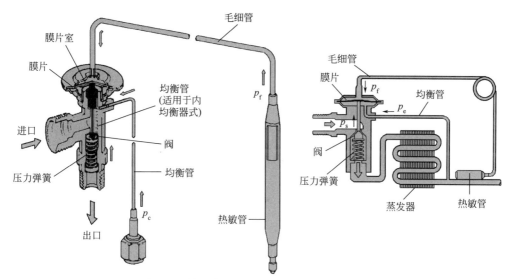

图 6-38 外平衡热力膨胀阀的结构和工作原理

内、外平衡热力膨胀阀的区别如下。
① 恒压式，又称为内平衡式：从针阀的蒸发器侧到膜片下侧有一个孔形通路。
② 温控式，又称为外平衡式：有一毛细管连接至蒸发器出口处探测蒸发器压力。
热力膨胀阀的调整方式如下。
① 通过调节杆来调整过热弹簧的压力，即调整膨胀阀的静装配过热度。
② 调整时，应在压缩机吸气截止阀上装一个低压表，以观察吸气压力变化。
③ 吸气压力过大时，增加过热弹簧的压力。
④ 吸气压力过小时，减弱过热弹簧的压力。
⑤ 由于热力膨胀阀的滞后效果，调整后需观察十几分钟。
外平衡热力膨胀阀的阀芯如图 6-39 所示。

（3）H 形膨胀阀 H 形膨胀阀（图 6-40）因其内部通道形同"H"形而得名，其结构如图 6-41 所示。它取消了外平衡热力膨胀阀的外平衡管和感温包，直接与蒸发器进出口相连。它有四个接口通往空调系统，其中两个接口和普通膨胀阀一样，一个接干燥过滤器出口，一个接蒸发器入口；另外两个接口，一个接蒸发器出口，一个接压缩机进口。感温元件处在进入压缩机的制冷剂气流中。H 形膨胀阀具有结构紧凑、使用可靠、维修简单等优点，符合汽车空调的要求。这种膨胀阀安装在蒸发器的进出管之间，感应温度不受环境影响，也无需通过毛细管而造成时间滞后，调节灵敏度较高。由于无感温包、毛细管和外平衡管，不会因汽车颠簸

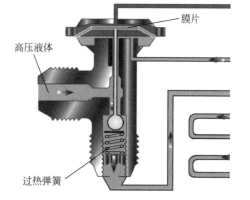

图 6-39 外平衡热力膨胀阀的阀芯

使充注系统断裂外漏以及感温包包扎松动而影响膨胀阀的正常工作。

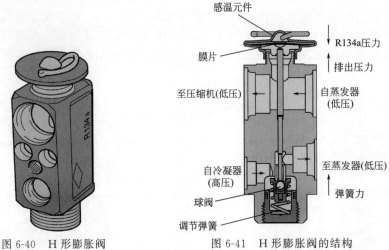

图 6-40　H 形膨胀阀　　　　图 6-41　H 形膨胀阀的结构

（4）膨胀节流管（孔管）　膨胀节流管（图6-42）是用于许多轿车制冷系统的一种固定孔口的节流装置。有人称它为孔管、固定孔管。膨胀节流管直接安装在冷凝器出口和蒸发器进口之间，用于将液态制冷剂节流降压。由于不能调节流量，液态制冷剂很可能流出蒸发器而进入压缩机，造成压缩机液击。所以装有膨胀节流管的系统，必须同时在蒸发器出口和压缩机进口之间安装一个集液器，实行气液分离，避免压缩机发生液击。

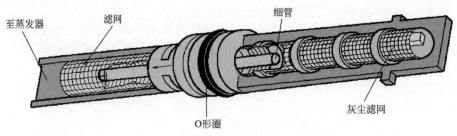

图 6-42　膨胀节流管

目前使用的温度控制系统包括循环离合器膨胀节流管系统（CCOT）、可变容积膨胀节流管系统（VDOT）、固定膨胀节流管离合器系统等。

膨胀节流管是一根细铜管，装在一根塑料套管内。在塑料套管外的环形槽内，装有密封圈。有的还有两个外环形槽，每槽各装一个密封圈。把塑料套管连同膨胀节流管都插入蒸发器进口管中，密封圈就是密封塑料套管外径和蒸发器进口管内径的配合间隙用的。膨胀节流管两端都装有滤网，以防止系统堵塞。安装使用后，系统内的污染物集聚在密封圈后面，使堵塞情况更加恶化。就是这种系统内的污染物，堵塞了孔管及其滤网。膨胀节流管不能维修，坏了只能更换。由于膨胀节流管没有运动部件，因此结构简单、可靠性高，同时节省能耗，很多高级轿车都采用这种方式。缺点是制冷剂流量不能根据工况变化进行调节。

6. 集液器

集液器是膨胀节流管空调系统的重要部件。用膨胀节流管代替膨胀阀时，汽车空调制冷系统要在低压侧安装集液器。集液器是一种特殊形式的储液干燥器，其结构如图6-43所示。

在一定条件下，膨胀节流管会将较多的液态制冷剂节流入蒸发器用以蒸发，而留在蒸发器中的多余制冷剂则会进入压缩机造成损害。为防止这一问题，应使所有留在蒸发器中的液态、蒸气制冷剂和冷冻油进入集液器，集液器允许制冷剂蒸气进入压缩机，而留下液态制冷剂和冷冻油。在集液器出口处有一个毛细孔，通常称其为过油孔，目的是仅允许少量液态制冷剂和冷冻油在给定时间随制冷剂蒸气返回压缩机，它也允许少量制冷剂进入。集液器还装有化学干燥剂，可吸附、吸收并滞留因不当操作而进入系统的湿气。集液器不能维修，若有迹象表明需更换干燥剂时，集液器必须整体更换。

7. 鼓风机

空调系统通过空气流动进行热交换，而空气流动主要是由电动鼓风机来实现的，电动鼓风机按气体流向与鼓风机主轴的关系，可以分为离心式和轴流式两种。

图 6-43 集液器的结构

（1）离心式鼓风机　离心式鼓风机的空气流向与鼓风机主轴成直角，它的特点是风压高、风量小、噪声也小。蒸发器采用这种鼓风机，因为风压高，可将冷空气吹到车室内每个乘员身上，使乘员有冷风感；噪声小使乘员不至于感到不适而过早疲劳。

离心式鼓风机主要由电动机、风机轴（与电动机同轴）、风机叶片、风机壳体等组成，如图 6-44 所示。风机叶片有直叶片、前弯片、后弯片等形状，随叶轮叶片形状不同，所产生的风量和风压也不同。

（2）轴流式鼓风机　轴流式鼓风机的空气流向与风机轴平行，它的特点是风量大、风压小、耗电省、噪声大。冷凝器采用这种鼓风机，因为风量大可将冷凝器四周的热空气全部吹走；风压小不影响冷凝器正常工作；另外，冷凝器安装在车室外面，鼓风机噪声大也不影响到车内。轴流式鼓风机主要由电动机、风机轴、风机叶片、键等组成，如图 6-45 所示。风机叶片固定在骨架上，风机叶片常做成 3 片、4 片、5 片不等，叶片骨架穿在电动机轴上，由键带动旋转。

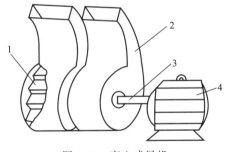

图 6-44 离心式风机
1—风机叶片；2—壳体；3—风机轴；4—电动机

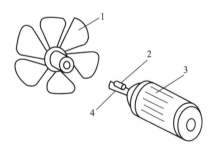

图 6-45 轴流式鼓风机
1—风机叶片；2—键；3—电动机；4—风机轴

（3）鼓风机常见的故障原因

① 送风系统零部件故障　鼓风机开关不良、接线端子脱落、电压低、鼓风机变速故障。

② 鼓风机本身故障　叶片紧固不牢、叶片与外壳相碰、叶片变形。

（4）鼓风机的控制原理　根据控制方法的不同可分为以下三种形式。

① 由鼓风机开关和调速电阻联合控制　鼓风机的控制挡位一般有二速、三速、四速、五速四种，最常见的是四速，通过改变风机开关与调速电阻的接通方式可令风机以不同转速工作。

② 电控模块通过大功率晶体管控制　现代中高档轿车为实现风速的自动控制，风机的转速一般由电控模块通过大功率晶体管控制。

③ 晶体管与调速电阻器组合型　鼓风机控制开关有自动（AUTO）挡和不同转速的人工选择模式，当鼓风机转速控制开关设定在"AUTO"挡时，鼓风机的转速由空调电脑根据车内外温度及其他传感器的参数控制。若按人工选择模式开关，则空调电路取消自动控制功能，执行人工设定功能。

(5) 鼓风机的常见故障与诊断

故障现象一：鼓风机电动机一直工作

① 如果当点火开关位于"OFF"位置时鼓风机电动机一直运转，则更换空调高速鼓风机继电器。空调高速鼓风机继电器位于发动机舱后部的前罩板上。

② 如果当点火开关位于"RUN"位置并且模式选择开关在"OFF"处时，如果鼓风机电动机一直运转，则更换模式选择开关。

③ 如果在所有模式选择开关下鼓风机电动机都不工作，则更换模式选择开关。

故障现象二：鼓风机电动机不起作用

① 将鼓风机开关置于位置"1"。在空调模式选择器开关与地线之间连接一个试灯。如果试灯发光，则进行下一步。如果试灯不发光，则更换鼓风机开关。

② 断开高速鼓风机继电器接头。在高速鼓风机继电器上连接一根熔性跨接线。如果鼓风机电动机不运转，则进行下一步。如果鼓风机电动机运转，则更换高速鼓风机继电器。

③ 在熔性跨接线仍然连接的情况下，断开鼓风机电动机接头，在鼓风机电动机接头连接一个试灯。如果试灯不发光，则进行下一步。如果试灯发光，则更换鼓风机电动机。

④ 在鼓风机电动机接头与地线之间连接一个试灯。如果试灯发光，则修理此线路中的断路。

(6) 鼓风机电动机电路故障诊断流程（丰田卡罗拉）

① 电路图（图6-46）。

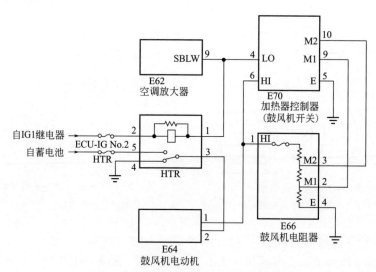

图6-46　丰田卡罗拉鼓风机的电路图

② 检查程序。

a. 检查熔丝。拆下熔丝，测量电阻。若阻值小于1Ω，则正常；否则应更换熔丝。

b. 检查继电器。拆下继电器，测量继电器3-4与3-5的阻值，若小于1Ω，则正常；否则应更换继电器。

c. 检查鼓风机电动机。拆下电动机，断开连接器，将蓄电池正极与端子 2 相连，负极与端子 1 相连，检查并确认电动机是否运转平稳；否则应更换鼓风机电动机。

d. 检查鼓风机电阻器。拆下鼓风机电阻器，断开连接器，测量 E66/1-E66/4 阻值，应为 3.12～3.60Ω，E66/3-E66/4 阻值应为 2.60～3.00Ω，E66/2-E66/4 阻值应为 1.67～1.93Ω，否则应更换鼓风机电阻器。

e. 检查加热器控制器。拆下加热器控制器（鼓风机开关），断开连接器，鼓风机开关在"OFF"位置时，测量 E70/4、E70/6、E70/9、E70/10、E70/5 的阻值，应为 10kΩ 或更大；鼓风机开关在"LO"位置时，测量 E70/4-E70/5 阻值，应小于 1Ω；鼓风机开关在"M1"位置时，测量 E70/9-E70/5 阻值，应小于 1Ω；鼓风机开关在"M2"位置时，测量 E70/10-E70/5 阻值，应小于 1Ω；鼓风机开关在"HI"位置时，测量 E70/6-E70/5 阻值，应小于 1Ω；否则应更换加热器控制器（鼓风机开关）。

f. 检查线束和连接器（空调放大器-蓄电池）。点火开关在"ON（IG）"位置时，测量 E62/9-车身搭铁电压，应为 11～14V；点火开关在"OFF"位置时，测量 E62/9-车身搭铁电压，应低于 1V；否则维修或更换线束连接器。

g. 检查线束和连接器（加热器控制器-蓄电池）。点火开关在"ON（IG）"位置时，测量 E70/4-车身搭铁电压，应为 11～14V；点火开关在"OFF"位置时，测量 E70/4-车身搭铁电压，应为低于 1V；否则维修或更换线束连接器。

h. 检查线束和连接器（鼓风机电阻器-加热器控制器）。测量 E66/1-E70/6 阻值，应小于 1Ω；测量 E66/3-E70/10 阻值，应小于 1Ω；测量 E66/2-E70/9 阻值，应小于 1Ω；测量 E66/4-车身搭铁阻值，应小于 1Ω；测量 E70/5-车身搭铁阻值，应小于 1Ω；测量 E66/1-车身搭铁阻值，应为 10kΩ 或更大；测量 E66/3-车身搭铁阻值，应为 10kΩ 或更大；测量 E66/2-车身搭铁阻值，应为 10kΩ 或更大；否则维修或更换线束连接器。

i. 检查线束和连接器（鼓风机电动机-鼓风机电阻器、加热器控制器）。测量 E64/1-E66/1 阻值，应小于 1Ω；测量 E64/1-E70/6 阻值，应小于 1Ω；测量 E64/1-车身搭铁阻值，应为 10kΩ 或更大；否则维修或更换线束连接器。

j. 检查线束和连接器（鼓风机电动机-蓄电池、车身搭铁）。将连接器重新连接到空调放大器、鼓风机电阻器及加热器控制器（鼓风机开关）上，点火开关在"ON（IG）"位置、鼓风机开关在"OFF"位置时，测量 E64/2-车身搭铁电压，应低于 1V；点火开关在"ON（IG）"位置、鼓风机开关在"ON"位置时，测量 E64/2-车身搭铁电压，应为 11～14V；点火开关在"OFF"位置、鼓风机开关在"OFF"时，测量 E64/2-车身搭铁阻值，应小于 1Ω；否则维修或更换线束连接器。

8. 空调滤清器

(1) 作用　空调滤清器的作用是过滤从外界进入车厢内部的空气以使进入车内空气的洁净度提高，一般过滤的物质是指空气中所包含的杂质，包括微小颗粒物、花粉、细菌、工业废气和灰尘等，还有就是防止玻璃雾化。

(2) 分类　空调滤清器一般分为两类，即普通型空调滤清器和活性炭系列空调滤清器。空调滤芯如图 6-47 所示。

(3) 空调滤清器和空调系统之间的关系　当发现空调系统有异常时应综合考虑如下因素。

① 空调的挡位已经开到了足够大，但是制冷或制热的出风量很小，其可能原因有使用的空调滤清器通风效果差，或是空调滤清器使用时间过长。

② 空调工作时吹出的风有异味，可能的原因有空调系统过久使用，内部系统和空调滤清器因受潮发霉引起，建议清洗空调系统及更换空调滤清器。

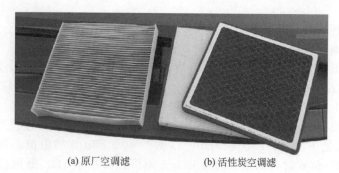

(a) 原厂空调滤　　　　　(b) 活性炭空调滤

图 6-47　空调滤芯

(4) 空调系统养护的必要性　汽车空调系统在使用过程中，空气会在鼓风机、制冷系统蒸发箱、暖风系统的水箱以及风道中流动。只要打开空调系统鼓风机或将进气模式选择在室内循环，不管是否使用制冷装置，空气都将进入上述系统，这些空气在循环过程中就会在上述装置的表面积累许多尘埃、水分、细菌及其他污垢物，日久天长，滋生出霉菌等细菌，发出异味，并会对人体呼吸系统及皮肤造成损害和过敏反应，直接影响人体健康，同时空调系统本身还会出现制冷效果差及出风量小等故障，因此需要定期保养，才能保持良好的空气调节质量。

(5) 空调滤清器的安装位置　日系和韩系车的汽车空调滤清器的安装位置一般为前排乘客侧手套箱后面（图 6-48），有些车型的空调滤清器安装在发动机舱内副驾驶位侧挡风玻璃（雨刷器）下（图 6-49）。

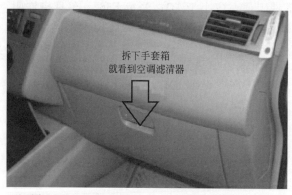

图 6-48　日系和韩系车的空调滤清器安装位置

图 6-49　德系车的空调滤清器安装位置

(6) 空调滤清器的清洁或更换　如果空调滤清器脏堵，则使用压缩空气从反面（空气流经空调滤清器方向的逆方向）自下而上进行清洁。使气枪与空调滤清器保持 5cm，并以 500kPa 吹大约 2min，空调的滤芯非常容易沾上许多粉尘，用压缩空气吹掉即可，不可以用水冲洗。

为了保证最佳过滤效果，空调滤清器的更换周期一般为汽车行驶 8000～10000km，也可根据行车的外界环境来定，如果环境干湿度变化大，常年气候干燥，风沙大，应提前更换。如果使用的是双效活性炭滤清器，由于会吸附臭氧等惰性气体，更换周期则要更短一些。

(7) 空调滤清器清洁或更换的注意事项

① 不要用水清洁空调滤清器。

② 清洁或更换空调滤清器时，必须先关闭空调系统。

③ 更换时注意空调滤清器上面的箭头方向，它标示空气流动方向，如果找不准空气流动方向，可以用手电筒照一下里面的蒸发器在哪个方向，将空调滤芯的箭头指向它即可，空调滤

芯上的安装标记如图 6-50 所示。

图 6-50　空调滤芯上的安装标记

9. 导管与软管

吸气管：连接蒸发器和压缩机，直径是空调系统中最大的。触及感觉凉。
排气管：连接压缩机和冷凝器。这根管子是烫的，不要触及，避免烫伤。
液态管：连接冷凝器、储液干燥器、膨胀阀，触及是温的。
空调连接管路如图 6-51 所示。

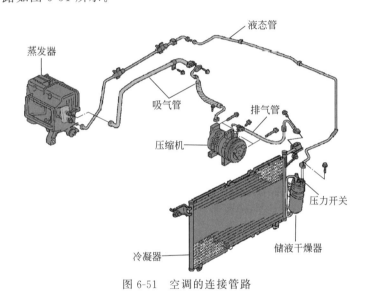

图 6-51　空调的连接管路

第四节　汽车暖风与通风装置

对车内空气或进入车内的外部空气进行加热的装置，称为汽车暖风装置。近代汽车空调是全年性的冷暖一体化的装置。通过冷热风的混合，人为设定冷热风量的比例，通过风门开闭和调节，满足人们对舒适性的要求。因此，暖风是汽车空调的重要组成部分。一汽大众宝来暖风与通风装置结构如图 6-52 所示。

一、暖风系统的分类

汽车暖风装置的作用包括冬季取暖和风窗除霜两个方面。
暖风装置按热量来源可分为余热式和独立式两类，无论利用何种热源，热量都是通过热交换装置传递给空气，并通过风机把热空气送入驾驶室。

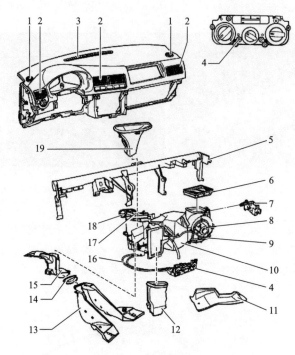

图 6-52 一汽大众宝来暖风与通风装置结构

1—边窗出风口；2—中间出风口；3—除霜出风口；4—暖风装置和Climatic空调器的调节装置；5—仪表板横梁；6—粉尘及花粉滤清器；7—通风风口和空气循环风门伺服电动机；8—新鲜空气鼓风机；9—带过热熔丝的新鲜空气鼓风机串联电阻；10—加热器和空调器；11—隔板；12—中央出风口连接件；13—后座通风口；14—护套；15—驾驶人侧和前排成员侧脚步空间出风口；16—拉索；17—热交换器；18—隔热密封垫；19—除霜出风口连接件

1. 水暖式暖风系统

水暖式暖风系统一般由控制开关、鼓风机、暖风水箱、循环水控制开关及相应的管路组成。需要暖风时，接通控制开关，循环水控制开关也自动接通，这样发动机的冷却液开始在暖风水箱及管路中循环。鼓风机同时开始转动，风通过暖风水箱后变成暖风通过出风口吹向车内。这种暖风装置结构简单、耗能少、成本低、操作维修方便，所以各种汽车一般都采用这种暖风装置。水暖式加热装置有两种，一种是单独暖风机；另一种是整体空调器。

（1）单独暖风机 它由加热器、风扇、外壳组成（图6-53）。壳体上有吹向足部、前部的出风口和吹向风窗起除霜作用的出风口。

（2）整体空调器 整体空调器是把加热器和蒸发器装在一个箱体内，共用一台风扇，如图6-54所示，但是两者之间用阀门隔开。

2. 气暖式暖风系统（余热式）

气暖式采暖系统是利用发动机工作时排出的高温废气的余热供车厢取暖的装置。气暖的方法是将排气管前段用一段特殊结构的管子代替（如排气管外表带散热筋）。在发动机排气管装一段肋片管，管外套上外壳，通过热交换器加热空气，把

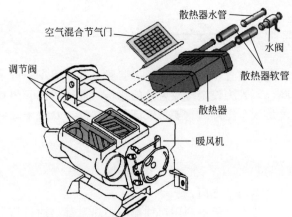

图 6-53 单独暖风机的结构

加热后的空气输送到车厢内取暖（图6-55）。气暖热管式装置如图6-56所示。优点：结构简单、启动快、传热系数高、换热效果好，不需外加动力，也无运动部件，维护方便。缺点：由于腐蚀，会使排气管、消声器和热交换器被逐渐腐蚀，增加了发动机的排气阻力，供热量与车速及发动机工作状况有关。这种暖风装置受车速变化的影响大，对热交换器的密封性、可靠性要求高。

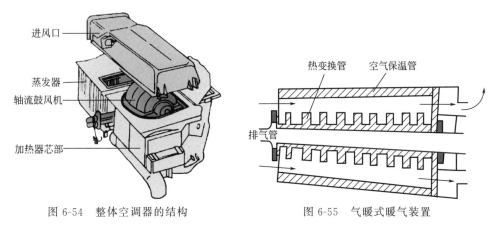

图6-54 整体空调器的结构　　　　图6-55 气暖式暖气装置

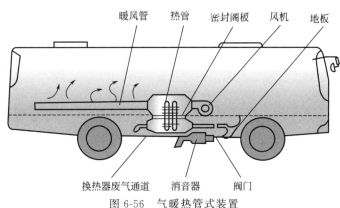

图6-56 气暖热管式装置

水暖式供暖系统的工作原理如图6-57所示。水暖式通风系统如图6-58所示。

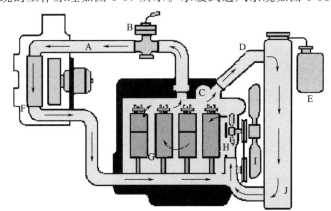

图6-57 水暖式供暖系统的工作原理
A—加热器软管；B—热水阀；C—节温器；D—散热器软管；E—膨胀水箱；
F—加热器芯；G—发动机；H—水泵；I—风扇；J—散热器

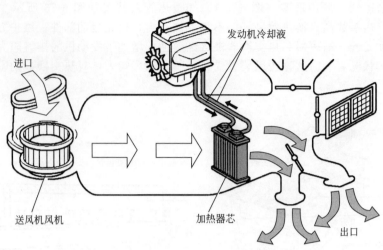

图 6-58 水暖式通风系统

3. 独立式采暖装置

独立式采暖装置装有专门的暖风装置，多用于大客车和载货车，由燃烧室、热交换器、供给系统和控制系统组成。目前大客车普遍采用独立燃烧式采暖装置，其热容量大，热效率可达80%。一般可使用煤油、轻柴油作燃料。独立式采暖装置具有单独的热源，它与发动机的工况无关，冬季还可以用来预热发动机。

独立式采暖装置采用空气、水作为传热介质。它可分为空气加热器、水加热器和气水综合加热器等。大多独立燃烧式采暖装置都采用空气加热器。

独立燃烧式空气加热器的供给系统包括燃料供给系统、助燃空气供给系统和被加热空气供给系统三个部分。其中燃料供给系统由燃料泵、电动机、燃油电磁阀、油箱和输油管组成。控制系统有手动和自动两种方式，用来控制电动机、电磁阀、点火装置及自动控制元件的工作。

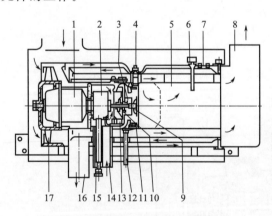

图 6-59 独立燃烧式空气加热器
1—电动机；2—燃料泵；3—燃料分布器；4—火花塞；
5—燃烧室；6—燃烧指示器；7—热熔丝；8—暖气排出口；
9—分布器帽；10—油分布器管；11—燃烧环；12—排气管；13—燃烧空气送风机；14—燃烧室空气吸入管；
15—燃料吸入；16—排气管；17—暖房空气送风机

（1）工作原理 如图 6-59 所示，该装置工作时，燃油由电路电磁阀和液压泵来控制。当打开暖气开关时电磁阀打开，电动机工作，与其同轴的燃料泵 2 工作，燃油从油箱经滤清器进入燃料分布器 3，在离心力作用下飞散雾化，并与供给燃烧的空气混合进入燃烧室 5。火花塞 4 通电点火，使混合气点燃燃烧，燃烧后的高温气体在与新鲜空气换热后，由排气管 16 排向大气。另外，在电动机轴前端安装的暖房空气送风机 17 向内送入空气，经换热器加热后由暖气排出口 8 进入车室的管路和送风口。

（2）优点 取暖快，不受汽车行驶条件的影响。

（3）缺点 加热出来的空气为高温干热状态，舒适性差。

4. 综合预热式采暖装置

综合预热式采暖装置既利用发动机的冷却

液热量，又装有燃烧预热的综合加热装置暖风，多用于大客车。原理：将独立燃烧式暖风系统中加热的新鲜空气改为加热发动机冷却液（图6-60）。

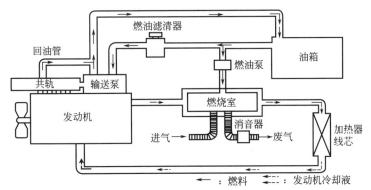

图6-60 综合预热式采暖装置的工作原理

根据空气循环方式不同，有内循环、外循环和内外混合式之分。

二、暖风系统的作用

① 冬季天气寒冷，在行驶的汽车内人们感觉更寒冷。这时，汽车空调可以向车内提供暖风，提高车室内的温度，使乘员不再感觉到寒冷。

② 冬季或者初春，室内外温差较大，车窗玻璃会结霜或起雾，影响驾驶员和乘客的视线，不利于安全行车，这时可以用暖风来除霜和除雾。

三、汽车的通风系统

由于汽车车厢容积小、人员密度大、光辐射强、密封难度高，再加上车内人员的呼吸等人为因素，很容易使车内的空气受到污染，对人的身体健康造成危害。因而，对车厢内进行通风换气和对进入车厢内空气进行过滤、净化是十分必要的。

1. 通风系统的分类

汽车空调通风系统可以是单区域的，也可以是双区域的，有的通风系统还包括后部区域。

（1）单区域系统 在前仪表板上由驾驶员控制温度和空气流量，空气是由挡风玻璃下面的入口进入车辆（图6-61）。

（2）双区域系统 驾驶员和乘客可分别控制出风口温度，它有两组温度调节风门和两个出风输送分配管道（图6-62）。

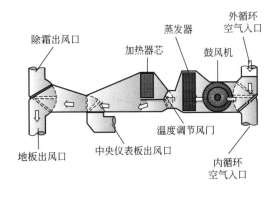

图6-61 单区域系统

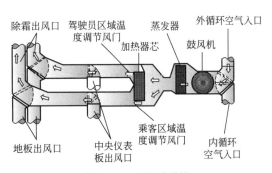

图6-62 双区域系统

（3）后部区域系统　单独安装在车辆的后部，适用大客车、轻型厢式车和运动型多功能车上，它能提供车辆后部的加热或冷却。

2. 汽车空调通风系统的组成

汽车空调通风系统的组成如图 6-64 所示。

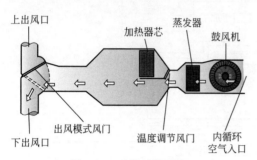

图 6-63　后部区域系统

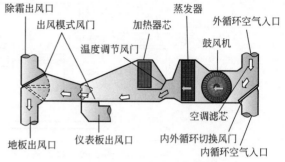

图 6-64　汽车空调通风系统的组成

3. 汽车空调通风系统的气流控制风门

（1）温度调节控制风门（图 6-65）　乘客通过控制面板进行操作，控制送到加热器芯的空气量。

（2）出风模式风门（图 6-66）　出风模式风门通过面板的操作控制，引导空气到除霜出风口、仪表板出风口和地板出风口。

（3）内外循环切换风门（图 6-67）　内外循环切换风门在内循环位置时可引导车厢内部空气重新流入系统，重新循环这些空气可以比导入外部空气更快地加热或冷却座舱。

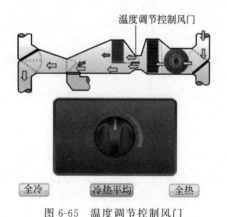

图 6-65　温度调节控制风门

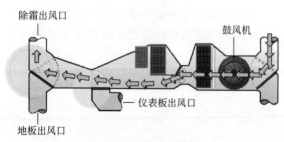

图 6-66　出风模式风门

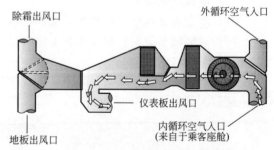

图 6-67　内外循环切换风门

4. 汽车空调通风系统的乘员控制面板

乘员控制面板的按钮或者旋钮用来控制温度、出风流量和出风模式，如图 6-68 所示。

5. 空调的通风方式

汽车通风系统的通风方式可分为自然通风、强制通风和综合通风三种类型。

（1）自然通风　自然通风（图 6-69）又称动压通风。利用车辆运动所产生的空气压力，使外部空气进入车内的装置称为自然通风装置。

机理：利用前部产生的风压将新鲜空气引入车内，循环后利用尾部负压将空气排除车外。

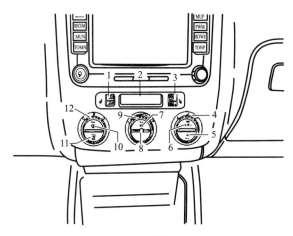

图 6-68 乘员控制面板

1—可加热驾驶人座椅调节器；2—显示所选择的车内温度；3—可加热前排乘员座椅调节器；4—空气分配旋钮；5—A/C 空调器按钮；6—按钮 AUTO；7—车内空气循环按钮；8—车内温度传感器；9—风扇调节器；10—风窗玻璃除霜按钮；11—后风窗加热按钮；12—车内温度旋钮

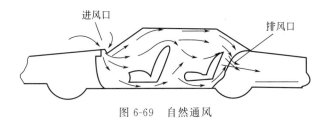

图 6-69 自然通风

（2）强制通风　在强制通风装置中，用电风扇或类似装置迫使空气流过车辆内部。进气口和排气口的安装位置与自然通风装置相同。强制通风装置一般与暖风装置或冷气装置一起使用。强制通风各风口如图 6-70 所示。

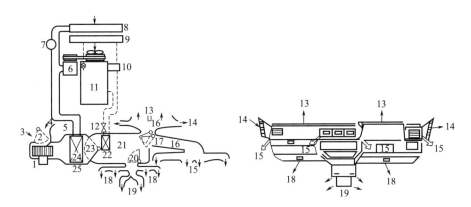

图 6-70 强制通风各风口

1—鼓风机；2—进气口转换风门；3—车内空气；4—车外空气；5—膨胀阀；6—压缩机；7—储液干燥器；8—冷凝器；9—发动机散热水箱；10—水泵；11—发动机；12—热水阀；13—前风窗玻璃除霜出口；14—侧风窗玻璃除霜出口；15—面部出风口；16—配风管道；17,20—配风风门；18—下出风口；19—后部出风口；21—空气混合室；22—暖气芯；23—调温风门；24—蒸发器；25—送风空气通道根据鼓风机、蒸发器总成、加热器在风道内的布置，各种功能的空气门设置情况，以及空气在风道内流动时温度的调控情况，冷暖一体化空调系统的风道布置方式一般有以下几种。

① 冷暖风转换方式。
② 并联空气混合式。
③ 再热式空气调节方式。
④ 再热空气混合调节方式。

（3）综合通风　综合通风是指一辆汽车上同时采用自然通风和强制通风。采用综合通风系统的汽车比单独采用强制通风或自然通风的汽车结构要复杂得多。最简单的综合通风系统是在自然通风的车身基础上安装强制通风扇，根据需要可分别使用和同时使用，这样基本上能满足各种气候条件下的通风换气要求。

6. 汽车空调配气系统

汽车空调配气，主要是解决车室内温度、风量控制的自动化和各类通风温调方式，以提高舒适性。车室内配气，有各种用途的吹出口，如前席、后席、侧面、冷风、暖风、除霜、除雾等出风口。吹出口风温由风门切换，所以风门布置是配气优劣的重要因素。汽车空调典型配气方式有空气混合式和全热式，如图 6-71 所示。

（1）空气混合式　外气＋内气→进入风机 1→进入蒸发器 2 冷却→由风门调节进入加热芯 3 加热→进入各吹出口 4～6。风门顺时针旋转，进蒸发器 2（冷空气）后再进加热芯 3 的空气量随着风门旋转而减少，即被加热的空气少，这时主要由冷气吹出口 4 吹冷风；反之，风门逆时针旋转，吹出的热风多，处理后的空气进入除霜吹出口 6 或热风吹出口 5。

（2）全热式　外气＋内气→进入风机 1→进入蒸发器 2 冷却→全部进入加热芯 3→由风门调节风量后进入 5～9 各吹风口。

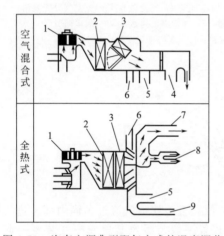

图 6-71　汽车空调典型配气方式的温度调节
1—风机；2—蒸发器；3—加热芯；4—冷气吹出口；5—热风吹出口；6—除霜吹出口；7—中心吹出口；8—侧吹出口；9—尾部吹出口

从图 6-71 中可看出，全热式与空气混合式温度调节的最大区别是，由蒸发器 2 出来的冷空气全部直接进入加热芯 3，两者之间不设风门进行冷热空气的混合和风量的调节。经过配气、温度调节后上述两种方式都能达到各吹风口要求的风量和温度，绝不是全热式只出热风，而空气混合式出冷风、热风、温风。实际上无论哪种温调方式都要进行冷却和加热处理，都要按进入车室内空气状态要求对空气进行冷却和升温处理。除了上面介绍的空气混合式和全热式温度调节方式外，汽车空调中常用的配气温度调节方式还有如表 6-5 所示的几种。其中，E 表示蒸发器，H 表示加热芯，D 表示风门。

表 6-5　常见配气温度调节方式

形式	温调方式	组成
a	加热与冷却	→M→E→H→
b	半空调	→E→M→H→

续表

形式	温调方式	组成
c	并联空气混合	→Ⓜ→[E]→[H]→Ⓜ→
d	全热式	→[E]→[H]→
e	再热混合式	→[E]→Ⓜ→[H]→

7. 通风系统的清洁

汽车空调系统在使用过程中，空气会在鼓风机、制冷系统蒸发箱、暖风系统的水箱以及风道中流动。只要打开通风系统，不管是否使用制冷装置，空气都将进入管道流经部件，空气在循环过程中就会在上述装置的表面积累许多尘埃、水分、细菌及其他污垢物，日久天长，滋生出霉菌等细菌，发出异味，并会对人体呼吸系统及皮肤造成损害和过敏反应，直接影响健康，因此建议每年冷暖换季的时候都需要对空调通风系统进行一次清洗和杀菌。

第五节 汽车空调的控制系统

为了使汽车空调系统能正常工作，车内能维持所需的舒适性条件，汽车空调系统中设有一系列控制元件和执行机构。控制对象可按参数划分，如温度、压力和转速等；也可按部件划分，如蒸发器、压缩机离合器、风门以及风机、电动机等。控制汽车空调制冷温度的方法有两种。一种是控制蒸发器表面温度，它是依靠压缩机电磁离合器的通、断控制压缩机是否工作，从而达到控制蒸发器温度的目的。特点是压缩机间断运行。这种系统称作循环离合器系统〔CC（cycling clutch）系统〕。根据所用部件不同，这种系统又分有循环离合器膨胀阀系统〔CCTXV（cycling clutch thermale xpand valve）〕和循环离合器孔管系统〔CCOT（cycling clutch orifice tube）〕。另一种控制制冷温度的方法是控制蒸发器压力，这种系统称作蒸发器压力控制系统，又称传统空调系统，它是根据制冷剂的饱和温度和压力相对应的性质，用控制蒸发器出口压力的方法来控制其表面温度。特点是压缩机不间断运行。

为保证带空调的汽车正常工作，还需要对压缩机的运行及发动机供油系统采取相应的控制措施，如怠速继电器、怠速提升装置（TP）、超车停转继电器等。对于压缩机的通断，一般是通过电磁离合器的控制来实现的。风门的控制依靠电气系统、真空系统的控制作用来实现。现在很多高级车辆上采用了微型计算机控制，真正实现了空调的自动控制。全自动空调的实现（制冷、采暖、通风统一控制）使温度调节的内容和方法变得更复杂。由于对空调的要求越来越高，有些高级车辆还装备了空气净化、烟度控制等高质量空气调节装置。

一、汽车空调控制系统的分类

汽车空调控制系统按照功能的不同分为压缩机控制器、蒸发器控制器、风机风扇和冷却风扇控制器、驱动性能控制器和发动机转速控制器等。

压缩机控制器：使用控制器来控制压缩机工作，在不同的时间内，压缩机电磁离合器都可以被切断，以免零件磨损、过冷、系统压力过高或过低的现象发生。具有这些功能的控制器有环境温度开关、恒温开关、压力开关、压力循环开关等。

蒸发器控制器：在某些条件下，蒸发器上的冷凝水会结冰，蒸发器管子被冰所堵塞，这就阻止了蒸气通过蒸发器管子并且使系统的冷却效率降低。组合阀（VIR）和蒸发器压力调节阀

(EPR) 可以帮助蒸发器防止发生冻结。

风机风扇与冷却风扇控制器包括冷却风扇温度开关和系统高压风扇开关。许多电动冷却风扇都是由发动机冷却水开关控制的，有些车型是用发动机控制装置控制的。有些进口汽车的电风扇是用空调系统压力开关控制的。对某些车型来说，冷却风扇属于电控发动机控制系统的一部分。

冷却风扇的作用是提高流经散热器空气的流量和流速，从而增加散热效果，同时对发动机附属部件进行散热，以及在空调运行时供冷凝器散热用，故又称为"冷凝器散热风扇"或简称"冷凝器风扇"，一般都与发动机共用，通常有单风扇和双风扇两种形式。

按结构材质不同，冷却风扇可分为钢片、铝合金、塑料、尼龙等材质。

按控制方式不同，冷却风扇可分为机械式风扇控制装置和电动风扇控制装置。

按控制方式不同，冷却风扇可分为温度开关控制式和电脑根据温度控制式。

以温度开关控制式冷却风扇为例进行说明。

1. 组成

温度开关控制式冷却风扇由风扇电动机、继电器、温控开关等。

2. 工作原理

① 当水温处于 0~75℃ 时，温控开关处于断开状态，风扇不工作。

② 当水温达到 75~90℃ 时，温控开关将 75℃ 触点闭合，此时风扇处于低速旋转。

③ 当水温达到 90℃ 或超过 90℃ 时，温控开关将 90℃ 触点闭合，风扇处于高速旋转。

对于一般小客车和大中型客车，由于车辆底盘结构与轿车有很大的不同，其冷凝器一般不装在水箱前，故冷凝器风扇须单独设置。一般只受空调开启信号控制。

3. 冷凝器散热风扇的控制电路分析（图 6-72）

（1）A/C 开关直接控制型 这种控制电路比较简单，空调开关打至"ON"位置，在供电给压缩机电磁离合器的同时，加电源至冷凝器风扇继电器线圈，继电器触头开关闭合，冷凝器风扇高速运转。

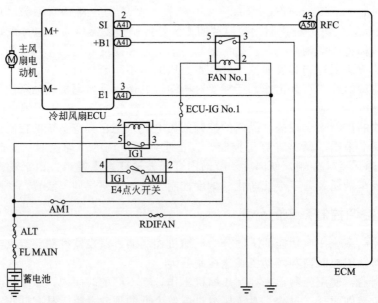

图 6-72 丰田卡罗拉冷凝器散热风扇电路图

（2）A/C 开关和水温开关联合控制型 有些汽车的发动机冷却系统和空调冷凝器共用一个风扇进行散热，这种风扇有高、低两种转速。风扇电动机转速的改变是通过改变线路中电阻值的方法实现的。

当空调开关开启时，风扇继电器通电工作。由于线路中串联了一个电阻，风扇低速运转。当冷却系统水温达到 89～92℃时，水箱风扇也是低速运转；一旦发动机水温升至 97～101℃时，水箱风扇高速运转，以加强散热效果。

（3）制冷剂压力开关与水温开关组合控制型　目前很多轿车采用制冷剂压力开关和水温开关组合的方式对冷却风扇系统进行控制。水温开关和高压开关处于不同状态，则控制继电器形成不同组合，从而控制两个并排的风扇不运转、低速运转或高速运转。

4. 故障检查

（1）冷凝器风扇故障的检查方法

① 检查发动机盖下继电器盒中和仪表板下继电器盒中的冷凝器熔丝是否正常。
② 检查发动机盖下继电器盒中的继电器及其插座是否正常。
③ 检查仪表板下继电器盒中的冷凝器保险丝与风扇继电器之间的线路是否断路。
④ 检查冷凝器风扇继电器与风扇之间的导线是否断路。
⑤ 检查冷凝器风扇与车体接地之间的导线是否断路和接地不良。
⑥ 检查冷凝器风扇控制模块的输入线路和输出线路及接地是否正常。
⑦ 检查冷凝器更换风扇电动机。

（2）只有冷凝器风扇不转故障的检修步骤

① 根据故障现象判断故障点可能如下。
a. 熔丝烧断。
b. 线路断路。
c. 空调控制器故障。
d. 风扇电动机烧毁（两个风扇电动机同时烧坏的可能性极小）。
② 故障诊断与排除。
a. 检查空调控制器上的熔丝是否完好。
b. 脱开通往冷凝风扇电动机的线束插接器，闭合 A/C 开关，用万用表测量线束侧端子是否有电。若无电，故障在空调控制器自身或线路；若有电，说明冷凝风扇电动机故障或搭铁不良。

（3）冷凝器风扇与压缩机两者均不工作故障的检修步骤

① 根据故障现象判断故障点可能如下。
a. 低压保护开关故障或系统制冷剂泄漏。
b. 环境温度开关、蒸发器温控开关或水温控制开关线路或自身故障。
c. 空调控制器故障或其上熔丝烧断。
② 故障诊断与排除。
a. 检查制冷系统是否有制冷剂。若无制冷剂，需进行检漏等一系列检修工作；若有制冷剂，检查制冷剂的压力能否达到空调的启动压力（即 200kPa）；若制冷剂的压力小于 200kPa，还需进行检漏等一系列工作。若压力正常，则进入下一步。
b. 检查空调控制器上的熔丝是否完好。
c. 检查空调控制器的供电和搭铁情况是否正常。若不正常则进行检修，若正常则进入下一步。
d. 从空调控制器上拔下线束插接器，闭合 A/C 开关，检查低压开关来线是否有 12V 电。若有，初步判断故障出自空调控制器，此时可找一个工作良好的控制器进行换件试验；若无，进入下一步。
e. 自低压保护开关起，从后向前顺序查找水温控制开关、蒸发器温控开关、环境温度开关及其线路故障。

（4）以雪佛兰科鲁兹轿车为例分析诊断流程　翻阅维修手册，找到科鲁兹空调系统的电子风扇电路图，如图6-73所示。风扇有高速、中速、低速三个挡位。五个风扇继电器的相互关系如下：KR20F控制着冷却风扇转速控制继电器KR20E的工作电路；KR20E控制着冷却风扇高速继电器KR20D的工作电路；冷却风扇中速继电器KR20P独立工作；KR20F控制着冷却风扇低速继电器KR20C的工作电路。

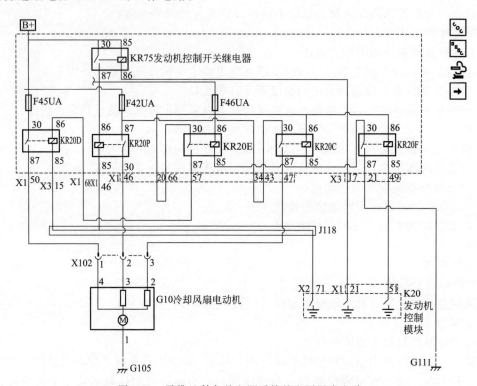

图6-73　雪佛兰科鲁兹空调系统的电子风扇电路

KR20D—冷却风扇高速继电器；KR20P—冷却风扇中速继电器；KR20E—冷却风扇转速控制继电器；
KR20C—冷却风扇低速继电器；KR20F—冷却风扇继电器

检测过程如下：拔下冷却风扇低速继电器KR20C，测量X102-3号端口至KR20C继电器87端口的电阻，小于0.5Ω；测量KR20C继电器30端口的电压，接近2V，86端口的电压接近12V，85端口的电压接近0，说明继电器外部电路正常；用蓄电池电源正负极连接KR20C继电器的30和87针脚，能听见电磁线圈吸合声音，但用万用表电阻挡测量86和85针脚的电阻，显示为无穷大，则可判定KR20C已损坏，需更换KR20C继电器。

驱动性能控制器包括延时继电器、全开节流阀切断开关、低压真空开关、助力转向压力切断开关和助力制动时间继电器等。

延时继电器可以防止发动机启动之后几秒钟压缩机离合器吸合，以及选择空调系统运行。根据装在自动变速箱车型上的空调启动情况，电流也可接通怠速停车线圈以提高怠速。

全开节流阀切断开关适用于很多小型汽车和大部分柴油机车辆。开关安装在加速踏板、加速踏板连杆或气化器上。在节气门全开时，切断压缩机离合器电路的继电器。

低压真空开关：用于某些车型上，当发动机重载和低真空时用其切断压缩机离合器电路的继电器。

助力转向压力切断开关：某些车型，尤其是新式4×4汽车，使用助力转向高压来控制压缩机运行。

助力制动时间继电器：福特公司的一些装有自动变速器和助力制动器的 4×4 车型采用的一种延时继电器。

发动机转速控制包括怠速提高装置和加速控制装置。

怠速提高装置：目前使用的怠速提高装置有两种不同的结构形式。一种是在化油器进气腔中设置节气门位置控制器；另一种是设置专用的机械式调速控制器。高级轿车发动机上大都采用节气门位置控制器来提高发动机怠速转速。

加速控制装置：汽车行驶加速或超车加速，都需要尽可能大的发动机功率来提高车速，此时应切断电磁离合器线圈电路，使压缩机停止工作。

二、汽车空调控制系统的主要组件

1. 温度控制组件

温度控制组件，又称恒温器、温度开关，它是汽车空调系统中温度控制部件，感受的温度有蒸发器表面温度、车内温度、大气温度等。一般所指的恒温器是指感受蒸发器表面温度从而控制 CC 系统中压缩机的开与停，起到调节车内温度及防止蒸发器结霜的电气开关装置。检测大气温度和车厢内温度时，一般用于空气混合调节风门的控制，由风门开度的大小调节车厢内的温度。恒温器更多地用于 CC 系统中控制电磁离合器的通断，此时，恒温器被放置在蒸发器内或靠近蒸发器的冷气控制板上。当蒸发器表面温度或车厢内温度低于设置温度时，恒温器断开，电磁离合器分离，压缩机停止工作；反之电磁离合器吸合，压缩机开始工作，由此而防止蒸发器表面结霜，也调节了车厢内的温度。恒温器有三种形式，即波纹管式、双金属片式和热敏电阻式。按照方式不同有机械式和电子式两种。

（1）波纹管式恒温器　波纹管式恒温器由感温驱动机构、温度设定机构和触点三部分组成。感温驱动机构如图 6-74 所示。感温驱动机构本身是一个由波纹管、毛细管和感温包组成的封闭系统，内部装有感温介质。感温包作为传感器放置在被测部位，温度的变化使得波纹管内压力发生变化，导致波纹管伸长或缩短，

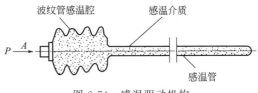

图 6-74　感温驱动机构

并将此位移信号通过顶端作用点 A 传递出去。在弹簧力的作用下，A 点的位移与感温介质压力变化呈线性关系。

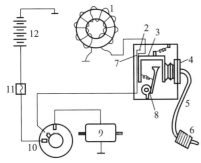

图 6-75　波纹管式恒温器

1—电磁离合器线圈；2—触点；3—摆动框架；
4—波纹管；5—毛细管；6—感温包；
7—绝缘块；8—冷点调节；9—风机电动机；
10—开关；11—熔丝；12—电源

波纹管式恒温器如图 6-75 所示。温度设定机构主要由凸轮、调节螺钉和调节弹簧等组成，其功能是使恒温器在一定温度范围内的任一设定温度起控制作用。温度的设定主要是通过调节凸轮改变主弹簧对波纹管内作用力的大小来决定，它的外部调节有刻度盘、控制杆和旋具调节等形式。当主弹簧被拉紧时，感温包内要有比较高的温度才能使触点闭合，即车厢内温度较高。恒温器内的另一个弹簧用于调节触点断开时的温度范围，此范围通常是 4~6℃，这样为蒸发器除霜提供了足够的时间。

触点开闭机构主要由固定触点、活动触点、弹簧、杠杆等组成。通过触点的开闭，控制着压缩机上电磁离合器电路的通断。

波纹管式恒温器的工作原理如图 6-76 所示。触点处

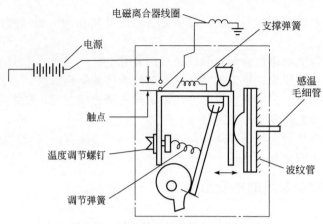

图 6-76 波纹管式恒温器的工作原理

于断开位置,压缩机也处于停止状态。当蒸发器表面温度逐渐升高时,感温包内温度也随着升高,同时压力增高使波纹管伸长。波纹管与摆动框架相连,框架上装有一个动触点,而恒温器壳体上有一个定触点。波纹管的伸长使得触点闭合,电磁离合器电路被接通,使压缩机工作;反之,温度下降后压缩机停止工作。波纹管式恒温器的特点是工作可靠,价格低廉,安装方便。但在使用中要注意,毛细管弯成直角。另外,如果毛细管发生泄漏,应更换整个恒温器。

(2) **双金属片式恒温器** 双金属片式恒温器由两种不同材料的金属片组成,两金属片的热胀系数相差较大。在双金属片的端部有一个动触点,而在壳体上有一个定触点。这种恒温器没有毛细管和感温包,直接靠空气流过其表面感受温度而工作。它的温度设定方法与波纹管式恒温器相同。双金属片恒温器的结构如图 6-77 所示。

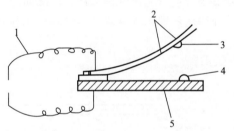

图 6-77 双金属片恒温器的结构
1—导线;2—双金属片;3—动触点;
4—定触点;5—壳体

工作原理:在设定温度范围内,双金属片平伸,两触点闭合。此时,电磁离合器电路接通,压缩机工作。当流过恒温器的空气温度低于所设定温度时,由于两种金属片的热胀系数不同,热胀系数大的金属片收缩得多,这样就造成了双金属片弯曲,触点断开,电磁离合器分离,压缩机停止工作。当温度上升后,金属片受热后逐渐平伸,触点又闭合,从而接通电路。如此反复达到控温的目的。

双金属片式恒温器的特点是结构简单、不宜损坏且价格便宜。但作为直接感受温度的部件,必须整体放置在蒸发箱内,因此,为安装带来不便。也正是这个原因,波纹管式恒温器的应用要比双金属片式恒温器广泛。

(3) **热敏电阻式恒温器** 热敏电阻是一种阻值随温度变化而改变的电阻元件。热敏电阻有两种:一种具有负温度特性,即随温度升高,电阻值减小;另一种具有正温度特性,即随温度升高,电阻值增大。热敏电阻式恒温器正是利用了热敏电阻的这种特性,把它作为传感器放置在被测温度之处,如空调系统的风道内,同时用导线与晶体管放大电路系统相连(图 6-78)。

温度的变化转变为电阻值的变化,进而转变为电压的变化,通过放大器控制电磁离合器动作,由此达到控制温度的目的。温度是靠一个附加的调温电阻器调整的。恒温器中使用的热敏电阻通常采用负温度特性电阻,由于热敏电阻性能的好坏直接影响到温度调节的精度,因此,在选用时要精心挑选。如图 6-79 所示是热敏电阻特性曲线。

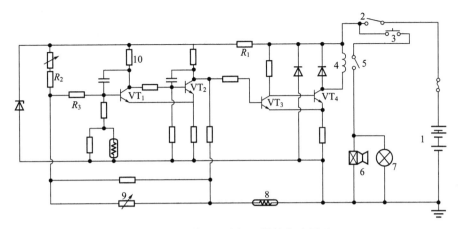

图 6-78 热敏电阻式恒温器的电路原理

1—蓄电池；2—空调开关；3—压力开关；4—电磁线圈；5—触点开关；6—电磁离合器；
7—空调指示灯；8—热敏电阻；9—可变温度控制电阻；10—调温电阻

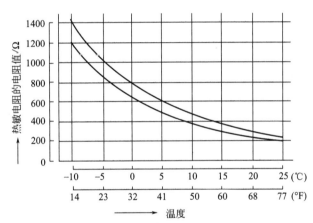

图 6-79 热敏电阻特性曲线

空调温度开关（图 6-80）有环境温度开关、水温开关、蒸发器表面温度开关、除霜开关等。过热开关（过热保护装置）有两种，一种装在压缩机缸盖上，其作用是使电磁离合器电源中断，压缩机停转；另一种装在蒸发器出口管路上，其作用是使泄漏报警灯亮。这两种结构的目的都是防止由于缺少制冷剂，造成压缩机因缺乏润滑油而过热损坏。过热开关是一种温度-压力感应开关，在正常情况下，此开关处于断开位置。

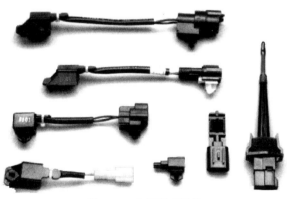

图 6-80 空调温度开关

① 空调温度开关是一种车外空气温度传感器。

② 当车外气温过低时使压缩机延时启动。当车外气温非常低时启动压缩机，可能由于润滑不足和机件过冷而使压缩机密封圈、垫圈或簧片阀损坏。

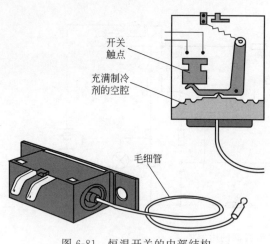

图 6-81 恒温开关的内部结构

③ 恒温开关是一种蒸发器温度传感开关，其内部结构如图 6-81 所示。

当系统处在高温高压或者低温低压状态时，此开关保持常开。当系统处于高温低压状态时，此开关闭路。系统的高温低压状态通常是在缺少制冷剂的时候出现的。此时若压缩机继续保持运转，将会因缺少润滑及过热而损坏。过热开关（图 6-82）使压缩机停止转动，直到故障排除再恢复运转，起到自动保护作用。

热力熔断器是与过热开关配套工作的，由温度感应熔丝和线绕电阻器（加热器）组成（图 6-83）。当过热开关闭路时，通向电磁离合器的电流通过热力熔断器中的加热器，使加热器温度升高，直到把熔断器熔化。这样电磁离合器电路中断，压缩机停止转动。因熔化熔丝需要一定的时间，对于短时间（例如 3min）内的高温低压现象是不起作用的。短时间异常现象未必会对系统工作产生影响。

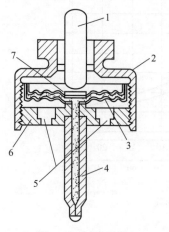

图 6-82 过热开关
1—接线柱；2—壳体；3—膜片总成；4—感应管；
5—底座孔；6—膜片底座；7—电触点

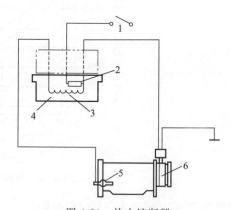

图 6-83 热力熔断器
1—环境温度开关；2—熔断器；3—加热器；
4—热力熔断器；5—过热开关；6—离合器线圈

2. 压力控制组件

压力控制组件可分为两类，一类是通断型，也称压力开关，即对于所设定的压力执行通或断的指令，如高、低压开关等；另一类是调节型，也称压力调节器，对于所设定的压力执行的是一个调节过程。在蒸发器压力控制系统中，常常用到压力调节装置调节蒸发器压力，以防止其表面结冰。同时，调节装置中都有一个旁通管路，可保证少量制冷剂及冷冻润滑油的不断循环。用于汽车空调系统的压力调节器有蒸发压力调节器（EPR）、导阀控制吸气节流阀（POA）、组合阀（VIR）等。下面主要介绍压力开关。

压力开关属于保护元件，是一种随压力变化而断开或闭合触点的元件，又称压力继电器（图 6-84）。它由压力引入装置、动力器件和触点等组成，在系统中感受着制冷剂压力的变化，当系统中压力过高或过低时压力开关起作用，防止系统在异常压力情况下工作，起到了保护作用（图 6-85）。

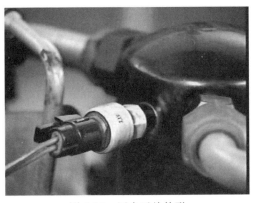

图 6-84 压力开关外形

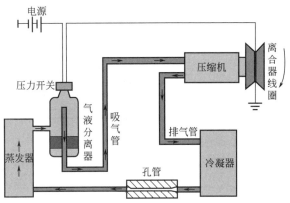

图 6-85 压力开关对压缩机离合器的控制

（1）高压压力开关（图 6-86） 高压压力开关装在压缩机至冷凝器之间的高压管路上，其作用是防止系统在异常的高压压力下工作。当因冷凝器散热不良、散热堵塞和风扇损坏等，导致冷凝压力出现异常上升时，开关自动切断电磁离合器的电路，使压缩机停转，或接通冷却风扇高速挡电路，自动提高风扇转速，以降低冷凝温度和压力。在汽车空调系统中，高压开关的压力控制范围为：2.82～3.10MPa 时断开，1.03～1.73MPa 时接通。

图 6-86 高压压力开关

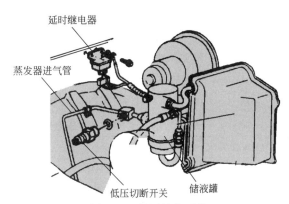

图 6-87 低压压力开关

（2）低压压力开关（图 6-87） 低压压力开关有两种。一种安装在系统的高压回路中，防止压缩机在压力过低的情况下工作。设在高压回路中，其主要目的是保护压缩机在缺少制冷剂的情况下不空转，以免压缩机因缺乏润滑油而磨损，同时，也起到低温环境保护作用，以免制冷系统在过低温度的环境下工作，从而造成蒸发器表面结冰，增加功耗。另一种低压开关设置在低压回路中，直接由吸气压力控制。当低压低于某一规定值时，接通高压旁通阀（电磁阀），让部分高压蒸气直接进入蒸发器，以达到除霜的目的。这种装置一般用于大、中型客车的空调制冷系统中。低压开关的工作范围一般为：80～110kPa 时断开；230～290kPa 时接通。

（3）高、低压复合开关（三位压力开关） 高、低压压力开关（图 6-88）用于保护作用时，通常都安装在系统的高压侧，因此，为了结构紧凑，减少接口，把高、低压压力开关做成一体，形成了高、低压复合开关。这样就可以作为一体安装在储液干燥器上，起到保护作用。如上海桑塔纳 3000 轿车、南京依维柯客车上就采用高、低压复合开关。高、低压复合开关的作用如下。

① 防止因制冷剂泄漏而损坏压缩机。

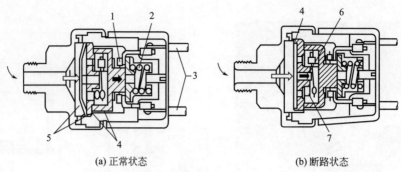

图 6-88 高、低压复合开关

1—触点；2—弹簧；3—接线柱；4—动触点；5—金属膜片；6—销子；7—触点

② 当系统内制冷剂高压异常时，保护系统不受损坏。

③ 在正常工作状况下，冷凝器风扇低速运转，实现低噪声，节省动力；当系统内高压升高后，风扇高速运转，以改善冷凝器的散热条件，实现了风扇的二级变速。

高、低压复合开关一般安装在储液干燥器上，感受制冷剂高压回路的压力信号。它由金属膜片、弹簧及触点等组成，其工作过程如下。

低压保护——当制冷剂压力低于低限值时（196kPa），由于弹簧的压力大于制冷剂压力，因此触点 7 和触点 1 断开［图 6-88(b)］，电流中断，压缩机停止工作。

正常工作——当制冷剂压力为正常值时（0.2～3MPa），制冷剂压力超过弹簧力，弹簧受压缩，而金属膜片不变形，动触点向箭头方向移动，触点 1 接通［图 6-88(a)］，压缩机正常工作。

高压保护——当制冷剂压力高于高限值时（3.14MPa），此时制冷剂压力不仅高于弹簧压力，而且高于金属膜片的弹力。这时，金属膜片由拱形变平，推动销子 6 向箭头方向移动，并使其高于触点 7，电路断开，压缩机停止工作。具体的功能如表 6-6 所示。

表 6-6 压力开关的动作和作用

压力开关性质	开关值	开关动作	作用
高压	压力≥3.14MPa	电路断开（关）	压缩机停转
中压	压力≥1.77MPa	电路接通（开）	冷凝风扇高速运转
	压力≤1.37MPa	电路又断开（关）	冷凝风扇回到低速运转
低压	压力≤0.196MPa	电路断开（关）	压缩机停转

(4) 压力循环开关

① 压力循环开关（图 6-89）用于孔管式空调系统，压缩机的循环即由此开关控制。

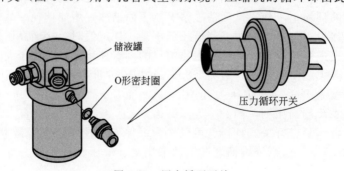

图 6-89 压力循环开关

② 该开关对作为蒸发器温度指示器的低压侧压力进行检测，是汽车空调系统的结冰保护器，也可检测系统吸入侧的制冷剂压力，还能在低温和低压运行时，将压缩机切断。

3. 电磁离合器

在非独立式汽车空调系统中，压缩机的停、转都是靠电磁离合器与发动机联系的，电磁离合器的吸合或释放决定了空调系统是否工作。然而，电磁离合器又是一个执行部件，受温度开关、压力开关、怠速调节装置、电源开关等元件的控制。

电磁离合器有定圈式及动圈式两种，前者电磁线圈固定在压缩机壳体上不转动，后者电磁线圈与皮带盘连在一起是转动的，目前已很少应用。两种电磁离合器的作用原理基本相同。

（1）电磁离合器的组成（图6-90）　电磁离合器由三大部件组成：带轮组件、衔铁组件、线圈组件。带轮由轴承支撑，可以绕主轴自由转动，其侧面平整，开有条形槽孔，表面粗糙，以便衔铁吸合后有较大的摩擦力。带槽有单槽、双槽和齿形槽等。带轮以冲压件居多，以使它的另一侧有一定空间可嵌入线圈绕组。线圈绕组是用于产生电磁场的，有固定式和转动式两种。固定式线圈绕组被固定在压缩机壳体上，有引线引出供接电源使用。衔铁组件由驱动盘、摩擦板、复位弹簧等组成，整个组件靠花键与压缩机主轴连接。电磁离合器的分解图如图6-91所示。不同种类的电磁离合器结构如图6-92所示。

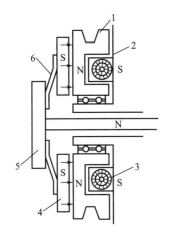

图6-90　电磁离合器的组成
1—带轮；2—压缩机壳体；3—线圈；
4—摩擦板；5—驱动盘；6—弹簧爪

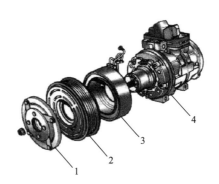

图6-91　电磁离合器的分解图
1—电磁离合器从动盘；2—传动带盘；
3—电磁线圈；4—压缩缸体

（2）电磁离合器的工作原理

① 当电磁线圈不通电时，在三个片簧的作用下使压盘与传动带轮外端面之间保持一定的间隙，传动带轮在传动带带动下空转，压缩机不工作。

② 当电磁线圈通电时，在传动带轮外端面产生很强的电磁吸力，将压盘紧紧地吸在传动带轮端面上，便通过压盘带动压缩机轴一起转动，从而使压缩机工作。

当线圈绕组中有电流通过时，会产生较强的电磁场，吸合衔铁与带轮组件紧密结合，这样，带轮的转动带动压缩机工作；当电流消失后，衔铁靠复位弹簧迅速与带轮分离，带轮仍在转动，但压缩机停止工作。

汽车空调压缩机是发动机通过皮带驱动的，电磁离合器用于控制空调压缩机的工作与停止，它的主要部件是定子、转子和压盘。

a. 定子。电流通过电磁线圈时产生吸力，吸合压盘。

b. 转子。靠内表面的滚针轴承支撑，随带轮一起转动。

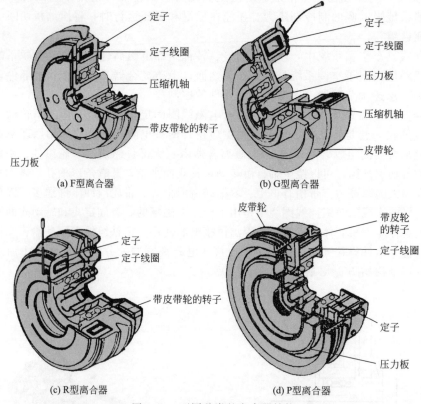

图 6-92 不同种类的离合器结构

c. 压盘。又称衔铁盘,与压缩机轴用键固定在一起。

由于转子上的皮带轮通过传动皮带与发动机曲轴相连,所以只要发动机运转,皮带轮就随之转动。离合器未通电时,压缩机不工作,当空调系统开始工作时,定子中有电流通过,产生磁力,吸引压盘,使其压在转子的摩擦片上,借助摩擦力使离合器作为一个整体工作,从而带动压缩机运转。

4. 车速调节装置

对于非独立式空调系统,由于发动机的功率一定,这样,空调系统的工作对发动机功率输出的分配有一定影响;反过来,发动机转速的变化同样影响空调系统的工作性能。因此,为达到汽车在不同运行情况下既保证车速的要求,又保证空调系统的正常工作,就出现了车速调节装置。

(1) 发动机怠速调节装置 发动机在怠速运转时往往影响到空调系统的正常工作。一方面压缩机转速过低,造成制冷量严重不足;另一方面对于小排量发动机来说,怠速时发动机功率较小,不足以带动制冷压缩机并补偿因电力消耗给发电机增加的负荷。同时,由于发动机转速过低,冷却风扇的风压和风量均不充足,使得发动机和冷凝器散热受到影响。冷凝器温度和冷凝压力异常升高后,压缩机功耗迅速增大。这样,一是增加了发动机在怠速时的负荷,导致工作不稳定,甚至熄火;二是会引起电磁离合器打滑或传动皮带损坏。因此,在非独立式空调系统中一般都装有怠速调节装置。

怠速调节装置可分为两类,第一类是被动式调节,当发动机怠速运转时,自动切断压缩机离合器电路,停止压缩机运行,以减轻发动机的负荷,稳定发动机怠速性能,这类装置称为怠速继电器;第二类是主动式调节,即在发动机怠速运转时,加大油门,以增加发动机的输出功率,并使发动机转速稍有提高,达到带负荷的低速稳定运转的目的,这类装置称为怠速提升装置。

① 怠速继电器。它是一种集成电路，感应来自点火线圈的脉冲信号，所需控制的转速设定值可由人工调节。若发动机怠速转速低于设定值，继电器不吸合，则压缩机停转。怠速继电器的线路图有多种。一般带有怠速继电器的控制电路都与测温电路继电器串接。如图6-93所示是测速与调温控制电路原理图。当发动机转速低于规定转速时，三极管VT_1导通，使三极管VT_3截止，继电器1触点分开，电磁离合器线圈电流被切断，压缩机停转。当蒸发器表面温度降至规定值时，热敏电阻阻值升高到使三极管VT_2导通，三极管VT_3截止，继电器1触点分开，压缩机停转。

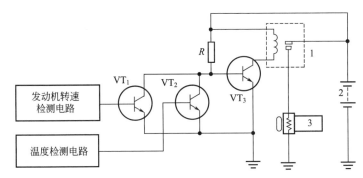

图6-93　测速与调温控制电路原理图
1—继电器；2—蓄电池；3—制冷压缩机电磁离合器

② 怠速提升装置。近年来进口轿车上的空调系统大多采用怠速提升装置，以保证怠速时能带空调稳定运转。怠速提升装置有多种型式，工作原理基本相同，现介绍一种常见的简单结构。如图6-94所示，该装置主要由真空促动器和真空电磁阀两部分组成。真空促动器的拉杆与化油器的节气门拉杆相连，真空电磁阀的电路与压缩机电磁离合器电路并联。在汽车怠速时，如果空调电磁离合器电源接通，则真空电磁阀同步工作，真空阀门被打开，来自发动机进气管路的真空度通过真空电磁阀到真空促动器，吸引拉杆向加大节气门的方向移动，从而提升怠速。拉杆的行程要调整到使发动机在怠速时带动压缩机运行，并能保持稳定运转。

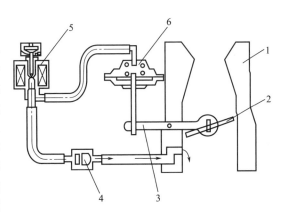

图6-94　怠速提升装置工作示意
1—化油器；2—节气门；3—拉杆；
4—阻尼阀；5—真空电磁阀；6—真空促动器

(2) 加速断开装置　在汽车加速超车时，为了保证发动机有足够的动力，应当切断压缩机离合器电路，这样就卸除了压缩机的动力负荷，以尽量大的发动机功率来供汽车加速所需。常用的加速断开装置（也称超速控制器）是由超速开关及延迟继电器组成的。超速开关一般装在加速踏板下，当加速踏板被踩下时，电磁离合器电路断开，压缩机停止工作，使发动机的输出功率全部用于加速，而6s后电路又自动接通，空调系统恢复工作。高档轿车为提高超车能力，常加装这种装置。

5. 真空控制组件

多数轿车空调系统采用真空装置作为控制元件，控制某些风门或阀门的开、闭。这是由于

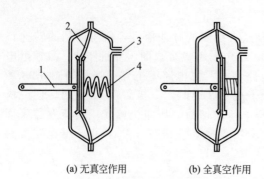

(a) 无真空作用　　(b) 全真空作用

图 6-95　真空电动机
1—传动杆；2—膜片；
3—接真空源；4—复位弹簧

汽车上有现成的真空来源，更主要的是真空控制装置结构简单、经济。

(1) 真空电动机　真空电动机由真空盒、膜片、弹簧和传动杆组成。真空盒被膜片分为两个不相通的腔室，一侧与发动机真空管相连，另一侧通过空气泄漏孔与大气相通。真空电动机不工作时，弹簧处于松弛状态，传动杆伸长[图 6-95(a)]；工作时，上腔室具有一定真空度，上、下腔室的压差使得弹簧被压缩，传动杆向上移动，带动风门（阀门）动作[图 6-95(b)]。

(2) 真空控制水阀　在汽车空调系统中也常常用真空膜盒直接作为阀门的控制动力，图 6-96 就描述了一个典型的用真空控制阀控制水加热器流量阀的工作过程。

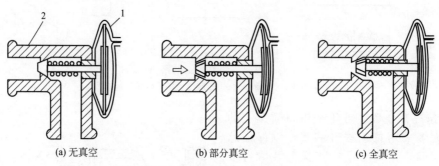

(a) 无真空　　(b) 部分真空　　(c) 全真空

图 6-96　典型的用真空控制阀控制水加热器流量阀的工作过程
1—阀体；2—真空电动机

三、汽车空调控制系统的控制电路

汽车空调种类繁多，电路形式各不相同，但其电气系统都有一定规律可循，分析电路时，只要分成鼓风机控制、冷凝器风扇控制、温度控制（压缩机控制）、通风系统控制、保护电路等即可清楚了解其电路控制原理。

1. 鼓风机的控制

根据控制方法的不同可分为以下三种形式。

(1) 由鼓风机开关和调速电阻联合控制　风机的控制挡位一般有二速、三速、四速、五速四种，最常见的是四速，其控制电路如图 6-97 所示，通过改变风机开关与调速电阻的接通方式可令风机以不同转速工作。风机开关处于Ⅰ位置时，至电动机的电流须经过三个电阻，风机低速运行；开关调至Ⅱ位置，至电动机的电流须经两个电阻，风机按中低速运转；开关拨至Ⅲ位置时，至电动机的电流只经过一个电阻，风机按中高速运转；开关选定位置Ⅳ时，线路中不串联任何电阻，加至电动机的是电源电压，风机以最高速运转。

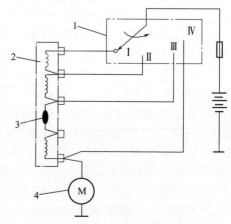

图 6-97　风机调速控制电路
1—风机开关；2—调速电阻；
3—限温开关；4—风机

调速电阻一般装在空调蒸发器组件上，利用气流进行冷却。风机开关一般装在操作面板内，设置不同挡位，供调速用。在设置时，风机开关可控制鼓风机电源正极，也可控制鼓风机电路搭铁。

（2）电控模块通过大功率晶体管控制　现代中高档轿车为实现风速的自动控制，风机的转速一般由电控模块通过大功率晶体管控制，其电路如图6-98所示。

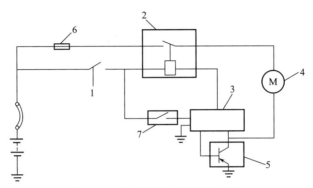

图6-98　用晶体管控制的风机电路
1—点火开关；2—加热继电器；3—空调控制器；4—鼓风电动机；5—晶体管；6—熔丝；7—鼓风机开关

功率组件控制风机的运转，它把来自程序机构的风机驱动信号放大，放大器的输出信号根据车内情况，按照指令提供不同的风机转速，如果车内温度比所选定的温度高很多，在空调工作状态下，风机将高速运转；而当车内温度降低时，风机速度又降为低速。相反，如果车内温度比所选定的温度低得多，在加热状态下，风机将被设定为高速；而当车内温度上升后，风机速度降为低速。

（3）晶体管与调速电阻器组合型　鼓风机控制开关有自动（AUTO）挡和不同转速的人工选择模式，如图6-99所示，当鼓风机转速控制开关设定在"AUTO"挡时，鼓风机的转速由空调电脑根据车内外温度及其他传感器的参数控制。若按动人工选择模式开关，则空调电路取消自动控制功能，执行人工设定功能。

2. 冷凝器散热风扇的控制

对于一般小客车和大中型客车，由于车辆底盘结构与轿车有很大不同，其冷凝器一般不装在水箱前，故冷凝器风扇须单独设置，一般只受空调开启信号控制。轿车空调的冷凝器一般都装在水箱前，为了减少风扇的配置，使结构简化，轿车在设计上一般都将水箱冷却风扇和冷凝器风扇组装在一起，利用一个或两个风

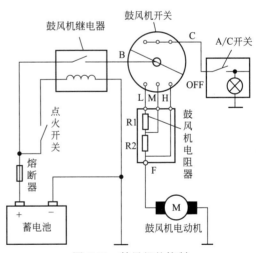

图6-99　鼓风机的控制

扇对水箱和冷凝器进行散热。车型不同，则配置风扇的数量不同，控制线路设计方面差异也很大，但其控制方式则大同小异，一般根据水温信号和空调信号共同控制，同时满足水箱散热和冷凝器散热需要，下面就一些较典型的冷凝器散热风扇电路进行分析。

（1）A/C开关直接控制型　这种控制电路比较简单，其控制电路如图6-100所示，空调开关打至"ON"位置，在供电给压缩机电磁离合器的同时，加电源至冷凝器风扇继电器线圈，继电器触头开关闭合，冷凝器风扇高速运转。鼓风机挡位和电路见表6-7。

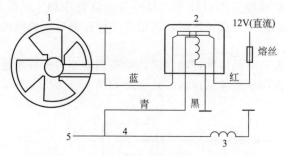

图 6-100　A/C 开关直接控制的冷凝器风扇电路
1—冷凝器风机；2—冷凝器风扇继电器；3—电磁离合器；4—温度控制器；5—接至 A/C 开关

表 6-7　鼓风机挡位和电路

鼓风机的挡位	电流及工作情况
OFF(关)挡位	(1)鼓风机没有电源,不工作 (2)A/C 开关没有电源,因此按 A/C 开关制冷系统也不工作
L(低速)挡位	(1)电流:蓄电池→鼓风机继电器 B→鼓风机开关 L→鼓风机电阻器 R_1→鼓风机电阻器 R_2→鼓风机电动机→搭铁。由于鼓风机电动机串联了电阻器 R_1 和 R_2,在电源电压不变的情况下,电流较小,因此鼓风机以低速运转 (2)按 A/C 开关接通电源,制冷系统可以工作
M(中速)挡位	电流:蓄电池→鼓风机继电器 B→鼓风机开关 M→鼓风机电阻器 R_2→鼓风机电动机→搭铁。鼓风机电动机只串联了电阻器 R_2,在电源电压不变的情况下,电流比处于低速挡时大,因此鼓风机以中速运转
H(高速)挡位	电流:蓄电池→鼓风机继电器 B→鼓风机开关 H→鼓风机电动机→搭铁

(2) A/C 开关和水温开关联合控制型　有些汽车的发动机冷却系统和空调冷凝器共用一个风扇进行散热。

这种风扇有两种转速,即低速和高速。风扇电动机转速的改变是通过改变线路中电阻值的方法实现的。起关键控制作用的是 A/C 开关和水温开关。当空调开关开启时,常速风扇继电器通电工作。由于线路中串联了一个电阻,因此风扇低速运转。当冷却系统水温达到 89～92℃时,水箱风扇也是低速运转;一旦发动机水温升至 97～101℃时,水箱风扇便高速运转,以加强散热效果。

(3) 制冷剂压力开关与水温开关控制组合型　目前很多轿车采用制冷剂压力开关和水温开关组合的方式对冷却风扇系统进行控制。如图 6-101 所示为丰田雷克萨斯 LS400 电动冷却风扇系统电路,从该图中可看出,起控制作用的是水温开关和高压开关,水温开关和高压开关处于不同状态,则控制继电器形成不同组合,从而控制两个并排的风扇不运转、低速运转或高速运转。

下面分两种状态分别介绍。

① 空调不工作时　在不开空调的情况下,风扇的工作取决于发动机水温。

a. 发动机冷却水温低于 93℃。这时,由于水温较低,水温开关处于闭合状态,3 号冷却风扇继电器和 2 号冷却风扇继电器工作。其中,3 号冷却风扇继电器 4 与 5 接通。2 号冷却风扇继电器常闭触头被打开。同时,由于空调不工作,高压开关处于常闭合状态,1 号冷却风扇继电器通电工作,使常闭触头打开,这时两个冷却风扇均不工作,使发动机尽快暖机。

b. 发动机水温高于 93℃。这时,水温开关打开,2 号和 3 号继电器回到原始状态,即不工作。虽然这时高压开关使 1 号继电器常闭触点打开,但并不影响风扇的工作。加至 1 号冷却风扇电动机和 2 号冷却风扇电动机的电压都是 12V,此时,两风扇同时高速运转,以满足发动机

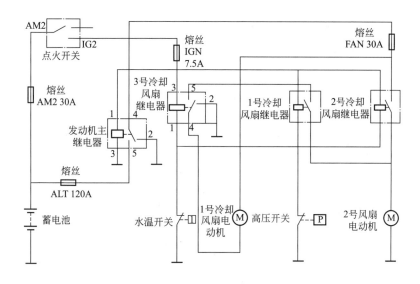

图 6-101　LS400 电动冷却风扇系统电路

冷却系统散热需要。

② 空调工作时　空调工作时，水温控制器回路仍然起作用，这时冷却风扇受空调和水温控制回路的双重控制。

a. 开空调，高压端压力大于 13.5kPa，且水温低于 93℃。这种情况下，水温开关处于闭合状态，而高压开关打开，这时 2 号和 3 号继电器受控动作，而 1 号继电器不工作，即触头处于常闭状态，这样，继电器使两个冷却扇电动机串联工作，故两个冷却扇同时低速运转，以满足冷凝器散热需要。

b. 开空调，高压端压力大于 13.5kPa，且水温高于 93.5℃。这种情况下，高压开关和水温开关都打开，1～3 号继电器均不工作，加至两个冷却扇电动机的电压都是 12V，故两冷却风扇同时高速运转。

综上所述可知，两个冷却风扇的工作同时受水温和空调信号影响，而处于同时不转、同时低速转或同时高速转三种状态之间循环。其工作原理简图可参见图 6-102。

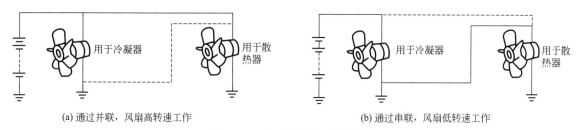

(a) 通过并联，风扇高转速工作　　　　　　　　(b) 通过串联，风扇低转速工作

图 6-102　散热风扇电动机控制

（4）水温传感器和制冷剂压力开关控制组合型　除采用继电器完成风扇的转速控制方法外，还可采用专用控制器对风扇进行控制（图 6-103）。它根据空调信号和水温信号进行联合控制。

风扇控制单元控制水箱风扇和冷凝器风扇的运转，控制单元根据水温传感器及空调系统的空调压力开关（A、B）的输入信号决定是否转动风扇及转动的速度。除此之外，水温高于 109℃时，则温度开关关闭空调。若空调系统压力高于正常压力，则压力开关 A 关闭且风扇高速转动。水温控制水箱风扇、冷凝器风扇及空调系统的过程如下。

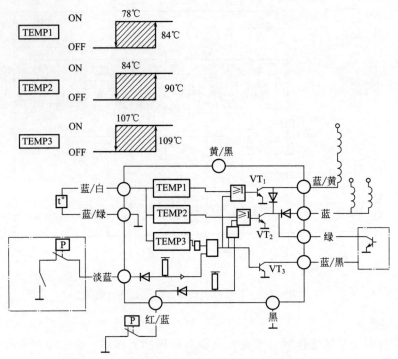

图 6-103 水温传感器和制冷剂压力开关控制组合型

① TEMP1 当水箱冷却水温高于该范围时,控制单元会将 VT_1 打开,而使水箱风扇(低速)和冷凝器风扇(低速)运转。

② TEMP2 当水箱冷却水温高于该范围时,控制单元会将 VT_2 打开,而使水箱风扇(高速)和冷凝器风扇(高速)运转。

③ TEMP3 当水箱冷却水温高于该范围时,控制单元会将 VT_3 关闭,而使空调压缩机停止运转。

(5) 制冷剂压力开关与微电脑控制组合型 大多数高级轿车都采用这种布置和控制方式,如图 6-104 所示,两个散热风扇有三种不同的运转工况。

① 空调开关已接通,但制冷剂压力未达到 1.81MPa 时,只有辅助散热风扇电动机运转。

② 一旦制冷剂压力达到 1.81MPa,主、辅风扇电动机同时运转。

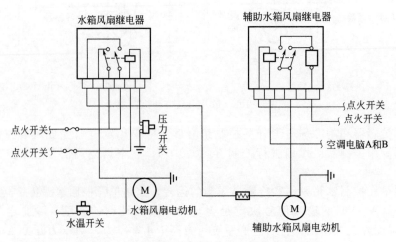

图 6-104 制冷剂压力开关与微电脑控制组合型

③ 无论空调开关是否接通，只要发动机水温达到 98℃ 以上，主散热风扇（水箱风扇电动机）便高速运转。

丰田公司在部分 1UZ-FE 和 1MZ-FE 发动机上采用了电控液力电动机冷却风扇系统，用于丰田雷克萨斯 400、雷克萨斯 300、佳美 3.0 等车型。与一般的电控风扇系统有较大差异。如图 6-105 所示，在此系统中，风扇电脑通过电磁阀控制作用在液力电动机上的油液压力，这样就可以根据发动机工况和空调状态而自动控制冷却风扇的转速。其工作过程如下。

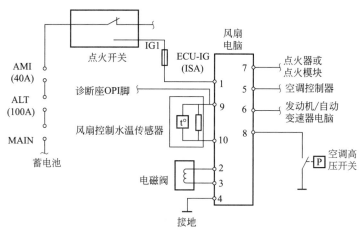

图 6-105 电控液力冷却风扇电路

液力泵单独设计或与动力转向泵组合为一体，由传动带驱动，建立一定油压，受电脑控制，电磁阀调节从液力泵到液力电动机的油量，该电动机直接驱动风扇，已通过液力电动机的压力油回到液力泵。

3. 压缩机电磁离合器控制

（1）压缩机的控制方式　根据控制开关的位置分为两种，即控制电源型和控制搭铁型（图 6-106）。

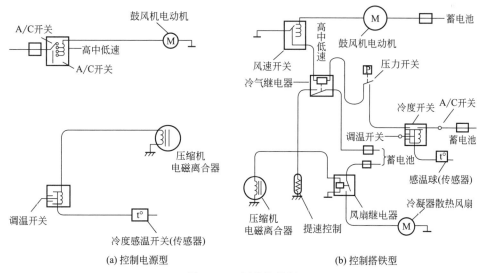

图 6-106 压缩机控制

电源控制方式，由开关直接控制电源，当开关闭合时，大电流流经开关至执行器构成回路,长期工作后容易造成触点烧蚀。所以,现在大多数轿车均不采用这种控制方式。搭铁控制方式,由开关控制继电器线圈的回路,这种控制方法的优点是以小电流信号控制大电流通断,从而有效地防止触点烧蚀,目前大多数轿车采用这种控制方法。

(2) 压缩机工作控制方式 控制压缩机工作时机的方式可分为三种,即手动空调压缩机的控制、半自动空调压缩机的控制、全自动空调压缩机的控制。

① 手动空调压缩机的控制 如图 6-106(b) 所示,压缩机工作的必备条件是空调开关 (A/C 开关) 闭合、温度开关闭合、压力开关闭合、鼓风机开关闭合。此时压缩机电磁离合器继电器工作 (冷气继电器),蓄电池电源才能提供给压缩机电磁离合器线圈。

② 半自动空调压缩机的控制 如图 6-107 所示,半自动空调压缩机工作的必备条件是空调开关 (A/C 开关) 闭合、温度开关 (热敏电阻) 工作、压力开关闭合、鼓风机开关闭合、发动机转速信号、压缩机转速信号、制冷剂温度开关闭合。当点火开关和鼓风机开关接通时,加热器继电器就接通。如空调器开关此时接通,则压缩机电磁离合器继电器由空调器放大器接通。这就使压缩机电磁离合器接合,压缩机工作。

在下述情况下,电磁离合器脱开,压缩机被关闭。

a. 鼓风机开关位于 "OFF" (断开) 位置,当鼓风机开关断开时,加热器继电器也断开,电源不再传送至空调器。

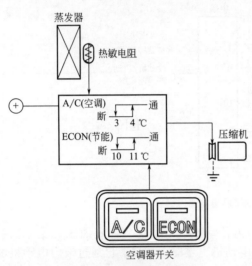

图 6-107 空调器的电路示意

b. 空调器开关位于 "OFF" (断开) 位置,空调器放大器 (它控制压缩机电磁离合器继电器) 的主电源被切断。

c. 蒸发器温度太低,如蒸发器表面温度降至 3℃ 或以下,则空调器放大器电源被切断。

d. 双重压力开关位于 "OFF" (断开) 位置,如制冷回路高压端压力极高或极低,这一开关便断开。空调器放大器检测到这一情况,就切断电磁离合器继电器。

e. 压缩机锁止 (仅限某些车型)。压缩机与发动机转速差超过一定值时,空调器放大器就会判断压缩机已锁止,并切断电磁离合器继电器。

③ 全自动空调压缩机的控制 全自动空调压缩机一般由发动机电脑控制。随着微型计算机的发展,以及人们对操作系统简单化的要求,汽车空调系统的控制正在朝自动化或半自动化的方向发展,微机控制系统使其成为现实。微机控制系统不但减少了驾驶人员烦琐的操作过程,使注意力更加集中于汽车的驾驶,而且由于其控制精度高、功能强,因此所营造出的环境更加舒适,空调系统各部件的性能得到了更好的发挥。

微机控制系统主要是把传感器采集到的各个部位的各种参数,包括车外温度、车内温度、风道温度、发动机冷却水温度、蒸发器表面温度、太阳辐射温度等,和给定指令加以对比处理,然后对风机转速、热水阀开度、空气在车厢内的循环方式选择、温度混合门的开度、压缩机停转、各送风口的选择等进行控制,以保证最佳的舒适性要求。同时,由于系统可根据环境温度的变化,自动改变蒸发器温度和压缩机运行时间,因此又起到了节能的作用。除上述功能外,还有故障监测和安全保护功能,如制冷剂不足,高、低压异常及各种控制器的故障判断、报警和保护等。微机控制系统也可显示出空调系统的工作状况,如给定温度、控制方式、运行方式等。总之,微机控制系统的应用,使控制更为简便和智能化,如图 6-108 所示。

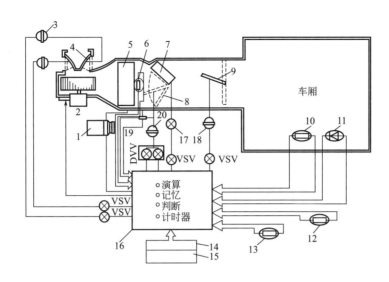

图 6-108 微机控制汽车空调系统示意

1—压缩机；2—风机；3—真空泵；4—风门；5—蒸发器；6—蒸发器传感器；7—加热芯；8—空气混合风门；9—吹出口切换风门；10—内气传感器；11—日射传感器；12—外气传感器；13—水温传感器；14—方式开关；15—设定温度开关；16—微型计算机；17—水阀；18—吹出口切换膜片；19—电位计；20—伺服电动机；DVV—复式真空阀；VSV—真空开关阀

4. 通风系统的控制

目前很多轿车空调的通风系统采用电控方式，对气源门、温度门、送风门的控制均由电脑或放大器统一完成，实现最佳送风方式的控制。

（1）轿车通风系统电路控制 当轿车在关闭车门玻璃的情况下需要通风时，就要采取强制通风，把车外的新鲜空气经过过滤净化后送入车厢内。目前轿车空调系统一般采用冷暖一体式或冷暖混合式结构。无论哪种结构，其冷、热及通风均为同一通道，除风门控制外，其风机控制电路相同，如图 6-109 所示。

（2）汽车电动换气风扇电路控制 在大型空调客车上都装有电动换气扇，用它取代顶篷的风窗。它除了具有降温功能外，还具有自动通风、吸风、排风、循环等功能，不断把污浊的空气排出，同时吸入新鲜空气，以满足乘客舒适性要求。如图 6-110 所示为电动换气扇电路原理。

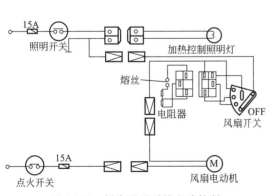

图 6-109 轿车通风系统电路控制

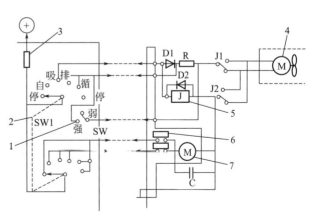

图 6-110 电动换气扇电路原理

1—强、弱开关；2—控制开关；3—熔丝；4—风扇；5—继电器；6—限位开关；7—举升电动机具体工作方式如下。

(1) 自动通风 当控制面板上的控制开关 2 置于自动挡时, 电流经限位开关 6 到气窗举升电动机 7, 气窗闸门开启, 限位开关稍后即自动关闭, 闸门保持开启状态, 使车厢内外自然通风。

(2) 吸风 控制开关 2 置于吸风位置时, 气窗闸门开启, 与此同时电流经继电器 5 的线圈, 使常开触点 J1 吸合, 风扇电动机接通运转, 吸入新鲜空气。

(3) 排风 控制开关 2 置于排风位置时, 气窗闸门开启, 与此同时继电器 5 的线圈中电流断路, 使触点 J1 分开而 J2 吸合, 风扇 4 反向运转, 车厢内污浊空气被排出。

(4) 循环 控制开关 2 置于循环位置时, 电流通过限位开关 6, 与此同时联动板向下转动, 使气窗闸关闭。这时风扇逆时针旋转, 使车内空气强制循环。风量的强、弱, 通过转换开关 SW 和电阻 R 进行控制。

5. 汽车空调的保护电路

汽车空调电路还包括保护电路, 如压力保护、过热保护、急速控制等。

为了保证制冷系统的正常、安全工作, 系统控制电路中都有安全保护措施, 以防止系统出现温度和压力异常。采用的手段常常是安装压力开关, 直接控制电磁离合器电路的通与断。这样, 当系统出现温度或压力异常时, 可强制使压缩机停止工作。

6. 典型轿车空调系统的控制电路

(1) 桑塔纳轿车空调电路 桑塔纳轿车空调装置采用的是 CCTXV 系统, 即热力膨胀阀-离合器系统。如图 6-111 所示为桑塔纳 LX 型轿车空调电路, 该电路由电源电路、温度控制电路、鼓风机控制电路、冷凝器风扇电路、急速控制电路和压力控制电路组成。

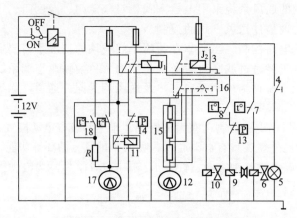

图 6-111 桑塔纳 LX 型轿车空调电路

1—点火开关; 2—减负荷继电器; 3—主继电器; 4—空调 A/C 开关; 5—空调开关指示灯; 6—新鲜空气电磁阀; 7—环境温度开关; 8—恒温器; 9—电磁离合器; 10—急速提升电磁真空转换阀; 11—冷却风扇继电器; 12—鼓风机; 13—低压保护开关; 14—高压保护开关; 15—风机调整电阻; 16—鼓风机开关; 17—冷却风扇电动机; 18—冷却液温度开关

其工作过程如下。

① 点火开关 1 断开 (置 OFF) 时, 减负荷继电器 2 的线圈电路切断, 触点张开, 空调系统不工作。

② 点火开关接通 (置 ON) 时, 减负荷继电器线圈电路接通, 触点闭合, 主继电器 3 中的 J2 线圈通电, 接通鼓风机电路。此时可由鼓风机开关 16 进行调速, 使鼓风机按要求的转速运转, 进行强制通风、换气或送出暖风。

③ 需要制冷系统工作时, 接通空调 A/C 开关 4, 便可接通下列电路。

a. 空调 A/C 开关的指示灯 5 亮,表示空调 A/C 开关已经接通。

b. 新鲜空气电磁阀 6 电路接通,该阀动作,接通新鲜空气控制电磁阀的真空通路,而使鼓风机强制通过蒸发器总成的空气通道进风,否则将无法获得冷气。

c. 电源经环境温度开关 7、恒温器 8、低压保护开关 13 对电磁离合器 9 线圈供电,同时对急速提升电磁真空转换阀 10 供电。另一路对主继电器中的 J1 线圈供电,使两对触点同时闭合,其中一对触点接通冷凝器冷却风扇继电器 11 线圈电路;另一对触点接通鼓风机电路,低压保护开关串联在恒温器和电磁离合器之间,当制冷系统缺少制冷剂,系统压力过低后,开关断开,停止压缩机工作。

高压保护开关 14 串联在冷却风扇继电器和主继电器 J1 的一对触点之间。当制冷系统高压值超过规定值时高压保护开关触点闭合,将电阻短路,使风扇电动机高速运转,以增强冷凝器的冷却能力。同时,冷却风扇电动机还直接受发动机冷却液温控开关 18 的控制。当不开空调 A/C 开关时,若发动机冷却液温度低于 85℃时,风扇电动机不转动;高于 95℃时,风扇电动机低速转动;当冷却液温度达到 105℃时,风扇电动机高速转动。主继电器中的 J1 触点在空调 A/C 开关接通时,即可闭合,使鼓风机低速运转,以防止蒸发器表面温度过低而结冰。

d. 点火开关置于启动位置(ST)时,减负荷继电器线圈电路切断,触点张开,中断空调系统的工作,以保证发动机启动时,蓄电池维持足够的电能。

(2) 奥迪 100 轿车空调控制电路原理

奥迪 100 轿车空调装置采用的是 CCOT 系统,即采用塑料节流管代替热力膨胀阀,气液分离器取代储液干燥器。其控制电路原理如图 6-112 所示。

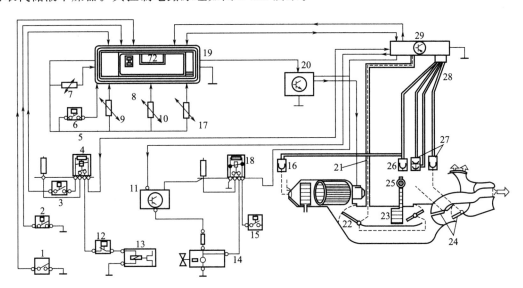

图 6-112 奥迪 100 轿车空调控制电路原理
1—自动跳合开关;2—冷却液过热开关;3—蒸发器防霜开关;4—继电器;5—空调压缩机电磁离合器;6—外部温度开关;7—高压传感器;8—外部温度传感器;9—在蒸发器壳体上;10—在散热器栅背后;11—散热器风扇继电器 1 挡;12—低压保护开关;13—空调压缩机;14—散热器冷却风扇;15—空调高压调整开关;16—循环空气门真空阀;17—内部温度传感器;18—散热器风扇继电器 Ⅱ 挡;19—操纵和指示装置;20—空调电动机控制装置;21—温度调节门波顿电缆;22—温度调节阀门;23—热交换器;24—空气分配器;25—加热器阀;26—加热器伺服真空阀;27—空气分配真空阀;28—真空管路;29—控制和调节装置

第七章 安全气囊

第一节 安全气囊概述

安全气囊系统是一种被动安全性的保护系统,它与座椅安全带配合使用,可以为乘员提供有效的防撞保护。在汽车相撞时,安全气囊可使头部受伤率减少25%,面部受伤率减少80%左右。

当汽车时速超过30km/h发生前碰撞事故时,控制系统检测到冲击力超过设定值时,安全气囊立即接通充气元件中的电雷管引爆火药粉和气体发生剂,产生大量气体,气囊就会迅速充气膨胀,冲破缓冲垫(装饰板),在30ms内迅速在乘员与车辆之间形成一道柔软的弹性屏障,使乘员免受伤害。当撞击发生后,气囊随即自动放气,它不会妨碍车内人员出逃,也不影响他们的视线。

安全气囊系统有下列几种形式:安装在转向盘内的驾驶员安全气囊;安装在仪表板内的副驾驶席安全气囊;安装在车门上的侧面安全气囊;安装在前排椅背上的后排座椅安全气囊。它们分别用来在汽车碰撞时保护驾驶员、副驾驶员及乘客。

安全气囊按其被引爆的有效范围分为正向和侧向。正向引爆的安全气囊是在有效范围上方30°角或斜前方发生撞车,而且纵向加速度(负值)达到某一值时,气囊才被引爆,而横向加速度(包括从侧面发生的撞车和系统纵轴的侧翻)不能引爆,侧向安全气囊可用于防侧向冲撞。

一、安全气囊的工作原理与组成

1. 安全气囊的工作原理

当汽车在行驶过程中发生碰撞事故时,首先由安全气囊传感器接收撞击信号,只要达到规定的强度,传感器即产生动作并向电子控制器发出信号。电子控制器接收到信号后,与其原存储信号进行比较,如果达到安全气囊展开条件,则由驱动电路向安全气囊组件中的气体发生器发送启动信号。气体发生器接到信号后引燃气体发生剂,产生大量气体,经过滤并冷却后进入安全气囊,使安全气囊在极短的时间内突破衬垫,迅速展开,在驾驶员或乘员的前部形成弹性气垫,并及时泄漏、收缩,吸收冲击能量,从而有效地保护人体头部和胸部,使其免受伤害或减轻伤害程度。

在汽车行驶过程中,传感器系统不断向控制装置发送速度变化(或加速度)信息,由控制装置(中央控制器)对这些信息加以分析判断,如果所测的加速度、速度变化量或其他指标超过预定值(即真正发生了碰撞),则控制装置向气体发生器发出点火命令或传感器直接控制点火,点火后发生爆炸反应,产生N_2或将储气罐中的压缩氮气释放出来充满安全气囊。乘员与安全气囊接触时,通过安全气囊上排气孔的阻尼吸收碰撞能量,达到保护乘员的目的。

汽车的安全气囊内有叠氮化钠(NaN_3)与硝酸铵(NH_4NO_3)等物质。当汽车在高速行驶中受到猛烈撞击时,这些物质会迅速发生分解反应,产生大量气体,充满气囊。叠氮化钠分解产生氮气和固态钠,硝酸铵作为氧化剂参与反应。

新型安全气囊加入了可分级充气或释放压力的装置,以防止一次突然点爆产生的巨大压力对人头部产生的伤害,特别在乘客未系安全带的时候,可导致生命危险。具体形式如下。

(1) 分级点爆装置 即气体发生器分两级点爆,第一级产生约 40% 的气体容积,远低于最大压力,对人头部移动产生缓冲作用,第二级点爆产生剩余气体,并且达到最大压力。总体来说,两级点爆的最大压力小于单级点爆。这种形式,压力逐步增加。

(2) 分级释放压力 安全气囊上开有泄压孔或可调节压力的孔,分为完全凭借气体压力顶开的方式或电脑控制的 Tether(极限)方式。这种方式,一开始压力达到设定极限,然后瞬时释放压力,以避免过大伤害。

由于从传感器接收信号到安全气囊张开仅需 50ms,而驾驶员撞向转向盘的时间约为 60ms,故在发生碰撞时,能有效地保护驾驶员,避免了驾驶员直接撞转向盘的危险。安全气囊从触发,到充气膨胀,再到驾驶员头部陷入气囊,直至气囊被压扁的全过程,不超过 110ms。现代汽车不仅增加了侧面防撞安全气囊,在安全气囊的织物材料、点火器、传感器技术等方面都在不断地发展进步。安全气囊的工作框图如图 7-1 所示。

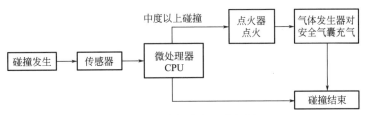

图 7-1 安全气囊的工作框图

2. 安全气囊的组成

安全气囊系统主要由碰撞传感器、电子控制单元、警告灯、气体发生器和气囊等组成。驾驶员侧防撞安全气囊装置在转向盘中;乘员侧防撞安全气囊装置一般装在仪表板上。安全气囊传感器分别安装在驾驶室间隔板左侧、右侧及中部;中部的安全气囊传感器和安全气囊系统与电子控制装置安装在一起。气囊组件主要由安全气囊、气体发生器和点火器等组成。电子控制装置用来进行数据采集与数据处理,诊断安全气囊的可靠性,保证在达到预设的数值时,及时发出点火信号,而且正时点火,保证驱动气体发生器有足够大的驱动电流等。如图 7-2 所示为雷克萨斯 LS400 轿车安全气囊系统组件位置。

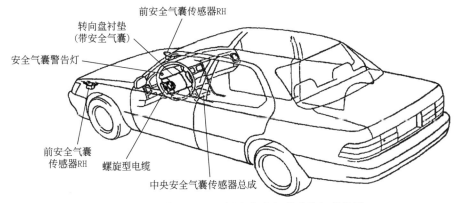

图 7-2 雷克萨斯 LS400 轿车安全气囊系统组件位置

(1) 碰撞传感器 安全气囊系统中的重要部件，其功能是检测、判断汽车发生碰撞后的撞击信号，以便决定是否展开安全气囊。碰撞传感器是安全气囊系统中主要的控制信号输入装置，其作用是在汽车发生碰撞时，由碰撞传感器检测汽车碰撞的强度信号，并将信号输入电子控制单元（ECU），ECU 根据碰撞传感器的信号判断是否引爆充气元件给气囊充气。

安全气囊系统一般装有 2~4 个碰撞传感器，在前部左、右挡泥板各装一个，有的在前保险杠中间装一个，有的车内还装一个。碰撞传感器常采用惯性式机械开关结构。如图 7-3 所示为雷克萨斯轿车采用的惯性开关式碰撞传感器的外形，其结构如图 7-4 所示。

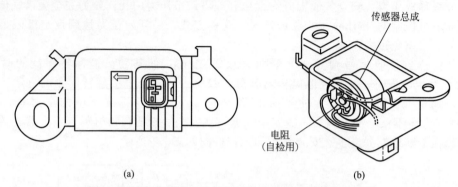

图 7-3 雷克萨斯轿车采用的惯性开关碰撞传感器的外形

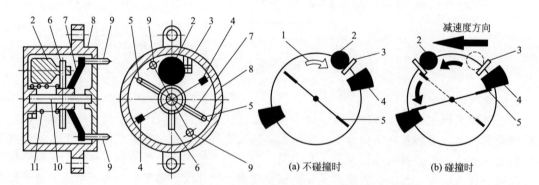

图 7-4 雷克萨斯轿车采用的惯性开关碰撞传感器的结构
1—复位弹簧力矩；2—偏心锤；3—挡板；4—固定触点；5—转动触点；6—偏心锤臂；7—转动触点臂；
8—壳体；9—固定触点引线端子；10—传感器轴；11—复位弹簧

碰撞传感器由壳体、偏心转子、偏心重块、固定触点、旋转触点等部分组成。在传感器外还固定一个电阻 R，其作用是在系统进行自检时，检测 ECU 与碰撞传感器之间的连接是否正常。

通常，碰撞传感器的偏心转子和偏心重块在弹簧张力作用下，顶靠在与外壳固结的止动块上，活动触点与固定触点不接触；当汽车在传感器控制的方向受到碰撞，且冲击力超过传感器的设定值时，偏心块在惯性作用下带动偏心转子克服弹簧张力而转动，使其上的活动触点与固定触点闭合，从而向 ECU 发出信号，以驱动充气元件。

碰撞传感器的种类很多，有独立式碰撞传感器、黏性阻尼式碰撞传感器、阻尼式弹簧传感器等。

(2) 电子控制单元 安全气囊 ECU 是 SRS 的控制中心。它由稳压电路、中央气囊传感器、记忆电路、诊断电路、安全传感器、点火控制引爆电路、备用电源等部分组成。

安全传感器（图 7-5）是一个以水银为导体的开关。当减速度超过预定值时，在惯性作用下，水银接通触点，安全传感器闭合。

中央气囊传感器采用压电式加速度传感器，用于检测车辆减速度，如图 7-6 所示。当车辆碰撞时，传感器悬臂受惯性作用产生弯矩，并转变为电信号。当信号值超过设定值时，则接通气体发生器引爆电路。

诊断电路不断对可能造成无法引爆或意外引爆气囊的故障进行检查，发现故障，则将故障内容按代码存储于记忆电路，供维修时读取，同时接通 SRS 系统警告灯，以通知驾驶员注意。备用电源由电容器和直流转换器组成。当车辆因碰撞造成汽车电源损坏时，将由电容器继续供电。为了保证 SRS 系统工作可靠，防止误引爆，系统随时要检测碰撞

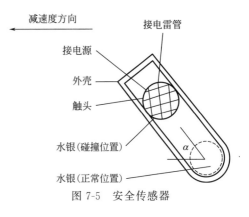

图 7-5 安全传感器

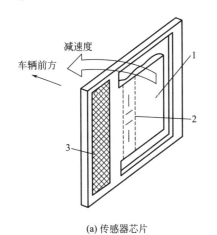

(a) 传感器芯片

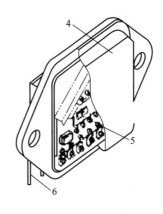

(b) 传感器总成

图 7-6 中央气囊传感器
1—悬臂梁；2—应变电阻；3—集成电路；4—金属罩；5—传感器芯片；6—终端接脚

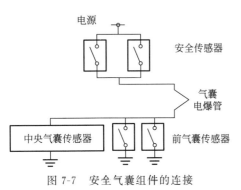

图 7-7 安全气囊组件的连接

传感器、中央气囊传感器和安全传感器。三者之中，安全传感器闭合所设置的减速度值最小，其相互间的连接关系如图 7-7 所示。安全气囊的触发条件是，当车辆发生正面碰撞时，若某个安全传感器和某个碰撞传感器同时闭合，或者某个安全传感器和中央气囊传感器同时闭合，或三种传感器同时闭合，则安全气囊引爆。

(3) 充气元件和气囊　作为气囊总成，充气元件和气囊是不能分解的。单气囊 SRS 系统，气囊总成安装在驾驶员前端的转向盘内；而双气囊 SRS 系统，除在驾驶员前端的转向盘内安装有气囊总成和在副驾驶前方的工具箱上端配备有气囊总成外，雷克萨斯 LS400 轿车前排乘员安全带还带有电子预紧装置。如图 7-8 所示为转向盘内置式安全气囊总成。气囊由防裂性能好的聚酰胺织物制成，里层涂有聚氯丁二烯。为使气囊柔软，起到更好的缓冲作用，其上有些小排气孔，以便使气囊在充气后即开始排气，既保护乘员，又不致妨碍视线。

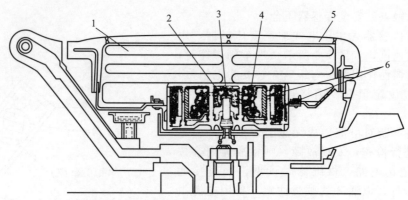

图 7-8 雷克萨斯转向盘内置式安全气囊总成
1—气囊；2—火药；3—电雷管；4—氮气发生剂；5—转向盘盒；6—过滤器

位于气囊下部的充气元件由电雷管、火药、氮气发生剂、缓冲垫、过滤网及外壳等组成，如图 7-9 所示。当碰撞发生后，电雷管引爆火药，产生大量高温气体，冲撞或粉碎气体发生剂，同时使高温气体降温并继续产生气体。经过多次过滤，除去烟雾及灰尘，从气体喷口喷入气囊，使气囊在车辆碰撞的瞬间充满气体。

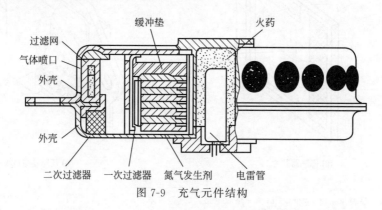

图 7-9 充气元件结构

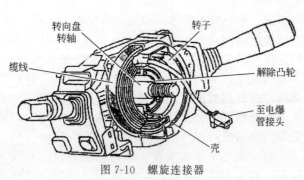

图 7-10 螺旋连接器

（4）螺旋连接器　充气元件与气囊安装在转向盘上，随时与转向盘一起转动，螺旋连接器用于将随转向盘转动的电雷管引线与固定的 ECU 导线连接起来，如图 7-10 所示。螺旋连接器由转子、壳体、导线和解除凸轮组成。转子与解除凸轮之间有连接凸缘与凹槽，转动转向盘时，两者相互接触，形成整体旋转。约 5m 长的螺旋导线装在螺旋连接器内，可随转向盘任意方向旋转 2.5 圈而不拖动异物。此外，在螺旋连接器上还接有喇叭开关触点；在装备巡航控制系统的车上，螺旋连接器还连接有 CCS 主开关。

（5）安全气囊警告灯　安全气囊警告灯位于组合仪表上。当中央安全气囊传感器总成自诊断机构检测出某一故障时，警告灯就会向驾驶员发出故障警告。在正常情况下，当点火开关转到"ACC"或"ON"位置时，警告灯会亮大约 6s，然后熄灭。

二、安全气囊检修注意事项

安全气囊内有火药及电雷管等易爆品，故在维修操作时必须按正确顺序进行。否则，可能会使安全气囊系统在维修中发生意外，从而导致严重事故，或在需要安全气囊充气起保护作用时却不起作用。因此，检修时应注意以下几点。

① 安全气囊系统只能工作一次，发生事故被引爆后的安全气囊必须更换，引爆后须回厂换一个新的安全气囊。为安全起见，安全气囊系统的所有元件也需更换。安全气囊系统经 10 年后必须送维修厂更换，更换日期一般贴在工具箱的标签上或在遮阳镜的下面。

② 故障码是安全气囊系统故障诊断的重要信息源，在系统故障诊断时应首先读取故障码，然后再脱开蓄电池。检修操作前，务必将点火开关转到"LOCK"位置，并在蓄电池负极端子拆下电缆 90s 以后方可开始工作。因为安全气囊系统有备用电源，如果在拆下蓄电池负极端子不到 90s 开始维修工作，它可能会被引爆。若点火开关在"ON"或"ACC"位置检修，则会出现故障码。

③ 由于车内时钟和音响系统的存储内容随蓄电池的脱离而被消除，所以在开始检修前，应将各存储系统的内容做好记录，在检修结束后，应将音响系统和时钟重新设置或调准。同样，对具有转向盘电动倾斜和伸缩转向系统、电动座位、电动车外后视镜和电动安全肩带系紧装置，由于它们都有存储参数的记忆功能，在检修后都必须重新设置。所以在检修结束后必须告知用户，需按其个人的需要和习惯进行调整并重新设置存储器内容。

④ 若车辆发生轻微碰撞，SRS 没有触发，也应检查转向盘衬垫、前座乘客安全气囊总成、座位安全带收紧器和安全气囊传感器。

⑤ 若碰撞车辆的 SRS 系统已经触发，除需更换已经引爆的安全气囊与安全带预紧装置外，还必须同时更换全部碰撞传感器和中央气囊传感器总成，并检查线束与接头状况。不允许拆卸和修理被更换下的碰撞传感器、中央气囊传感器总成、转向盘衬垫、前座乘客安全气囊总成或座位安全带收紧器以供重新使用。

不可用其他车辆的 SRS 零件，只能使用原厂所设计的零件，包括接线。不允许乱拉线或随意换线，以免影响安全气囊的可靠性。凡需要更换零件时，都应装用新零件。

⑥ 如发现碰撞传感器、SRS 电脑或转向盘衬垫、前座乘员安全气囊总成或座位安全带收紧件等系统部件的外壳、托架或连接器有裂纹、凹陷或其他缺陷，应换装新品。在修理过程中，如果会对传感器产生冲击作用，则在修理前应先拆下安全气囊传感器，严禁机械撞击传感器和安全气囊。

⑦ 不要让碰撞传感器、SRS 电脑、转向盘衬垫、前座乘员安全气囊总成或座位安全带收紧器直接暴露在热空气中或接近火源。在使用喷灯或焊接设备时，不得靠近充气装置，以防引起安全气囊自动充气。宜用高阻抗（至少 10kΩ/V）万用表检测电路。维修工作完成后，应检查 SRS 警告灯。

⑧ 发生过碰撞且 SRS 系统已触发的碰撞传感器不可重复使用，无论是左侧或右侧，甚至中间碰撞传感器都应同时更换。安装碰撞传感器时，传感器上的箭头应朝向车辆前方。碰撞传感器的定位螺栓是经过防锈处理的。当传感器拆下后，必须换用新的定位螺栓。接上连接器时必须将电气检测机构可靠锁住，否则诊断系统上会检测出故障码。

⑨ 拆卸转向盘安全气囊总成时，应将转向盘衬垫顶面向上正置，不可翻转倒置。在搬动新的转向盘衬垫时也务必注意将其顶面朝上。转向盘衬垫上不得涂润滑脂，不得用任何类型的洗涤剂清洗。转向盘衬垫总成应放在环境温度低于 93℃、湿度不高且远离电场干扰的地方。车辆报废或仅报废转向盘衬垫机构时，在废弃前用专用工具使安全气囊触发胀开，且操作时应选择在远离电场干扰的地方进行。

⑩ 切不可用万用表去测量安全气囊电雷管的电阻，因为微小电流即可引爆电雷管，使安全气囊充气。安装螺旋接线器时，必须将其预置在中间位置，使转向盘由中间位置向左右两个方向各转 2.5 圈时不致拉断螺旋导线或引起其他故障。

⑪ 拆、装前座乘员安全气囊总成放置时，应将气囊门朝上放置。如果将气囊门朝下放置，一旦安全气囊充气胀开，可能会引发严重事故。安全气囊总成上不得涂润滑脂，气囊门不得用任何类型洗涤剂清洗。安全气囊总成应存放在环境温度低于 93℃、湿度不高并远离电场干扰的地方。用电弧焊时，必须先脱开气囊连接器才可开始工作。车辆报废或前座乘员安全气囊总成报废时，在报废前应使安全气囊触发张开，以避免其意外引爆而伤人。操作引爆时应选择在远离电场干扰的地方进行。

⑫ 存放拆下的或新的安全带时，双锁式连接器锁柄应处于销定位置，务必注意不能损坏连接器。切不可用万用表测量座位电动安全带收紧器的电阻，以防收紧器被触发。安全带上不得沾油或水，不得用任何类型的洗涤剂清洗。必须先脱开连接器后才可电弧焊。该连接器安装在前车门框板下和地毯下面。车辆报废或仅报废安全带时，在报废前应使安全带收紧器起作用，此项操作应在远离电场干扰的地方进行。已发生过碰撞且 SRS 已经触发的 SRS 系统电控单元不可重复使用。拆卸 SRS 电脑前，务必将点火开关转到"LOCK"位置，并在拆下蓄电池搭铁线 90s 后才可开始操作。

三、安全气囊的打开条件

为了保证安全气囊在适当的时候打开，汽车生产厂家都规定了气囊的起爆条件，只有满足这些条件，气囊才会打开。虽然在一些交通事故中，车内乘员碰得头破血流，甚至出现生命危险，车辆接近报废，但是如果达不到安全气囊爆炸的条件，气囊还是不会打开的。

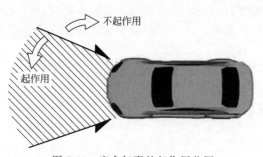

图 7-11 安全气囊的起作用范围

安全气囊打开需要合适的速度和碰撞角度。从理论上讲，只有车辆的正前方左右大约 60°之间位置撞击在固定的物体上，速度高于 30km/h，这时安全气囊才可能打开（图 7-11）。这里所说的速度不是通常意义上所理解的车速，而是在试验室中车辆相对刚性固定障碍物碰撞的速度，实际碰撞中汽车的速度高于试验速度气囊才能打开。

汽车发生碰撞时的主要受力部位是保险杠和车身纵梁，为了缓冲碰撞时的冲击力，车身前部大都设计有碰撞缓冲区，而且车身的刚度分布也是不均匀的。在一些事故中，例如当轿车与没有后部防护装置的卡车发生钻入性追尾事故，或轿车碰撞护栏后发生翻车事故，或发生车身侧面碰撞等，这样的事故往往没有车身前部的直接撞击，主要是车身上部和侧面发生碰撞，碰撞车身部位的刚度很小，虽然车舱发生了很大的变形，造成了车内乘员受伤或死亡，但是由于碰撞部位不对，有时候气囊并不能打开。尤其是在侧向碰撞中，如未配置侧安全气囊，主副安全气囊由于不能达到起爆条件而不能引爆，很容易对乘车人员造成致命伤害。

当车辆发生碰撞时，安全气囊控制模块快速对信号做出处理，确认发生碰撞的严重程度已超出安全带的保护能力，便迅速释放气囊，使乘员的头、胸部直接与较为柔软、有弹性的气囊接触，从而通过气囊的缓冲作用减轻乘员的伤害。需要强调的是，安全气囊只是辅助，在不系安全带的状况下，安全气囊不但不能对乘员起到防护作用，还会对乘员有严重的"杀伤力"。安全气囊的爆发力是惊人的，足以击断乘员的颈椎。因此，系好安全带是安全气囊发挥保护作用的一个重要条件。

第二节　安全气囊检修实例

安全气囊系统大部分具备故障自诊断功能。在使用中如果 SRS 系统出现故障，系统就会自动检测出故障发生的部位，并能以故障码的形式储存起来，由 SRS 指示灯显示出来，供维修人员查询并排除。

在发动机启动前，点火开关转到"ON"位置时，SRS 控制单元会对系统进行一次检测，这时仪表板上 SRS 指示灯应该是亮的。大约 6s 以后，若系统无故障，SRS 指示灯便熄灭，且在发动机启动后及正常行驶中，SRS 指示灯都不再亮；若打开点火开关后，SRS 指示灯一直亮或闪烁，说明 SRS 控制单元已经检测出了系统的故障并储存了故障码；若打开点火开关 SRS 灯不亮或行车时亮起，也表示系统有故障，此时须读取故障码进行维修。

现将主要车型安全气囊故障诊断方法介绍如下。

一、本田车系安全气囊检修

本田车系安全气囊系统的特点如下。

① 两个碰撞传感器分别装于驾驶室内仪表台下部的左右两边。

② 从 1994 年起本田车 SRS 系统带有故障码输出功能，而在 1994 年前的则无故障码输出功能，其故障诊断是通过对检测座测量电压进行的。如图 7-12 所示为本田 1992～1994 年款雅阁车安全气囊系统元件位置。

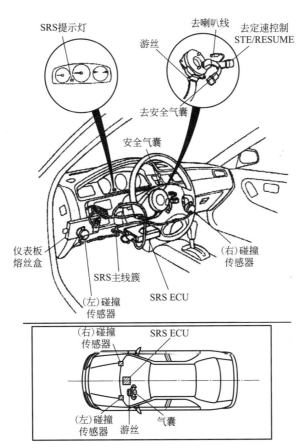

图 7-12　本田 1992～1994 年款雅阁车安全气囊系统元件位置

本田车系仪表盘上设有 SRS 指示灯。当安全气囊系统工作正常时，打开点火开关，SRS 指示灯亮 6s 后自动熄灭。如果打开点火开关后 SRS 指示灯不亮或亮后不熄灭，则表示 SRS 系统有故障。

由于 1994 年前各款本田车没有设置故障码，故不能采用调整故障码的方式进行诊断，其判断方法为测试在 SRS 电脑左侧的 16 孔测试座上各端子的电压（图 7-13）。

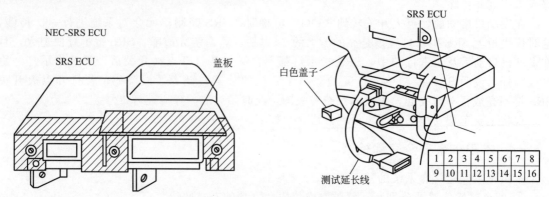

图 7-13 本田 SRS 电脑故障诊断测试座

本田车 SRS 系统带有故障码的输出功能，其读取方法如下：打开点火开关，用导线跨接维修检查连接器，如图 7-14 所示；再接通点火开关，SRS 灯会闪烁故障码，故障码内容见表 7-1。

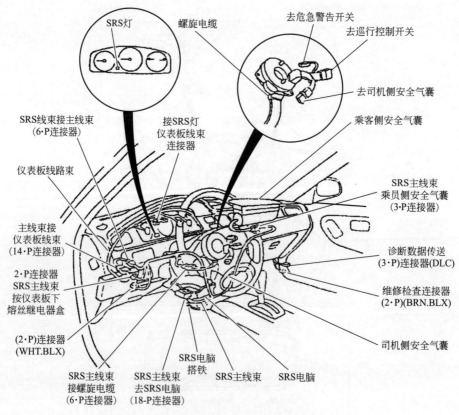

图 7-14 94 款本田车安全气囊系统元件位置
P—端子

表 7-1　本田车系 SRS 故障码

故障码	内容	故障码	内容
无	SRS 指示灯线路故障	2-3	前乘员侧安全气囊电源线路短路
1-1	司机侧安全气囊线路断路或电阻过大	2-4	前乘员侧安全气囊搭铁线短路
1-2	司机侧安全气囊线路短路或电阻过小	5-1	SRS 电脑有故障
1-3	司机侧安全气囊电源线路短路	9-1	SRS 灯电路有故障
1-4	司机侧安全气囊搭铁线路短路	9-2	SRS 电源电路故障
2-1	前乘员侧安全气囊线路断路或电阻过大	10-1	SRS 电脑更换号码
2-2	前乘员侧安全气囊线路短路或电阻过小		

故障码消除：先关断点火开关，用导线跨接故障码消除连接器，(2.P) 连接器 (WHT.BLX) 是一个黄色二线空线插。再接通点火开关 (ON)，SRS 灯亮，6s 后，SRS 灯熄灭。取下跨接线，等 SRS 灯再次亮起后再用导线跨接，4s 后灯会熄灭，取掉跨接导线。等待 4s 后，SRS 灯会闪烁 2 次，此时将点火开关转至"OFF"位置，故障码清除完成。这时若启动发动机，则 SRS 灯不亮。本田车系所有的 SRS 系统线路都是黄色的，以明显区别于其他线路。每当要检查线路时，要先从蓄电池上拆下搭铁线和正极接线。若用高阻万用表检测 SRS 系统，须确保电流小于 10mA，否则可能会损坏安全气囊或 SRS 电脑。更换灯光变换开关、刮水器/清洗开关、巡航控制开关时，不许拆开转向机。拆卸检查 SRS 系统线路前，须用红色短路（跨接）连接器将气囊的线束连接器连接起来（图 7-15）。红色短路连接器随车附带，司机侧安全气囊短路连接器在通路板内，前乘员安全气囊短路连接器在杂物箱后面（要拆下杂物箱）。

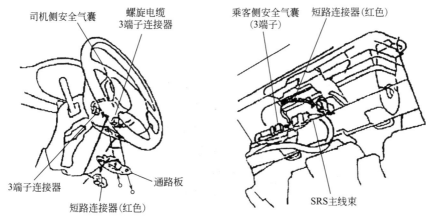

图 7-15　红色短路连接器的位置与使用

安全气囊拆卸要领：将红色短路连接器与气囊线束连接器连接起来；拆下驾驶员侧安全气囊，其用于紧固的两个螺栓位于转向盘下左右两侧；拆下前乘员侧安全气囊 5 个固定螺母，注意下方 3 个是自锁螺母，如图 7-16 所示。

安全气囊的安装要领：驾驶员侧安全气囊应用新的 TORXR 螺栓，扭矩为 9N·m；前乘员侧安全气囊的 3 个自锁螺母应当换新，先旋紧上方 2 个螺母，再旋紧下方 3 个螺母，扭矩为 9N·m；装好有关线束；接通全部线束后，将点火开关转至"ON"位置，SRS 灯应亮 6s 后熄灭。安全气囊拆卸与安装时务必小心，任何轻微的碰撞都可能导致其触发甚至伤人，而且切不可使用有变形的 SRS 元器件。

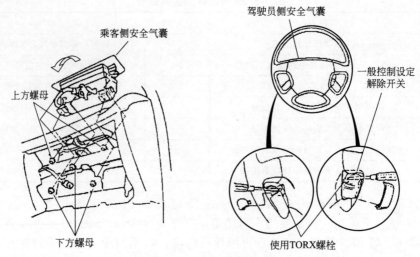

图 7-16 安全气囊拆卸

二、帕萨特轿车安全气囊检修

帕萨特轿车安全气囊系统主要部件包括气囊控制模块（固定在中央控制台下的通道上）、驾驶员侧气囊模块、乘员侧气囊模块、侧面气囊模块、侧面气囊碰撞传感器、座椅安全带张紧装置、数据传输接头、气囊故障指示灯和盘突总成（图 7-17），气囊控制模块可进行系统自诊断。气囊系统元件被电子监控，任何工作中的干扰（故障）均可被保存在气囊控制模块存储器内。只有在读码器（VAG 1551）连接到汽车数据传输接头（DLC）时才可执行自诊断。

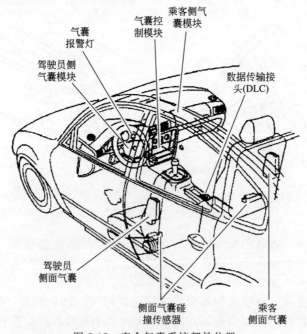

图 7-17 安全气囊系统部件位置

1. 系统工作检查

点火开关置于"ON"位置，气囊故障指示灯将点亮大约 4s 后关闭。如果指示灯发亮并持续，表明控制模块检测到系统有故障。如果闪光延长了15s，表明乘员侧气囊已解除。如果灯不亮，需检查灯泡。如果灯泡良好，需进行诊断。

2. 维护注意事项

当维护安全气囊系统时，需遵守下列注意事项。

① 如果汽车装备防盗收音机，在拆卸汽车蓄电池进行任何维护程序以前，务必获得收音机复原代码。收音机恢复供电后，如果收音机输入错误代码，即使随后输入正确的代码，收音机也可能被锁止，并不能工作。

② 维护任何安全气囊系统或转向管柱部件以前都需解除气囊系统。因为系统工作要求高，不要试着维护安全气囊系统部件。

③ 注意不得随便放置气囊部件。在取得部件后应立即安装于汽车上。在硬表面上跌落过的气囊部件或有损伤迹象的气囊部件不能再使用。

④ 气囊模块上的乙烯树脂盖子不要接触化学清洗剂、机油和油脂。在转向盘上不要放置张贴物或外罩。在汽车上进行电焊工作以前一定要解除气囊系统。

⑤ 只能使用读码器（VAG 1551）进行气囊系统测试，不可使用测试灯。

⑥ 不要把气囊模块暴露在温度高于100℃的环境中。只能使用侧面气囊的原始装备座椅罩（识别织物上的标签），不要使用售后市场上的座椅罩。技术人员挑选或接触气囊装置以前必须进行静电放电。为了避免气囊系统膨开和人身伤害或系统损坏，使用推荐的工具进行维修（表7-2）。

表7-2 气囊系统维修工具

工具名称	工具编号
气囊点火器	VAG 1821
气囊点火器适配器电缆	357971419
收音机拆卸工具	3316
读码器	VAG 1551
读码器适配器线束	VAG 1551/3

3. 解除和复原安全气囊系统

警告：安全气囊系统工作时不要使用存储保护器，否则可能导致意外气囊膨开和人身伤害。

为解除安全气囊系统，断开蓄电池负极电缆，无需等待时间。为复原气囊系统，应确保车内无人。重新连接蓄电池负极电缆，进行系统工作检查，以确保系统工作正常。

4. 处理程序

（1）膨开的气囊或座椅安全带张紧装置 处理膨开的气囊模块或座椅安全带张紧装置如同处理其他的零件，操作时应配戴手套和防护镜。

（2）未膨开的气囊或座椅安全带张紧装置 未膨开的气囊或座椅安全带张紧装置处理以前必须膨开。

（3）汽车报废 汽车报废时应遵从安全处置程序。

第三节 安全气囊系统的维护

一、安全气囊的保养

安全气囊是一次性产品，在碰撞引爆后，就不再具有保护能力，必须回维修厂家更换一个新的气囊。因车型不同,安全气囊的价格也不相同。重新安装一套新气囊包括感应系统和电脑控制器,大致需要 5000~10000 元。

由于气囊会在紧急状况下引爆,所以不要在气囊的前方、上方或近处放置物品,防止引爆时被气囊抛射出去,从而伤害乘员。另外在车内安装 CD、收音机等附件时,要遵守厂家的规定,不要随意修改属于安全气囊系统范围内的零件和线路,以免影响气囊正常工作。儿童使用气囊时更要注意,很多气囊都是针对成年人而设计的,包括气囊在车内的位置、高度等。气囊在充气时,可能给前排儿童造成伤害。建议把儿童安排在后排中间位置,并固定好。

注意安全气囊的日常维修。车辆的仪表盘上装有安全气囊指示灯,在正常情况下,点火开关转到"ACC"位置或者"ON"位置时,警告灯会亮 4~5s 进行自检,然后熄灭。若警告灯一直亮着,则表明安全气囊系统有故障,应立即维修,以免出现气囊失灵或误弹出的情况。

二、安全气囊的正确使用

① 安全气囊必须与安全带一起使用,如果不系好安全带,即使有安全气囊,在碰撞时也可能造成严重伤害甚至死亡。

② 乘车时与安全气囊保持合适的距离。

③ 要保证安全气囊真正起到安全的作用,驾乘人员一定要养成良好的驾乘习惯,保证胸部与转向盘保持一定距离。

④ 避免高温。安全气囊装置的部件应妥善保管,不要让它在 85℃以上的高温环境下长期放置。

⑤ 不要擅自改变安全气囊系统及周边布置。不能擅自改动系统的线路和组件,不要随意更改保险杠和车辆前部结构。

三、安全气囊的检修

1. 安全气囊系统的结构认识

注意:零部件的拆卸和安装工作应在点火开关转到"LOCK"位置,并从蓄电池负极(一)端子拆下电缆大约 90s 之后才能开始;如果点火开关在"ACC"或"ON"位置时与安全气囊系统的配线连接器脱开,就会记录下故障码。绝不能使用另一辆汽车上的安全气囊零件。当要更换零件时,应使用新件。

2. 安全气囊系统的检修

车辆要进行安全气囊系统的检查,或已受到碰撞的车辆要进行这方面的检查,应按以下顺序进行。如果发现问题,就将其更换成新件。

(1) 转向盘衬垫(带安全气囊)、转向盘和螺旋型电缆

① 检查项目。

a. 没有受到碰撞的汽车

ⓐ 进行诊断系统的检查。

ⓑ 对安装在汽车上的转向盘衬垫(带安全气囊)进行肉眼检查:转向盘上的表面凹槽部分是否有刻痕、微小裂纹或明显的污渍。

b. 受到碰撞而安全气囊未张开的汽车。

ⓐ 进行诊断系统的检查。

ⓑ 对从汽车上拆下的转向盘衬垫(带安全气囊)进行下述项目的肉眼检查。

• 检查转向盘衬垫上的表面凹槽部分是否有刻痕、裂纹或明显的污渍。

• 检查连接器和配线是否有切痕、裂纹或碎片。

• 检查转向盘喇叭按钮接触板是否变形。

备注：如果转向盘的喇叭按钮接触板变形损坏，则不要修理，应更换一个新的转向盘总成。当把一个新的转向盘衬垫安装到转向盘上时，转向盘衬垫和转向盘之间应没有干涉，其周围的间隙地应均匀。

c. 受到碰撞而安全气囊已张开的汽车。

ⓐ 进行诊断系统检查。

ⓑ 对从汽车上拆下的转向盘衬垫进行下述项目的肉眼检查。

- 检查转向盘喇叭按钮接触板是否变形。
- 检查螺旋型电缆连接器和配线是否损坏。

备注：如果转向盘的喇叭按钮接触板变形，切勿修理，应更换一个新的转向盘总成。当把一个新的转向盘衬垫安装到转向盘上时，转向盘衬垫和转向盘之间应没有干涉，其四周的间隙也应均匀。

② 更换要求。在下述情况下，更换转向盘衬垫、转向盘或螺旋型电缆。

a. 安全气囊已张开。

b. 在故障排除中发现转向盘衬垫或螺旋型电缆有毛病。

c. 在①、a、ⓑ和①、b、ⓑ检查中发现转向盘衬垫、转向盘或螺旋型电缆有毛病。

d. 转向盘衬垫已脱落。

(2) 前安全气囊传感器

① 检查项目。

a. 没有受到碰撞的汽车，进行诊断系统检查。

b. 受到碰撞的汽车，进行如下检查。

ⓐ 进行诊断系统检查。

ⓑ 如果轿车的前翼子板或外围损坏，即使安全气囊没有张开，也要用肉眼检查有无下述的损坏：托架变形；油漆从托架上剥落；传感器壳体上的裂纹、凹陷或碎片；连接器上的裂纹、凹陷或碎片和划痕；标签的剥离或系列编号的损坏。还要参照车身图，检查前安全气囊传感器部位的尺寸和车身的表面角度。如果传感器的安装尺寸或角度不正确，安全气囊就有可能失效，或根本不能工作。

② 更换要求。在下列情况下，更换前安全气囊传感器。

a. 如果在碰撞中安全气囊已经张开（更换左右两个前安全气囊传感器）。

b. 如果在进行项目检查及故障排除中发现前安全气囊传感器失效。

c. 如果前安全气囊已脱落。

(3) 中央安全气囊传感器总成

① 检查项目。

a. 没有受到碰撞的汽车，进行诊断系统检查。

b. 受到碰撞的汽车，进行诊断系统检查。如果安全气囊已张开，按以下操作。

ⓐ 对诊断系统进行检查。

ⓑ 对中央安全气囊传感器总成进行下述项目检查：托架或壳体是否损坏；乙烯树脂座是否损坏；连接器是否破坏。

注意：为防止中央安全气囊传感器总成与其他的零件相干涉，应修理后进行检查。

② 更换要求。在下列情况下，更换前安全气囊传感器。

a. 如果在故障排除中发现中央安全气囊传感器总成失效。

b. 如果在进行①、b、ⓑ的检查中发现中央安全气囊传感器总成已失效。

c. 如果中央安全气囊传感器已脱落。

(4) 配线和连接器

① 检查项目。
a. 没有受到碰撞的汽车,进行诊断系统检查。
b. 受到碰撞的汽车,进行如下检查。
ⓐ 进行诊断系统检查。
ⓑ 安全气囊系统配线上是否有破裂,或导体是否已暴露出来。
ⓒ 安全气囊系统配线连接器被撞毁或撞碎。
② 更换要求。在下列情况下,更换配线或连接器。
a. 如果在故障排除中发现安全气囊系统配线或连接器任一零件失效。
b. 如果在进行项目检查时发现安全气囊系统配线的任一零件失效。

注意:如果安全气囊系统使用的配线损坏,则将整个配线总成更换。如果连到安全气囊传感器的连接器可单独修理好(若配线上没有任何损坏),则使用为此而专门设计的修理用扒线器。

第四节 帕萨特轿车安全气囊系统故障诊断

一、帕萨特轿车安全气囊系统的诊断与测试

1. 车载诊断(OBD)系统

安全气囊系统装备车载诊断系统(OBD)功能。如果故障存在于监控传感器或其他部件中,表明故障类型的诊断故障码(DTC)保存在诊断故障码存储器内。组合仪表中的气囊故障指示灯点亮。诊断故障码存储在存储器内,且故障指示灯一直点亮,直到用读码器(VAG 1551)检查诊断故障码存储器,并清除DTC。如果气囊已经胀开,诊断故障码存储器记录部件胀开是否恰当。将读码器(VAG 1551)与适配器(VAG 1551/3)连接至转向盘左侧、仪表板左下角的16针数据传输接头(DLC)(图7-18)。如果无显示,则检查读码器的供给电压。

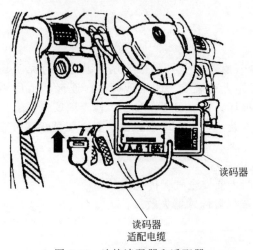

图 7-18 连接读码器和适配器

2. 检查和清除诊断故障码(DTC)存储器

连接读码器(VAG 1551),点火开关置于"ON"位置,按下"1"键,选择快速数据传送。按下"1"和"5",选择气囊代码15,按"Q"键确认输入。用右箭头键通过程序向前滚动。大约5s以后,"Rapid Data Transfer(快速数据传送)和Select Function(选择功能)"将显示。按下"0"和"2"键,选择"Check DTC Memory(检查诊断故障码存储器)"功能02,按"Q"键确认输入。关于显示代码诊断,参见"诊断故障码"。按下"0"和"5"键,选择"Erase DTC Memory(清除诊断故障码存储器)"功能05,按"Q"键确认输入。读码器屏幕右侧"/SP"指示的是间歇性故障。按压"Print(打印)"键,读码器完成打印输出操作。为应用自动测试顺序列,输入"00"并按"Q"键确认输入。

3. 控制模块编码

连接读码器(VAG 1551),点火开关置于"ON"位置。按下"1"键,选择快速数据传送。按下"1"和"5"键,以便选择气囊代码15,按"Q"键确认输入。用右箭头键通过程序向前滚动。大约5s以后。"Rapid Data Transfer(快速数据传送)和Select Function(选择功

能)"将进行显示。按"0"和"7"键,选择"Code Control Module(代码控制模块)"功能 07,按"Q"键确认输入。按汽车配置输入正确的气囊控制模块代码。

00067:美款汽车配置驾驶员侧和乘员侧前气囊。

00066:美款汽车配置驾驶员侧和乘员侧前气囊及侧面气囊。

按"Q"键确认输入。按下键"0"和"6",选择"End Output(结束输出)"功能 06 按"Q"键确认输入。拔出点火开关钥匙。重复程序确保正确的代码。检查系统工作是否正常。

二、帕萨特轿车安全气囊系统诊断故障代码(DTC)

参考气囊系统电路(图 7-19)。

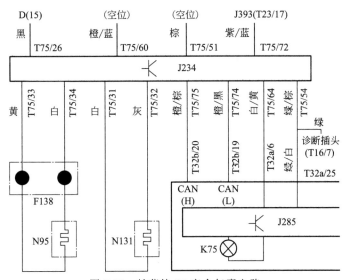

图 7-19 帕萨特 B5 安全气囊电路

1. DTC 00532:供给电压信号过低

(1) 可能原因 蓄电池放电或存在故障;控制模块导线或连接不良。

(2) 纠正措施 充电或更换蓄电池;更换控制模块导线或连接。

2. DTC 00588:驾驶员侧气囊电阻过高或过低,对电源或对地短路

(1) 可能原因 导线或连接不良;盘簧或驾驶员侧气囊故障。

(2) 纠正措施 更换不良的导线或连接;检查盘簧,更换驾驶员侧气囊。

3. DTC 00589:乘员侧气囊电阻过高或过低,对电源或对地短路

(1) 可能原因 导线或连接不良;乘员侧气囊故障。

(2) 纠正措施 更换不良的导线或连接;更换乘员侧气囊。

4. DTC 00595:存储碰撞数据

(1) 可能原因 正面碰撞。

(2) 纠正措施 根据需要更换气囊、控制模块及其他部件。

5. DTC 01025:多功能指示灯不良

(1) 可能原因 导线电路断路,对地短路或对电源短路;气囊故障指示灯泡、组合仪表不良;气囊控制模块不良。

(2) 纠正措施 修理导线;修理导线断路;更换故障指示灯泡;修理组合仪表;更换气囊控制模块。

6. DTC 01217：驾驶员侧侧面气囊电阻过高或过低，对电源短路或对地短路

（1）可能原因　导线或连接不良；气囊故障。

（2）纠正措施　更换不良的导线或连接；更换气囊。

7. DTC 01218：乘员侧侧面气囊电阻过高或过低，对电源短路或对地短路

（1）可能原因　导线或连接不良；气囊故障。

（2）纠正措施　更换不良的导线或连接；更换气囊。

8. DTC 01221：驾驶员侧侧面气囊碰撞传感器电阻过高或过低，对电源短路或对地短路

（1）可能原因　导线或连接不良；碰撞传感器或控制模块故障或不匹配。

（2）纠正措施　更换不良的导线或连接；更换碰撞传感器或控制模块。

9. DTC 01222：乘员侧侧面气囊碰撞传感器电阻过高或过低，对电源短路或对地短路

（1）可能原因　导线或连接不良；碰撞传感器或控制模块故障或不匹配。

（2）纠正措施　更换不良的导线或连接；更换碰撞传感器或控制模块。

10. DTC 01280：乘员侧气囊开关关闭

（1）可能原因　控制模块自适应性发生变化。

（2）纠正措施　改变控制模块自适应性，使2个气囊功能正常。

11. 代码 65535：控制模块故障

（1）可能原因　控制模块不良或电干扰。

（2）纠正措施　检查控制模块线路与连接；检查控制模块代码。

第八章 汽车仪表

第一节 概述

不同汽车仪表板的仪表不尽相同,但是一般汽车的常规仪表有车速里程表、转速表、机油压力表、水温表、燃油表、充电表等。现代汽车上,汽车仪表还需要装置稳压器,专门用来稳定仪表电源的电压,抑制波动幅度,以保证汽车仪表的精确性。另外,大部分仪表显示的依据来自传感器,传感装置根据被监测对象的状态变化而改变其电阻值,通过仪表显示出来。仪表板中最显眼的是车速里程表,它表示汽车的时速,单位是 km/h(千米/小时)。车速里程表实际上由两个表组成,一个是车速表,另一个是里程表(图 8-1)。

为了使驾驶员随时掌握车辆的工作状况,并及时发现和排除潜在的故障,保证行车的安全,在驾驶员座位前方的仪表板上安装有各种仪表。汽车上常用的仪表与各自对应的传感器配合工作。汽车仪表由各种仪表、指示器,特别是驾驶员用警示灯报警器等组成,为驾驶员提供所需的汽车运行参数信息。

图 8-1 汽车仪表界面

一、汽车仪表的分类

1. 按工作原理划分

(1) 机械式仪表 就是基于机械作用力而工作的仪表。

(2) 电气式仪表 就是基于电测原理,通过各类传感器将被测的非电量变换成电信号(模拟量)加以测量的仪表。

(3) 拟电路电子式仪表 其工作原理与电气式仪表基本相同,只不过是用电子器件(分立元件和集成电路)取代原来的电气器件,现在均采用各种专用集成电路。

(4) 数字式仪表 就是由 ECU 采集传感器的信号,将模拟量转换为数字量,经分析处理后控制显示装置的仪表。

2. 按安装方式划分

(1) 组合式仪表 就是将各仪表组合安装在一起。

(2) 分装式仪表 就是将各仪表单独安装。

二、数字仪表的特点

① 指示精度高。数字仪表由于没有机电类仪表的可动部分,所以机械摩擦和变形的影响

极小,只要元器件的质量、性能上没问题,数字仪表比较容易制成很高精准度的仪表,比如深圳科立恒电子有限公司的生产的 KM 显示表,其精度已经达到了 0.01%,代理的 CSS 系列产品已经达到了十万分之一的精确度,而目前一般机电类仪表精准度达 0.1% 已很不容易。

② 重复性好。

③ 使用方便。特别是实验室用便携式、台式仪表,可制成多量程(目前有 -1999~9999 显示量程的 KM 表系)、多功能仪表(可测量电流、电压、频率、功率、线速和转速)。

④ 响应速度快、无抖动、灵敏度高。由于有些数字仪表内多设有各种放大线路或器件,所以可测量较小的信号,如 1mV 左右的电压信号、1mA 左右的电流信号、0.01Hz 的频率信号。

⑤ 可靠性有根本改善。

⑥ 输入阻抗高。数字仪表一般本身有工作电源,除测量电流外,一般阻抗都可以制得较高,使在测量时对被测物理量影响很小。

⑦ 通用性好。

⑧ 抗干扰性能较差。由于数字仪表灵敏度高,其副作用就是抗干扰性能差,外磁场和电场等变化容易引起读数变化。

⑨ 数字仪表的精确度和表示方法不同于指针式仪表。数字仪表一般多以上量限或读数值为基准值的百分数再加上几个数字来表示该表的精确度,比如 KM 系列数显仪表,系统精度为 0.1%(直流)和 0.2%(交流),满刻度为 1 字。一般多功能、多量程的数字多用表的各功能及量程挡位不同时,精确度也不一样。所以在选择和使用数字仪表时应引注意,最好找专门的仪器仪表企业为你选型。

第二节 传统仪表

一、机油压力表

作用:机油压力表用来检测和显示发动机主油道的机油压力的大小,以防因缺机油而造成拉缸、烧瓦的重大故障发生。

组成:它由机油压力传感器和机油压力指示表两部分组成。

分类:机油压力表可分为电热式、电磁式和弹簧式三种。机油压力传感器可分为双金属片式和可变电阻式两种。常用的是电热式机油压力表配电热式机油压力传感器,以及电磁式机油压力表配可变电阻式机油压力传感器。

1. 电热式机油压力表配电热式机油压力传感器

(1) 结构 电热式机油压力表也称双金属片式机油压力表,其与电热式传感器的基本结构如图 8-2 所示。

(2) 原理 当点火开关置于"ON"位置时,电流流过双金属片 4 的加热线圈,双金属片 4 受热变形,使触点分开;随后双金属片 4 又冷却伸直,触点重又闭合。如此反复,电路中形成脉冲电流,其波形如图 8-3 所示。当机油压力降低时,传感器膜片 2 变形小,触点压力小,闭合时间短,打开时间长,变化频率低,电路中平均电流小,双金属片 11 弯曲变形小,指针偏摆角度小,指向低油压;反之,当油压升高时,指针偏摆角度大,指向高油压。

(3) 使用 在安装传感器时,必须使传感器外壳上的箭头(安装记号)向上,不应偏出垂直位置 30°。

发动机低速运转时,机油压力不应小于 0.15MPa;发动机高速运转时,机油压力不应超过 0.5MPa;正常压力应为 0.2~0.4MPa。

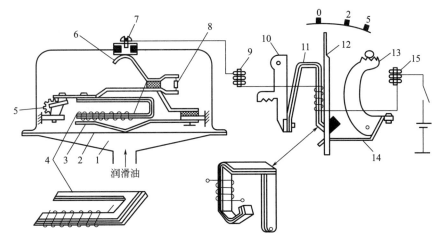

图 8-2 电热式机油压力表配电热式传感器的基本结构
1—油腔；2—膜片；3—弹簧片；4—双金属片；5—调节齿轮；6—接触片；7—传感器接线柱；
8—校正电阻；9—机油压力表传感器接线柱；10,13—调节齿扇；11—双金属片；
12—指针；14—弹簧片；15—机油压力表电源接线柱

2. 电磁式机油压力表配可变电阻式机油压力传感器

（1）结构 电磁式机油压力表与可变电阻式机油压力传感器的基本结构如图 8-4 所示。

（2）原理 当机油压力降低时，可变电阻式机油压力传感器的电阻值增大，线圈 L1 中的电流减小，线圈 L2 中的电流增大，铁磁转子带动指针随合成磁场的方向逆时针转动，指向低油压；当油压升高时，可变电阻式机油压力传感器的电阻值减小，线圈 L1 中的电流增大，线圈 L2 中的电流减小，转子带动指针随合成磁场的方向顺时针转动，指向高油压。

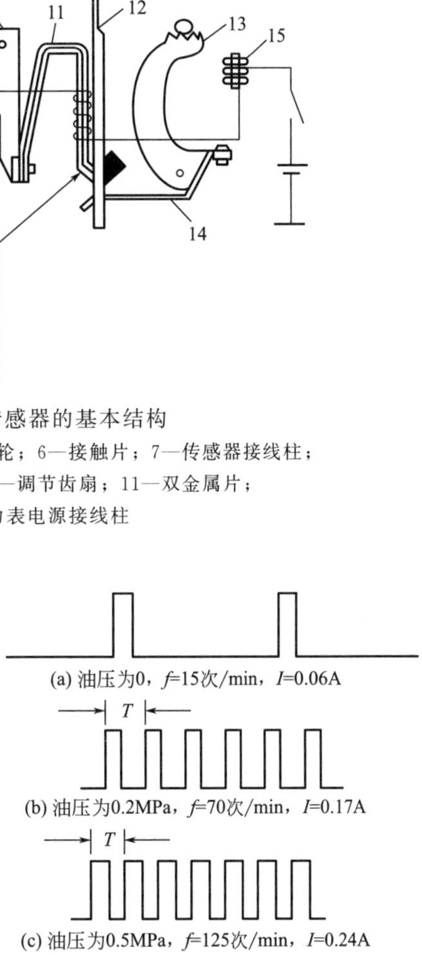

图 8-3 电热式机油压力表加热线圈中
电流的波形

二、冷却液温度表

作用：冷却液温度表用来检测和显示发动机水套中冷却液的工作温度，以防因冷却液温度过高而使发动机过热。

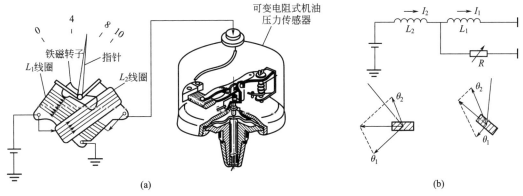

图 8-4 电磁式机油压力表配可变电阻式机油压力传感器的基本结构

分类：冷却液温度指示表可分为电热式、电磁式和动磁式三种，冷却液温度传感器可分为双金属片式和热敏电阻式两种。常用的是电热式冷却液温度表配双金属片式传感器，电热式冷却液温度表配热敏电阻式传感器，以及电磁式冷却液温度表配热敏电阻式传感器三种。

1. 电热式冷却液温度表配双金属片式传感器

（1）结构　电热式冷却液温度表配双金属片式传感器的基本结构如图8-5所示。

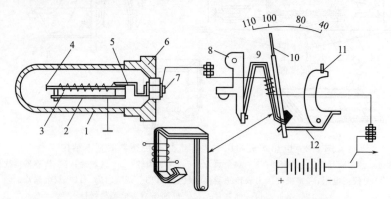

图8-5　电热式冷却液温度表配双金属片式传感器的结构
1—铜壳；2—底板；3—固定触点；4—双金属片；5—接触片；6—外壳；7—接线柱；
8,11—调整齿扇；9—双金属片；10—指针；12—弹簧片

（2）原理　当点火开关置于"ON"位置时，电流流过加热线圈，双金属片4受热变形使触点分离，切断电路；随后双金属片冷却伸直，触点重又闭合，电路又被接通，如此反复，电路中形成脉冲电流。当冷却液温度较低时，双金属片2变形小，触点压力大，闭合时间长，打开时间短，电路中电流的平均值大，该电流流过温度表加热线圈，温度表的双金属片9变形大，指针偏摆角度大，指向低温；反之，当水温较高时，传感器中双金属片2向上翘曲变形大，触点压力小，闭合时间短，打开时间长，电路中电流的平均值小，温度表的双金属片9变形小，指针偏摆角度小，指向高温。

2. 电热式冷却液温度表配热敏电阻式传感器

（1）结构　其基本结构如图8-6所示。热敏电阻式传感器的主要元件为负温度系数的热敏电阻。

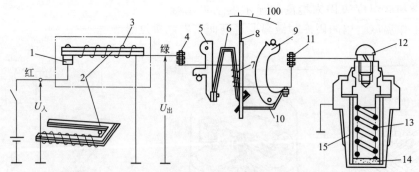

图8-6　电热式冷却液温度表配热敏电阻式传感器的结构
1—触点；2—双金属片；3,7—加热线圈；4,11,12—接线柱；5,9—调解齿扇；
6—双金属片；8—指针；10,13—弹簧；14—热敏电阻；15—外壳

（2）原理　当点火开关置于"ON"位置时，电流从蓄电池正极→点火开关→电源稳压器→温度表双金属片6的加热线圈7→传感器接线柱12→热敏电阻14→外壳15→搭铁→蓄电池负极。

当发动机冷却液温度较低时,传感器的热敏电阻阻值大,电路中电流的平均值小,温度表的双金属片弯曲变形小,指针指向低温;反之,当冷却液温度升高时,热敏电阻阻值小,电路中电流的平均值大,温度表的双金属片弯曲变形大,指针指向高温。

由于电源电压变化影响仪表读数的准确性,因此在这种电路中需配有电源稳压器。稳压器输出一脉冲电压,其电压波形如图8-7所示。当电源电压变化时,输出电压平均值保持稳定。该电源稳压器的输出电压为8.64V±0.15V。

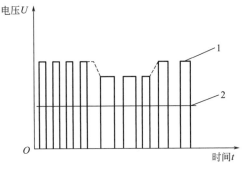

图8-7 电源稳压器的电压波形
1—输入电压$U_入$;2—输出电压$U_出$

3. 电磁式冷却液温度表配热敏电阻式温度传感器

(1) 结构　其结构如图8-8所示。

(2) 原理　当点火开关置于"ON"位置时,左、右两线圈通电,各形成一个磁场,同时作用于软铁转子,转子3便在合成磁场的作用下转动,使指针指在某一刻度上。当冷却液温度降低时,传感器热敏电阻阻值增大,线圈2中电流变小,合成磁场逆时针转动,使指针指在低温处;反之,当冷却液温度升高时,传感器热敏电阻阻值减小,线圈2中电流增大,合成磁场顺时针转动,使指针指在高温处。

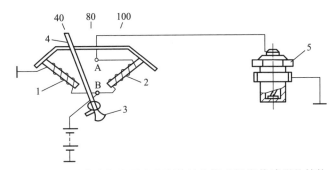

图8-8 电磁式冷却液温度表配热敏电阻式温度传感器的结构
1—左线圈;2—右线圈;3—转子;4—指针;5—热敏电阻温度传感器;A,B—接线柱

三、燃油表

作用:燃油表用来指示燃油箱内燃油的储存量。

分类:燃油表有电磁式、动磁式和电热式三种,传感器均为可变电阻式。

1. 电磁式燃油表与可变电阻式传感器

(1) 结构　其结构如图8-9所示。

(2) 原理　当点火开关置于"ON"位置时,电流由蓄电池正极→点火开关11→燃油表接线柱→10→左线圈1→接线柱9→右线圈2→搭铁→蓄电池负极。同时电流由接线柱9→传感器接线柱8→可变电阻5→滑片6→搭铁→蓄电池负极。左线圈1和右线圈2形成合成磁场,转子3就在合成磁场的作用下转动,使指针指在某一刻度上。当油箱无油时,浮子下沉,可变电阻5上的滑片6移至最右端,可变电阻5被短路,右线圈2也被短路,左线圈1的电流达最大值,产生的电磁吸力最强,吸引转子3,使指针停在最左面的"0"位上。随着油箱中油量的增加,浮子上浮,带动滑片6沿可变电阻滑动。可变电阻5部分接入电路,左线圈1电流相应减小,而右线圈2中电流增大。转子3在合成磁场的作用下向右偏转,带动指针指示油箱中的燃油量。如果油箱半满，指针指在"1/2"位；当油箱全满时，指针指在"1"位。

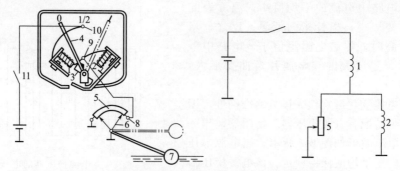

图 8-9　电磁式燃油表配可变电阻式燃油量传感器的结构
1—左线圈；2—右线圈；3—转子；4—指针；5—可变电阻；6—滑片；7—浮子；8～10—接线柱；11—点火开关

2. 动磁式燃油表配可变电阻式燃油量传感器

(1) 结构　如图 8-10 所示，左线圈 1 和右线圈 2 互相垂直地绕在一个矩形塑料架上，塑料套筒轴承和金属轴穿过交叉线圈，金属轴上装有永磁铁转子 3，转子上连有指针 4。

(2) 原理　工作原理与电磁式燃油表基本相同。

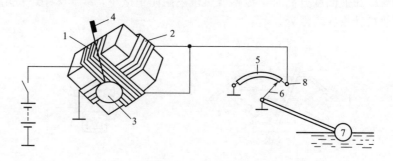

图 8-10　动磁式燃油表配可变电阻式燃油量传感器的结构
1—左线圈；2—右线圈；3—永久磁铁转子；4—指针；5—可变电阻；6—滑片；7—浮子；8—接线柱

3. 电热式燃油表配可变电阻式燃油量传感器

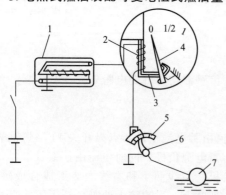

图 8-11　电热式燃油表配可变电阻式燃油量
传感器的结构
1—稳压器；2—加热线圈；3—双金属片；4—指针；
5—可变电阻；6—滑片；7—浮子

(1) 结构　电热式燃油表的基本结构和工作原理与电热式机油压力表相同，仅表盘刻度不同。电热式燃油表配用可变电阻式传感器，需串联一个稳压器，其基本结构如图 8-11 所示。

(2) 原理　当油箱无油时，浮子下沉，滑片 6 处于可变电阻 5 的最右端，传感器的电阻全部串入电路中，此时电路中电流最小，燃油表加热线圈 2 发热量小，双金属片 3 变形小，带动指针 4 指在"0"位。当油箱内油量增加时，浮子上升，滑片向左移动，串入电路中的电阻减小，电路中的电流增大。燃油表加热线圈 2 发热量大，双金属片 3 变形增大，带动指针 4 向右偏转。当油箱充满时，滑片移至最左端，将可变电阻短路，此时电路中电流最大，指针偏到最右边，指在"1"处。

四、车速里程表

作用：车速里程表是用来指示汽车行驶速度和累计行驶里程数的仪表。

分类：磁感应式、电子式。

1. 磁感应式车速里程表

（1）结构 磁感应式车速里程表由变速器（或分动器）内的蜗轮蜗杆经软轴驱动，其基本结构如图8-12所示。车速表是由与主动轴紧固在一起的永久磁铁1，带有轴及指针6的铝碗2，磁屏3，以及紧固在车速里程表外壳上的刻度盘5等组成。里程表由蜗轮蜗杆机构和六位数字的十进位数字轮组成。

（2）原理

① 车速表工作原理。不工作时，铝碗2在盘形弹簧4的作用下，使指针指在刻度盘的零位。当汽车行驶时，主动轴带着永久磁铁1旋转，永久磁铁的磁力线穿过铝碗2，在铝碗2上感应出涡流，铝碗在电磁转矩作用下克服盘形弹簧的弹力，向永久磁铁1转动的方向旋转，直至与盘形弹簧弹力相平衡。由于涡流的强弱与车速成正比，指针转过角度与车速成正比，指针便在刻度盘上指示出相应的车速。

② 里程表工作原理。汽车行驶时，软轴带动主动轴，主动轴经三对蜗轮蜗杆（或一套蜗轮蜗杆和一套减速齿轮系）驱动里程表最右边的第一数字轮。第一数字轮上的数字为1/10km，每两个相邻的数字轮之间的传动比为1:10。即当第一数字轮转动一周，数字由9翻转到0时，便使相邻的左边第二数字轮转动1/10周，成十进位递增。这样汽车行驶时，就可累计出其行驶里程数，最大读数为99999.9km。

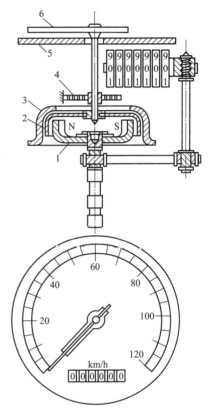

图8-12 磁感应式车速里程表的结构
1—永久磁铁；2—铝碗；3—磁屏；
4—盘形弹簧；5—刻度盘；6—指针

2. 电子式车速里程表

电子式车速里程表主要由车速传感器、电子电路、车速表和里程表四部分组成。

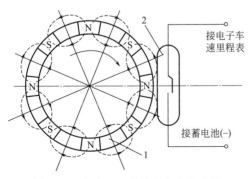

图8-13 奥迪100型轿车车速传感器
1—塑料环；2—舌簧开关管

（1）车速传感器（图8-13） 其作用是产生正比于车速的电信号。它由一个舌簧开关和一个含有4对磁极的转子组成。变速器驱动转子旋转，转子每转一周，舌簧开关中的触点闭合、打开8次，产生8个脉冲信号，该脉冲信号频率与车速成正比。

（2）电子电路（图8-14） 其作用是将车速传感器送来的电信号整形、触发，输出一个电流大小与车速成正比的电流信号。其基本组成主要包括稳压电路、单稳态触发电路、恒流源驱动电路、64分频电路和功率放大电路。

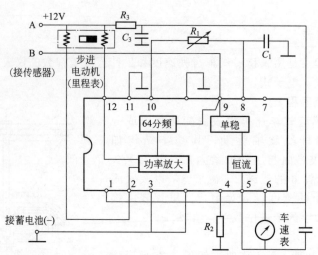

图 8-14 奥迪 100 型轿车电子式车速里程表电子电路

（3）车速表　它是一个电磁式电流表，当汽车以不同车速行驶时，从电子电路接线端 6 输出的与车速成正比的电流信号便驱动车速表指针偏转，即可指示相应的车速。

（4）里程表（图 8-15）　它由一个步进电动机和六位数字的十进位数字轮组成。车速传感器输出的信号，经 64 分频后，再经功率放大器放大到足够的功率，驱动步进电动机，带动数字轮转动，从而记录行驶的里程。

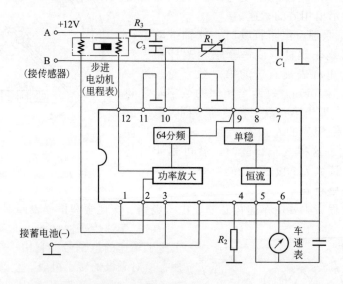

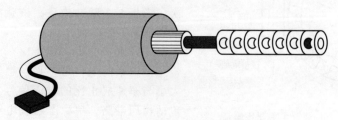

图 8-15 奥迪 100 型轿车电子式车速里程表

五、发动机转速表

（1）作用　发动机转速表用于指示发动机的运转速度。

（2）分类　常用的转速表有机械式和电子式两种。

（3）组成　电子式转速表获取转速信号的方式有三种，即取自点火系统、发动机的转速传感器和发电机。如图 8-16 所示为桑塔纳轿车取自点火系统的转速表电路原理。

（4）原理　当初级电路导通时，三极管 VT 截止，电容 C_2 被充电，充电电流由蓄电池正极→点火开关→电阻 R_3→电容 C_2→二极管 VD_2→蓄电池负极。当初级电路截止时，三极管 VT 导通，电容器 C_2 放电，放电电流通过三极管 VT→电流表→二极管 VD_1。当发动机工作时，点火系初级电路不停地导通与截止，电容 C_2 不停地充放电。因为初级电路通断的次数与发动机转速成正比，所以电流表中电流平均值与发动机转速成正比，从而可用电流平均值标定发动机的转速。

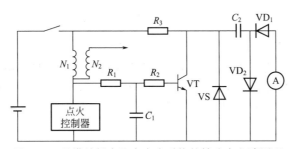

图 8-16　桑塔纳轿车取自点火系统的转速表电路原理

六、充电表

充电表显示发电机与蓄电池之间的充放电状态，有电流表和电压表之分。以前的汽车多数是用电流表，它有一块永久磁铁，使固定在支点上的指针保持在中间位置，有线圈环绕在支点周围，当有电流通过线圈时会感应出磁场，指针在磁场作用下左右摆动，摆动方向取决于电流流经线圈的方向。因此电流表串联在蓄电池与发电机之间，当发电机向蓄电池充电时，仪表显示正（＋）极，若蓄电池向负载放电量大于发电机的充电量，则显示负（－）极。由于电流表接线柱承受电流比较大，因此不太安全，当发动机运转时，充电灯接地线路连通，充电灯发亮；当发动机未运转时，充电灯接地线路被断开，充电灯熄灭；如果充电灯仍然亮时，说明充电系统有故障。

七、仪表稳压器

为了提高仪表的显示精度，避免当电源电压发生变化时带来的不良影响，现代汽车在仪表电路中都串装仪表稳压器，常用的有电热式和电子式两类。

1. 电热式仪表稳压器

（1）结构　[图 8-17(a)]　电热式仪表稳压器由双金属片、常闭触点、电热丝、座板和外壳等组成。双金属片上的电热丝一端搭铁，另一端焊在双金属片上。双金属片的一端是活动触点，另一端用铆钉固定在调节片上。调节片的一端也用铆钉固定并且与电源接线相连。调节螺钉可调节两触点之间的压力。

（2）工作原理　[图 8-17(b)]　当电源电压偏高时，电热丝中的电流增大，双金属片迅速加热，触点很快断开，断开的触点需要较长时间冷却才能闭合，这样触点闭合时间短，断开时间长，从而将偏高的电源电压降低为某一输出电压的平均值。

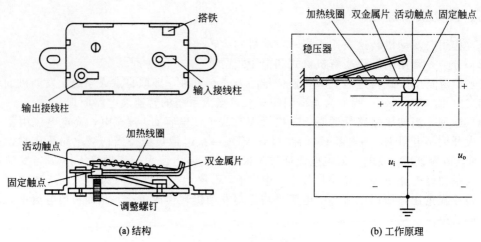

图 8-17 电热式仪表稳压器

2. 电子式仪表稳压器

电子式仪表稳压器主要采用汽车专用的三端集成稳压块，它具有结构简单、成本低、稳压效果好、使用寿命长等优点，故被广泛应用。如图 8-18 所示为桑塔纳、奥迪轿车仪表板专用的三端式电子稳压器。"1"为输出脚，"⊥"脚为搭铁，"2"为电源输入端。该稳压器的输出电压为 9.5～10.5V。

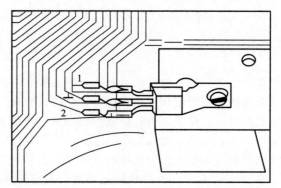

图 8-18 桑塔纳、奥迪轿车仪表板专用的电子式稳压器

第三节 数字仪表

数字仪表是用数字显示被测值的仪表，把测量转化为数字量并以数字形式显示出来。工业测量中被测量为位移、电流、电压、空气压等模拟量，经模数转换器，把模拟量换成数字量（简称模数转换）。数字仪表以数字的形式显示，被测量读数直观，一般包括用标度盘和指针指示电量，用电磁力为基础的测量线路，模数转换和数字显示三部分。数字仪表是随电子技术的进步而发展起来的。第一台数字电压表于 1952 年问世，采用电子管电路控制继电器工作。以后，数字仪表又采用半导体电路。20 世纪 70 年代以来随着集成电路的出现，较简单的数字式面板表、小型多用表中只用几块集成电路芯片。80 年代已出现具有很高计量性能的微机化数字电表。

数字仪表按用途分为数字电压表、数字频率表、数字功率表、数字相位表、数字多用表等。如图 8-19 所示为数字仪表的典型电路。其中输入电路具有衰减、放大、整形等功能，使被测信号适合于后面的转换电路；转换电路将被测信号进一步变换成正比于该信号的电脉冲数或频率；计数电路记录电脉冲数或测定信号的频率；测量结果由显示电路用数字显示出，或以某种编码形式输出；基准电路产生标准电压值或标准时间间隔，并送入转换电路，以实现

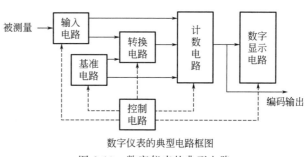

图 8-19　数字仪表的典型电路

被测信号的准确转换；控制电路对上述 5 个电路实施协调一致的控制，使电表在启动之后自动完成重复测量。转换电路是数字仪表的核心，输入电路和基准电路的质量对准确度有较大的影响。不同的数字仪表具有不同的转换电路，其他电路则大同小异。

数字仪表的准确度高、测量速度快、读数方便、输入阻抗高。有些数字仪表还具有自动量程切换、编码输出、通过接口电路与其他仪表或计算机连接等功能。数字仪表不用指针指示，没有读数视差和估读误差，但存在末位半个字的显示误差。

一、电子显示器件

1. 真空荧光管（VFD）

（1）结构　VFD 是最常用的发光型显示器，其结构如图 8-20 所示，钨灯丝为阴极，接电源负极；涂有荧光物质的屏幕为阳极，接电源正极，其上制有若干字符段图形，每个字符段由电子开关单独控制通电状态；栅格置于灯丝和屏幕之间；整个装置密封在被抽真空的玻璃罩内。

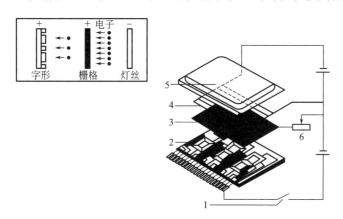

图 8-20　真空荧光管（VFD）的结构

1—电子开关；2—涂有荧光物质的屏幕（阳极）；3—栅格；4—钨灯丝（阴极）；5—玻璃罩；6—电位器（亮度调节）

（2）原理（图 8-21）　当钨灯丝 1 通电时，灯丝发热，释放电子，电子被电位较高的栅格 2 吸引，并穿过栅格，均匀地打在电位最高的屏幕字符段 3 上。凡是由电子开关控制通电的字符段受电子轰击后均发亮，而未通电的字符段则发暗。这样通过控制字符段通电状态，就可形成不同的显示数字。

2. 液晶显示器（LCD）

（1）结构　LCD 是最常用的非发光型显示器，其结构如图 8-22 所示。前玻璃板 2 和后玻璃板 3 之间加有一层液晶，外表面贴有垂直偏光镜 1 和水平偏光镜 4，最后面是反射镜 5。

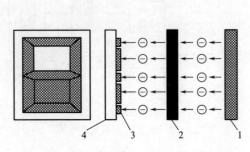

图 8-21 真空荧光管（VFD）的工作原理
1—钨灯丝（阴极）；2—栅格；3—字符段（阳极）；4—屏幕

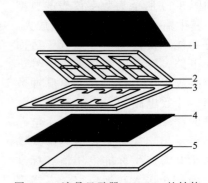

图 8-22 液晶显示器（LCD）的结构
1—垂直偏光镜；2—前玻璃板；3—后玻璃板；4—水平偏光镜；5—反射镜

（2）原理（图 8-23） 当液晶不加电场时，液晶的分子排列方式可将来自垂直偏光镜的垂直方向的光波旋转 90°，再经水平偏光镜后射到反射镜上，经反射后按原路回去，这时透过垂直偏光镜看液晶时，液晶呈亮的状态。

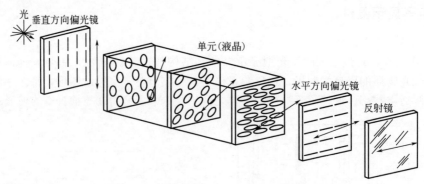

图 8-23 液晶显示器（LCD）的工作原理

当液晶加电场时，液晶的分子排列方式改变，不能将来自垂直偏光镜的垂直方向的光波旋转，不能通过水平偏光镜达到反射镜，这时透过垂直偏光镜看液晶时，液晶呈暗的状态。这样将液晶制成字符段，通过控制每个字符段的通电状态，就可使液晶显示不同的字符。

二、显示器显示方法

1. 字符段显示法（图 8-24）

由七段、十四段或十七段小线段组成数字或字符显示，每段都由电子电路选择并控制明暗。

2. 点阵显示法（图 8-25）

由成行列排列的点阵元素组成数字或字符，各点阵元素都是由电子电路选择并控制明暗。

3. 特殊符号显示法

利用一些形象直观的国际标准 ISO 符号显示的方法（图 8-26）。

4. 图形显示法

图形显示法就是利用图形显示的方法。如图 8-27 所示为用发光二极管作图形显示。在汽车顶视外观图的某些部位装有发光二极管显示装置，当某个部位出现故障时，传感器即向电子控制组件提供信息，控制发光二极管上的电压，使其闪光。

(a) 七字符段

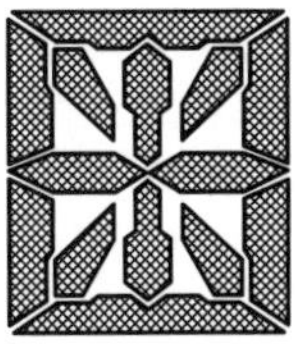

(b) 十四字符段

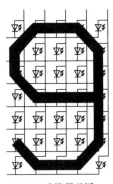

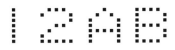

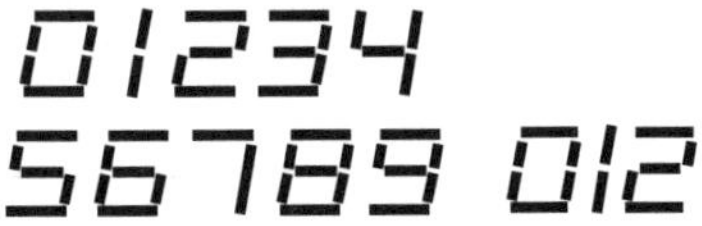

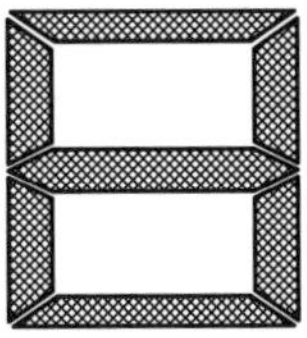

01234
56789 012

(c) 七字符段显示的数字

AXWZ

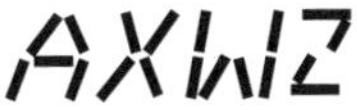

(d) 十四字符段显示的数字和字母

图 8-24　字符段显示法

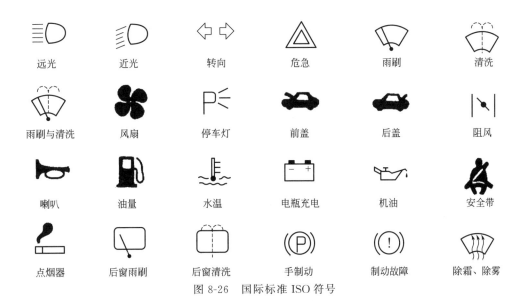

(a) 5×7点阵显示板

12AB

(b) 5×7点阵显示的数字和字母

图 8-25　点阵显示法

远光
近光
转向
危急
雨刷
清洗
雨刷与清洗
风扇
停车灯
前盖
后盖
阻风
喇叭
油量
水温
电瓶充电
机油
安全带
点烟器
后窗雨刷
后窗清洗
手制动
制动故障
除霜、除雾

图 8-26　国际标准 ISO 符号

如图 8-28 所示为利用杆图显示燃油量。用 32 条亮杆代表燃油量，当满油时，32 条亮杆都亮；当燃油量减少时，发亮亮杆数量减少；当燃油量减至 3 条发亮亮杆时，燃油量不足符号闪烁，提醒应该加油了。

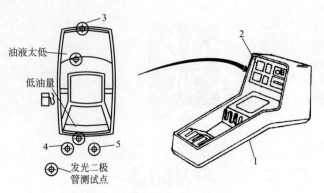
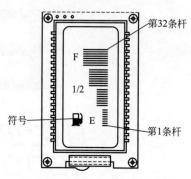

图 8-27 用发光二极管作图形显示

1—座架；2—图形显示警告器；3—大灯；4—尾灯；5—制动灯

图 8-28 利用杆图显示燃油量

如图 8-29 所示为利用光条图显示燃油量的方法。

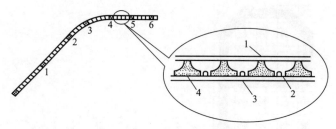

图 8-29 利用光条显示燃油量

1—漫射器；2—发光二极管；3—印制电路板；4—分隔器

三、数字仪表控制电路

1. 分装式数字仪表

分装式数字仪表具有各自独立的控制电路，如图 8-30 所示为数字燃油表的控制电路。

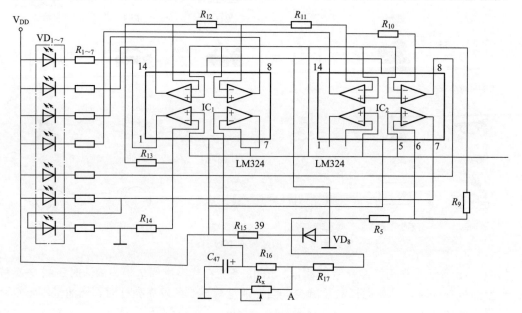

图 8-30 数字燃油表的控制电路

如图 8-31 所示为微机控制的燃油表系统。

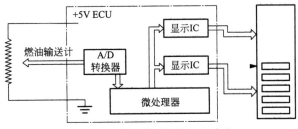

图 8-31　微机控制的燃油表系统

2. 组合式数字仪表

单片机控制的汽车智能组合仪表如图 8-32 所示。

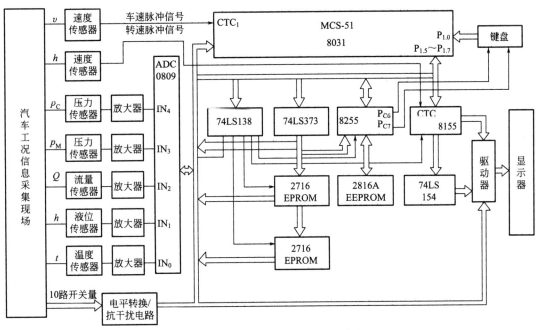

图 8-32　单片机控制的汽车智能组合仪表

3. 综合信息系统

综合信息系统就是将各种仪表、报警装置和舒适性控制器组合到一起而形成的系统。燃油数据中心如图 8-33 所示。

图 8-33　燃油数据中心

第四节　帕萨特 B5 轿车数字仪表的故障自诊断

为了使汽车处于良好的工作状态，及时发现和排除可能出现的故障，汽车上均安装了各种电器仪表。现在的新型轿车许多都采用了数字式仪表，上海大众帕萨特 B5 系列轿车就采用了数字式组合仪表。

在对帕萨特 B5 系列轿车数字式仪表系统进行故障自诊断之前，要确保电源电压正常，也就是要求供电电压不应小于 9.5V，数字式仪表系统的熔丝完好，搭铁可靠。

一、维修注意事项

① 该组合仪表是整体不可拆的，某仪表有故障，必须整体更换。

② 更换前应使用 VAG 1551 故障阅读仪查询故障存储器，读取维护间隔显示的数值，查询收音机电子防盗系统编码。

③ 更换组合仪表后，必须填写故障单，与组合仪表一起送回，并且退回，只能使用原件包装。

④ 对于新换的组合仪表，必须使用 VAG 1551 故障阅读仪设置车速里程表读数和维护间隔显示。

⑤ 检修仪表时，必须首先进行自诊断，使用 VAG 1551 故障阅读仪或者 VAG 1552 故障阅读仪读取存入信息。

⑥ 进行维修工作之前应解除安全气囊系统，否则，不允许施加电能至转向管柱上的任何部件。

二、组合仪表的自诊断基本步骤

诊断前应确保电源电压正常（至少 9.0V），熔丝正常，接地线良好。

1. 进入车载诊断系统功能模式

点火开关置于"OFF"位置，参照图 8-34，将适配器电缆（VAG 1551/3）一端连于读码器，一端连于 DLC 接头。

点火开关置于"ON"位置，按下"PRINT"键接通打印机，按下"1"键，进入"快速数据传输"模式。

输入地址字 17，进入"组合仪表"模式。

按下"Q"键确认输入正确。

按下"→"键，进入车载诊断系统功能模式。至此，可按表 8-1 选择输入期望的功能模式式，转入相应的程序。

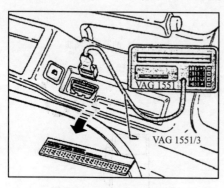

图 8-34　连接适配器电缆

表 8-1　功能模式说明

功能模式	说明
01	查询控制单元版本
02	查询故障码存储器
03	部件诊断
05	清除故障码存储器
06	结束输出
07	对组合仪表编码
08	读出测量数据块
10	匹配 01-59

2. 输出诊断

输入功能代码 03，进入"输出诊断"功能模式。

按下"Q"键确认输入。

按下"→"键，仪表将扫过全部量程并移至预设位置（表 8-2）。

继续按下"→"键，将完成对其他部件的诊断。

3. 清除故障码存储器

输入功能代码 05，进入"清除故障代码存储器"功能模式。

按下"Q"键确认输入，故障存储器即被清除。

表 8-2 仪表预设位置

仪表	预设位置
冷却液温度表/℃	88℃
发动机转速表/(r/min)	3000
车速里程表/(km/h)	105
燃油表	1/2

4. 结束输出

输入功能代码 06，进入"结束输出"功能模式。

按下"Q"键确认输入，退出车载诊断系统。

点火开关置于"OFF"位置，断开 VAG 1551 故障阅读仪并安装数据传输接头（DLC）的护盖。

5. 对组合仪表编码

输入功能代码 07，进入"对组合仪表编码"功能模式。

按下"Q"键确认输入。

根据编码表输入代码编号，并按下"Q"键确认输入。

按下"→"键，直至返回选择功能模式。

6. 读取测量数据块

输入功能代码 08，进入"读取测量数据块"功能模式。

按下"Q"键确认输入。

输入显示组号，例如输入"002"，并按下"Q"键确认输入，即显示数据块 2 的数据。

7. 匹配

燃油表的匹配过程如下。

如果燃油表显示的油量太高或太低（燃油表和传感器无故障），就可以使用该功能进行校正。

点火开关置于"OFF"位置，完全倒空燃油箱，然后装入 10L 燃油。

输入功能代码 10，进入"匹配"功能模式，并按下"Q"键确认。

按表 8-3 输入通道号 30，并按下"Q"键确认输入。

按下"1"键或"3"键，调整匹配值。

如果指针指在右边红色标志上时，那么燃油表匹配正确，此时按下"Q"键确认输入，存储已修改的匹配值。

按下"→"键，结束燃油表匹配，回到选择功能模式。

表 8-3 匹配通道号

匹配通道号	匹配功能模式
03	燃油消耗指示的校正
04	适用于导航显示设备的语言种类的编码(仅适用于高档仪表)
09	里程计数器的匹配
10	适用于更换机油维护(OEL)里程计数器的维护间隔数据
11	适用于里程检验(INSP)里程计数器的维护间隔数据
12	适用于时间检验(INSP)里程计数器的维护周期数据
30	燃油储存量的匹配

三、帕萨特 B5 轿车组合仪表自诊断

帕萨特 B5 轿车组合仪表根据不同车辆装备有两种形式：带有转速表和数字钟（数字时）或带有转速表和多功能显示器的中档类型；带有转速表、多功能显示器和具备导航的高档型。

帕萨特 B5 轿车组合仪表不许拆开，警告灯只能连同灯泡更换，在其他的故障情况下，必须更换组合仪表。里程状态和维护-间隔-显示可以在更换组合仪表时经过 VAG 1551 故障阅读仪加以设置。

帕萨特 B5 轿车组合仪表由一台微处理机进行控制并且可以进行自诊断。如果受监控的传感器或部件中出现故障的话，那么这些带有故障类别说明的故障就在故障码存储器中加以存储。存储器同时可以存储最多 4 个故障码。如果有时出现的故障码在紧接着的 50 个启动过程之内不再出现的话，那么系统就自动清除它们。在故障查询开始时，必须进行自诊断，并且存入的信息必须使用 VAG 1551 故障阅读仪或者 VAG 1552 故障阅读仪进行查询。

1. 查询版本

进行自诊断时要保证所有熔丝正常及电源电压正常（至少 9.0V）。

① 用 VAG 1551/3 电源线接通故障阅读仪 VAG 1551。在手动制动杆附近右边诊断转接插接器上面取出罩盖，把 VAG 1551/3 电源线的插头插到诊断转接器上。屏幕显示：

```
V. A. G-自诊断        帮助
1-快速数据传输 *
2-闪烁代码输出 *
```

* 交替地显示。

② 接通点火开关。使用打印按钮接通打印机（按钮中的控制灯发光）。按下用于"快速数据传输"操作状态的按钮 1。屏幕显示：

```
快速数据传输         帮助
输入地址码   ××
```

③ 按下键 1 和 7。使用"17"输入"组合仪表"地址码。屏幕显示：

```
快速数据传输         Q
17-组合仪表
```

④ 使用 Q 键确认输入。屏幕显示：

```
快速数据传输         Q
测仪器发送地址码 17
```

2. 查询控制单元版本

① 屏幕显示：

```
3B091988 B5-KOMBIINSTR M73 VA2→
编码 00042              WSC00000
```

上行表示控制单元的零件号，系统名称（组合仪表），生产商代码：M73＝Magneti-Marelli；VDO＝VDO 版本号。

下行表示发动机、传动机构和制动装置的编码号及存储在自动控制单元的经销商编号。

② 按下"→"键，屏幕显示：

```
IMMO-IDENTNR：         →
VWZ5 ZOT4311017
```

在 Magneti-Marelli 组合仪表中显示的是 IMMO-IDENTNNR：VWZ5。VDO 组合仪表则使用 IMMO-IDENTNNR：VWZ7 标识。

③ 按"→"键，屏幕显示：

```
快速数据传输         帮助
选择功能××
```

在按下"帮助"键后，打印出一个可选择的功能一览表（表 8-4），若不选择按钮，在功能结束后 VAG 1551 返回到起始位置（原始位置）。

表 8-4　可选择的功能一览表

代码	功能
01	查询控制单元版本
02	查询故障码
03	控制单元诊断
05	清除故障存储代码
06	结束输出
07	对控制单元编码
08	读取测量数据块
10	匹配

3. 查询故障代码

① 连接故障阅读仪 VAG 1551，选择功能，屏幕显示：

```
快速数据传输         帮助
选择功能××
```

② 按下键 0 和 2，选择"查询故障码"功能，屏幕显示：

```
快速数据传输          Q
02-查询故障码
```

③ 使用 Q 键确认输入。在屏幕上显示出存储的故障数量。屏幕显示：

```
识别出×个故障！
```

然后依次显示或打印输出存储的故障。

④ 使用打印输出的故障进入查询故障表,排除故障并且清除故障码。在"未发现故障"情况下,屏幕显示:

```
未发现故障!          →
```

⑤ 操作"→"按钮之后返回到起始位置(原始位置)中。屏幕显示:

```
快速数据传输      帮助
选择功能××
```

如果在显示器中显示不一样,可参考故障阅读仪的使用说明书。

⑥ 结束输出(功能06)。断开点火开关,并且拔出诊断器插头。

4. 清除故障码

① 在故障存储器查询进行之后,屏幕显示:

```
快速数据传输      帮助
选择功能××
```

② 按下键 0 和 5。使用 05 "清除故障码"功能。屏幕显示:

```
快速数据传输        Q
05-清除故障码
```

③ 使用 Q 键确认输入。屏幕显示:

```
快速数据传输        Q
故障码已被清除!
```

④ 至此,故障存储代码已被清除。按下"→"按钮。屏幕显示:

```
快速数据传输      帮助
选择功能××
```

⑤ 如果在屏幕上显示:

```
注意!
未查询故障码
```

或

```
快速数据传输        →
未查询故障码
```

那么故障查询功能流程就是不正确的。应该先查询故障码,如果必要的话消除故障,然后清除故障码。在清除故障码之后,自动地输出其内容。如不能清除故障码,则需要重新查询故障码,并且清除故障码。

5. 结束输出

① 按下键 0 和 6。使用 06 选择"结束输出"功能。屏幕显示:

```
快速数据传输        Q
06-结束输出
```

② 使用 Q 键确认输出。屏幕显示:

```
快速数据输入        帮助
输入地址码××
```

③ 断开点火开关。断开用于 VAG 1551 故障阅读仪的插座连接。

6. 帕萨特 B5 轿车组合仪表故障码表

组合仪表的故障码见表 8-5 所列。表 8-5 列出 5 位数故障码的所有故障,这些都是可以由仪表控制单元 J285 识别并由 VAG 1551 打印输出的故障。在更换部件之前,检查这些部件的电源线和插头连接以及接地。在修理之后,必须重新使用 VAG 1551 故障阅读仪来查询和清除故障码。

表 8-5 组合仪表的故障码表

故障码	故障现象	故障原因	故障排除
01039 冷却液温度指示传感器 G2 -在接地后短路 -目前不可试验的	最小的冷却液温度指示值(读数值)	-G2 和组合仪表之间的线路断路或短路 -冷却液温度传感器 G2 有故障 -冷却液温度在 0℃之下	-按照电路图查找故障 -更换冷却液温度传感器 G2 -使车辆运行 15min,并且重新查询故障代码
01086 车速传感器 G22 -信号过大	不正确的(错误的)速度指示	-车速传感器 G22 有故障	-更换车速传感器 G22
00771 汽油液面指示传感器 G -在组合仪表后断路/短路 -在接地后短路	汽油存量指示值 0,汽油存量的报警信号灯闪亮	-G 和组合仪表之间的线路断路或短路 -汽油液面指示传感器 G 有故障	-按照电路图查找故障 -更换汽油液面指示传感器 G
00779 外界环境温度传感器 G17 -断路/短路 -在接地后短路	外界温度指示器无指示值	-线路断路、短路 -传感器 G17 有故障	-按照电路图查找故障 -更换传感器 G17
65535 控制单元故障	组合仪表有缺陷		更换综合仪表
其他故障码	如果显示的故障码没有包括在本故障表中,则参见防盗装置的自诊断部分		

7. 组合仪表执行部件诊断

执行部件诊断是电气试验的一个部分。经过执行部件诊断可以检查车速表、转速表、冷却液温度指示器、汽油液面指示器、显示器显示(里程显示、多功能显示、数字时钟)和油压报警蜂鸣器等。在中档组合仪表中，还可以检查汽油存量的指示灯、冷却介质温度指示/冷却介质缺乏指示的指示灯、机油压力的指示灯、适用于双回路制动和手制动的指示灯，以及所有适用于车辆的各种选装设备的指示灯。在高档组合仪表中，还可以检查适用于指示灯和导航的显示设备。

如果部件诊断中出现过一个故障的话，则必须更换组合部件；如果部件没有出现过故障的话，则必须检查用于组合仪表的电源线和插头连接。

需要注意的是，在发动机运转或车辆行驶情况下不可以进行或中断组合仪表的部件诊断；VAG 1551 诊断仪的 C 按钮可以在任何时候退出测试功能流程。

① 接通 VAG 1551 故障阅读仪，选择"快速数据传输"操作状态1，接通点火开关，并且输入"组合仪表"地址码17。屏幕显示：

```
快速数据传输          帮助
选择功能××
```

② 按下键 0 和 3，使用 03 选择"执行机构诊断"功能。屏幕显示：

```
快速数据传输          Q
03-执行部件诊断
```

③ 使用 Q 键确认输入。无任何显示并且所有必须检查的指示灯都应熄灭。屏幕显示：

```
快速数据传输          →
模拟显示
```

④ 在按下 Q 键之后，同时做如下的模拟显示试验：冷却液温度指针摆动经过整个指示范围（读数范围）；转速计指针摆动经过整个指示范围（读数范围）；车速表指针摆动经过整个指示范围（读数范围）；汽油液位指示器指针摆动经过整个指示范围（读数范围）。

在指示范围显示之后显示如下的固定值。

冷却液温度显示　　90℃
转速表　　　　　　3000r/min
车速表　　　　　　100km/h
汽油液面显示　　　1/2

⑤ 按下"→"键。屏幕显示：

```
执行部件诊断          →
组合仪器控制灯试验
```

对于中档组合仪表，适用于冷却液温度指示/冷却液缺乏（不足）指示、双回路装置和手动装置的指示灯、油压的指示灯以及汽油液面的指示灯。

⑥ 按下"→"键。屏幕显示：

```
执行部件诊断          →
报警声
```

同时油压报警蜂鸣器被激活，间隔地响起一个报警声音。

⑦ 按下"→"键。屏幕显示：

```
执行部件诊断        →
字段检测
```

对于中档组合仪表，所有速度指示器和转速表中的液晶显示被激活，并且可见。

对于高档组合仪表，可以看见所有显示设备的字段。上面的指示范围为红色。下面的指示范围为绿色。

⑧ 按下"→"键。屏幕显示：

```
执行部件诊断        →
冷却介质-超温试验
```

安全断路空调压缩机断开大约5s以后启动（在装有空调设备的车辆）。另外对于带有制造厂代码M73的组合仪表，组合仪表中过热报警在安全断路之后大约5s激活和闪亮。同时响起一声报警信号。

⑨ 按下"→"键。对于带有制造厂代码VDO的组合仪表，屏幕显示：

```
功能是未知的或       →
此刻不能记忆输出
```

⑩ 通过操作"→"按钮，结束适用于VDO组合仪表的部件诊断。

⑪ 对于带有制造厂代码M73的组合仪表，屏幕显示：

```
执行部件诊断        →
结束
```

⑫ 按下C键，屏幕显示：

```
执行部件诊断中止     →
程序执行
```

⑬ 按下"→"键。重新显示所有实际的数值。屏幕显示：

```
快速数据传输        帮助
选择功能××
```

⑭ 按下键0和6。使用06选择"结束输出"功能。屏幕显示：

```
快速数据传输        Q
06-结束输出
```

⑮ 使用Q键确认输入。屏幕显示：

```
快速数据传输        帮助
输入地址码××
```

8. 对组合信表控制单元编码

使用编码功能,可以把组合仪表所对应的国别、气缸数量、发动机类型和选装设备等进行编码。通过编码,根据国别、气缸数量和发动机型式来调整各种不同的可能性。本手册对只适用于大众帕萨特轿车的各种组合才列举在编码表中。

(1) 执行编码

① 按下键 0 和 7。使用 Q 键确认输入。屏幕显示:

```
控制单元编码
输入代码编号×××××    (0-32000)
```

② 根据编码表输入代码编号 01042,其中:01 表示选装(制动片)磨损显示;0 表示德国;4 表示 4 缸;2 表示汽油发动机。
屏幕显示:

```
控制单元编码                    Q
输入代码编号 01042    (0-32000)
```

③ 使用 Q 键确认输入。屏幕显示:

```
3B091988 B5-KOMBIINSTR M73 VA2    →
编码 01042      WSC  00000
```

④ 按下"→"键。屏幕显示:

```
IMMO-IDENTNR:
VWZ5Z0T4311017
```

⑤ 按下"→"键。屏幕显示:

```
快速数据传输            帮助
选择功能××
```

⑥ 按下键 0 和 6。使用 06 选择"结束输出"功能。使用"→"键结束输出编码。屏幕显示:

```
快速数据传输            Q
06-结束输出
```

⑦ 按 Q 键确认输入。屏幕显示:

```
快速数据传输            帮助
输入地址码××
```

(2) 编码表 帕萨特 B5 轿车组合仪表控制单元代码编号见表 8-6。

表 8-6　帕萨特 B5 轿车组合仪表控制单元代码号

xx	输入用于多种选装的代码号	X	气缸数量
01	制动片磨损显示,有效	4	4 缸
02	安全带报警,有效	5	5 缸
04	洗涤水报警,有效	6	6 缸
16	导航	X	发动机类型
x	国别	2	汽油发动机
0	德国(D)	0	柴油发动机
1	欧洲(EU)		
2	美国(US)		
3	加拿大(CDN)		
4	英国(GB)		
5	日本(JP)		
6	沙特阿拉伯(SA)		
7	澳大利亚(AUS)		

如果编码有更多的选装设备的话,那么就必须加上各自选装设备的代码。例如:制动片磨损显示和清洗液报警,则应将各自的代码相加,即 01+04=05。

9. 读取测量数据块

① 屏幕显示:

```
快速数据传输    帮助
选择功能××
```

② 按下键 0 和 8,使用 08 输入"读取测量数据块"功能。屏幕显示:

```
快速数据传输           Q
08-读取测量数据块
```

③ 使用 Q 键确认输入。屏幕显示:

```
读取测量数据块
输入显示组编号×××
```

可选择的显示组编号见表 8-7。

表 8-7　可选择的显示组编号

显示组	显示中的标记字段
001	1=速度(单位:km/h) 2=发动机转数(单位:r/min) 3=油压开关(MPa) 4=时针(VDO 中无)

续表

显示组	显示中的标记字段
002	1＝路程计数器(单位:km) 2＝汽油储存量(单位:L) 3＝生产商代码 M73:汽油储存量显示传感器 G 的电阻值(单位:Ω) 3＝生产商代码 VDO:外界温度(单位:℃ *) 4＝生产商代码 M73:外界温度(单位:℃ *)
003	1＝冷却液温度(单位:℃ *)

注：* 表示带有自动空调系统的车辆，这些标记字段是空的。

④ 选择所需要的显示组编号，并且使用 Q 键来确认输入。对于 VDO 组合仪表，按下按钮 0、0 和 2。屏幕显示：

```
读取测量数据块    2    →
820km    41L    19.0℃
```

VDO 组合仪表的测量数据块 2 中各显示区域所代表的意义如下所列。

820km	行驶过的里程
41L	汽油储存量指示
19.0℃	外界温度

对于 Magneti-Marilli 仪表盘（M73），按下键 0、0 和 2。屏幕显示：

```
读取测量数据块    2    →
820km    41L    250Ω    19.0℃
```

Magneti-Marilli 仪表的测量数据块 2 各显示区域所代表的意义如下所列。

820km	行驶过的里程
41L	汽油储存量指示
250Ω	汽油储存量指示传感器 G 的电阻
19.0℃	外界温度(单位:℃)

关于测量数据块显示的几点说明如下。

a. 在显示器上，始终显示着传感器的实际值。因为在组合仪表上表示滤波后的数值，所以，这些数值可能是动态值。

b. 如果实际的冷却液温度在 75～107℃ 之间，那么在组合仪表上就总是显示 90℃。

c. 在汽油储存量指示传感器断路或者短路情况下，对于使用 VDO 组合仪表（M73）的车辆，"0L" 被显示在显示区域 2 中，并且显示区域 3 保持空白。对于使用 Magmeti-Marelli 组合仪表（M73）的车辆，显示区域 2 在断路时显示 "67L"，在短路时显示 "2L"。显示区域 3 在短路时显示 8Ω，在断路时显示＞350Ω。

10. 匹配

使用匹配功能，可以进行和存储如下修改。

① 保养周期显示（SIA）的匹配。

② 在更换仪表板时里程计数器的匹配。
③ 复位保养周期。
④ 汽油储存量的匹配。
⑤ 燃油消耗指示的校正。
⑥ 适用于导航显示设备的语言种类的编码（仅适用于高档组合仪表）。

经过通道号来调节各自的功能，匹配功能见表8-8。

表 8-8 匹配功能

匹配通道	匹配功能
03	油耗量指示
04	适用于驾驶员指示的语言选择（仅仅适用于高档组合仪表）
09	里程显示的匹配
10	适用于更换机油保养（OEL），里程计数器的维护，间隔数据
11	适用于里程检验（INSP），计数器的维护，间隔数据
12	适用于时间（单位：10日间距）检验（INSP），里程计数器的保养周期数据
30	汽油储存量指示的匹配

在一个匹配值修改之后或在一个匹配通道结束之后，为了选择一个其他的匹配通道，必须重新执行"10-匹配"功能。

(1) 在更换组合仪表的情况下对保养周期数据进行匹配　在更换组合仪表的情况下，必须把适用于车辆的如下数据输入到新的仪表板部件中：更换机油保养（OEL）［路程（单位：km）］；检修保养（IN-SP）［路程（单位：km）］；检修保养（INSP）［时间（单位：天）］。在拆卸有故障的组合仪表之前，必须读出数据。如果不能读出有故障的组合仪表的数据，则必须从用于车辆的维护计划和里程显示中输入数据。

① 接通 VAG 1551，选择"快速数据传输"操作状态1，接通点火开关，并且输入组合仪表地址码17。

在控制单元识别代码和防盗装置的识别号码显示之后，按下"→"键。屏幕显示：

```
快速数据传输      帮助
选择功能××
```

② 按下键1和0，使用10，选择"匹配"功能。屏幕显示：

```
快速数据传输    Q
10-匹配
```

③ 使用Q键确认输入。屏幕显示：

```
匹配
输入通道编号××
```

按照表8-9的规定选择各自的匹配通道。

表 8-9 匹配通道

匹配通道	维护事项
10	OEL 或 OIL(换油)保养
11	INSP(检验)保养
12	INSP(检验)保养

④ 使用 Q 键确认输入。在输入通道编号 10 之后,在新的组合仪表的屏幕上显示:

```
通道 10    匹配    15   →
         <-1        3->
```

在屏幕上行中,显示所选择的通道和适用于下一个维护事项的计数器读数。

对保养周期进行匹配操作的几点说明如下。

a. 要求输入的值只能以 1000km 间隔的方式进行,因此,在显示器中同样以 1000km 方式显示。

b. 匹配值必须以 5 位数输入。不足 5 位时,前面加 0 补足。例如:匹配值为 9,则输入 00009 表示从现在开始到下次维修服务还有 9000km 的里程。

c. 维护事项的额定值预先给定数值,从该数值返回计数维护间隔显示的路程计数器和时间计数器。

d. 在带有里程显示的组合仪表时,匹配只能以千米为单位。因此必须把英里数值转换成千米数。

例如:某有故障的组合仪表,该车辆行驶了 6000km,用户所用的时间为 170 天,在新的组合仪表中必须对所有的保养种类进行匹配,匹配值如下。

通道 10:15000km－6000km＝90000km。

(匹配值 9)

通道 11:30000km－6000km＝24000km。

(匹配值 24)

通道 12:370 天－170 天＝200 天。

(匹配值 20)

因为时间计数器的输入精度为 10 天,所以当计数圆整时一年则为 370 天。

⑤ 按下"→"键。屏幕显示:

```
通道 10  匹配 15       Q
输入匹配值×××××
```

⑥ 输入新匹配值。匹配值 9 输入之后屏幕显示:

```
通道 10   匹配   9   Q
<-1        3->
```

⑦ 使用 Q 键确认输入。屏幕显示:

```
通道 10   匹配   9   Q
存储修改的数值吗?
```

⑧ 使用 Q 键确认输入。屏幕显示：

```
通道 10  匹配  9  →
修改后的数值已被存储
```

⑨ 按下"→"键。屏幕显示：

```
快速数据传输        帮助
选择功能××
```

⑩ 在通道 10 匹配之后，重新按下键 1 和 0，使用 10 选择"匹配"功能。屏幕显示：

```
快速数据传输        Q
10-匹配
```

⑪ 使用 Q 键确认输入，并且根据其含义，使其他的通道匹配。
在通道 10～12 匹配之后结束输出，按下键 0 和 6，使用 06 选择"结束输出"功能。屏幕显示：

```
快速数据传输        Q
06-结束输出
```

⑫ 使用 Q 键确认输入。屏幕显示：

```
快速数据传输        帮助
输入地址码××
```

⑬ 断开点火开关及用于 VAG 1551 故障阅读仪的插座连接。

(2) 对行驶里程显示进行匹配　车辆所行驶的里程可以从有故障的组合仪表上读出，或者根据保养计划加以测定。新组合仪表所显示的总路程在匹配之前不许超过 100km，匹配时输入的总路程必须大于 100km。总里程的匹配只是一次性的，并且只能以递增方式进行。使用 VAG 1551 的 C 按钮可以随时中断匹配过程。在确认输入后不能进行修改，在这种情况下，仪表板部件必须用一个新的部件加以代替。

例如有故障的仪表部件有一个 89627km 的位置。这个位置可以用如下方法传输到新的组合仪表上。

① 接通 VAG 1551 故障阅读仪，选择"快速数据传输"操作状态 1，接通点火开关，并且输入"组合仪表"地址码 17。使用 Q 键确认输入。按下"→"键，等待下一个显示，并且再次按下"→"键。屏幕显示：

```
快速数据传输        帮助
选择功能××
```

② 按下键 1 和 1。使用 Q 键确认输入。屏幕显示：

```
快速数据传输        Q
11-注册-过程
```

③ 使用 Q 键确认输入。屏幕显示：

```
注册-过程
输入代码编号
```

④ 对于 VDO 组合仪表，必须输入代码编号 13861。对于 Magneti-Marilli 组合仪表，必须输入防盗装置的密码。

对于 VDO 组合仪表，屏幕显示：

```
注册-过程                Q
输入代码编号 13861
```

对于 Magneti-Marelli 组合仪表，屏幕显示（例如：密码 5678）：

```
注册-过程                Q
输入代码编号 05678
```

如果这时输入 3 次错误的代码编号或密码的话，那么在里程显示上就出现"FALL（失效）"。在这种情况下，必须断开点火开关和重新接通点火开关，并且使用正确的代码编号或密码重返注册过程。

⑤ 使用 Q 键确认输入。屏幕显示：

```
快速数据传输           Q
选择功能××
```

⑥ 按下键 1 和 0，使用 10 选择"匹配"功能。屏幕显示：

```
快速数据传输           Q
10-匹配
```

⑦ 使用 Q 键确认输入。屏幕显示：

```
匹配
输入通道编号××
```

⑧ 按下键 0 和 9。使用 Q 键确认输入。屏幕显示：

```
通道 9   匹配   0   Q
            <-1   3->
```

⑨ 使用"→"键断续运行程序。屏幕显示：

```
通道 9   匹配 0
输入匹配值×××××
```

经过键盘输入匹配值。千米位置的最后数字位置必须被四舍五入到 10km，在这种情况下，对于千米位置 89627 来说，输入的匹配值为：

0	8	9	6	3	
×					十万位数：100000～900000km
	×				万位数：10000～900000km
		×			千位数：1000～9000km
			×		百位数：100～900km
				×	十位数：10～90km
					个位数：四舍五入到紧接着的十位数

⑩ 经过键盘输入匹配值。屏幕显示：

```
通道 9  匹配   0    Q
输入匹配值 08963
```

⑪ 使用 Q 键确认输入。屏幕显示：

```
通道 9  匹配  8963   Q
      <-1  3->
```

⑫ 所输入的千米位置这时在组合仪表部件的显示器中显示。如显示的千米位置是不正常的，比如通过无效输入，则按下 C 键，并且使用正确的匹配值重复输入。

如在组合仪表的显示中显示的千米位置是正常的，则使用 Q 键确认输入。屏幕显示：

```
通道 9  匹配  8963   Q
存储修改的数值吗？
```

⑬ 使用 Q 键确认输入。屏幕显示：

```
通道 9  匹配  8963   Q
修改的数值已被存储
```

⑭ 使用 "→" 键来结束里程显示的匹配。屏幕显示：

```
快速数据传输    帮助
选择功能××
```

⑮ 按下键 0 和 6，使用 6 来选择"结束输出"功能，使用 Q 键确认输入。屏幕显示：

```
快速数据传输    帮助
输入地址码××
```

(3) 保养周期显示复位　保养周期在发车检验时、每次换油保养时或每次检验保养时显示。

保养周期显示可以使用组合仪表上里程和钟表时间的调整按钮方式复位或者用 VAG 1551 按如下操作步骤复位。

① 接通 VAG 1551 故障阅读仪，选择"快速数据传输"操作状态 1，接通点火开关，并且输入"组合仪表"地址码 17。屏幕显示：

```
快速数据传输      Q
17 组合仪表
```

② 使用 Q 键确认输入。屏幕显示：

```
3B091988   B5-KOMBIINSTR   M73 VA2→
编码 00042              WSC00000
```

③ 按下"→"键。屏幕显示：

```
IMMO-IDENTNR：VWZ5Z0T4311017→
```

④ 按下"→"键。屏幕显示：

```
快速数据传输      帮助
选择功能××
```

⑤ 按下键 1 和 0，使用 10 选择"匹配"功能。屏幕显示：

```
快速数据传输      Q
10-匹配
```

⑥ 使用 Q 键确认输入。屏幕显示：

```
匹配
输入通道编码××
```

⑦ 选择应当复位的维护事项的匹配通道：通道 10 显示"OEL（换油）维护"，通道 11 和 12 显示"INSP（检验）维护"，如表 8-10 所示。

表 8-10 匹配通道和选择

维护事项	匹配通道	计数器内容	用于复位的匹配值
OEL 或 OIL（换油）维护	10	路程（单位：1000km）	00015
INSP（检验）维护	11	路程（单位：1000km）	00030
INSP（检验）维护	12	时间（单位：十位数间距的日）	00037

对于匹配通道的选择应注意以下几点。

a. 每个匹配值的输入只以 1000km 间距的方式进行，因此在显示器中显示同样以 1000km 方式出现。

b. 匹配值必须是 5 位数（例如：匹配值 00015 表示到下一个保养的里程数）。

c. 把所输入的数值向后一直计算到 0 为止。
d. INSP 保养的时间计数器可以使用最大 370 天。
e. 在输入一个错误的数值情况下,"匹配"结束,并且必须重新开始。
⑧ 以换油保养的维护间隔显示复位为例。按下按键 1 和 0。使用 Q 键确认输入。屏幕显示:

```
通道 10        匹配    1      →
           <-1        3->
```

⑨ 所显示的为更换机油保养时的实际里程状态。按下 "→" 键。屏幕显示:

```
通道 10      匹配      1
输入匹配值×××××
```

⑩ 为了对换油维护的保养周期显示的复位,必须把路程计数器复位到 15(符合 15000km)上;输入匹配值 00015。屏幕显示:

```
通道 10      匹配      1      Q
输入匹配值 00015
```

⑪ 使用 Q 键确认输入。输入匹配值 00015 之后屏幕显示:

```
通道 10      匹配      15     Q
           <-1        3->
```

⑫ 使用 Q 键确认输入。屏幕显示:

```
通道 10      匹配      15     Q
存储修改后的数值吗?
```

⑬ 使用 Q 键确认输入。屏幕显示:

```
通道 10      匹配      15     →
修改后的数值已被存储
```

⑭ 按下 "→" 键。屏幕显示:

```
快速数据传输            帮助
选择功能××
```

⑮ 按下键 0 和 6,使用 06 选择 "结束输出" 功能。屏幕显示:

```
快速数据传输            Q
06-结束输出
```

⑯ 使用 Q 键确认输入。屏幕显示:

```
快速数据传输      帮助
输入地址码××
```

⑰ 观测组合仪表中里程显示。断开点火开关，在显示器中所显示的维护事项应不再出现。接通点火开关，在组合仪表中路程显示的显示器中，不再显示维护事项。此时，保养周期的显示已经被复位。

(4) 检查燃油表（匹配）

① 如果汽油表所显示的油量太高或太低，则必要时就可以在组合仪表中校正汽油储存量指示的指针位置。如果部件诊断没有出现故障，那么则必须检查汽油储存量指示传感器功能。利用测量数据块，检验汽油储存量指示传感器的电阻值。

② 如在测量数据块中不显示有关汽油储存量指示的传感器的短路和断路，则继续进行如下检查

③ 断开点火开关。完全倒空燃油箱，然后装入10L汽油。

④ 接通 VAG 1551 故障阅读仪。选择"快速数据传输"操作状态1，接通点火开关，并且输入"组合仪表"地址码17。屏幕显示：

```
快速数据传输      Q
17 组合仪表
```

⑤ 使用 Q 键确认输入。屏幕显示：

```
3B091988 B5-KOMBIINSTR M73   VA2→
编码 00042        WSC00000
```

⑥ 按下"→"键。屏幕显示：

```
IMMO-IDENTNR：VWZ5Z0T4311017→
```

⑦ 按下"→"键。屏幕显示：

```
快速数据传输      帮助
选择功能××
```

⑧ 匹配燃油表：按下键1和0，使用10选择"匹配"功能。屏幕显示：

```
匹配
输入通道编号××
```

⑨ 按下键3和0。使用 Q 键确认输入。

对于 Magneti-Marelli 组合仪表（M73），屏幕显示：

```
通道 30  匹配  0      →
              <-1    3->
```

⑩ 使用键1，可以修改向下一直到数值 65528 为止的匹配值，使用键3可以修改向上一直

到数值 8 为止的匹配值。

对于 VDO 组合仪表，屏幕显示：

```
通道 30    匹配    128
          <-1    3->
```

⑪ 使用键 1，可以修改向下一直到数值 120 为止的匹配值，使用键 3 可以修改向上一直到数值 136 为止的匹配值。

以 VDO 组合仪表为例，屏幕显示：

```
通道 30    匹配    130    Q
          <-1    3->
```

如果指针（图 8-35）在右边红色的刻度线（备用）上的话，那么表示燃油表已经成功匹配。

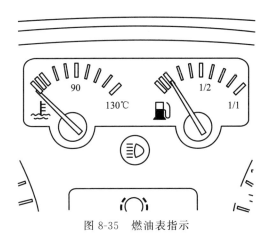

图 8-35　燃油表指示

⑫ 如果指针位置正确的话，使用 Q 键确认输入。屏幕显示：

```
通道 30    匹配    130    Q
存储修改的数值吗？
```

⑬ 使用 Q 键确认输入。屏幕显示：

```
通道 30    匹配    130    Q
修改的数值已被存储
```

⑭ 使用"→"键，结束燃油表匹配。屏幕显示：

```
快速数据传输           帮助
输入地址码××
```

如果燃油表不能正确地加以匹配，则更换传感器。

⑮ 按下键 0 和 6，使用 06 选择"结束输出"功能。屏幕显示：

```
快速数据传输      Q
06-结束输出
```

⑯ 使用 Q 键确认输入。屏幕显示：

```
快速数据传输         帮助
    输入地址码××
```

(5) 油耗量指示的匹配　只能对油耗在 85%～115% 的范围内进行匹配。输入必须以 5% 间隔的方式进行。

① 按下键 0 和 3。使用 Q 键确认输入。屏幕显示：

```
通道 03   匹配   100      →
         <-1     3->
```

② 使用"→"键接通（串接）。消耗量指示的校正只有经过直接的输入才可能进行。屏幕显示：

```
通道 03   匹配   100
输入匹配值×××××
```

③ 经过故障阅读仪的键盘，输入所需要的修正值（修正系数）。输入时用"0"充填第一个位置。比如需要的输入值为 90%，则键盘输入 00090。屏幕显示：

```
通道 03   匹配   100     Q
输入匹配值 00090
```

④ 使用 Q 键确认输入。屏幕显示：

```
通道 03   匹配   90      Q
         <-1     3->
```

⑤ 使用 Q 键确认输入。屏幕显示：

```
通道 03   匹配   90      Q
存储修改的数值吗？
```

⑥ 使用 Q 键确认输入。屏幕显示：

```
通道 03   匹配   90      →
修改的数值已被存储
```

⑦ 使用"→"键，结束油消耗量指示的匹配。屏幕显示：

```
┌─────────────────────┐
│ 快速数据传输        │
│ 输入地址码××        │
└─────────────────────┘
```

⑧ 如果输入错误，测试器将转换到功能方式中。在屏幕显示：

```
┌─────────────────────┐
│ 功能是未知的，    → │
│ 或此刻不能加以输出  │
└─────────────────────┘
```

⑨ 按下"→"键。重新选择"10-匹配"功能和匹配通道03。重新进行油耗量指示的校正，并且使用 Q 键确认。

（6）匹配驾驶员提示的语种形式　匹配驾驶员指示的语种形式只适合于高档组合仪表。

① 屏幕显示：

```
┌─────────────────────┐
│ 快速数据传输   帮助 │
│ 选择功能××          │
└─────────────────────┘
```

② 按键1和0，使用10选择匹配功能。屏幕显示：

```
┌─────────────────────┐
│ 快速数据传输      Q │
│ 10-匹配             │
└─────────────────────┘
```

③ 按 Q 键确认输入，屏幕显示：

```
┌─────────────────────┐
│ 匹配                │
│ 输入通道编号××      │
└─────────────────────┘
```

④ 按键0和4，并用 Q 键确认输入。屏幕显示：

```
┌─────────────────────┐
│ 通道4   匹配   1  → │
│         <-1  3->    │
└─────────────────────┘
```

⑤ 参照代码表8-11，输入所使用的语种。使用键1可递减语种代码，使用键3可递增语种代码。比如选择语种为英语2，屏幕显示：

```
┌─────────────────────┐
│ 通道4   匹配   2　Q │
│         <-1  3->    │
└─────────────────────┘
```

⑥ 按 Q 键确认输入，屏幕显示：

```
┌─────────────────────┐
│ 通道4   匹配   2　Q │
│ 存储修改的数值吗？  │
└─────────────────────┘
```

⑦ 按 Q 键确认输入，屏幕显示：

```
┌─────────────────────┐
│ 通道4   匹配   2  → │
│ 修改的数值已被存储  │
└─────────────────────┘
```

⑧ 按→键结束语种匹配。

表 8-11 适用驾驶员提示的语种代码表

代码	语种
00001	德语
00002	英语
00003	法语
00004	意大利语
00005	西班牙语
00006	葡萄牙语

第九章 辅助电器

第一节 电动雨刮

雨刷又称为刮水器、水拨、雨刮器或挡风玻璃雨刷，是用于刮除附着于车辆挡风玻璃上的雨点及灰尘的设备，以改善驾驶员的能见度，增加行车安全。汽车上采用的风窗刮水器按动力源的不同分为真空式、气动式、电动式三种。因电动刮水器具有动力大、容易控制、不受发动机工况影响等优点，故在汽车上得到广泛的应用。一般汽车在前挡风玻璃安装有刮水器，部分汽车前后挡风玻璃都安装有刮水器。

一、作用

除去挡风玻璃上的水、雪及沙尘，保证在不良天气时驾驶员仍具有良好的视线。

二、结构

电动刮水器的结构。如图 9-1 所示，其组成如图 9-2 所示。微型直流电动机、蜗轮箱组成驱动部分，电动机通电旋转，通过蜗杆带动蜗轮使与蜗轮相连的拉杆和摆杆带动左、右两刷架作往复摆动。当驾驶员按下刮水器的开关时，电动机启动，电动机的转速经过蜗轮蜗杆的减速增扭作用驱动摆臂，摆臂带动四连杆机构，四连杆机构带动安装在前围板上的转轴左右摆动，最后由转轴带动雨刮片刮扫挡风玻璃。

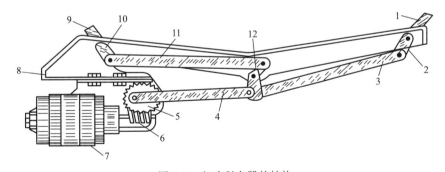

图 9-1 电动刮水器的结构

1,9—雨刮架；2,10—摆杆；3,4,11—拉杆；5—蜗轮；6—蜗杆；7—电动机；8—底板；12—连杆

刮水器电动机是整个刮水器系统的动力来源，也是整个系统的核心部件。常见的刮水器电动机主要包括电枢、蜗轮蜗杆传动系两大部分。刮水器电动机的结构如图 9-3 所示。

刮水器结合了两种机械技术：一是通过电动机和减速蜗轮为刮水器提供动力；二是通过连杆机构使电动机带动刮水器。

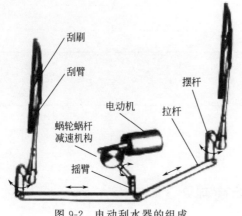

图 9-2 电动刮水器的组成

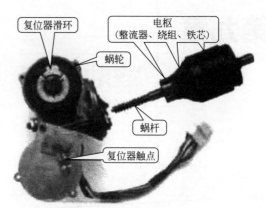

图 9-3 刮水器电动机的结构

1. 电动机齿轮

要让刮水片在挡风玻璃上来回快速移动,需要很大的动力。为了产生这种动力,设计人员在小电动机的输出端使用了蜗轮。蜗杆减速齿轮可以使电动机的扭矩增大约 50 倍,同时使电动机的输出速度降低约 50 倍。减速齿轮输出的动力操纵着连杆机构来回移动刮水器。

电动机/齿轮总成内部是一个能够感应刮水器下止位的电路。该电路向刮水器提供电源,当刮水器停在挡风玻璃底部时,它才切断电动机电源。此电路还能根据刮水器间歇性设置,使刮水器在刮水过程中短暂停顿。

2. 连杆机构

减速齿轮的输出轴上连接着一个短凸轴。此短凸轴随着刮水器电动机的转动而旋转。凸轴与一个长杆相连,当凸轴旋转时,会驱使长杆来回运动。此长杆又与一个短杆相连,并由后者驱动驾驶员侧的刮水片。另一个长杆从驾驶员侧向乘客侧刮水片传送动力。

3. 雨刮片

雨刮片分为有骨和无骨两种结构。有骨雨刮片,即传统有金属支架的雨刮片;无骨雨刮片,即无金属支架,所谓无骨雨刮片是相对于传统的有支架的雨刮片来说的。从设计原理上讲,雨刮的支点越多,雨刮片的受力就越均匀,和玻璃接触就越紧密,也就能达到更好的去水效果。无骨雨刮片没有支架,采用整支雨刮片本身来加压,这样相当于雨刮片整体都是受力点,因此无骨雨刮片相比于有骨雨刮片更有效。同时,去掉了金属支架,开启时减少了雨刮片对驾驶视野的影响。另外从理论上讲,由于无骨雨刮片去掉了金属支架,重量减轻,对雨刮器电动机的负荷减少,也起到了保护电动机,延长使用寿命的间接作用。

三、雨刮器的分类

1. 按照磁场结构分类

刮水器电动机按照磁场结构可分为绕线式与永磁式 2 种。绕线式电动机的磁场是由磁极与绕组构成的,绕组通电时产生磁场,它是通过改变磁通来工作的;永磁式电动机的磁场由磁铁提供,磁铁的磁极为铁氧体永久磁体,具有一定的脆性、硬性和不耐冲击性的特点,具有体积小、重量轻、构造简单、工作可靠且廉价等优点,目前在汽车上广泛使用。

2. 按照控制方式分类

刮水器电动机按照控制方式可分为机械回转式和电子控制式 2 种。机械回转式电动机,蜗轮蜗杆机构可输出 360° 回转运动,其结构简单、生产过程简单、价格低廉、抗干扰能力强,多应用于中低端车型。电子控制式电动机,通过在电动机中增加 ECU 控制芯片,蜗轮蜗杆机构可输出160°的往复运动,其刮刷频率变化连续、输出稳定,优点是可以过载保护、刮刷区域扩大、更加灵活的装配空间等,是未来刮水器电动机的发展趋势,但是价格比较昂贵,制造工艺比较复杂,目前在高端车型上使用较多。

四、刮水器电动机的工作原理

一般情况下,在汽车组合开关手柄上有刮水器控制旋钮,设有低速、高速、间歇3个挡位,当停止刮水时,雨刮片应能自动复位。下面分别介绍刮水器电动机的工作情况。

1. 高速与低速刮刷功能的实现

高速和低速刮刷是刮水器最基本的功能。在雨量较大的情况下,适宜用高速刮刷;如果雨量不大,可以用低速刮刷。

由于电动刮水器的动力来源是直流电动机,故刮水器的变速就是直流电动机的变速。直流电动机的转速公式为

$$n = \frac{U - IR}{kZ\phi}$$

式中　U——电动机端电压;

　　　I——通过电枢绕组的电流;

　　　R——电枢绕组的电阻;

　　　k——常数;

　　　Z——正、负电刷间串联的绕组(导体)数;

　　　ϕ——磁极磁通。

在实际应用中,I、R、k 均为定数,可见改变直流电动机的磁通 ϕ 和两电刷之间的电枢绕组(导体)数 Z 均能改变直流电动机的转速。当磁极磁通 ϕ 减小时,转速 n 上升;反之则转速下降。当电枢绕组数 Z 增多时,转速 n 也下降;反之则上升。

通过改变磁通势的大小来改变直流电动机转速的方法,只适用于绕线式直流电动机。通过改变电枢绕组的磁通量(永久磁铁和电枢绕组通电后产生的磁通的合成)实现变速的,磁通增加,转速降低;反之转速提高。

绕线式电动机的工作电路如图9-4所示。刮水器开关在Ⅰ位置时,电流从蓄电池经过熔断器与接触片后分成2路;一路通过串机绕组形成回路;另一路通过并机绕组形成回路。在两组绕组的共同作用下磁场增强,电动机低速旋转。刮水器开关在Ⅱ位置时,电流从蓄电池经过熔断器与接触片后只经过串机绕组形成回路,隔出了串机绕组,磁场减弱,电动机高速旋转。刮水器开关在0位置时,若刮刷未停在合适位置,触点仍然闭合,电路仍然可以形成回路,电动机继续转动到合适位置停止。

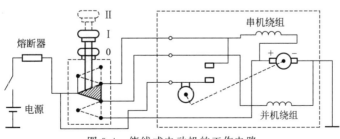

图9-4　绕线式电动机的工作电路

永磁式电动机的工作电路如图9-5所示。磁场强弱不能改变,为了改变刮水器的工作速度,通常采用三刷式电动机。刮水器开关在Ⅰ位置时,电源从熔断器经过电枢、电刷形成回

路，电枢绕组产生的磁场与永久磁铁的磁场相互作用，使电动机旋转，由于电流经过的2个电刷是相对的，电枢绕组磁场与永久磁铁磁场方向垂直，因此穿过电枢绕组的磁通量最大，电动机低速转动。刮水器开关在Ⅱ位置时，电流从熔断器经过电枢、电刷形成回路，由于电流经过的2个电刷所接通的电枢绕组磁场与永久磁铁磁场方向偏转了一定角度，因此使永久磁铁磁通穿过电枢绕组的数量减少，电动机以高速运转。刮水器开关在0位置时，若刮刷未停在正确位置，触点与铜环相通，电路仍然接通，电动机以低速运转，至合适位置停止。

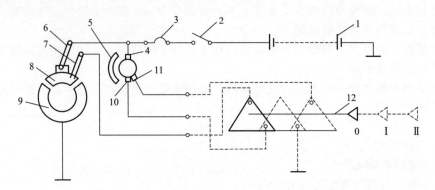

图9-5　永磁式电动机的工作电路

1—蓄电池；2—电源开关；3—熔丝；4,10,11—电刷；5—永久磁铁；
6,7—自动复位触片；8,9—自动复位滑片；12—刮水器开关

变速的方法通过永磁式电动机（三刷永磁式直流电动机）改变电刷间导体数来实现，它的磁极为铁氧体永久磁铁，具有不易退磁的优点，能够实现高、低转速。如图9-6所示，B_1为低速运转电刷，B_2为高速运转电刷，B_3为公共电刷。B_1、B_2安装位置相差60°。

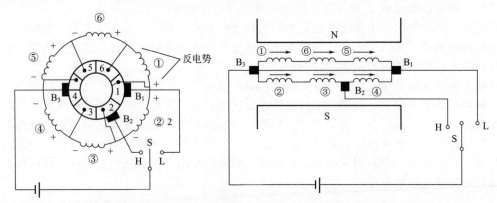

图9-6　永磁式电动机的工作原理

当开关拨向L时，电源电压U加在B_1和B_3之间，由于线圈①、⑥、⑤和②、③、④组成两条并联支路，支路中串联的线圈（导体）均为有效线圈，串联线圈（导体）数相对较多（每条支路串联3组绕组），故反电动势较大，电动机以较低转速运转。

当开关拨向H时，电源电压U加在B_2和B_3之间，由于线圈①和②产生方向相反的电动势，互相抵消，组成两条并联支路中串联线圈（导体）数相对较少（每条支路串联2组绕组），故反电动势较小，电动机以较高转速运转。

2. 间歇刮刷功能的实现

在雾天以及蒙蒙细雨中，如果按照一般速度刮拭，则挡风玻璃上的微量水分和灰尘就会形成一个发黏的表面，因此不仅不能将挡风玻璃刮拭干净，相反使玻璃模糊不清，留下污渍，影

响驾驶员的视线。因此，汽车上加装了电子间歇系统，在这种情况下，开动间歇开关，使刮水器按照一定周期停止和刮拭。如图9-7所示为间歇刮刷的工作电路。

当刮水器开关置于断开位置，间歇开关置于接通位置时，电源就会向电容 C 充电，电流经过电阻、电容、搭铁形成回路。当电容 C 两端的电压增大到一定值时，继电器 J 触头接通，电动机电路接通，电动机旋转。电容器 C 放电，继电器 J 的电流中断，电路断开。接着电源再次向电容 C 充电，如此反复，使刮刷间歇运动，其停歇的时间长短取决于 R_1 对电容 C 的充电时间常数。

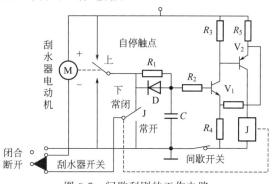

图9-7 间歇刮刷的工作电路

3. 雨量传感器感应刮刷功能的实现

雨量传感器可以自动检测降雨强度，通过光传感技术和先进的信号处理技术来实时监测、分析、控制刮水系统在合适的模式下工作。雨量传感器检测雨量的方法有电容式和红外散射式，其中最常用的是红外散射式雨量传感器，车外无雨时，发出的红外线被挡风玻璃全反射，接收到强度恒定的红外信号；车外有雨时，雨滴使红外线产生散射，从挡风玻璃反射回到红外接收管的红外线强度变弱，当下落的雨滴越多时，散射发生的频率越高，即接收到的红外光强度变化得越快。因此，红外散射式雨量传感器通过测量红外光强度变化的频率来判断雨量的大小。如图9-8所示为非总线式雨量传感器的工作电路。

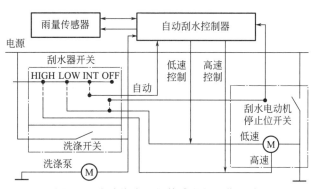

图9-8 非总线式雨量传感器的工作电路

雨量传感器通过总线与自动刮水控制器连接，控制器驱动刮水电动机。采用这种连接方式的系统，通过自动挡位在手动和自动之间切换，并保证手动优先。

4. 刮水器自动复位装置

当刮水器停止工作时，为避免刮水片停在挡风玻璃中间，影响驾驶员视线，电动刮水器都设有自动复位装置。其功能是当切断刮水器开关时，刮水片能自动停在驾驶员视野以外的指定位置，其电路如图9-9所示。

当刮水器开关推到0挡时，如果刮水片没有停在规定的位置，由于触点与铜环接触，则电流继续流入电枢。电流由蓄电池正极→电源总开关→熔断器→电动机电刷 B_1→电枢绕组→电动机电刷 B_3→刮水器开关接线柱②→刮水器开关接线柱①→触点臂→触点→铜环→蓄电池负极构成回路，电动机以低速运转，直至蜗轮转到特定位置时，触点通过铜环与另一个触点连通，将电动机电枢绕组短路。与此同时，电动机因惯性不能立即停转，以发电机方式运行，产生很大的反电动势，产生制动力矩，电动机迅速停转，使刮水片停在指定位置。

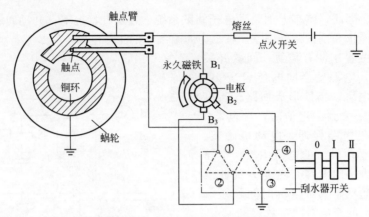

图 9-9 电动刮水器复位装置的电路

5. 刮水电动机系统在整车上的应用

刮水电动机的类型和功能实现方式不尽相同，一般情况下，汽车刮水系统通过开关控制可以达到间歇刮刷、低速刮刷、高速刮刷的功能。如图 9-10 所示是五菱荣光的刮水控制系统电路，结合此电路图，分析刮水电动机各个挡位的功能。

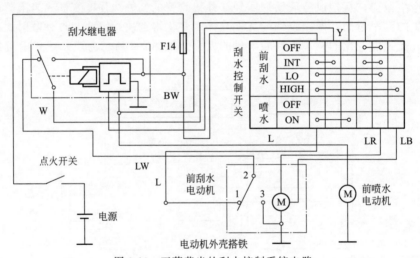

图 9-10 五菱荣光的刮水控制系统电路

从图 9-10 可以看出，当挡位在间歇挡（INT）时，电路 Y 和 BW 导通，通过刮水继电器得到间歇信号，电路 W 和 LR 导通，触点 2、3 接触，刮水电动机间歇运动；当挡位在低速挡位（LOW）时，BW 通过继电器电路与 LW、LR 形成回路，此时触点 2、3 接触，刮水电动机实现低速刮刷；当挡位在高速挡位（HIGH）时，BW 通过继电器电路与 LW、LB 形成回路，此时触点 2、3 接触，刮水电动机实现高速刮刷；当挡位在停止位（OFF）时，W 与 LR 接通，但触点 2、3 断开，刮水电动机停止运动。

五、挡风玻璃清洗装置

1. 作用

汽车在风沙或尘土较多的环境中行驶时，会由于灰尘落在挡风玻璃上而影响驾驶员的视线。因此很多汽车的刮水系统中安装了清洗装置，必要时向挡风玻璃喷水或专用清洗液（北方地区冬季不宜用水，以免冻裂储液罐或输液管），在雨刷器的配合下，保持挡风玻璃洁净。

2. 结构及组成

如图 9-11 所示，挡风玻璃清洗装置主要由储液罐、洗涤泵、输液管路、喷嘴等组成。为保证挡风玻璃的洗涤效果，延长挡风玻璃密封胶条和刮片胶条的使用寿命，清洗挡风玻璃时应选用添加适量去垢剂、防锈剂的专用挡风玻璃洗涤液。在冬季使用洗涤器时，还应选用添加有防冻剂、凝固温度在－20℃以上的防冻型专用洗涤液。

洗涤电动机控制电路如图 9-12 所示，是一个单线串联电路。

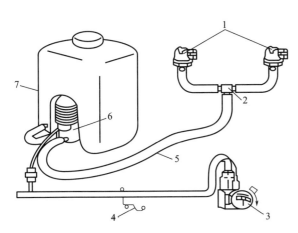

图 9-11 挡风玻璃清洗装置的组成
1—喷嘴；2—三通接头；3—洗涤开关；4—熔断器；
5—输液管路；6—洗涤泵；7—储液罐

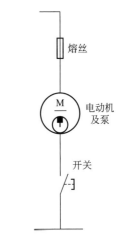

图 9-12 洗涤电动机控制电路

使用挡风玻璃清洗装置时应注意以下几点。
① 电动泵为短时工作电器，每次喷洒工作时间不要超过 5s。
② 洗涤器应与刮水器配合使用。先开洗涤器，待清洗液喷到挡风玻璃上以后，才能开动刮水器。
③ 要经常检查和补充清洗液，冬季最好加注一点防冻液，以免冻裂储液罐及管路。
④ 经常查看喷射位置，挡风玻璃上正确的喷液点应在喷嘴上方 300mm 左右。

六、后挡风玻璃除霜装置

1. 作用

在较冷的季节，挡风玻璃上会凝结上一层霜、雾或冰，从而影响驾驶员的视线。为了避免水蒸气凝结，设置了除霜（雾）装置，需要时可以对挡风玻璃加热。

2. 组成和原理

后挡风玻璃除霜装置的控制电路如图 9-13 所示。

在装有空调或暖风装置的汽车上，通过风道将热风吹向前面或侧面的玻璃，就可避免结冰，而后窗利用电热丝加热。大多数汽车前挡风玻璃除霜装置

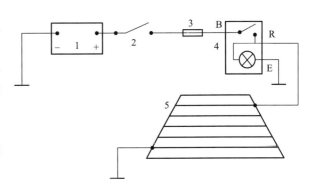

图 9-13 后挡风玻璃除霜装置的控制电路
1—蓄电池；2—点火开关；3—熔丝；4—除霜器开关
及指示灯；5—除霜器（电热丝）

是采用暖风装置的热空气吹向玻璃的方法，来达到除霜的目的。它由鼓风机、进出暖风风管、除霜喷口等组成。除霜器喷口安装在挡风玻璃的下部，喷口长度应占挡风玻璃半边的2/3左右。

暖风的进口和车内暖风装置的风管相连，以便直接用暖风将覆盖于挡风玻璃外表面的霜和冰雪融化，消除挡风玻璃内表面的雾气。

后挡风玻璃除霜装置可除去后挡风玻璃上的雾、霜及薄冰。按下除霜按钮，即可打开后挡风玻璃除霜装置。大部分车辆都配置后窗格栅式除霜器。向挡风玻璃上吹热空气的除霜方法需较长的时间，且不能快速将整个挡风玻璃上的冰雪融化。不少汽车采用热电式除霜装置。热电式除霜装置是把电阻丝直接加工制造在玻璃层内，即用肉眼看见的那几道红线。利用汽车本身的电流加热电阻丝，达到除霜目的，但线条印在玻璃上会影响视线，因此，这种方法仅用于后挡风玻璃。

后挡风玻璃除霜装置工作时会消耗蓄电池电量。使用时，将点火开关转至"ON"位置，再按下后挡风玻璃除雾开关，10～15min后挡风玻璃除霜器会自动关闭。当然在感觉到视线清晰后，即使这时除霜器还没自动关闭，也一定不要忘记手动关闭除霜器，以保护后挡风玻璃并减少蓄电池电量消耗。

除霜器的电阻随温度的变化而变化，具有正温度系数。温度低时，阻值减小，电流增大；温度高时，阻值增大，电流减小。因此，除霜器自身具有一定的调节功能。

第二节　电动座椅

汽车座椅的主要功能是为驾驶员提供便于操作、舒适而又安全的驾驶位置；为乘员提供不易疲劳、舒适而又安全的乘坐位置。

座椅调节的目的就是使驾驶员和乘员乘坐舒适。通过调节还可以改变坐姿，减少乘员长时间乘车的疲劳。

一、电动座椅的调节

座椅的调节正向多功能化发展，使座椅的安全性、舒适性、操作性日益提高。其种类很多还有不同的组合方式，如具有八种调节功能的电动座椅，其动作方式有座椅的前后调节、上下调节，座位前部的上下调节、靠背的倾斜调节、侧背的支撑调节、腰椎的支撑调节，以及靠枕上下、前后调节。

电动座椅的功能如图9-14所示。电动座椅开关如图9-15所示。

1. 前后行程调节

其为蜗轮丝杆机构，丝杆固定在下滑轨上，蜗轮固定在上滑轨上，电动机通过软管传动带动蜗轮或者丝杆旋转运动，转化为上滑轨沿着丝杆前后移动（图9-16）。

2. 上下升降行程调节

座椅的升降分为整体式升降、前后单独升降以及前端局部升降，其实原理都是一样的。主流的上下调节原理有以下两种。

（1）蜗轮丝杆　丝杆在电动机上，电动机和蜗轮分别与四连杆的两端旋转连接。通过蜗轮在丝杆上的直线运动转化为四连杆的整体运动，带动座椅上下运动。

（2）齿轮运动　扇形齿板作为四连杆的驱动端与后横梁连接，通过电动机上的齿轮带动扇形齿板旋转，从而带动四连杆运动，实现座椅升降。

电动座椅上下控制实物如图9-17所示。

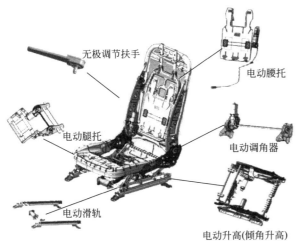

图 9-14　电动座椅的功能

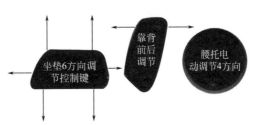

图 9-15　电动座椅开关

图 9-16　电动座椅的前后控制

图 9-17　电动座椅上下控制实物

3. 靠背前后角度调节

靠背角度调整电动机如图 9-18 所示，简单来说靠背的角度调节是通过调角器盘来实现的，而调角器盘主要由两个齿轮盘和曲柄组成。偏心凸轮带动外齿轮盘在内齿轮盘间旋转运动，外齿轮盘与内齿轮盘的齿数相差一齿，外齿轮盘在内齿轮盘间旋转就形成了一齿差行星轮齿副运动。

由于是一齿差行星轮运动，因此速比较大。当曲柄旋转 360°时，可能小齿轮盘之转动了 10°（根据齿数不同结果不同）。当这种调角器盘用在手动调节座椅上时，就体现为手轮式调节。

二、电动座椅的组成

电动座椅的构造如图 9-19 所示。

1. 电动机

电动座椅多采用永磁式双向直流电动机，为防止电机过载，电机内一般都装有断路器。由于座椅的类型不同，一般一个座椅可装 2 个、3 个、4 个或 6 个电动机。如图 9-20 所示为装有 4 个电动机的电动座椅调节示意。电动机的数量取决于电动座椅的类型，通常两向移动座椅装有 2 个电动机，四向移动座椅装有 4 个电动机，最多可达 6 个电动机。大多数电动座椅使用永磁式电动机，通过开关来操纵电动机按不同方向旋转。为防止电动机过载，大多数永磁式电动机内装有断路器。

图 9-18 靠背角度调整电动机

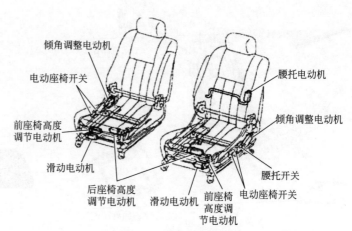

图 9-19 电动座椅的构造

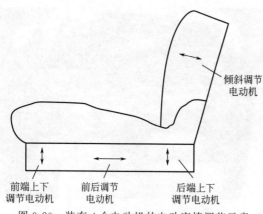

图 9-20 装有 4 个电动机的电动座椅调节示意

2. 传动装置

传动装置的作用是把电动机的旋转运动转变成座椅的上下、前后移动或靠背的倾斜摆动。蜗轮蜗杆机构是其核心部件，它具有较大的传动比且自锁性能良好。

（1）高度调整机构（图 9-21） 高度调整机构由蜗杆轴、蜗轮、心轴等组成，调整时蜗杆轴在电动机的驱动下，带动蜗轮转动，从而保证心轴旋进或旋出，实现座椅的上升与下降。

（2）纵向调整机构（图 9-22） 纵向调整机构由蜗杆、蜗轮、齿条、导轨等组成，齿条装在导轨上。调整时，电动机转矩经蜗杆传至两侧的蜗轮 4 上，经导轨上的齿条，带动座椅前后移动。

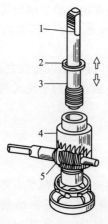

图 9-21 高度调整机构
1—铣平面；2—止推垫片；3—心轴；4—蜗轮；
5—挠性驱动蜗杆轴

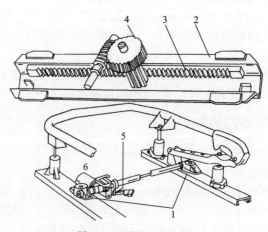

图 9-22 纵向调整机构
1—支承及导向元件；2—导轨；3—齿条；4—蜗轮；
5—反馈信号电位计；6—调整电动机

升降就是一个左右连接在一起的 4 连杆机构（与底座旁接板铆接在一起），其中一个连杆变为齿板，电动机带动小齿轮轴，小齿轮轴带动齿板实现升降。

前后调角原理，主要是电动机带动一根贯穿左右的有花键的连动杆（花键上会设有防错的一端与电机配合），连动杆带动座椅两边的调角器（调角器与座椅两侧的连接板和侧旁接板连接），从而实现前后调角，调角范围看调角器厂家设定的最大调角范围，当然座椅靠背两侧的连接板上设计有限位板，保证调角器在调角范围内正常工作。

高端座椅会带有坐盆骨的前后升降，其实也是增加一个电动机并通过铆接方式将一个连杆机构与坐盆骨连接在一起，从而实现坐盆骨的轻微调角（也就是所谓的 8 向调角座椅）。

3. 座椅的控制电路（图 9-23）

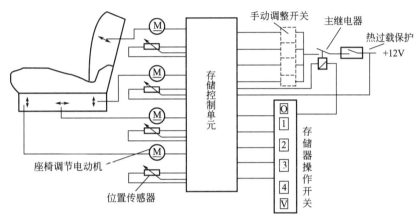

图 9-23　带存储电动座椅控制示意

带存储功能的电动座椅采用了微机控制，它能将选定的座椅调节位置进行存储，使用时只要按指定的按键开关，座椅就会自动地调节到预先选定的座椅位置上。

该系统有一个存储器，存储装置通过 4 个电位计来控制座椅的调定位置。只要座椅位置调定后，驾驶员按下存储器的按钮，电子控制装置就把这些电压信号存储起来，作为重新调整位置时的基准。使用时，只要一按按钮，就能按存储时的状态来调整座椅位置。

三、电动座椅的电路原理

如图 9-24 所示是常见的电动座椅电路。它由前端高度调节电动机、后端高度调节电动机和前后移动调节电动机组成。相关电路如图 9-25～图 9-27 所示。

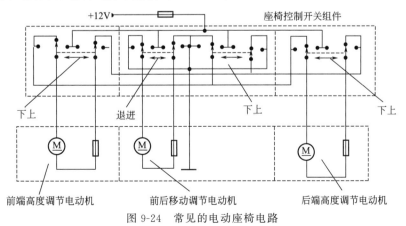

图 9-24　常见的电动座椅电路

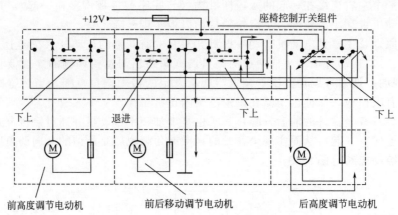

图 9-25 电动座椅后端上升时的电流流向

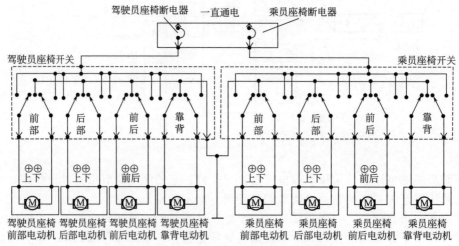

图 9-26 帕萨特 B5 轿车电动座椅电路

四、座椅加热

座椅加热是利用座椅内的电加热丝对座椅内部加热,并通过热传递将热量传递给乘坐者,改善冬天时座椅因长时间停放后过凉造成的乘坐不舒适感。

座椅加热器的基本结构是,下层为一层无纺布,加热丝布置在无纺布上,用固定胶带将加热丝固定在无纺布上,针织布盖在固定胶带上,用针织线缝制成类似座椅加热处的形状,并缝合在座椅罩内。为了提高车内乘员的舒适性,控制座椅加热温度在一定的范围内,在座椅加热垫内布置了 2 个温度控制器:50℃±5℃断开,30℃±5℃接通;43℃±5℃断开,23℃±5℃接通。靠背加热器通过插接件连接到坐垫加热器电源上,坐垫加热器电源通过插接件连接到仪表板线束上,再经过座椅加热开关(图 9-28)、熔丝、点火开关连到蓄电池电源上。

前排座椅加热一般出现在选用真皮材料座椅的车辆上,由于真皮座椅表面材料在冬季温度较低,有了前排座椅加热后,到了冰冷的冬天,会感到很舒适。大多数电加热装置都有温度可调节的功能。

后排座椅加热一般配备在豪华车或高配置车型上,如奔驰 S 级、宝马 7 系、奥迪 A8 等(图 9-29)。

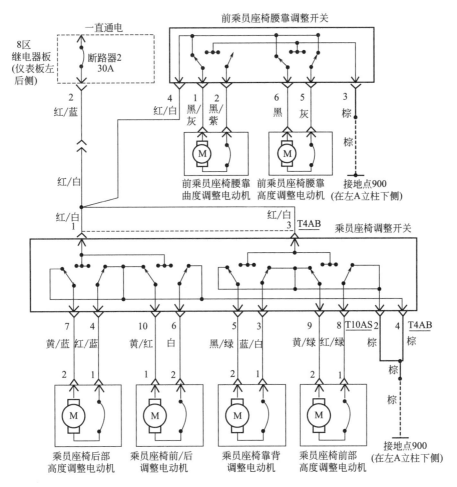

图 9-27 奥迪 A6 轿车乘员侧电动座椅系统电路图
1~10—端口

图 9-28 座椅加热开关

图 9-29 座椅加热电热丝布置

1. 座椅加热装置使用的注意事项

① 座椅加热装置只有在点火开关打开时才能起作用。

② 为了保护座椅加热装置的加热部件,不要跪在座椅上或对座面和靠背施加点状负载。

③ 如果车载电压下降,座椅加热装置将自动关闭,以保证为发动机控制系统提供足够的电能。

④ 停车后及时关闭座椅加热或通风功能，防止下次启动，用电负荷过大。

⑤ 加热座椅不要再加装过厚的坐垫，以防座椅异常过热、低温，会导致故障。

⑥ 在启动发动机后再打开座椅加热开关，这样可以有效节约蓄电池能量，延长蓄电池寿命。

2. 本田雅阁座椅加热故障排除

一辆行驶里程约16万千米的2005年款广汽本田雅阁2.4L轿车，该车因事故前部严重受损，维修过程中拆下了发动机、仪表台、前后座椅及地毯。车辆修复后试车时发现，前排乘客侧座椅加热器在开关未打开的情况下会自动长期加热，且车辆在停放一夜后蓄电池电量会被耗光。

故障诊断：根据座椅加热器电路（图9-30），首先从仪表板下熔丝/继电器盒上拆下No.15(20A)和No.30(7.5A)2个控制座椅加热器继电器的熔丝，然后分别断开前排乘客侧座椅加热器开关和座椅加热器的4针插接器。之后测量座椅加热器开关6针插头的5号棕色线搭铁电压为0，正常。再测量座椅加热器插头一侧，4针插头的3号绿线与2号黑线无电压，却发现4针插头的4号绿黄线与2号黑线电压为12V，且长期有电。看来，就是此原因造成了前排乘客侧座椅加热器长期加热。

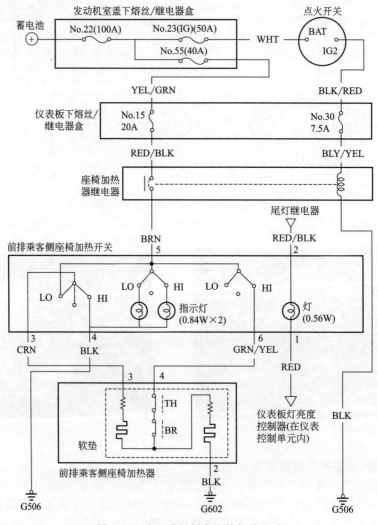

图9-30 本田雅阁轿车座椅加热电路

TH—节温器；BR—断路器；HI—高；LO—低；1~6—端口

那么车辆蓄电池异常放电是否也是此原因造成的呢？为此测量了加热器开关6针插头的6号绿黄线与前排乘客侧座椅加热器4针插头的4号绿黄线的导通情况，发现不导通。根据电路图分析，该线应该是导通的，因此上述检测结果显然是不正常的。那么前排乘客侧座椅加热器4针插头的4号绿黄线的12V常电压是从哪里串过来的呢？

通过对维修手册线束布置图进行分析可知，加热器线束与仪表台线束一体，左侧到达仪表台最左侧多路集成控制系统（MICS）处，右侧到达仪表台最右侧，中间通过地毯到前排乘客侧座椅下。为此又将中控台扶手箱和前排乘客侧座椅拆下，检查了线束间是否有彼此短路的情况，但未发现异常。后来拆到仪表台左侧的多路集成控制系统（MICS）时，发现了问题，有1个线束插头的位置插错了。这个插头本应与MICS上部一个转接器相连，而该车却被错插到了MILS的一个原本应闲置的插座上。

将插头位置重新调换后，再测量加热器开关6针插头的6号绿黄线与座椅加热器的绿黄线，是相通的。当加热器开关断开后，再次测量前排乘客侧座椅加热器的绿黄线，不再有电压，说明原来的电压就是因插头错接从MILS上串过来的。

故障排除：在车辆完全恢复后，关好车门，用遥控器锁车，断开蓄电池负极，测量全车自放电电流，测试结果为16mA，完全正常。

第三节　电动车窗

一、作用

电动车窗可以使驾驶员更加集中精力驾车，方便驾驶员及乘客的操作。驾驶员操作时，可以使四个车窗中的任意一个上升或下降，乘员只能使所在的车窗上升或下降。

电动车窗是指以电为动力使车窗玻璃自动升降的车窗。它是由驾驶员或乘员操纵开关接通车窗升降电动机的电路，使电动机产生电磁转矩，通过一系列的机械传动，实现车窗玻璃按要求进行升降。其优点是操作简便，有利于行车安全。

二、组成

电动车窗主要由电动机车窗升降器、控制、开关、断路器等组成。车窗升降器主要包括钢丝滚筒式升降器、齿扇式升降器及齿条式升降器等。

1. 电动机

电动机有永磁式和双绕组串励式两种。每个车窗都安装一个电动机，通过开关控制它的电流或磁场方向，使车窗玻璃上升或下降。永磁式电动机是外搭铁，双绕组型电动机是各绕组搭铁，这两种电机都是改变电路电流的方向而实现电动机的正反转从而实现车窗玻璃升降的。

（1）永磁型直流电动机电动车窗（图9-31）　当点火开关打至点火挡时，电动车窗主继电器工作，触点闭合，给电动车窗提供电源；如将主开关上的窗锁开关闭合，那么，所有车窗都可随时进入工作状态；若主开关上的车窗锁开关断开，则只有驾驶员侧车窗可进行工作。另外，驾驶员侧的车窗开关由点触式电路控制，驾驶员要使车窗玻璃下降时，只要点触一下下降开关，车窗玻璃就会自动下降到最低点，在下降过程中，如果要使玻璃停止在某一位置时，只要再点触一下开关即可。

（2）双绕组串励式直流电动机电动车窗（图9-32）　电动车窗的断路保护开关是双金属触点臂结构，当电动机超载电路中电流过大时，双金属片因温度上升产生翘曲变形，打开触点，切断电路。电流消失后，双金属片冷却，变形消失，触点再次闭合。如此周期动作，使电动机电流平均值不超过规定值，不致过热而烧坏。

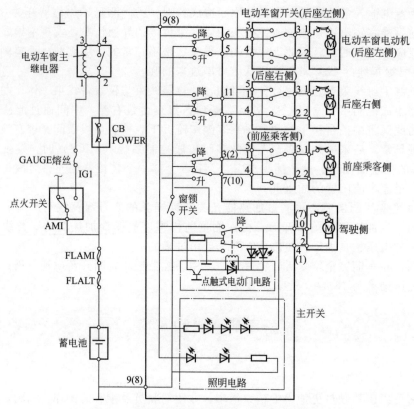

图 9-31 永磁型直流电动机电动车窗控制电路
1~7—端口
括号内数字表示适用于 RHD 车

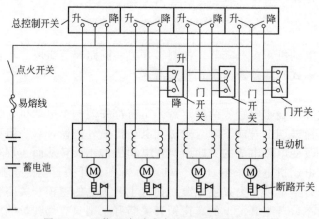

图 9-32 双绕组串励式直流电动车窗控制电路

2. 车窗玻璃升降器

常见的车窗玻璃升降器有钢丝滚筒式、齿扇式（图 9-33）和齿条式（图 9-34）三种。钢丝滚筒式玻璃升降器上的双向直流电动机前端安装有减速机构，其上安装一个绕有钢丝的滚筒，玻璃卡座固定在钢丝上并且可在滑动支架上移动。齿扇式玻璃升降器上的双向直流电动机带动蜗轮蜗杆减速改变方向后，驱动齿扇，从而使玻璃上下移动，齿扇上安装有螺旋弹簧，当门窗下降时螺旋弹簧收缩，当门窗上升时螺旋弹簧伸展，达到直流电动机双向负荷平衡的目的。

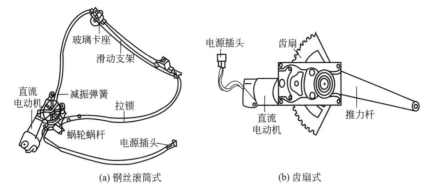

(a) 钢丝滚筒式　　(b) 齿扇式

图 9-33　两种车窗升降器的构造

3. 控制开关

如图 9-35 所示，车窗控制开关有两套，一套为主控开关，安装在驾驶员侧车门扶手上或换挡杆附近，由驾驶员控制玻璃升降；另一套为分控开关，安装在每个车门扶手上，可由乘客控制玻璃升降。主控开关上还安装有控制分控开关的安全开关（门窗锁止开关），若安全开关断开，除左前车窗外，其他车窗分控开关则不再起作用。有的汽车电动车窗带有延迟开关系统，可在点火开关关断后约 50s 内，或在车门打开以前，仍提供电源，使驾驶员和乘客有时间关闭车窗。

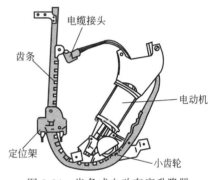

图 9-34　齿条式电动车窗升降器

4. 断路器

为了防止电动机过载，在电路或直流电动机内安装一个或多个双金属片式热敏断路器，用以控制电动机中的电流。若车窗玻璃因某种原因卡住（如结冰），即使车窗控制开关没有断开，双金属片式热敏断路器也会因电流过大而发热，双金属片发生变形，自动断开车窗电路。

(a) 车窗主控开关　　(b) 车窗分控开关

图 9-35　车窗控制开关

三、电动车窗的电路原理

不同车型所采用的电动车窗的电动机及其控制电路各不相同。电动机可分成直接搭铁式和控制搭铁式两种。

1. 直接搭铁式

电动机的一端直接搭铁，其内部有两组磁场线圈。通过接通不同的线圈，使电动机的转向不同，实现车窗的上升和下降动作，其控制电路如图 9-36 所示。

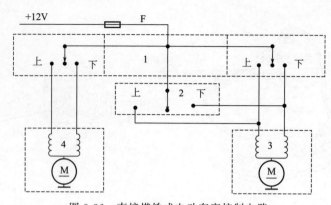

图 9-36　直接搭铁式电动车窗控制电路

1—驾驶员侧车窗开关；2—右后车窗开关；3—右后车窗电动机；4—左后车窗电动机

2. 控制搭铁式

电动车窗的电动机结构简单，开关和控制线路复杂一些，在实际中应用较广泛，其控制电路如图 9-37 所示。

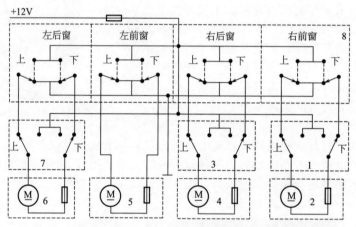

图 9-37　控制搭铁式电动车窗控制电路

1—右前车窗开关；2—右前车窗电动机；3—右后车窗开关；4—右后车窗电动机；5—左前车窗电动机；
6—左后车窗电动机；7—右前车窗开关；8—驾驶员主控开关组件

四、观察分析电路的工作过程（结合捷达轿车电动门窗的实验台和电路图）

大众车系电动车窗的控制功能有手动控制和自动控制两种。手动控制功能是指用手操作相应的门窗控制开关，车窗可以上升或下降，若中途松开开关，上升或下降的动作就立刻停止。自动控制是指瞬间按下门窗开关（按下时间≤300ms），车窗会一直上升至最高或下降至最低位置。大众车系电动车窗的控制电路如图 9-38 所示。

1. 手动控制车窗玻璃的升降

向前方按下手动旋钮后，触点 A 与开关的"上"接点相连，触点 B 处于原来状态，电动机按"上"箭头方向通过电流，车窗玻璃上升直至关闭；当将手离开旋钮时，利用开关自身的回复力回到中立位置，电动机停止转动。

若将手动旋钮推向车辆后方，触点 A 保持原位不动，而触点 B 则与"下"侧相连，电动机按"下"箭头方向通过电流，电动机反转，车窗玻璃向下移动，直至下降到最低位置。

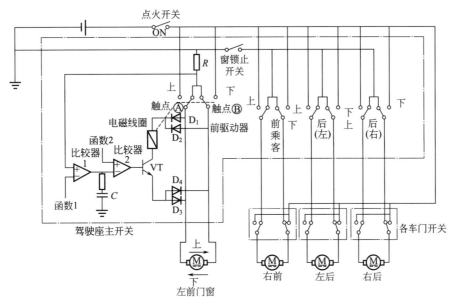

图 9-38　大众车系电动车窗的控制电路

2. 电动车窗常见故障的诊断

电动车窗常见的故障现象有某个车窗只能向一个方向运动；某个车窗两个方向都不能运动；所有车窗均不能升降或偶尔不能升降；两个后车窗分开关不起作用等。具体的故障原因及诊断思路见表 9-1 所示。

表 9-1　电动车窗常见故障的诊断

常见故障	故障原因	诊断思路
某个车窗只能向一个方向运动	分开关故障	检测分开关导通的情况
	分开关至主开关可能出现断路	检测分开关至主开关控制导线导通的情况
某个车窗两个方向都不能运动	传动机构卡住	检测传动机构是否卡住
	车窗电动机损坏	测试电动机的工作情况，包括断路、短路及搭铁情况的检测
	分开关至电动机断路	检测分开关至电动机电路导通情况
所有车窗均不能升降或偶尔不能升降	熔丝被烧断	检测熔丝，更换相同规格的熔丝
	搭铁虚接不实	检测、清洁、紧固搭铁
两个后车窗分开关不起作用	主控开关上的安全开关出现的故障	检测安全开关导通情况

上海大众帕萨特 B5 系列轿车舒适系统电动车窗与门锁等控制电路组合在一起，相关控制电路如图 9-39 所示。

帕萨特 B5 系列轿车舒适系统电动门窗电路主要由驾驶员侧车门控制单元 J286、左后车门控制单元 J388、右后车门控制单元 J389、右前车门控制单元 J387，以及 4 个车门上分别安装的电动机 V147（左前）、V148（右前）、V26（左后）、V27（右后）等组成。

帕萨特 B5 系列轿车驾驶员在前部驾驶室处对左后、右后及右前车窗的控制，是通过 CAN 数据总线的方式来进行的，由驾驶员侧车门控制单元根据驾驶员按下的开关信号，经编码后由数据总线 CAN 送到右前车门控制单元 J387、左后车门控制单元 J388、右后车门控制单元 J389，经识别解码以后，就会输出相应的控制电压驱动相应的电动机工作。

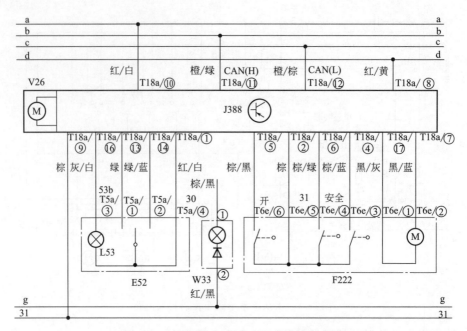

图 9-39 帕萨特 B5 轿车左后车窗控制电路

E52—右后电动车窗开关；F222—左后门锁控制单元；J388—左后车门控制单元；L53—车窗开关指示灯；V26—左后电动车窗电动机；W33—左后门灯

当驾驶员按下左后电动车窗开关 E53 上升按键以后，J386 经编码就会从其 T29a/⑧ 与 T29a/27 端脚输出代表左后车窗控制电压的地址码和左后车窗上升的代码，该代码被左后车门控制单元接收后，就会输出相应的控制电压使左后车窗电动机 V26 运转带动车窗上升。

右前、右后、左后车门处还设有单独控制本车窗的分开关 E107、E54、E52，以供乘客使用，其控制原理与上述方法相同，不再赘述。

五、电动天窗

电动天窗是指安装于汽车顶部主体材料为玻璃的车身部件，该部件有一部分能够由电动机驱动并通过传动机构将天窗玻璃沿滑槽前后移动，倾斜启闭，并能按要求停留在任意位置。

1. 电动天窗的分类

电动天窗按开启方向不同可分为内藏式、外倾式和敞篷式等，如图 9-40～图 9-42 所示。

图 9-40 内藏式电动天窗

图 9-41 外倾式电动天窗

2. 电动天窗的组成

电动天窗主要由滑动机构、驱动机构、开关、控制系统（主要包括 ECU、电动天窗限位传感器）、电动机、传动机构、滑动螺杆、导向销、导向块、连杆、托架、枕座（前、后）等组成。下面主要介绍电动天窗的滑动机构、驱动机构、开关和控制系统。

（1）滑动机构　电动天窗的滑动机构主要由导向块、导向销、连杆、托架和枕座（前、后）等构成。

图 9-42　敞篷式电动天窗

（2）驱动机构　驱动机构主要由电动机、传动机构等组成。

① 电动机通过传动装置向天窗的开闭提供动力，能双向转动，即通过改变电流的方向以改变电动机的旋转方向，实现天窗的开闭。

② 传动机构主要由蜗轮蜗杆传动机构、中间齿轮传动机构（主动中间齿轮、过渡中间齿轮）和驱动齿轮等组成。齿轮传动机构接收电动机的动力，改变旋转方向，并将动力传给滑动螺杆，使天窗实现开闭；同时又将动力传给凸轮，使凸轮触动限位开关进行开闭。主动中间齿轮与蜗轮固定在同一轴上，并与蜗轮同步转动；过渡中间齿轮与驱动齿轮固定在同一输出轴上，被主动中间齿轮驱动，使驱动齿轮带动玻璃开闭。

（3）开关　电动天窗的开关由控制开关和限位开关组成。

① 控制开关。控制开关主要包括滑动开关和斜升开关。滑动开关有滑动打开、滑动关闭和断开（中间位置）3 个挡位。斜升开关也有斜升、斜降和断开（中间位置）3 个挡位。通过操作这些开关，令天窗驱动机构的电动机实现正反转，在不同状态下正常工作。

② 限位开关。限位开关主要用来检测天窗所处的位置。限位开关靠凸轮转动来实现断开和闭合。凸轮安装在驱动机构的动力输出端。当电动机将动力输出时，通过驱动齿轮和滑动螺杆减速以后带动凸轮转动，于是凸轮周边的凸起部位触动开关使其开闭，以实现对天窗的自动控制。

（4）控制系统　控制系统是一个数字控制电路，并设有定时器、蜂鸣器和继电器等，其作用是接收开关输入的信息，通过数字电路进行逻辑运算，确定继电器的动作，控制天窗开闭。

3. 电动天窗的控制电路

F6 车型的天窗是比较先进的双模开启电动天窗，既可以前后平移滑动全景式开启，也可以上下倾斜式轻度开启。其工作原理和车门电动车窗非常类似，靠改变直流电动机电流方向实现电动机转轴的顺时针转动和逆时针转动，从而带动天窗的开关和车窗的升降其控制电路如图 9-43 所示。

（1）天窗平移滑动打开　钥匙转到"ON"挡，将天窗开关按至平移"开"时，信号从天窗开关经 ECU 芯片放大传到天窗继电器，接通限位开关 1，断开开关 2，继电器工作，电动机顺时针转动，打开天窗直至全部打开。中途松开，则停止。

（2）天窗平移滑动关闭　钥匙转到"ON"挡，将天窗开关按至平移"关"时，信号从天窗开关经 ECU 芯片放大传到天窗继电器，接通限位开关 2，断开开关 1，继电器工作，电动机逆时针转动，关闭天窗直至全部关闭。中途松开则停止。

（3）天窗向上倾斜打开　钥匙转到"ON"挡，当按天窗开关的向上倾斜"开"时，接通限位开关 3 左边，断开开关 1、2，信号从天窗开关经 ECU 芯片放大传至天窗继电器，继电器工作，电动机顺时针转动，天窗向上倾斜打开。中途松开，则停止。

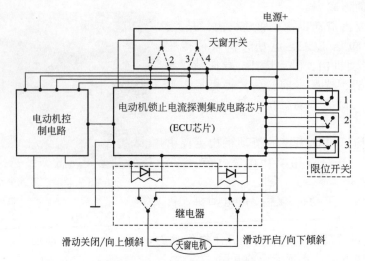

图 9-43　F6 车型天窗控制电路
1—平移滑动开启；2—平移滑动关闭；3—向上倾斜；4—向下倾斜

(4) 天窗向下倾斜关闭　钥匙转到"ON"挡，当按天窗开关的向下倾斜"关"时，接通限位开关3右边，断开开关1、2，信号从天窗开关经ECU芯片放大传至天窗继电器，继电器工作，电动机逆时针转动。天窗向下倾斜关闭。中途松开，则停止。

上海大众帕萨特B5系列轿车（2.8L V6和1.8T豪华型）舒适系统电动天窗控制电路如图 9-44 所示，供识读电路时参考。

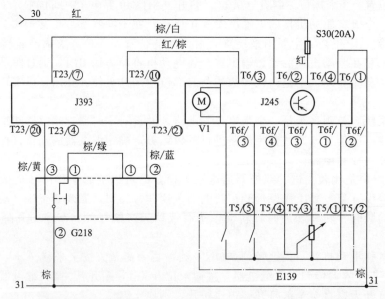

图 9-44　上海大众帕萨特 B5 系列轿车（2.8L V6 和 1.8T 豪华型）舒适系统电动天窗控制电路
E139—天窗调节开关；G218—后备厢盖锁开关；V1—天窗调节电动机；
J393—舒适系统中央控制单元；30—电源线；31—搭铁线

(5) 电路组成　上海大众帕萨特B5系列轿车（2.8L V6和1.8T豪华型）舒适系统中的电动天窗控制电路主要由舒适系统中央控制单元J393、天窗调节控制单元J245、天窗调节电动机V1、天窗调节开关E139及相关配线等组成。

(6) 基本工作原理　上海大众帕萨特 B5 系列轿车（2.8L V6 和 1.8T 豪华型）舒适系统中的电动天窗控制单元之间通过电气连接，采用车钥匙可以很方便地打开或关闭天窗。通过操作天窗调节开关 E139 就可以对天窗调节电动机 V1 的正、反向进行控制，以实现天窗的各种动作。

第四节　电动后视镜

一、作用

为了便于驾驶员调整后视镜的角度，很多轿车安装了电动后视镜，驾驶员在行车时便可方便地对左右后视镜的角度进行随时调节。

二、组成

电动后视镜的组成如图 9-45 所示。反射镜的背后装有两套电动机和驱动器，可操纵反射镜上下及左右转动。通常上下方向的转动用一个电动机控制，左右方向的转动用另一个电动机控制。通过改变电动机的电流方向，就可完成对后视镜的上下及左右方向的调整。

为了使车辆能够获得最大的驻车间隙，通过尽可能狭小的路段，有的电动后视镜还带有伸缩功能，由伸缩开关控制伸缩电动机工作，使两个后视镜整体回转伸出或缩回。

在每个后视镜镜片的背后均有两个可逆电动机，可操纵其上下及左右运动。通常垂直方向的倾斜运动由一个永磁电动机来控制，水平方向的倾斜运动由一个永磁电动机来控制。

通过操控后视镜的开关，改变电动机的电流方向，就可完成对后视镜的上下及左右方向的调整。电动后视镜调整开关的安装位置及其实物如图 9-46 和图 9-47 所示。

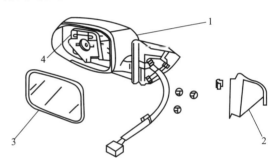

图 9-45　电动后视镜的组成
1—电动后视镜；2—后视镜安装罩；3—后视镜镜片和固定架；4—驱动电动机

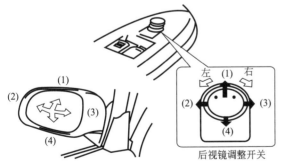

图 9-46　电动后视镜调整开关的安装位置

图 9-47　捷达轿车电动后视镜调整开关实物

三、电动后视镜的工作原理

如图 9-48 所示，在电动后视镜开关中用实线框和虚线框分别表示操作时总开关内部的联动情况。

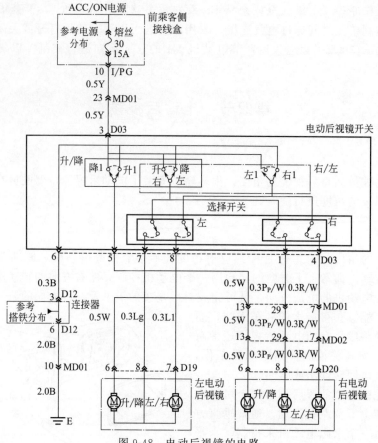

图 9-48 电动后视镜的电路

下面以调节左侧后视镜垂直方向的倾斜程度时电路的工作情况为例进行分析。

1. 上升的过程

按下"升/降"按钮,实线框"升/降"开关中的箭头开关均和"升"接通,此时电流的方向为蓄电池→熔丝"30"→开关端子"3"→"升右"端子→选择开关中的"左"→端子"7"→左电动后视连接端子"8"→"升/降"电动机→端子"6"→开关端子"5"→升"1"→开关端子"6"→搭铁。左侧后视镜"升/降"电动机运转,后视镜向上倾斜。

2. 下降的过程

按下"升/降"按钮,实线框"升/降"开关中的箭头开关均与"降"接通,此时电流方向为蓄电池→熔丝"30"→开关端子"3"→降"1"→开关端子"5"→左电动后视连接端子"6"→"升/降"电动机→左电动后视连接端子"8"→开关端子"7"→选择开关中的"左"→"降左"端子→开关端子"6"→搭铁。左侧后视镜"升/降"电动机运转,后视镜向相反的方向倾斜。

桑坦纳3000轿车的电动后视镜的控制如图9-49和图9-50所示。

四、电动后视镜电路故障诊断的检修

电动后视镜常见的故障有电动后视镜均不能工作、一侧电动后视镜不能动、一侧电动后视镜上下方向不能动、一侧电动后视镜左右方向不能动。当检测时应先检测熔丝、电路连接和搭铁情况是否良好,再检测开关和电动机是否良好。可按上述的顺序和表9-2的要求进行故障原因的分析及检修。

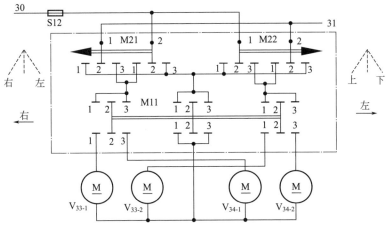

图 9-49　桑塔纳 3000 型轿车电动后视镜控制电路

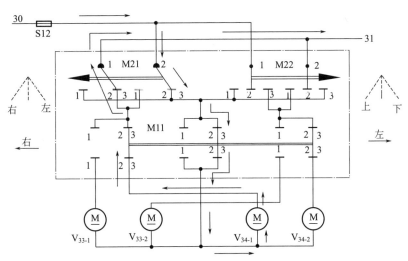

图 9-50　调整左侧后视镜使之左转的电流方向示意图

表 9-2　电动后视镜常见故障的诊断

故障现象	故障原因	故障排除方法
电动后视镜均不能工作	熔丝熔断	检测确认熔丝后更换
	搭铁不良	修理
	后视镜开关损坏	更换
	后视镜电动机损坏	更换
一侧电动后视镜不能动	后视镜开关损坏	更换
	电动机损坏	更换
	搭铁不良	修理
一侧电动后视镜上下方向不能动	上下调整电动机损坏	更换
	搭铁不良	修理
一侧电动后视镜左右方向不能动	左右调整电动机损坏	更换
	搭铁不良	修理

第五节　中央集控门锁

现代轿车多数都选装了中央集控门锁，它可使驾驶员更加方便安全地使用汽车。当驾驶员用锁扣或钥匙锁定左前门时，另外三个车门及后备厢门也同时被锁好，打开时可单独开左前车门，也可同时打开所有车门及后备厢门。

一、中控门锁的功用

为了提高汽车在使用过程中的安全和方便，现代轿车多数都安装了电动中控门锁控制系统，它具有以下功能。

1. 中央控制

当驾驶员锁住其身边的车门时，其他车门也同时锁住。当打开车门时，驾驶员可通过门锁开关同时打开各个车门，也可单独打开某个车门。

2. 速度控制

当行车速度达到一定时，各个车门能自行锁上，防止乘员误操作车门把手而导致车门打开。

3. 单独控制

除驾驶员身边车门以外，还在其他车门设置单独的弹簧锁开关，可独立地控制一个车门的打开和锁住。

4. 两级开锁功能

在钥匙联动开锁功能中，一级开锁操作只能以机械方法打开钥匙插入的门，二级开锁操作则可同时打开其他车门。一般来说，所有车门可以通过右前或左前侧门上的钥匙来同时关闭和打开。

5. 钥匙占用预防功能

该功能可防止钥匙插在点火开关上时，在车外没有钥匙而将车门锁住。例如：已经执行了锁门操作，而钥匙仍然插在点火开关内，则所有的车门会自动打开，从而防止钥匙遗忘在汽车内。

6. 安全功能

当钥匙已经从点火开关中拔出而车门已锁住时，无论用钥匙或不用钥匙，车门都不能用门锁控制开关打开。

7. 电动车窗不用钥匙的动作功能

驾驶员和乘客的车门都关上，点火开关断开后，电动车窗仍可以动作约60s。

8. 寻车功能

按一下遥控器上的寻车按键（红色喇叭形状），车上的喇叭会间断地鸣响，车内灯点亮，同时前照灯闪烁10s，以便车主发现，直到再次按压寻车按键，或者点火开关转至"RUN"位，上述报警才会停止。

9. 自动功能

在一些高级车辆中，用钥匙或遥控器将车门打开或锁止时，电动车窗也会自动打开或关闭。

二、中控门锁的分类

中控门锁按结构形式的不同，一般有双向空气压力泵式和微型直流电动机式两种；按控制方式不同可分为不带防盗系统的中控门锁和带防盗系统的中控门锁。

1. 按键式电子锁

按键式电子锁采用键盘或组合按钮输入开锁密码，操作方便。内部控制电路常采用电子密码专用集成电路。

2. 拨盘式电子锁

拨盘式电子锁采用机械拨盘开关输入开锁密码。很多按键式电子锁可以改造成拨盘式电子锁。

3. 电子钥匙式电子锁

电子钥匙式电子锁使用电子钥匙作为开锁密码，它由元器件搭成的单元电路组成，做成小型手持单元形式，通过光、声、电或磁等多种形式与主控电路联系。此类产品包括各种遥控汽车门锁、转向锁、点火锁以及电子密码点火钥匙。

4. 触摸式电子锁

采用触摸方法输入开锁密码，操作简单。

5. 生物特征式电子锁

将声音、指纹等人体生物特征作为密码输入，由计算机进行模式识别控制开锁，智能化相当高。

直流电动机式中控门锁利用控制直流电动机的正反转来实现门锁的开、关动作。汽车中控门锁由门锁控制开关、门锁总成、钥匙操纵开关、门锁控制器和门锁执行机构组成。

如图9-51所示，门锁控制开关安装在驾驶员前门内侧的扶手上，通过门锁控制开关可以同时锁上和打开所有的车门。

三、门锁执行机构

门锁执行机构按结构可分为双向压力泵式、直流电动机式和电磁线圈式三种。

1. 双向压力泵式中央门锁

双向压力泵式中央门锁主要由门锁控制器、机械装置、空气管路三部分组成，其结构如图9-52所示。其基本原理是，利用双向空气压力泵产生压力或真空，通过膜盒来完成门锁的开、关动作。

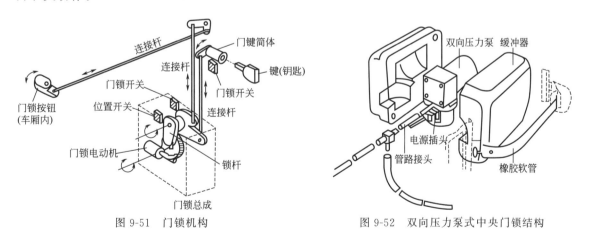

图9-51　门锁机构　　　　　　图9-52　双向压力泵式中央门锁结构

2. 直流电动机式中央门锁

直流电动机式中央门锁主要由双向直流电动机、门锁开关、连杆执行机构、导线、继电器等组成，其结构如图9-53所示。基本原理是，利用控制直流电动机的正反电流方向，电动机正反向运转来完成门锁的开、关动作。

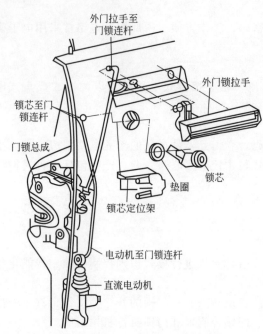

图 9-53 直流电动机中控门锁的结构

当用钥匙来开、锁门时，控制器被触发，门锁电动机运转，通过门锁操纵连杆来操纵门锁，由于在开或锁门时给控制器的触发不同，故通过门锁电动机的电流方向相反，这样利用电动机的正转或反转，就可完成车门的开、闭锁动作。

3. 电磁线圈式中控门锁

如图 9-54 所示为电磁线圈式中控门锁的执行机构。当给锁门线圈通正向电流时，衔铁带动连杆左移，锁门；当给开门线圈通反向电流时，衔铁带动连杆右移，开门。

四、中控门锁定时装置

门锁机构在工作时要消耗电能，为缩短工作时间，在门锁电路中安装有定时装置。

定时装置的工作原理是利用电容器的充放电特性，在超过规定时间后，输送给门锁机构的电流就自行中断。

中控门锁定时装置可以保护电路和用电器的安全。由于多数轿车使用直流电动机式门锁执行机构，为防止电控门锁开关过载，在电路中安装有继电器，通过门锁开关控制继电器，再控制电动机。

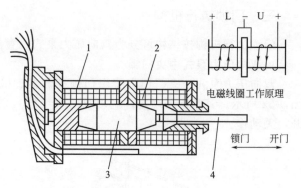

图 9-54 电磁线圈式中控门锁的执行机构
1—锁门线圈；2—开门线圈；3—柱塞；
4—连接门机构；L—锁门；U—开门

五、门锁控制器

门锁控制器是为门锁执行机构提供开锁、闭锁脉冲电流的控制装置。门锁控制器的形式分为晶体管式、电容式、车速感应式三种。

1. 晶体管式门锁控制器

（1）组成　两个继电器，一个控制锁门，一个控制开门。

（2）工作原理　如图 9-55 所示，继电器由锁、开门控制电路中的晶体管开关控制，它利用电容器的充放电过程控制一定的脉冲电流持续时间，使执行机构完成锁门和开门动作。

2. 电容式门锁控制器

电容式门锁控制器的电路如图 9-56 所示。该门锁控制器利用电容充放电特性，平时电容器充足电，当工作时，电容器向控制电路放电，使两个电路中的一个通电而短时间吸合；当电容器完全放电后，通过继电器的电流中断而使其触点断开，门锁系统不再工作。

3. 车速感应式门锁控制器

如图 9-57 所示，在中控门锁系统中加载车速为 10km/h 的感应开关，当车速在 10km/h 以上时，车门未上锁，则不需要驾驶员动手，门锁控制器会自动将门上锁。如果个别车门要自行开门或锁门可分别进行操作。

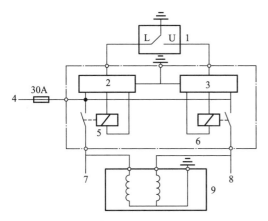

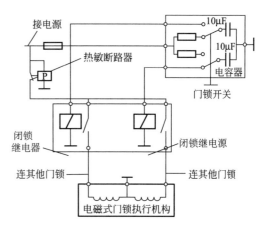

图 9-55 晶体管式门锁控制器的电路
1—门锁开关；2—锁门控制电路；3—开门控制电路；4—接电源正极；5—锁门继电器；6—开门继电器；7，8—其他车门锁；9—电磁式门锁执行机构；L—锁门；U—开门

图 9-56 电容式门锁控制器的电路

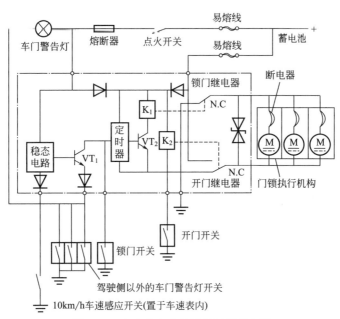

图 9-57 车速感应式门锁控制器的电路

车速感应式门锁控制器的工作原理如下。

① 当点火开关接通时，电流流经警告灯，可使 3 个车门的警告灯开关（此时门未锁）搭铁，警告灯亮。按下锁门开关，定时器使晶体管 VT_2 导通，在晶体管 VT_2 导通期间，锁定继电器线圈 K_1 通电，动合触点闭合，门锁执行机构通正向电流，执行锁门动作。

② 当按下开锁开关时，则开锁继电器线圈 K_2 通电，动合触点闭合，门锁执行机构通反向电流，执行开门动作。

③ 当汽车行驶时车门未锁，并且车速低于 10km/h 时，置于车速表内的 10km/h 车速感应开关闭合，此时稳态电路不向晶体管 VT_1 提供基极电流；当行车速度高于 10km/h 时，10km/h 车速感应开关断开，此时稳态电路给晶体管 VT_1 提供基极电流，VT_1 导通，定时器

触发端经 VT_1 和车门警告开关搭铁,如同按下锁门开关一样,使车门锁定,从而保证了行车过程中的安全。

遥控门锁系统的作用是不使用钥匙,利用遥控器在一定距离内完成车门的打开及锁止。遥控门锁系统不但能控制驾驶员侧车门,还可控制其他车门和后备厢门。遥控门锁系统由发射器、接收器、门锁遥控控制组件(ECU)、门锁控制组件以及执行器等组成。

发射器也称遥控器,其作用是利用发射开关发射规定代码的无线遥控信号,控制驾驶员侧车门、其他车门、后备厢门等的开启和锁闭,且具有寻车功能。发射器分为组合型(发射器与点火钥匙合二为一)和分开型两种。

六、中控门锁的工作原理

1. 电控门锁的工作原理

电控门锁的作用是通过电磁铁机构或电动机式机构来打开及锁止车门锁,其由门锁执行机构及联动机构、门锁控制开关、门锁控制继电器等主要部分组成。目前,高档车一般采用的是自动锁门式,它是在可以手动控制门锁开闭的基础上,还可以根据汽车车速自动锁死车门。

(1) 电控门锁的原理 当门锁开关置于锁止(LOCK)位置时,门锁继电器线圈通电,触点闭合,门锁电磁铁中门锁线圈通电,电磁铁芯杆缩回,操纵门锁锁止车门;当门锁开关置于开启(UNLOCK)位置时,开启继电器线圈通电,触点闭合,门锁电磁铁中开启线圈通电,电磁铁芯杆伸出,操纵门锁开启,在带自动门锁的汽车上,设有速度传感器和电子控制线路。当汽车车速达到设定数值时,电子控制电路使门锁继电器线圈通电,自动锁止车门。

门锁电磁铁的检查:将电压为 12V 的蓄电池接入门锁电磁铁的电路,当在"LOCK"与搭铁接线柱之间加上额定电压时,电磁铁芯杆应缩回;当在"UNLOCK"与搭铁接线柱之间加额定电压时,电磁铁芯杆应伸出。如果电磁铁芯杆不能相应伸出或缩回,表明电磁铁有损坏,应进行修理或更换。

(2) 门锁操纵原理 在车门开启和闭锁的操纵机构中,通常采用动力车门锁定装置。

(3) 门锁机构 在门锁总成中,由锁止杆控制转动,决定门锁开/闭状态。"位置开关"用于测定锁止杆是否进行门锁开/闭;"门锁开关"则用于检测锁止机构是否进行门锁的开/闭。此外,锁止杆随着门锁电动机的通电,进行正向/逆向旋转;或把钥匙插入锁孔中,用于操作。也可按车厢内的按钮进行多种操作。当"门锁开关"用于操作钥匙,使它向开启/关闭方向转动时才能输出信号。

2. 遥控车门系统的工作原理

从发射器发出的红外线信号或电磁波信号,被接收并输送到门锁遥控控制组件中。门锁遥控控制组件对接收器接收到的信号进行比较、判别,若为正确代码,则通过其内部的输出电路将开门或锁门信号交替输入到自动车门锁控制组件中,通过门锁电动机或电磁铁来完成车门的打开或锁止动作。若连续输入经过门锁遥控控制组件判别为不正确代码,门锁遥控控制组件会通过其内的限时锁定电路在一定时间内停止输入。

开关工况如下。

门钥匙(钥匙)开关:当锁门或开门时分别给出 ON 信号,其他时间一概 OFF。

门锁开关:当门打开时为 ON,关闭时为 OFF。

作为检测车门开闭的开关,有直接检测车门开闭的"车门开关",但是"门锁开关"更具有可靠性,能检测锁止的离合状态。

位置开关:锁杆位于锁闭位置时为 OFF,在开启位置时为 ON。

钥匙插入开关：当钥匙插入时为 ON，如拔出则为 OFF。
门锁控制开关：在车厢内利用手操作的开关，与门钥匙开关具有相同的开关工况。

七、中央集控门锁的电路原理

1. 基本工作原理

① 中央集控门锁的控制电路如图 9-58 所示。
② 左前门锁开关在开锁位置时的电流方向如图 9-59 所示。

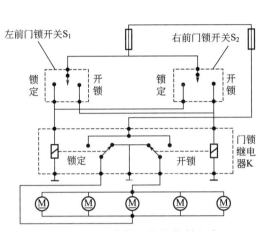

图 9-58　中央集控门锁的控制电路

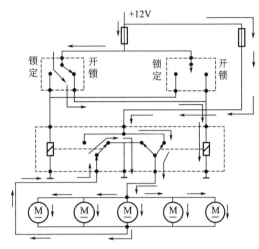

图 9-59　左前门锁开关在开锁位置时的电流方向

2. 实例

上海别克轿车遥控门锁系统电路如图 9-60 所示。

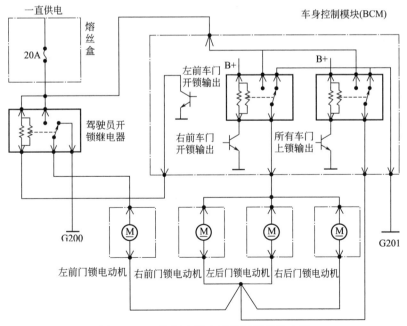

图 9-60　上海别克轿车遥控门锁系统电路

中央控制门锁系统有普通中央控制电动门锁、电子式电动门锁、车速感应式电动门锁及遥控电动门锁四种类型。目前应用较为广泛的是遥控中央控制门锁系统，它为驾车者带来开启和锁止车门的便捷与舒适感。遥控中央控制门锁系统主要由发射器、接收器、门锁遥控控制组件（ECU）、门锁控制组件以及执行器等部件组成。其结构和工作原理以丰田威驰轿车为例，如图9-61和图9-62所示分别为威驰轿车的遥控车门电路和门锁动作电路。

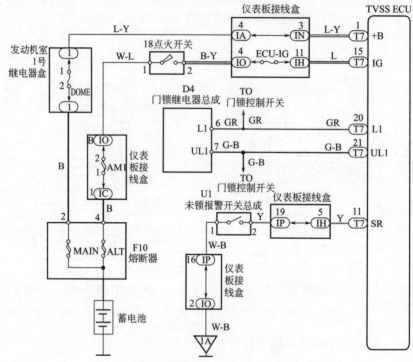

图9-61 威驰轿车的遥控车门电路

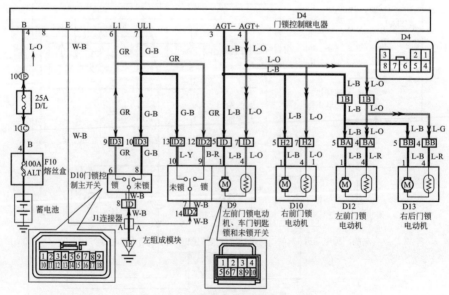

图9-62 威驰轿车的门锁动作电路

其工作原理是，在图9-61中，蓄电池电压→MAIN熔丝→DOME熔丝→防盗系统（TVSS）ECU的1脚，此为常电源电路；当点火开关闭合时，电路为蓄电池电压→ALT熔丝→AM1熔丝→点火开关→ECU-IG熔丝→防盗系统ECU的15脚。

防盗系统ECU接收来自发射器的信号，并通过其20脚、21脚（其中20脚输出的是上锁信号，21脚输出的是开锁信号）把这个信号发送给门锁控制继电器总成。

如图9-62所示，当电动门锁控制继电器D4接收到来自发射器的信号或自主开关D10和左前门车门锁的信号，然后驱动门锁电动机，其中左前门锁电动机、右前门锁电动机、左后门锁电动机、右后门锁电动机并联接入门锁控制继电器的3脚和1脚，ACT＋和ACT－为门锁电动机控制信号输出端。

当门锁开关置于"锁"位置时，门锁控制继电器的6脚输入搭铁信号，门锁控制继电器识别为锁门信号，继电器动作，从其1脚输出蓄电池电压，分别经左前门锁电动机、右前门锁电动机、左后门锁电动机、右后门锁电动机后回到门锁控制继电器的3脚，此时左前门、右前门、左后门、右后门电动机运转，同时上锁。

当门锁开关置于"未锁"位置时，门锁控制继电器的7脚输入搭铁信号，门锁控制继电器识别为开锁信号，继电器动作，从其3脚输出蓄电池电压，分别经左前门锁电动机、右前门锁电动机、左后门锁电动机、右后门锁电动机后回到门锁控制继电器的1脚，此时左前门、右前门、左后门、右后门电动机运转，同时开锁。

上海大众帕萨特B5系列轿车舒适系统中的电动门锁控制电路如图9-63所示。

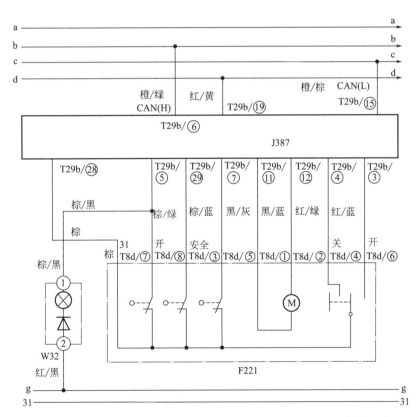

图9-63　上海大众帕萨特B5系列轿车舒适系统中的电动门锁控制电路
F221—右前门锁控制单元；W32—右前门灯；J387—右前车门控制单元；
a、b、c、d、g、31—与其他电路图相连的编号

(1) 电路组成　上海大众帕萨特 B5 系列轿车舒适系统中的电动门锁控制电路主要由驾驶员侧车门控制单元 J386、左后车门控制单元 J388、右前车门控制单元 J387 及右后车门控制单元 J389 等组成。

(2) 基本工作原理　上海大众帕萨特 B5 系列轿车舒适系统中的电动门锁控制电路，是通过两根 CAN 数据总线及无线遥控器（集成在钥匙内）或手动开关来对各车门的门锁开闭进行控制的。在 4 个车门上分别装有电动门锁 F220（左前）、F221（右前）、F222（左后）、F223（右后），在中央控制单元 J393 的控制下，完成对 4 个车门门锁的打开与关闭。

第六节　辅助电器的故障诊断与检修

一、雨刮器故障的诊断与检测

1. 仪器与工具

汽车雨刮器系统、万用表等。

2. 故障分析

① 刮水器各挡都不工作。

故障现象：接通点火开关后，刮水器开关无论置于哪一挡位，刮水器均不工作。

主要原因：熔断器熔断；刮水电动机或刮水器开关故障；机械传动部分故障；线路断路或插接件松脱。

诊断与排除：首先检查熔断器是否熔断，插接件是否松脱，线路有无断路；然后检查开关是否正常；最后检查电动机及机械传动部分。

② 个别挡位不工作。

故障现象：接通点火开关后，刮水器个别挡位（低速、高速或间歇挡）不工作，其余正常。

主要原因：刮水电动机或开关有故障；间歇继电器有故障；线路断路或插接件松脱。

诊断与排除：如果是高速或低速挡不工作，可先检查该挡位对应的线路是否正常；开关是否正常；最后检查电动机电刷。如果是间歇挡不工作，应检查刮水器开关的间歇挡、所在线路及间歇继电器是否正常。

③ 雨刷不能停在正确位置。

故障现象：开关断开或间歇工作时，雨刷不能停在风窗底部。

主要原因：自动停位装置损坏；刮水器开关损坏；刮水臂调整不当；线路连接错误。

诊断与排除：首先检查刮水臂的安装是否正确；然后检查开关线路连接是否正确；最后检查自动停位机构的触片和滑片接触是否良好。

3. 实例

(1) 上海别克轿车风窗刮水器和清洗装置电路诊断（图 9-64）

① 电动雨刮和清洗装置系统检测步骤　见表 9-3。

表 9-3　电动雨刮和清洗装置系统检测步骤

操作方法	正常	不正常
将点火开关置于"RUN"位置	刮水器以低速动作。洗涤器开关在"ON"位置时，喷嘴向风窗喷洗液。释放开关后，洗液停止喷射，雨刷再动作 2~4 个循环后停止	洗涤设备不工作
将洗涤器开关保持在"ON"位置	刮水器完成一个循环后间歇 1~2s 再进行下一个循环。间歇时间可通过转动刮水器开关进行调整	除湿、延时、低速模式不工作

续表

操作方法	正常	不正常
将刮水器开关转至"Delay"位置(脉冲延时模式)	只要洗涤器开关在"ON"位置,喷嘴就向挡风玻璃喷洗液。此时刮水器低速运转,在洗涤器开关释放后,雨刷再动作2~4次,然后以脉冲模式工作	刮水器"Mist""Delay""Lo"模式都不工作
刮水器开关保持在"Delay"位置	刮水器以低速连续工作	所有模式都不工作
保持洗涤器开关在"ON"位置1~2s	刮水器以高速连续工作	所有模式都不工作
将刮水器开关转至"Lo"位置	刮水器以低速转回停止位置	开关关闭后,刮片仍一直工作
将刮水器开关转至"Hi"位置	刮水器进行一个刮水循环,然后转回停止位置	"Mist""Delay""Lo"模式不工作

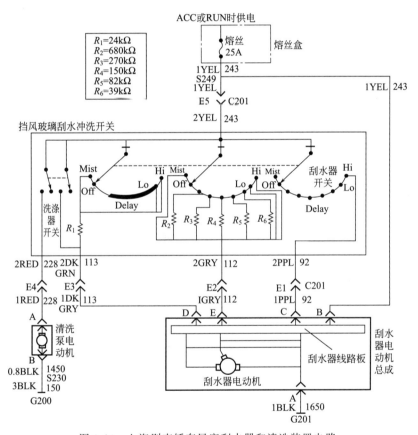

图 9-64 上海别克轿车风窗刮水器和清洗装置电路

② 上海别克轿车刮水器所有模式都不工作的故障诊断流程 如图 9-65 所示。

③ 刮水器电动机总成的检测。

a) 电动机的检测。将电动机从总成上拆下,把负电刷接蓄电池负极,正电刷和偏置电刷各接蓄电池正极一次,如果两次电动机都平稳转动,且接偏置电刷时转速较高,则说明电动机正常,否则应检修或更换电机。

b) 线路及连接器的检测。拔下刮水器电动机的连接器(五芯插头),将点火开关转至"RUN"位置,然后按表 9-4 检测刮水器电动机的线路及其连接器。如果电动机正常,线路及连接器也正常,而电动机不能按要求正常运转,则应更换刮水器电动机盖(刮水器线路板)。

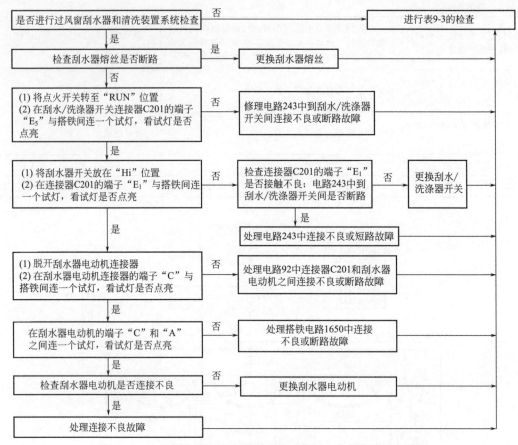

图 9-65 上海别克轿车刮水器所有模式都不工作的故障诊断流程

表 9-4 雨刮连接器线端电压测量　　　　　　　　　　　　　　　　　　　单位:V

开关位置	B	C	D	E
Mist	10.5～15	0	≤1	10.5～15
Off	10.5～15	0	0	0
Delay	10.5～15	0	≤1	≤1
Lo	10.5～15	0	≤1	10.5～15
Hi	10.5～15	10.5～15	≤1	10.5～15

(2) 桑塔纳 3000 轿车雨刮电路诊断

① 控制电路。如图 9-66 所示,桑塔纳 3000 轿车刮水器控制开关有 5 个挡位,分别为复位停止挡、间歇挡、低速挡、高速挡和点动挡。通常的标记:J 为间歇挡、L 为低速挡(1 挡)、H 为高速挡(2 挡)、T 为点动挡。

② 刮水器不工作的故障诊断。

故障现象:刮水器在所有挡位均不能工作。

故障原因:

a. 电路方面的原因可能是刮水电动机绕组断路。

b. 熔丝断路;线路连接松动、断路或搭铁不良。

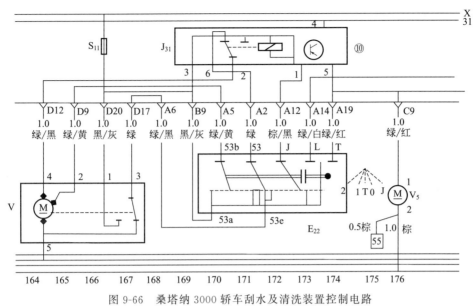

图 9-66　桑塔纳 3000 轿车刮水及清洗装置控制电路

S_{11}—刮水洗涤器熔丝；V—前风窗刮水电动机；J_{31}—刮水间歇继电器；E_{22}—刮水洗涤开关

c. 刮水器控制开关接触不良或继电器触点接触不良。

d. 机械方面的原因可能是蜗轮蜗杆脱离啮合或损坏；杆件连接松脱或损坏；刮水片、传动机构卡住等。

③ 诊断流程如图 9-67 所示。

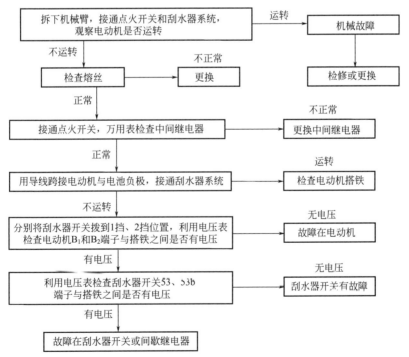

图 9-67　桑塔纳 3000 刮水器不工作的诊断流程

二、风窗清洗系统故障的诊断与检修

1. 仪器与工具
万用表等。

2. 故障分析
故障现象：所有喷嘴都不工作和个别喷嘴不工作。

故障原因：清洗电动机或开关损坏；线路断路或插接件松脱；清洗液液面过低或连接管脱落；喷嘴堵塞。

诊断与排除：如果所有喷嘴都不工作，先检查清洗液液面和连接管是否正常；然后检查清洗电动机电路及插接件是否有断路及松脱处；再检查开关和电动机是否正常。如个别喷嘴不工作，则表明喷嘴堵塞或输液支管出现问题。

3. 实例
仍以上海别克轿车的风窗清洗装置为例，其电路如图9-64所示，介绍其检测及诊断方法。

（1）系统检查 由于风窗清洗装置的开关和刮水器开关为一个组合开关，故其系统检查参见表9-3。

（2）清洗系统不能正常动作的故障诊断流程 如图9-68所示。

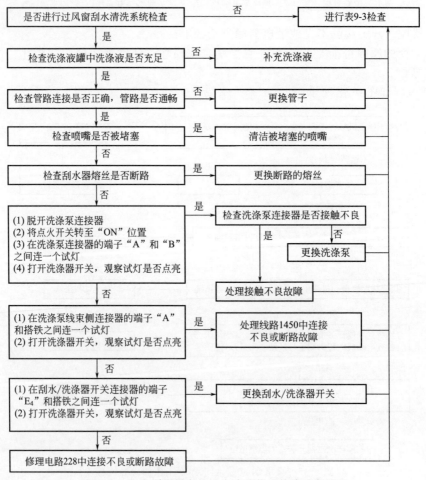

图9-68 上海别克轿车的风窗清洗装置故障诊断流程

三、后窗除霜装置故障的诊断与检修

1. 仪器与工具

汽车线束后窗除霜装置、万用表等。

2. 故障分析

故障现象:除霜器不除霜;除霜器有时工作有时不工作。

故障原因:熔断器或控制线路断路;加热丝或开关损坏;控制线路不良。

诊断与排除:

① 首先检查熔丝是否熔断,如果熔断则更换相同规格的熔丝;如未熔断,则进行下一步。

② 检查除霜器开关。将除霜器开关周围装饰板拆下,打开点火开关,用一小段短路线将开关的"B"和"R"端子短接(图9-69),观察除霜器工作情况。如除霜器工作正常,则开关损坏,应修理或更换;如除霜器仍不工作,则进行下一步。

③ 检查所在线路及插接件是否断路或松脱。将后窗除霜器(电热丝)两侧的两个插头拔下,打开点火开关,用万用表测两个插头间的电压,应为12V左右。如无电压,应进一步检查搭铁线及火线是否有断路或接触不良(用万用表测电阻即可);如有12V左右电压,则进行下一步。

图9-69 后窗除霜开关

④ 检查除霜器加热丝。一个人在后窗外用手电筒逐行缓慢照射加热丝,另一个人在车内仔细观察加热丝。如发现加热丝的某处充分辉亮,则该处为断路处,应用专用加热丝修理工具修理。

四、电动座椅故障诊断与检测

1. 仪器与工具

汽车电动座椅、万用表等。

2. 故障分析

(1) 常见故障 座椅完全不能动作或某个方向不能动作。座椅完全不能动作的主要原因有熔断器熔断、线路断路、座椅开关故障等;某个方向不能动作的主要原因有该方向对应的电动机损坏、开关损坏、对应的线路断路等。

(2) 诊断步骤 如果是座椅完全不能动作,可以首先检查熔断器是否熔断;若熔断器良好,则应检查所在线路及其插接件是否正常,最后检查开关。对于有存储功能的电动座椅系统还应检查其控制单元(ECU)的电源电路及其搭铁线是否正常。如果是某个方向不能动作,可以先检查所在线路是否正常,再检查开关和电动机。

3. 实例

广州本田雅阁轿车电动座椅电路如图9-70所示。

(1) 检测电动座椅调节开关 调节开关两端的两个6芯插头,如图9-71所示。

(2) 检测电动座椅调节电动机,电动座椅电动机检测见表9-5。

表9-5 电动座椅电动机检测

电机工作情况		电源	
		正极	负极
前端上下调节电动机	向上	A_3	A_4
	向下	A_4	A_3

续表

电机工作情况		电源	
		正极	负极
后端上下调节电动机	向上	A_2	A_6
	向下	A_6	A_2
前后调节电动机	向前	A_5	A_1
	向后	A_1	A_5
靠背倾斜调节电动机	向前	B_3	B_4
	向后	B_4	B_3

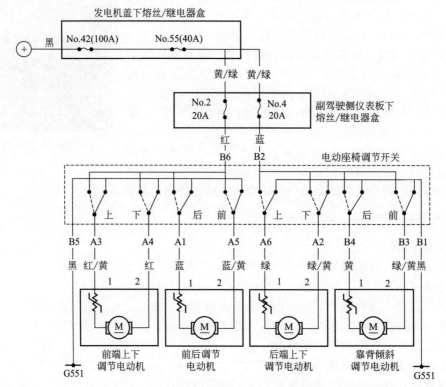

图 9-70　广州本田雅阁轿车电动座椅电路

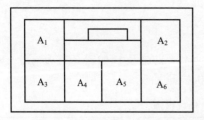 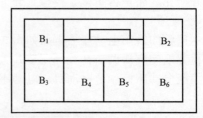

图 9-71　广州本田雅阁电动座椅开关线束插头

(3) 检测线路

① 电压检测法。例如检测前端上下调节电动机线路，可将该电动机上的 2 芯插头拔下，用万用表的电压挡测量 1、2 端子间的电压。当该电动机的开关未操作时，电压值应为零；当

将开关掷于"向上"位置时，1、2端子间的电压应为+12V，即1端子为正，2端子为零；当将开关掷于"向下"位置时，1、2端子间的电压应为-12V，即2端子为正，1端子为零。其他电动机线路的检测方法与此相同。

② 电阻检测法。例如检测前端上下调节电动机线路，可将该电动机上的2芯插头拔下，用万用表的电阻挡测量相关处的电阻值。当该电动机的开关未操作时，1、2端子间的阻值应为零；当将开关掷于"向上"位置时，1端子与电源正极间的阻值应为零，2端子与搭铁线（电源负极）间的阻值也应为零，1、2端子间的阻值为无穷大；当将开关掷于"向下"位置时，2端子与电源正极间的阻值应为零，1端子与搭铁线（电源负极）间的阻值也应为零，1、2端子间的阻值为无穷大。其他电动机线路的检测方法与此相同。

五、电动车窗的故障诊断

1. 仪器与工具

万用表等。

2. 故障分析

（1）玻璃升降器不工作

主要原因：熔断器断路；连接导线断路或相关插接件松脱；有关继电器、开关损坏；电动机损坏；搭铁线锈蚀、松动。

诊断与排除：首先检查熔断器是否断路，然后检查各插接件连接是否紧固可靠；检查电源线是否有电，电压是否正常；检查搭铁线搭铁是否良好可靠；最后检查开关、继电器及电动机是否损坏，如确属零部件损坏，则应更换新件。

（2）某车窗不能升降或只能一个方向运动

主要原因：该车窗开关或电动机损坏；该处导线断路或插接件松脱；安全开关故障。

诊断与排除：首先检查安全开关是否正常；该窗的开关是否正常；再通电检查该窗电动机是否正常，如有故障，应检修或更换新件；若正常，应检修连接导线是否有断路处。如车窗只能朝一个方向运动，一般是开关故障或相关导线断路，可先检查线路，再检查开关。

（3）升降器工作时有异响

主要原因：安装时未调整好；卷丝筒内钢丝跳槽；滑动支架内传动钢丝夹转动；电动机盖板或固定架与玻璃碰擦等机械故障。

诊断与排除：这类机械故障一般是安装位置或精度偏差所致，只需对所在位置的螺钉进行重新调整或紧固、矫正即可。

3. 实例

上海别克轿车电动车窗系统控制电路如图9-72所示。

（1）电动车窗系统的检查　见表9-6所示。

表 9-6　电动车窗系统的检查

操作方法	正常结果	不正常结果
将点火开关转至"RUN"位置	每个车窗工作迅速、顺畅，没有发涩现象	所有车窗均不工作
从左前车窗开关上操纵各个车窗使其上升和下降	左前车窗降到最低位置	个别车窗不工作
左前车窗上升时，压下左前车窗开关至下降处	每个车窗工作迅速、顺畅，没有发涩现象	电动车窗快速模式不工作
确保左前车窗开关上的保持开关处于"OFF"位置	各自的开关不能使车窗工作；仅用左前车窗开关时工作	所有车窗均不工作

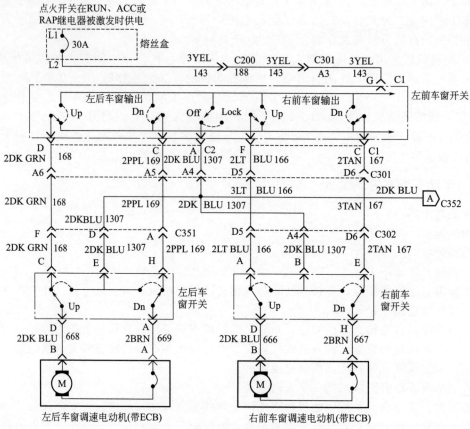

图 9-72 上海别克轿车电动车窗系统控制电路

(2) 电动车窗不工作的故障诊断

① 所有电动车窗都不工作的故障诊断流程如图 9-73 所示。

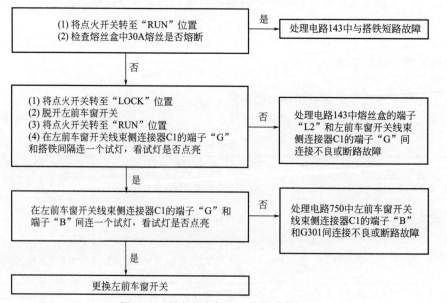

图 9-73 所有车窗都不工作的诊断流程

② 左前电动车窗不工作的故障诊断流程如图 9-74 所示。

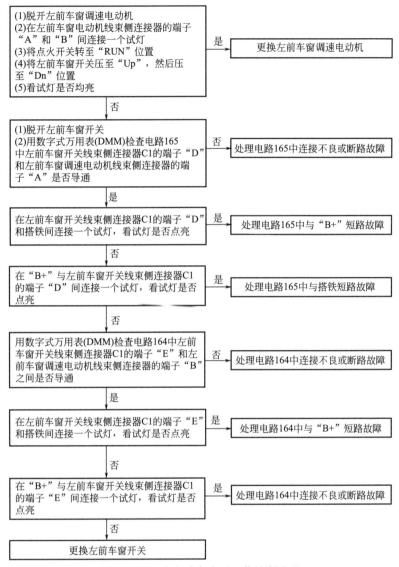

图 9-74　左前电动车窗不工作诊断流程

六、电动后视镜的故障诊断

1. 仪器与工具
万用表等。

2. 故障分析
（1）常见故障　电动后视镜不工作或部分功能不正常。

（2）主要原因　熔丝熔断，线路断路或插接件松脱；开关或电动机有故障等。

（3）诊断与排除　如果两个后视镜都不工作，往往是熔丝熔断、线路断路或插接件松脱等，也可能是开关有故障。可先检查熔丝，然后检查开关上的插接件是否松脱；相关各线有无断路或接触不良等；最后检查开关。如果是部分功能不正常，很可能是个别电动机及控制开关对应部分有故障或相应线路断路、接触不良等。先查线路，然后检查开关及电动机。

3. 实例

奥迪 A4 轿车电动后视镜系统电路如图 9-75 所示。

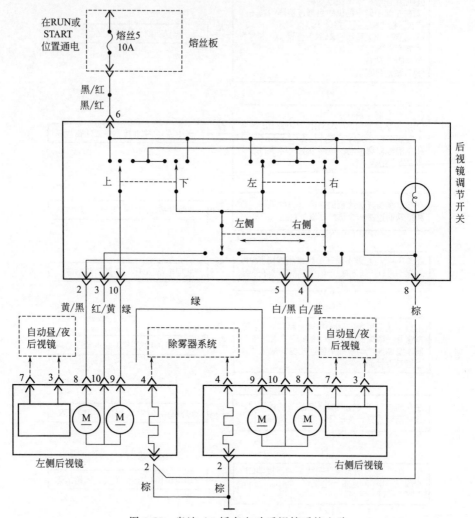

图 9-75 奥迪 A4 轿车电动后视镜系统电路

(1) 检查后视镜开关（奥迪 A4 轿车）　首先从左前车门的内拉手下面拆下装饰盖以及三个螺钉，从车门面板后顶端拆下其上的螺钉，掀起车门面板以拆卸固定件。拆下内手柄并从车门面板松开拉索，从车门面板上断开剩余电器接头，从汽车上拆下车门面板。松开拉手的固定件，从车门面板上拆下拉手。然后用一个小的一字旋具压下位于电动后视镜开关的锁止片，从拉手上拆下开关。最后用万用表检查开关。

(2) 检查执行器（后视镜电动机）　拔下开关上的插头，找到和左侧电动机相连的 2、3、10 三个端子。让蓄电池的正极和端子 3 相连，负极分别和端子 2 和 10 相连，观察后视镜转动情况。如哪个方向不动，可能是电动机损坏，也可能是电动机处在该方向上的极限位置。将蓄电池的正负极对调，再分别接到三个端子上，观察后视镜转动情况。右侧后视镜的检查方法和左侧相似。

(3) 两个后视镜都不工作的故障诊断　如果两个后视镜都不工作，其诊断流程如图 9-76 所示。

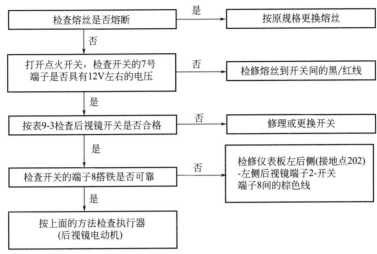

图 9-76　两个后视镜都不工作的故障诊断流程

七、中控门锁故障诊断

1. 仪器与工具

万用表等。

以上海别克轿车为例，介绍遥控门锁的检查及故障诊断。

2. 遥控门锁系统更换与设定

（1）遥控门锁接收器的更换

① 遥控门锁接收器（RCDLR）的拆卸。

a. 拆下仪表板。

b. 通过松开易扣接头拆下 RCDLR。

c. 脱开 RCDLR 的导线插接器。

d. 从仪表板上拆下 RCDLR。

② 遥控门锁接收器（RCDLR）的安装。

a. 将遥控门锁接收器（RCDLR）装在仪表底板上。

b. 插好 RCDLR 的导线插接件。

c. 通过连接易扣接头安装 RCDLR。

d. 安装仪表板。

（2）遥控门锁开锁控制设定方法（不用专用工具）　遥控门锁控制设定有 4 种模式：模式 1—遥控门锁不起作用；模式 2—仅喇叭响；模式 3—仅大灯闪亮；模式 4—喇叭响与大灯闪亮。

① 坐在驾驶座位上，关上所有车门。

② 将点火开关转至"RUN"位置。

③ 按下并保持门锁开关在"UNLOCK"位置。

④ 按下遥控器"UNLOCK"键，报警器将发出 1～4 次的响声，响的次数等于当前模式号，说明车辆处于该模式。

⑤ 当欲设定的模式号被警报器指示出时，将门锁开关从"UNLOCK"位置释放。

⑥ 将点火开关转至"OFF"位置，设置完成。

注意：在上述方法中，如果点火开关被移至"OFF"位置或任一车门被打开，遥控开锁校验设定将被终止,且系统将保持在最新模式。

(3) 遥控门锁上锁控制设定方法　遥控门锁上锁的控制设定方法与遥控门锁开锁的控制设定方法基本相同,只是门锁开关位置和按下遥控器上的键改为"LOCK"键。

(4) 遥控器的校准　当出现下列情况时应对遥控器进行校准:遥控器使用超过256次;更换遥控器电池后,马上使用超过16次。

遥控器的校准方法是,同时按下并保持住遥控器的"UNLOCK"和"LOCK"键至少7s,或直到喇叭响3次为止。

3. 门锁电动机的检查

首先关闭点火开关,拆下车门内侧板,接近门锁电动机。拆下电动机的2芯插头,然后将蓄电池的正负极分别与电动机插座的两个插芯相通,电动机应转动;再将蓄电池的正负极对调接在两个插芯上,电动机应反转。如电动机不转或转动不平稳,则应修理或更换电动机。四个车门及后备厢电动机的检查方法相同。

4. 中控门锁的使用

① 遥控器的使用。

a. 如果按下遥控开关,30s内未将车门打开,则车门会自动上锁。

b. 遥控开关的操作距离大约是距车6m左右,但是如果在靠近电视发射站、发电厂或电台的地方,则会影响遥控开关的操作范围,甚至遥控失效。

c. 切勿将遥控开关放在阳光直接照射的地方,以免受热而发生故障。

d. 遥控开关是精密的电子装置,不可随意分解,并且要保持其干燥,不可过分震动遥控开关。

e. 平时应保持汽车蓄电池电压和遥控手柄内电池电压足够。否则电压过低会造成中控锁无作用或动作缓慢。而当发现控制失灵或某一门锁无作用时,应检查各插接头及连接线是否连接好。

② 电磁铁式中控门锁机构在动作时会发出撞击声,而且需要消耗大量的电流,所以尽量缩短其工作时间,在手动开闭门锁开关之后,要及时放松按键(即让门锁电动机断电),否则,门锁机构长时间通电,很容易烧毁可逆式电动机。

③ 中控门锁冻结的使用:冬季下雪时,汽车停放在室外,融化的雪水很容易流入锁芯孔将锁芯冻住。此时可将除锈剂喷入锁芯孔,只要有一个车门能够打开,待汽车行驶后温度升高,门控锁系统会恢复正常的功能。而彻底的解决办法是更换老化的车门密封胶条,防止雨水再次进入。

④ 不要随便为汽车加装遥控防盗报警器,因为加装防盗报警器必然改动门锁系统的控制电路,而门锁开关的好坏直接影响遥控防盗报警器的正常工作,当然也间接影响着发动机的正常工作,甚至使发动机无法启动。

⑤ 中控门锁系统断电后需要做基本设定。因为蓄电池长时间断电,遥控器电池的电量长时间不足或拔下了电动摇窗机的熔丝,门锁遥控功能就会消失。中央控制门锁系统的设定应按规定的程序进行。以一汽威驰轿车遥控设定为例,操作如下。

a. 在汽车处于非警戒状态时,打开驾驶员侧车门,把钥匙插入点火开关钥匙孔,在10s内把点火开关从"ON"转到"OFF"5次,使安全指示器LED灯亮。

b. 安全指示器LED灯亮时,在16s以内按压遥控器任意开关一次。待LED灯熄灭,再次按压同样的开关一次,使LED灯闪烁一次,然后保持常亮,遥控器便设定完成。

c. 为了设定其他遥控器,在先前的设定工作完成后16s内重复步骤b,注意:一次只能设定4个遥控器。

d. 当任何一扇车门关上,点火开关转到"ON"位置或者遥控器在设定后的16s内没有信号发出,则LED灯会熄灭,遥控器的设定结束。

5. 中控门锁的检修

电动中央控制门锁系统的常见故障有：操作门锁控制开关，所有门锁均不动作；操作门锁控制开关，不能开门（或锁门）；操作门锁控制开关，个别车门锁不能动作；速度控制失灵（如果有速度控制）。无论中央控制门锁系统出现什么故障，都应先弄清系统的线路图，结合故障诊断图表，通过检查与维修手册中的故障诊断图相对照，分析故障原因和部位。

（1）操作门锁控制开关，所有门锁均不动作

这种故障一般多发生在中央控制门锁系统的电源电路中。首先检查熔断器是否熔断，若熔断应予以更换。而若更换熔断器后又立即熔断，说明电源与门锁执行器之间的线路有搭铁或短路故障，可用万用表查找出搭铁部位；如果熔断器一直良好，则应检查线路接头是否松脱、搭铁是否可靠、导线是否折断。例如：一辆新捷达王 GTX 轿车用中控锁锁门时，所有门锁都不工作，车门锁不住。经检测：中控门锁控制器和熔断器等元件都正常，继续检查发现，中控门锁的供电线路在车门铰链处断路了。重新连接好断路处，中控门锁正常工作。

（2）操作门锁控制开关，不能开门（或锁门）

这种故障通常是由于开门（或锁门）继电器、门锁控制开关损坏所致，常见的原因是继电器线圈烧断、触点接触不良、开关触点烧坏或导线接头松脱。例如：一辆 1997 年款丰田大霸王多用途车在一次洗车后，车门锁系统不工作。如图 9-77 所示，用万用表检测熔丝和车门锁电动机，均正常。而在检测车门锁控制继电器，将车门锁钥匙分别置于"锁止"或"打开"位置时，发现继电器线束的插接器端子 9、4 都与车身搭铁。更换车门锁控制继电器后，进行手动和钥匙操作，车门锁工作正常。其原因就是洗车时高压水进入控制继电器内部，导致继电器通电后短路而烧坏。

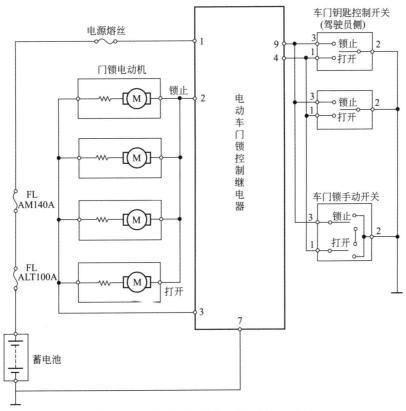

图 9-77 丰田大霸王轿车车门控制系统电路

(3) 操作门锁控制开关，个别车门锁不能动作

这种故障仅出在相应车门上，一般都是因为连接线路断路或松脱、门锁电动机（或电磁铁式执行器）损坏、门锁连杆操纵机构损坏等原因。

(4) 速度控制失灵

当车速高于规定时，门锁不能自动锁定。故障原因多是由于车速传感器损坏或车速控制电路出现故障。首先应检查电路中各接头是否接触良好，搭铁是否良好，电源线路是否有故障，然后检查车速传感器。车速传感器的检查可采用试验的方法进行，也可采用代换法。采用代换法时若故障消除，则说明旧传感器损坏；否则，应进一步检查速度控制电路中各个元件是否损坏。

6. 中控门锁故障排除实例

(1) 故障现象

1997年款丰田大霸王多用途车在一次长途旅行回来后，到洗车场洗车，第二天车门锁系统不工作，无论是使用车门锁手动开关，还是使用车门锁钥匙均无效。

(2) 故障诊断与排除

该车门锁控制系统主要由电动车门锁控制继电器、车门钥匙控制开关、车门锁手动开关、车门锁电动机和配线等组成。根据车门锁控制系统电路推断该故障的原因可能是：电源熔丝熔断；门锁控制继电器有故障；车门锁电动机有故障；线路故障或系统通过开关后搭铁不良。

检查电源熔丝，接触良好。用万用表电压挡测量输入和输出端电压，均为12V（蓄电池电压）。将点火开关旋至"OFF"位置，将电动车门锁控制继电器至车门锁电动机插接器拔开，将车门锁电动机直接通电，车门锁电动机运转正常。接通点火开关，用万用表直流电压挡测量车门锁控制继电器线束连接端子1与车身搭铁间的电压，实测电压为12V（蓄电池电压）。接着将点火开关拧至断开（OFF）位置，用万用表电阻挡检测，实测车门锁控制继电器线束连接端子7与车身搭铁间导通良好，再将车门锁手动开关置于"锁止"位置，用万用表电阻挡测量，车门锁控制继电器线束插接器端子9与车身搭铁应导通良好，但实测为正常。再将车门锁手动开关置于"打开"位置，用万用表电阻挡检查车门锁控制继电器线束插接器端子4与车身搭铁间导通情况，为导通。最后用车门锁钥匙将车门锁分别置于"锁止"或"打开"位置，再分别检查控制继电器线束插接器端子9、4与车身搭铁间，也均为导通，从而可以断定故障出在车门锁控制继电器上。更换车门锁控制继电器，进行手动和钥匙操作，车门锁工作正常，故障排除。

该故障产生原因是由于洗车时，高压水进入控制继电器内部，导致控制继电器通电后短路而烧坏。因此，在洗车时一定要将电器元件保护好，不要使水进入电器元件，否则会造成不应有的损失。

7. 中控门锁系统故障诊断的注意事项

① 先熟悉结构并理清思路。对于不同装备的轿车，其中控门锁系统的技术含量差异很大，维修前应当掌握该车型中控门锁系统的结构特点及特殊功能。当中控门锁系统功能失效时，首先观察是全部门锁失效还是个别门锁失效。如果全部门锁失效，一般是电源断路、集控开关损坏等原因造成的；如果只是个别门锁失效，一般是该门锁机械方面的故障，只要拆检该车门的内饰板，一般可以查出故障原因。

② 由于中控门锁系统电控单元的内部线路比较复杂，结构非常精密，所以不便直接进行检测。通过外部观察其线路，如果正常，就可以间接判定电控单元基本正常。如果电源线路正常，其他开锁条件也满足，也有开锁信号输入，但是没有输出开锁的控制指令，就可以判定中控门锁系统电控单元自身有故障。

③ 捷达GIX、宝来、帕萨特等轿车有时出现电动门窗玻璃不移动、中控门锁不起作用的

故障现象。检查熔丝，没有烧断。在控制开关的线束上测不到电压，进行替换试验又非常麻烦，一时难以确定故障出在线路上还是在零件上，此时，可以使用发光二极管试灯进行检测，如果不正常，再检查中控门锁的接地情况。

④ 要注意不要让电控单元受碰撞和敲击，不能处在高温环境中。

⑤ 当蓄电池电压过低时，中控门锁系统将不能工作，所以特别在汽车停驶长时间后启动时，应检查蓄电池电压。

八、风窗刮水系统和风窗清洗系统的维修

1. 风窗刮水系统的维修

拆卸刮水器臂前，应确保刮水器电动机在边缘位置。拆卸刮水器电动机前先取下电器盒盖。

（1）风窗刮水系统的拆装

① 拆卸刮水器臂　取下刮水片，用螺丝刀撬下刮水器臂上的2个盖帽，如图9-78所示，松开六角螺母（SW13）（箭头），但不要完全拧下。轻轻转动以松开刮水器臂，完全拧下六角螺母并取下刮水器臂。拔下前罩板上的3个卡夹，撬下挡风玻璃边缘的前罩板，取下前罩板。

② 拆卸带拉杆和电动机的刮水器框　如图9-79所示，拧下3个六角螺栓（SW10），从后部向上翻转刮水器框（箭头），然后向右将总成从压力舱内取出，拔下刮水器电动机插头。

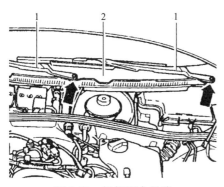
图9-78　拆卸刮水器臂
1—刮水器臂；2—前罩板

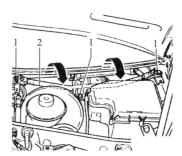
图9-79　拆卸带拉杆和电动机的刮水器框
1—六角螺栓（SW10）；2—刮水器框

③ 从连接杆上拆下刮水器电动机　从连接杆上拆下刮水器电动机时，不可松开刮水器电动机曲柄上的六角螺母（SW13）。

如图9-80所示，从球头节上撬下连接杆（箭头），拧下刮水器电动机支架上的三个六角螺栓（SW10），从支架上取下刮水器电动机。

④ 安装风窗刮水系统　将刮水器电动机连同曲柄一同拧到刮水器电动机支架上。接上连接杆，在a处调整其停止位置（图9-80）。插上刮水器电动机插头。安装刮水器框时，电动机朝前，然后将框装入压力舱内，向前翻转框架并用8N·m的力矩拧紧螺栓。再往下安装可按与拆卸相反的顺序进行。

（2）雨刮片的停止位置的调整

使刮水器电动机回到停止位置，将雨刮片装到挡风玻璃上，校正后拧紧紧固螺母。调整停止位置时应保证图9-81中的尺寸a和b的最小距离为$a=15mm±5mm$；$b=35mm±5mm$。图9-81中所给尺寸为雨刮片与挡风玻璃下边缘处压力舱附加板之间的距离。

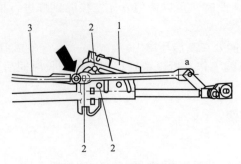

图 9-80 拆下刮水器电动机
1—刮水器电动机；2—六角螺栓；3—连接杆

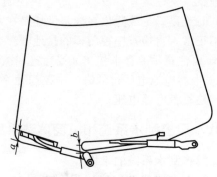

图 9-81 雨刮片停止位置

启动瞬时刮水功能。如需要，再次调整雨刮臂并拧紧紧固螺母，紧固螺母的拧紧力矩为 16N·m。

(3) 消除雨刮片震颤

雨刮片可能的震颤原因有：挡风玻璃划伤；雨刮橡胶片与臂脱离或开裂；雨刮器臂/片松动或弯曲；雨刮片有蜡或成波纹状。

如雨刮片震颤，而又排除了以下原因均不相应，那么更换雨刮片，更换雨刮片之前应调整刮水臂的角度。

① 检查雨刮臂的角度 将雨刮臂移到停止位置，拆下雨刮片。如图 9-82 所示，将雨刮臂放入 3358 中，用锁止螺栓紧固。将显示的角度与规定值相比较。驾驶员侧雨刮臂角度应为 -9°；副驾驶员侧雨刮臂角度应为 -5°，必要时进行调整。

② 调整雨刮臂 将雨刮臂移到停止位置，拆下雨刮片。如图 9-82 所示，将雨刮臂放入 3358 中，用锁止螺栓紧固。将开口扳手（SW24）装到 3358 上，按规定值调整雨刮臂的角度（箭头）。松开锁止螺栓，取下雨刮臂，将雨刮臂再次放入 3358 中并用锁止螺栓紧固。将显示的角度与规定值相比较。如需要，可重复上述校正及检查过程，直到角度达到规定值。取下 3358，重新将雨刮片装上。

2. 风窗清洗系统的维修

(1) 清洗液罐的拆装

① 清洗液罐的拆卸 拆下左前轮。如图 9-83 所示，拧下六角螺栓（SW10）（箭头）。

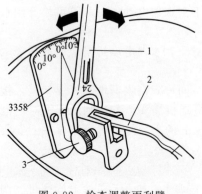

图 9-82 检查调整雨刮臂
1—开口扳手；2—雨刮臂；3—锁止螺栓

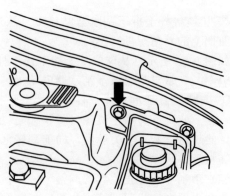

图 9-83 拆卸清洗液罐螺母

如图9-84所示，拧下六角螺栓（SW10）（箭头），拔下插头，将清洗液罐向下从发动机舱中取出。拔下挡风玻璃清洗泵的供电插头。将清洗泵从清洗液罐上拔下，然后将清洗液罐取下。

② 清洗液罐的安装　清洗液罐的安装可按与拆卸相反的顺序进行。

（2）喷嘴的维修

① 喷嘴的拆卸　如图9-85所示，从喷嘴上拔下软管，拔下喷嘴加热插头。如图9-86所示，用力按箭头方向将喷嘴从发动机罩上拔出。

② 喷嘴的安装　喷嘴的安装可按与拆卸相反的顺序进行。

③ 喷嘴的调整　用记号笔在挡风玻璃上做上四点标记（标记应可擦掉）。图9-87中的调整尺寸为：$a=400$mm（±50mm）；$b=190$mm（±50mm）；$c=420$mm（±50mm）。

调整后用专用工具检测喷嘴标记的位置。

注意调整尺寸是从挡风玻璃密封条的边缘和下边缘处压力舱附加护板测量的。调整尺寸是按车行驶时给出的超前值，在汽车静止时喷嘴喷射略有不同。

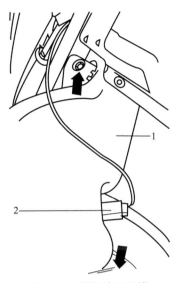

图9-84　拆卸清洗液罐
1—清洗液罐；2—插头

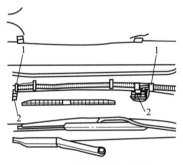

图9-85　拆卸软管和插头
1—软管；2—喷嘴加热插头

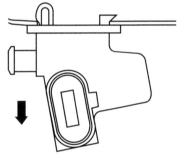

图9-86　拔出喷嘴

（3）大灯清洗系统的维修

① 大灯清洗系统的拆装　拆卸大灯清洗系统前，如图9-88所示，拧下螺栓（箭头），以拆下空气导板。右侧可按对称原则重复上述过程。为了随后拆卸方便，应从保险杠下部拔下雾灯护板。轻轻向汽车中间部位转动空气导板前端，将其从助力转向冷却管路上分开。

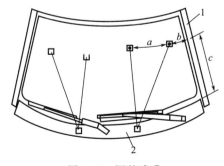

图9-87　调整喷嘴
1—挡风玻璃密封条；2—压力舱附加护板

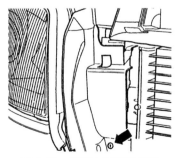

图9-88　拆卸大灯清洗系统

安装大灯清洗系统后，应先将空气导板下部槽装到助力转向冷却管上，然后按与拆卸相反顺序进行安装。

② 大灯清洗系统喷嘴的拆装　拆卸大灯清洗液喷嘴。如图 9-89 所示，断开大灯清洗液接头"×"，从清洗液管上拔下喷嘴，向上拉保险杠喷嘴盖，用螺丝刀撬下定位件。拧下十字头螺栓 2（每个喷嘴上 2 个），拆下喷嘴。松开喷嘴支架上的十字头螺栓 4。

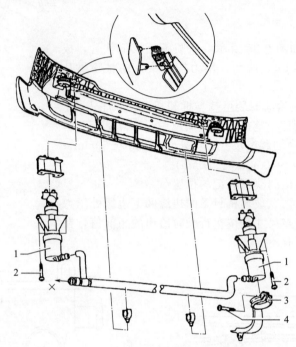

图 9-89　大灯清洗系统分解图
1—喷嘴；2,4—十字头螺栓；3—喷嘴支架；×—清洗接头

安装大灯清洗液喷嘴。用紧固螺栓 2 将喷嘴固定到保险杠上，将十字头螺栓 4 拧到喷嘴支架上，装上喷嘴盖，压入到听到接合声，将清洗液管接到喷嘴上，接上接头"×"处的大灯清洗管。安装上保险杠。

③ 喷嘴的调整　大灯清洗系统喷嘴在供货时已调整完毕，安装后不须再调整。

④ 清洗液罐的拆装　大灯清洗液罐与挡风玻璃清洗液罐共用，它位于发动机舱左前方，其拆装方法参阅本节相应的内容。

第十章

汽车电路图与线路

第一节　汽车电路图概述

一、电路图形符号

汽车电路图是利用图形符号和文字符号，表示汽车电路构成、连接关系和工作原理，而不考虑其实际安装位置的一种简图。为了使电路图具有通用性，便于进行技术交流，构成电路图的图形符号和文字符号，不是随意的，它有统一的国家标准和国际标准。要看懂电路图，必须了解图形符号和文字符号的含义、标注原则和使用方法。不同车系的电路图符号表示方法不尽相同，具体要查看具体车型的维修手册。奔驰汽车电路图符号见表 10-1。

表 10-1　奔驰汽车电路图符号

符号	含义	符号	含义
	手动开关	8	熔丝
	手动按键开关		指示仪表
	常开触点		电磁线圈
	常闭触点		磁极
	压簧自动开关	1.8Ω	电阻
	温度开关 θ		电位计
	压力开关 P	θ	可变电阻
	自动开关		二极管
	电磁阀		电子元件
			蓄电池
		M	直流电动机
			螺钉连接

续表

符号	含义	符号	含义
•	焊接连接		圆插头
	平插头		接线板

二、汽车电路图的分类

汽车电路图按照表示方法不同划分如下。

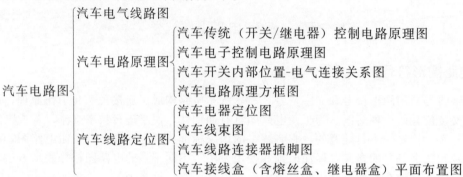

1. 电气线路图

电气线路图反映的是电气设备实物之间用线路连接的图，从图上可以看出接线柱上线路的走向。如图 10-1 所示为桑塔纳 3000 轿车的启动电路和电源电路的电气线路。

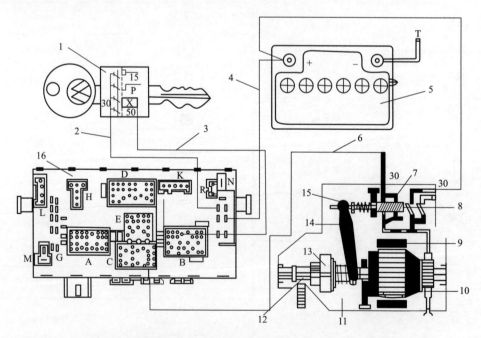

图 10-1 桑塔纳 3000 轿车的启动电路和电源电路的电气线路

1—点火开关；2,6—红色导线；3—红黑色导线；4—红色导线；5—蓄电池；7—黑色导线；
8—电磁开关；9—磁极；10—电枢；11—起动机总成；12—驱动齿轮；13—单向离合器；
14—拨叉；15—复位弹簧；16—中央电路板

2. 电路原理图

电路原理图重点表达各电气系统电路的工作原理,既可以是全车电路图,也可以是各系统电路原理图(图10-2)。

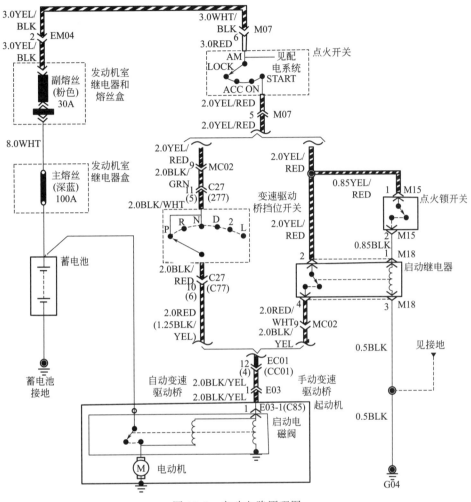

图 10-2　启动电路原理图
括号内数据仅用于3.0L发动机

(1) 汽车传统(开关/继电器)控制电路原理图　如图10-3所示为广州本田雅阁喇叭控制电路。

(2) 汽车电子控制电路原理图　如图10-4所示为别克轿车前大灯控制电路原理。

(3) 汽车开关内部位置-电气连接关系图　如图10-5所示为广州本田雅阁电动座椅开关电气连接关系。

3. 汽车电路原理方框图

方框图是把一个完整电路划分成若干部分,各个部分用方框表示,每一方框再用文字或符号说明功能,各方框之间用线条连接起来,用以表明各部分的相互关系(图10-6)。不必画出元器件和它们之间的具体连接情况。

4. 电路定位图

电路定位图(图10-7)用于指示各电器及导线的具体位置。一般采用绘制的立体图或实物照片的形式，立体感强，能直观、清晰地反映电器在车上的实际位置，具有很高的实用价值。电路定位图在某些车型中还进一步细化分类为汽车电器定位图、汽车线束图、汽车线路连接器插脚图和汽车接线盒（含熔丝盒、继电器盒）平面布置图。

(1) 汽车电器定位图　确定各电器元件、连接器、接线盒、搭铁点、铰接点及诊断座等的分布位置。如图 10-8 所示为广州本田雅阁轿车部分搭铁点定位图。

(2) 汽车线束图（图 10-9）　确定电线束与各用电器的连接部位、接线柱的标记、线头、连接器的形状及位置。

(3) 汽车线路连接器插脚图　目的在于确定连接器内各导线连接位置。如图 10-10 所示为电动后视镜连接器插脚图。

(4) 汽车接线盒（含熔丝盒、继电器盒）平面布置图　确定熔丝、继电器等具体安装方位（图 10-11）。

三、各车系电路原理图的特点

1. 横坐标式电路图（图 10-12）

该模式的电路图在最下端通过编号坐标标注图中各线路的位置，各线路平行排列，每条线路对准下框线上的一个编号。图中一般不允许横向交叉跨度较大的走线，横向连接的走线采用断口标注的方式表示，即线路断口处标注为与其相连的另一段线路所在图中的位置编号。主要以德国大众车系为主，目前国产品牌轿车如桑塔纳、捷达、宝来、波罗、帕萨特、奇瑞、奥迪、红旗等均采用该方式的电路图。

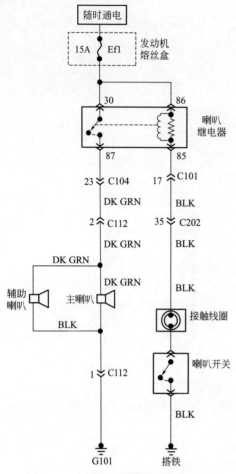

图 10-3　广州本田雅阁喇叭控制电路

电路原理图说明如下。

① 右向三角箭头，表示下接下一页电路图。

② 熔丝代号，图中 S5 表示该熔丝位于熔丝座第 5 号位，10A。

③ 继电器板上插头连接代号，表示多针或单针插头连接和导线的位置，例如 D13 表示多针插头连接，D 位置触点 13。

④ 接线端子代号，表示电器元件上接线端子数/多针插头连接触点号码。

⑤ 元件代号，在电路图下方可以查到元件的名称。

⑥ 元件的符号，可参见电路图符号说明。

⑦ 内部接线（细实线），该接线并不是作为导线设置的，而是表示元件或导线束内部的电路。

⑧ 指示内部接线的去向，字母表示内部接线在下一页电路图中与标有相同字母的内部接线相连。

⑨ 接地点的代号，在电路图下方可查到该代号接地点在汽车上的位置。

⑩ 线束内连接线的代号，在电路图下方可查到该不可拆式连接位于哪个导线束内。

⑪ 插头连接，例如 T8a/6 表示 8 针 a 插头触点 6。

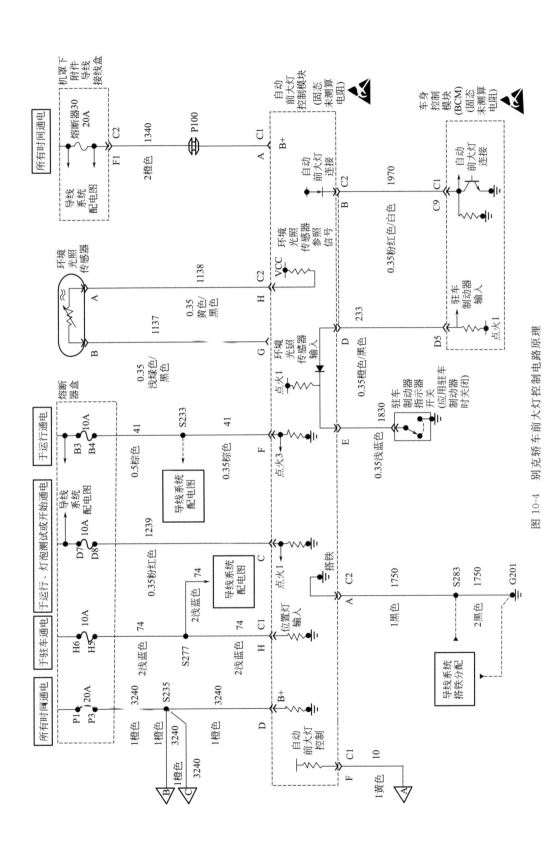

图 10-4 别克轿车前大灯控制电路原理

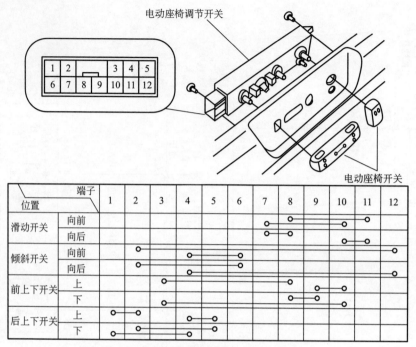

图 10-5　广州本田雅阁电动座椅开关电气连接关系

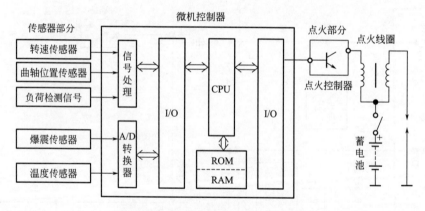

图 10-6　电控发动机点火控制原理图

⑫ 附加熔丝符号，例如 S123 表示在中央电器附加继电器板上第 23 号位熔丝，10A。
⑬ 导线的颜色和截面积（单位：mm^2）。
⑭ 左向三角箭头，指示元件接续上一页电路图。
⑮ 指示导线的去向，框内的数字指示导线连接到哪个接点编号。
⑯ 继电器位置编号，表示继电器板上的继电器位置编号。
⑰ 继电器板上的继电器或控制器接线代号，该代号表示继电器多针插头的各个触点。例如，2/30，2 为继电器板上 2 号位插口的触点 2，30 为继电器/控制器上的触点 30。

2. 横纵坐标式电路图

该模式的电路图采用横纵坐标来确定电器在电路图中的位置，如奔驰汽车采用数字做横坐标，采用字母做纵坐标给电路进行定位（图 10-13）。

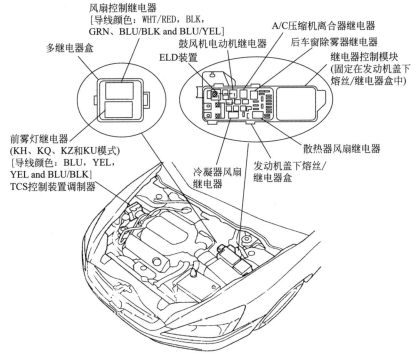

图 10-7　电路定位图

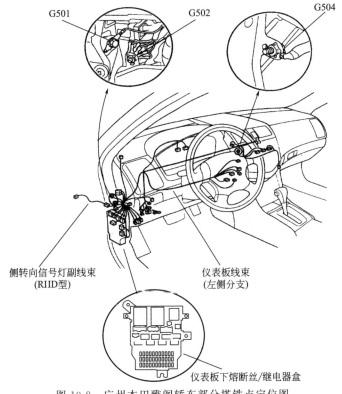

图 10-8　广州本田雅阁轿车部分搭铁点定位图

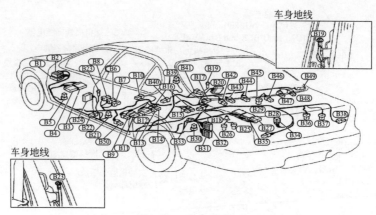

图 10-9 汽车线束图

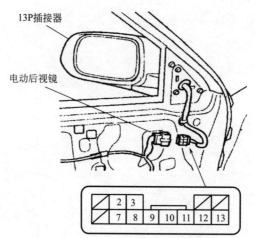

图 10-10 电动后视镜连接器插脚图

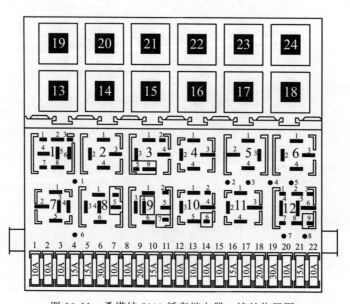

图 10-11 桑塔纳 2000 轿车继电器、熔丝位置图

第十章 汽车电路图与线路

E3 —— 警告灯开关
J1 —— 转向继电器
J344 —— 右充电大灯控制单元
K6 —— 警告灯开关的报警灯
L14 —— 右充电大灯
L35 —— 警告灯开关的照明灯
M3 —— 右前停车灯
M7 —— 右前转向灯
M19 —— 右前侧转向灯
M32 —— 右远光灯
S18 —— 熔丝18,10A,在熔丝架上
T5a —— 5针插头、黑色,在右大灯内
T6d —— 6针插头、橘红色,在左A柱处
       (8号工位)
T7a —— 7针插头,在警告灯开关上
(30) —— 接地点,在仪表板下、在左A柱处
(438) —— 接地点,在右A柱处
(81) —— 接地连接线,在仪表板线束内
(176) —— 接地连接,在大灯线束内
       (由(439)分出)

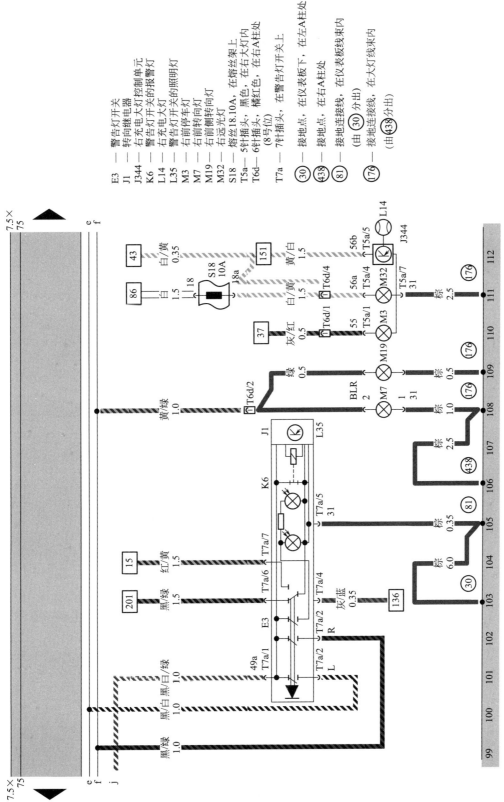

图10-12 横坐标式电路图

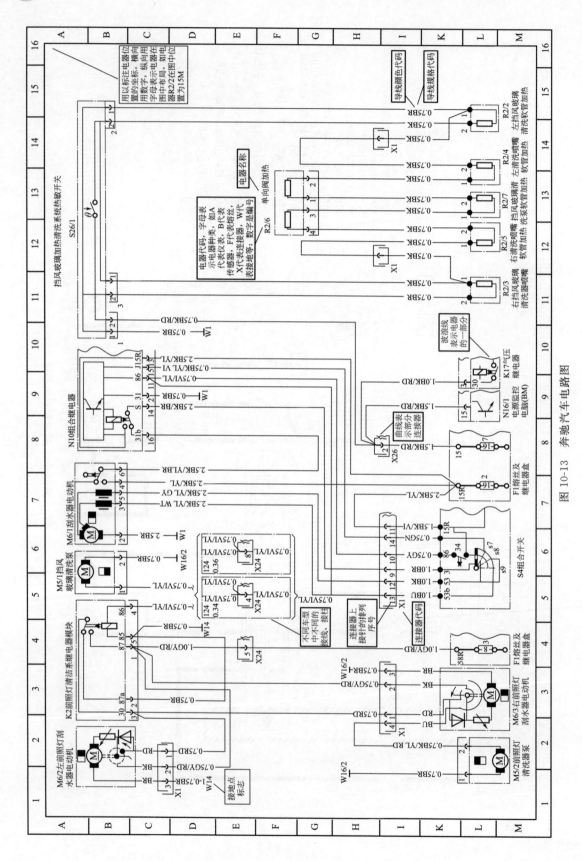

图 10-13 奔驰汽车电路图

3. 无坐标模块式电路图

无坐标模块式并不是特点，此处将其归为一类主要为了和其他形式的电路图形成对比。目前，采用此方式绘图的汽车制造公司（品牌）较多，如通用别克、本田、东风雪铁龙、富康、丰田、福特、宝马、三菱等。但各公司（品牌）的具体电路表达方式和图形符号各有不同，读图时需参照相关电路图和图形符号列表进行（图10-14～图10-16）。

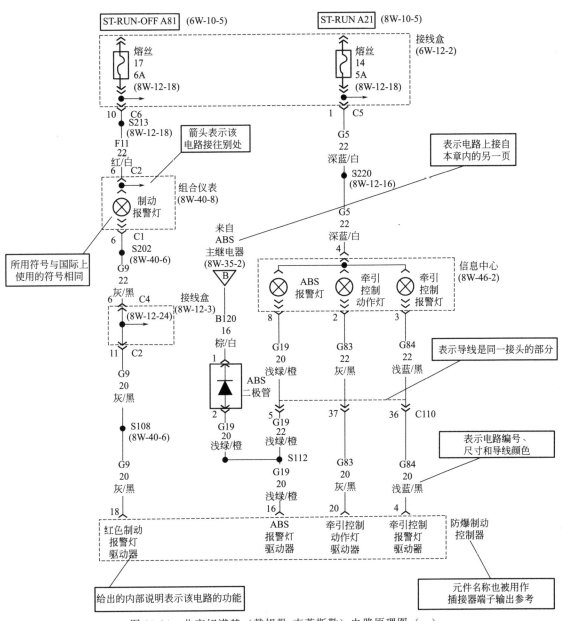

图10-14　北京切诺基（戴姆勒-克莱斯勒）电路原理图（一）

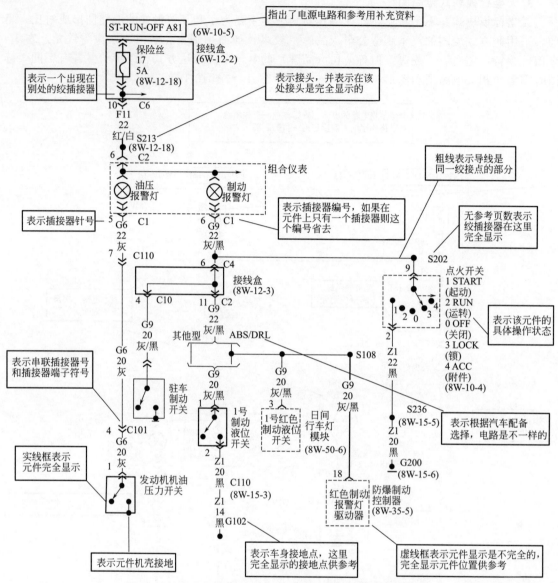

图 10-15　北京切诺基（戴姆勒-克莱斯勒）电路原理图（二）

4. 米切尔电路图

米切尔（Mitchrll）公司是北美洲著名的汽车维修资料供应商，其汽车书籍产品占北美洲市场的 70%，数据库光盘产品占北美洲市场的 50%，中国车检中心在 1997 年与米切尔公司签定了数据库转让许可合同，并建造了全中文的 CVIC 汽车维修数据库。米切尔电路图已成为中国地区汽车维修的重要资料。

米切尔电路图（图 10-17）的特点如下。

① 米切尔电路图包括了美国、欧洲、亚洲主要汽车制造厂的电路图，按照统一的格式和电器符号绘制，便于使用。

② 在电控系统电路图中，以电控单元为中心，电控单元的各插脚按照代码依次排列，电控单元周围的元件大致是电源部分在图上方，接地部分在图下方。电器元件一般在四周，中间为导线。

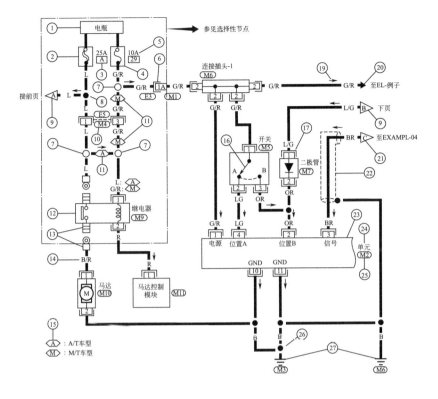

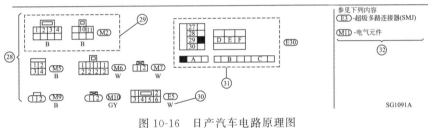

图 10-16 日产汽车电路原理图

四、汽车电路按照功能不同的分类

(1) 电源电路 也称充电电路,由蓄电池、发电机、调节器及充电指示装置等组成,电能分配(配电)及电路保护器件也可归入这一电路。

(2) 启动电路 由起动机、启动继电器、启动开关及启动保护电路组成。

(3) 点火电路 可分为低压电路和高压电路,由点火线圈、分电器、电子点火控制器、火花塞及点火开关组成。

(4) 照明与灯光信号装置电路 由各种灯光、控制继电器及开关组成。

(5) 仪表信息系统电路 由仪表及其传感器、各种报警指示灯及控制器组成。

(6) 辅助装置电路 由为提高车辆安全性、舒适性、经济性等各种功能的电气装置组成。

(7) 电子控制系统电路 主要由发动机控制系统(包括燃油喷射、点火、排放等控制)、自动变速器及恒速行驶控制系统、制动防抱死系统、安全气囊控制系统等电路组成。

五、汽车电路的一般分析

(1) 蓄电池相线(B线或 30 号线) 从蓄电池正极引出直通熔断器盒,也有的汽车蓄电池相线接到起动机相线接线柱上,再从那里引出较细的相线。

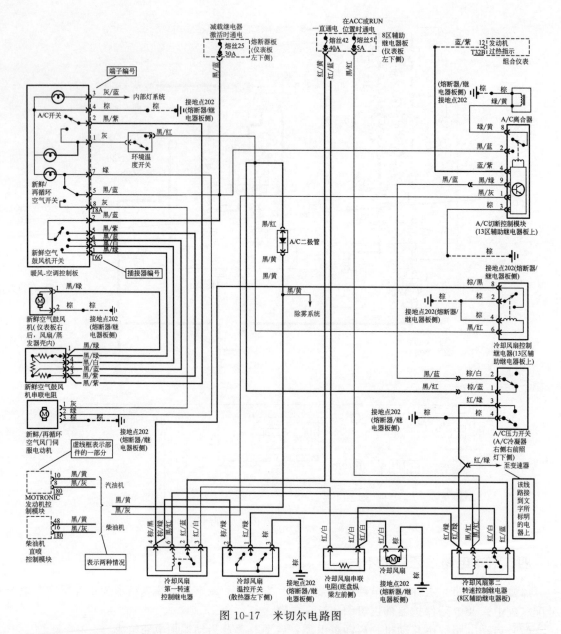

图 10-17 米切尔电路图

(2) 点火仪表指示灯线（IG 线或 15 号线）　点火开关在 ON（工作）和 ST（启动）挡才有电的电线，必须有汽车钥匙才能接通点火系统、启动系统、仪表系统、指示灯、信号系统、电子控制系统等重要电路。

(3) 专用线（ACC 线或 15A 线）　用于发动机不工作时需要接入的电器，如收放机、点烟器等。

(4) 启动控制线（ST 线或 50 号线）　起动机主电路的控制开关（触盘）常用磁力开关来通断。

(5) 搭铁线（接地线或 31 号线）　汽车电路中，以元件和机体（车架）金属部分作为一根公共导线的接线方法称为单线制，将机体与电器相接的部位称为搭铁或接地。

第二节　汽车电路图的识读

识读汽车电路图的一般要领如下。

1. 认真读几遍图注

图注说明了该汽车所有电气设备的名称及其数码代号，通过读图注可以初步了解该汽车都装配了哪些电气设备。然后通过电气设备的数码代号在电路图中找出该电气设备，再进一步找出相互连线、控制关系。

2. 牢记电气图形符号

汽车电路图是利用电气图形符号来表示其构成和工作原理的。因此，必须牢记电路图形符号的含义，才能看懂电路原理图。

3. 熟记电路标记符号

为了便于绘制和识读汽车电器电路图，有些电器装置或其接线柱等上面都赋予不同的标志代号。

4. 牢记汽车电路特点

① 单线制。

② 负极搭铁。

③ 用电设备并联。

5. 牢记回路原则

任何一个完整的电路都是由电源、熔断器、开关、控制装置、用电设备、导线等组成的。电流流向必须从电源正极出发，经过熔断器、开关、控制装置、导线等到达用电设备，再经过导线（或搭铁）回到电源负极，才能构成回路。因此电路读图时，有三种思路。

（1）思路一　沿着电路电流的流向，由电源正极出发，顺藤摸瓜查到用电设备、开关、控制装置等，回到电源负极。

（2）思路二　逆着电路电流的方向，由电源负极（搭铁）开始，经过用电设备、开关、控制装置等回到电源正极。

（3）思路三　从用电设备开始，依次查找其控制开关、连线、控制单元，到达电源正极和搭铁（或电源负极）。

实际应用时，可视具体电路选择不同思路，但有一点值得注意：随着电子控制技术在汽车上的广泛应用，大多数电气设备电路同时具有主回路和控制回路，读图时要兼顾两回路。

6. 浏览全图，分割各个单元系统

要读懂汽车电路图，首先必须掌握组成电路的各个电器元件的基本功能和电器特性。在大概掌握全图的基本原理的基础上，再把一个个单元系统电路分割开来，这样就容易抓住每一部分的主要功能及特性。

在框划各个系统时，一定要遵守回路原则，注意既不能漏掉各个系统中的组件，也不能多框划其他系统的组件。一般规律是，各电器系统只有电源和总开关是公共的，其他任何一个系统都应是一个完整的、独立的电器回路，即包括电源、开关（保险）、电器（或电子线路）、导线等。从电源的正极经导线、开关、熔丝至电器后搭铁，最后回到电源负极。

7. 熟记各局部电路之间的内在联系和相互关系

从整车电路来讲，各局部电路除电源电路公用外，其他单元电路都是相对独立的，但它们之间也存在着内在联系（如信号共享）。因此，识图时，不但要熟悉各局部电路的组成、特点、工作过程和电流流经的路径，还要了解各局部电路之间的联系和相互影响，这是迅速找出故障部位、排除故障的必要条件。

8. 掌握各种开关在电路中的作用

对多层多挡接线柱的开关，要按层、按挡位、按接线柱逐级分析其各层各挡的功能。有的用电设备受两个以上单挡开关（或继电器）的控制，有的用电设备受两个以上多挡开关的控制，其工作状态比较复杂。当开关接线柱较多时，首先抓住从电源来的一两个接线柱，再逐个分析与其他各接线柱相连的用电设备处于何种挡位，从而找出控制关系。

对于组合开关，实际线路是在一起的，而在电路图中又按其功能画在各自的局部电路中，遇到这种情况必须仔细研究识读。

9. 全面分析开关、继电器的初始状态和工作状态

在电路图中，各种开关、继电器都是按初始状态画出的。即按钮未按下、开关未接通，继电器线圈未通电，其触点未闭合（指常开触点），这种状态称为原始状态。在识图时，不能完全按原始状态分析，否则很难理解电路的工作原理，因为大多数用电设备都是通过开关、按钮、继电器触点的变化而改变回路的，进而实现不同的电路功能。所以，必须进行工作状态的分析。

10. 掌握电器装置在电路图中的位置

大量电器装置是机电合一的，在电路图上表示时，厂家为了使画法既简单（便于画图）又便于识图，多根据实际情况采用集中或分开表示法。

集中表示法是把一个电器装置的各组成部分，在图上集中绘制的一种表示方法，此法仅适用于较简单的电路。

分开表示法，如把继电器的线圈、触点分别画在不同的电路中，用同一文字符号或数字符号将分开部分联系起来。

11. 先易后难

有些汽车电路图的某些局部电路可能比较复杂，一时难以看懂，可以暂时将其放一放，待其他局部电路都看懂后，结合看懂图中与该电路有联系的有关信息，再来进一步识读这部分电路。

12. 注意搜集资料和经验积累

对于看不懂的电路要善于请教有关人员，同时还要善于查找和收集相关资料；注意深入研究典型汽车电路，做到触类旁通；特别注意实际工作经验的积累，新技术、新工艺的应用和创新。

此外，汽车电子控制系统越来越多，其读图方法除以上所述要领适用外，以下方法与步骤对汽车电子控制系统的读图很有帮助。

① 要以电控系统的 ECU 为中心，因为这是整个系统的控制中心，所有电器部件都必然与这里发生关系。

② 对 ECU 的各个接脚有大致印象，弄清楚分为几个区域，各区接脚排列的规律。

③ 找出该系统给 ECU 供电的电源线有哪些，注意一般 ECU 都不止一根电源线，应弄清楚各电源线的供电状态（如常火线或开关控制）。

④ 找出该系统的搭铁线有哪些，注意分清哪些是在 ECU 内部搭铁，哪些是在车架上搭铁，哪些是在各总成机体上搭铁。

⑤ 找出哪些是系统的信号输入传感器，各传感器是否需要电源，并找出相应的电源线，该传感器哪里搭铁。

⑥ 找出系统的执行器有哪些，弄清电源供给和搭铁情况，电脑控制执行器的方式（控制搭铁端或电源端）。

第三节 汽车电气线路故障诊断

一、汽车电气设备线路常见故障

① 开路（断路）故障（图10-18）。

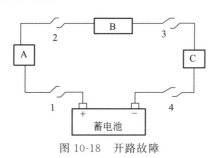

图10-18 开路故障

② 短路（短接）故障（图10-19）。

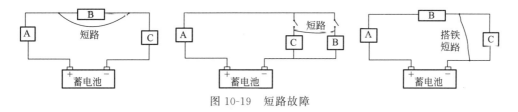

图10-19 短路故障

③ 接触不良（接触电阻过大）故障。

二、汽车电路故障常用诊断与检修的一般流程

一般流程对初学者按部就班，培养良好的故障诊断与检修思路大有裨益。对于具备相当的理论知识和工作经验的维修人员，实际工作中不必过分拘泥于流程步骤，可以视实际情况或凭经验略过一些步骤，直达故障点进行检修，可有效提高工作效率。

另外，现代汽车上微机控制系统越来越多，利用故障诊断仪读取故障码和数据流进行故障诊断非常快捷，能有效缩小故障范围，甚至能直接完成故障定位。因此对于微机控制系统故障或相关故障，注意故障诊断仪的优先采用。汽车电路故障诊断流程如图10-20所示。

三、汽车线路故障常用诊断与检修的常用方法

1. 直观法

当汽车用电系统的某个部分发生故障时，会出现冒烟、火花、异响、焦臭、高温等异常现象。通过人体的感觉器官，如听、摸、闻、看等对汽车电器进行直观检查，进而判断出故障的所在部位，从而大大地提高检修效率。

2. 检查保险法

当汽车用电系统出现故障时，首先应查看熔丝是否完好。如汽车在行驶中，若某个电器突然停止工作，同时该支路上的熔丝熔断，说明该支路有搭铁故障存在。某个系统的熔丝反复烧断，则表明该系统一定有类似搭铁的故障存在，不应只更换熔丝了事。

3. 刮火法

刮火法又称试火法，通常应用于判断线束或导线有无开路。拆下用电设备的某一线头对汽

车的金属部分（打铁）碰试，根据火花的有无，判断是否开路。

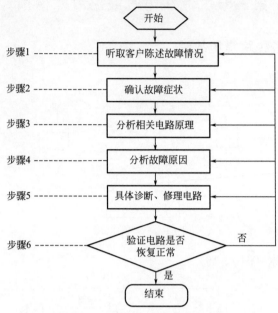

图 10-20 汽车电路故障诊断流程

注意：刮火不宜用来检查汽车电子电路，以免损坏电子元件器材。

4. 试灯法

用一个汽车灯泡作为临时试灯，检查线束是否开路或短路，电器或电路有无故障等。此方法特别适合于检查不允许直接短路的带有电子元器件的电器。

使用临时试灯法应注意试灯的功率不要太大，在测试电子控制器的控制（输出）端子是否有输出及是否有足够的输出时尤其要慎重，防止使控制器超载损坏。

5. 短路法

短路法又叫短接法，即用一根导线将某段导线或某一电器短接后观察用电器的变化。

6. 替换法

替换法常用于故障原因比较复杂的情况，能对可能产生的原因逐一进行排除。其具体做法是，用一个已知是完好的零部件来替换被认为或怀疑是有故障的零部件，这样做可以试探出怀疑是否正确。若替换后故障消除，说明怀疑成立；否则，装回原件，进行新的替换，直至找到真正的故障部位。

7. 模拟法

进行发生条件模拟验证后诊断故障。

① 车辆振动模拟（图 10-21）。

② 热敏感性（温度）模拟（图 10-22）。

注意：不要将电气元件加热到 60℃ 以上。

③ 浸水模拟（图 10-23）。

注意：不得将水直接喷在电气元件上。

④ 电负载模拟（图 10-24）。

⑤ 冷启动或热启动模拟。

在某些情况下，只有当车辆冷启动时才会发生电气故障，或在车辆短暂熄火后热启动时发生。

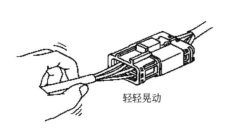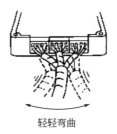

图 10-21　车辆振动模拟

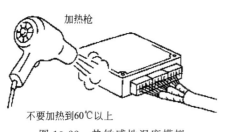

图 10-22　热敏感性温度模拟　　　　图 10-23　浸水模拟

四、汽车线路故障诊断与检修的注意事项

维修汽车电气系统的首要原则是不要随意更换电线或电器，这种操作有可能因短路、过载而引起火灾。同时还应注意以下各项。

① 拆卸蓄电池时，总是最先拆下负极（—）电缆；装上蓄电池时，总是最后连接负极（—）电缆。拆下或装上蓄电池电缆

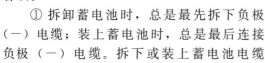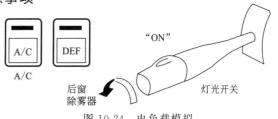

图 10-24　电负载模拟

时，应确保点火开关或其他开关都已断开，否则会导致半导体元器件的损坏。切勿颠倒蓄电池接线柱极性。

② 允许使用欧姆表及万用表的 $R\times100$ 以下低阻欧姆挡检测小功率晶体三极管，以免电流过载损坏它们。

更换三极管时，应首先接入基极，拆卸时，则应最后拆卸基极。对于金属氧化物半导体管（MOS），则应当心静电击穿，焊接时，应从电源上拔下烙铁插头。

③ 拆卸和安装元件时，应切断电源。如无特殊说明，元件引脚距焊点应在 10mm 以上，以免烙铁烫坏元件，且宜使用恒温或功率小于 75W 的电烙铁。

④ 更换烧坏的熔丝时，应使用相同规格的熔丝。使用比规定容量大的熔丝会导致电气损坏或产生火灾。

⑤ 靠近振动部件（如发动机）的线束部分应用卡子固定，将松弛部分拉紧，以免由于振动造成线束与其他部件接触。

⑥ 不要粗暴地对待电器，也不能随意乱扔。无论好坏器件，都应轻拿轻放，以免使其承受过大冲击。

⑦ 与尖锐边缘磨碰的线束部分应用胶带缠起来，以免损坏。安装固定零件时，应确保线

束不要被夹住或被破坏，同时应确保接插头接插牢固。

⑧ 进行保养时，若温度超过 80℃（如进行焊接时），应先拆下对温度敏感的零件（如 ECU）。

第四节　汽车电路图读图实例

一、继电器或开关控制电路原理图综合读图

以广州本田雅阁轿车活动天窗为例介绍继电器或开关控制电路的综合读图，其天窗组件位置如图 10-25 所示。

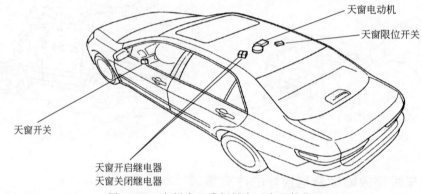

图 10-25　广州本田雅阁轿车天窗组件位置

1. 功能分析

① 天窗开启。

② 天窗关闭。

③ 天窗倾斜。

④ 点火开关关闭天窗延时工作。

2. 主要功能元件

（1）天窗电动机（图 10-26）　主要执行器件，通过正反转实现天窗开启、关闭和倾斜三组动作。

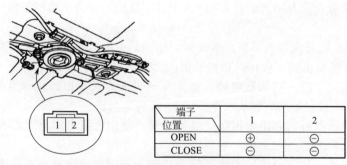

图 10-26　天窗电动机

（2）继电器　受控于开关电路和延时电路，去控制主要执行电路。

（3）限位开关（图 10-27）　位于继电器和操控开关之间，限制天窗的动作条件。

（4）操控开关（图 10-28）　向继电器发出控制信号。

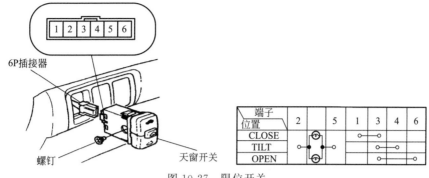

图 10-27 限位开关

图 10-28 操控开关

3. 读图

本田雅阁活动天窗控制方式采用开关配合继电器控制天窗电动机，通过改变天窗电动机的工作电流方向实现天窗电动机的正反转，分别完成天窗的开、闭及倾斜功能（图 10-29）。

(1) 点火开关关闭天窗延时工作电路

① 控制电路：多路控制装置（点火开关关闭定时电路）→电动天窗继电器的电磁线圈 G581 搭铁点。

② 主电路：蓄电池正极→No.41 熔丝→No.51 熔丝→电动天窗继电器的触点→No.7 熔丝→天窗开/闭继电器的电磁线圈。

(2) 天窗开启电路

① 控制电路：蓄电池正极→No.41 熔丝→No.51 熔丝→电动天窗继电器的触点→No.7 熔丝→天窗开启继电器的电磁线圈→天窗开启开关 G501 搭铁点。

② 主电路：蓄电池正极→No.41 熔丝→No.51 熔丝→No.1 熔丝→天窗开启继电器的常开触点→天窗电动机→天窗关闭继电器的常闭触点→G501 搭铁点。

(3) 天窗关闭电路 天窗关闭动作存在两种状况：当天窗处于开启状态时，状态开关左侧接通；当天窗处于关闭和倾斜状态时，状态开关右侧接通。因此，天窗关闭电路分析也存在两种情况。

① 天窗处于开启状态时。

a. 控制电路：蓄电池正极→No.41 熔丝→No.51 熔丝→电动天窗继电器触点→No.7 熔丝→天窗关闭继电器的电磁线圈→状态开关天窗关闭开关→G501 搭铁点。

b. 主电路：蓄电池正极→No.41 熔丝→No.51 熔丝→No.1 熔丝天窗关闭继电器的常开触点→天窗电动机→天窗开启继电器的常闭触点 G501 搭铁点。

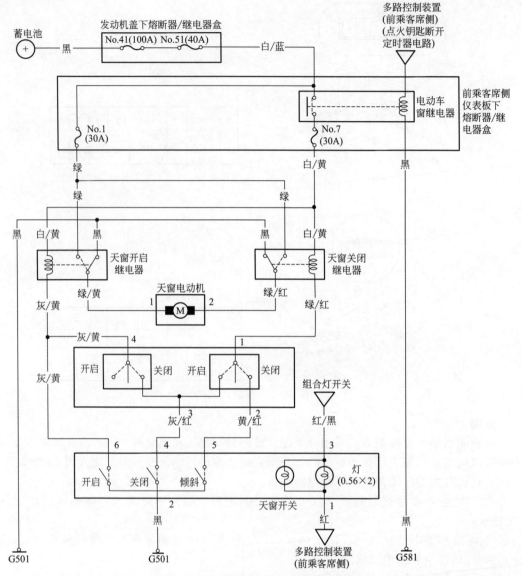

图 10-29 本田雅阁轿车天窗控制电路

② 天窗处于倾斜状态时。

a. 控制电路：蓄电池正极→No.41 熔丝→No.51 熔丝→电动天窗继电器触点 No.7 熔丝→天窗开启继电器的电磁线圈→状态开关→天窗关闭开关 G501 搭铁点。

b. 主电路：蓄电池正极→No.41 熔丝→No.51 熔丝→No.1 熔丝→天窗开启继电器的常开触点→天窗电动机→天窗关闭继电器的常闭触点 G501 搭铁点。

(4) 天窗倾斜电路

① 控制电路：蓄电池正极→No.41 熔丝→No.51 熔丝→电动天窗继电器触点 No.7 熔丝→天窗关闭继电器的电磁线圈→状态开关→天窗关闭开关 G501 搭铁点。

② 主电路：蓄电池正极→No.41 熔丝→No.51 熔丝→No.1 熔丝→天窗关闭继电器的常开触点→天窗电动机→天窗开启继电器的常闭触点→G501 搭铁点。

(5) 开关照明灯电路　主电路：组合灯开关→开关照明灯→多路控制装置。

二、电子控制单元控制电路原理图综合读图

现代汽车复杂的单元系统普遍采用微控制器模块单元进行控制,这种类型的汽车电路的读识有一定的特点,以广州本田雅阁轿车 ABS 系统为例介绍电子控制单元控制电路的综合读图(图 10-30~图 10-32)。

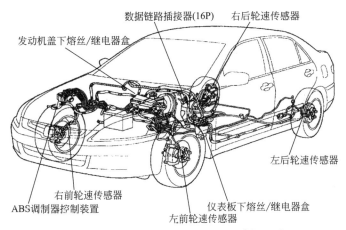

图 10-30 本田雅阁轿车 ABS 系统控制电路

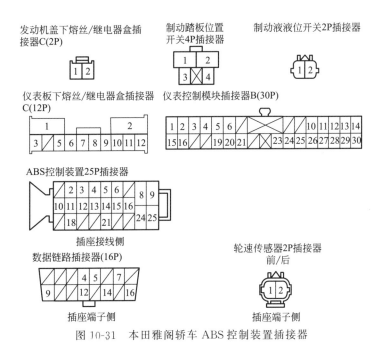

图 10-31 本田雅阁轿车 ABS 控制装置插接器

1. 信号输入元件
① 轮速传感器。
② 制动开关信号。
③ 制动液位报警开关。

2. 执行元件
① ABS 控制装置。

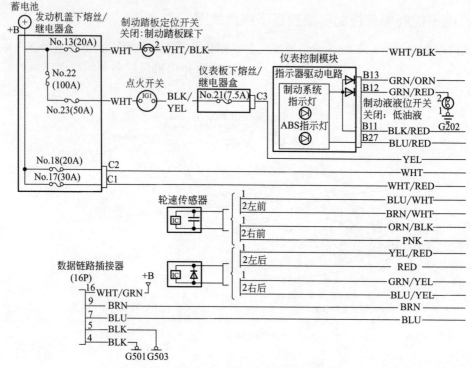

图 10-32 本田雅阁轿车 ABS 控制原理

② 制动压力调节器。
③ ABS 回油泵继电器。
④ ABS 回油泵电动机。
⑤ ABS 失效保护继电器。
⑥ ABS 指示灯。
⑦ 制动系统指示灯。

3. 电路

(1) 电源电路

① 常火线电路：蓄电池正极→No.18 熔丝→C2（2P）→ABS 控制装置 8 号端子→No.17 熔丝→C1（2P）→ABS 控制装置 9 号端子。

② 主电源电路：蓄电池正极→No.22 熔丝→No.23 熔丝→点火开关→No.21 熔丝→C3（12P）→ABS 控制装置 16 号端子。

(2) 搭铁电路　ABS 控制装置 16 号端子→G203 接地点。

(3) 信号输入电路

① 制动信号：蓄电池正极→No.13 熔丝→制动踏板开关→ABS 控制装置 4 号端子。

② 左前轮转速传感器信号。

a. 左前轮转速传感器 1 号端子→ABS 控制装置 12 号端子。

b. 左前轮转速传感器 2 号端子→ABS 控制装置 3 号端子。

右前轮、左后轮、右后轮转速传感器信号输入与左前轮基本相同。

(4) 制动液压调节器电路　ABS 电磁阀和回液泵电动机集成在一起，无外接电路，共 8 个电磁阀，四通道，每个通道各有一个进油阀和出油阀。

(5) ABS 指示灯电路　ABS 控制装置 21 号端子→仪表控制模块 B27 端子（ABS 指示灯）。

(6) 制动系统指示灯电路

仪表控制模块（制动系统指示灯）→ { B13 端子→驻车制动开关→搭铁。
B12 端子→制动液位开关→搭铁。
B11 端子→ABS 控制装置 11 号端子。

(7) 制动灯电路　蓄电池正极→No.13 熔丝→制动踏板开关→制动灯搭铁。

(8) 数据传输接口电路

① 数据链路插接器（16P）9 号端子→ABS 控制装置 13 号端子。

② 数据链路插接器（16P）7 号端子→ABS 控制装置 10 号端子。

三、汽车配电系统和搭铁分布电路的综合读图

在现代汽车上，电源的分配关系日趋复杂，很多车型专门把电源分配部分独立出来，称为配电系统。配电系统的电路一般从蓄电池开始到各熔丝、主要继电器直至进入各系统为止。

用电器的电源端有直接或间接与电源连接两种形式。直接与电源连接的用电器用导线或经过熔丝和导线与电源连接；间接连接的用电器则通过各种开关（点火开关、灯光开关等）及继电器与电源连接。

在配电系统中以熔丝和主要继电器（或开关）为主干，画出各条电源电路的分布关系，最后标明各熔断丝所接的用电器。这样，在各电器系统中就不必画出电源部分，只要注明接"配电系统"哪一条电路或哪条熔丝即可。

同样，很多车型专门把搭铁分布部分独立出来，从搭铁点向上追述到用电设备，其间连接导线所在线束均在图中标明。以广州本田雅阁部分配电电路和搭铁分布电路为例介绍读图（图 10-33～图 10-39）。

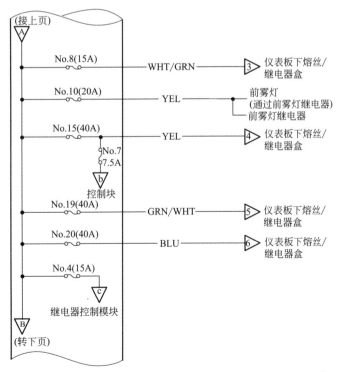

图 10-33　发动机室内（发动机舱盖下）熔丝/继电器盒处的配电电路和定位

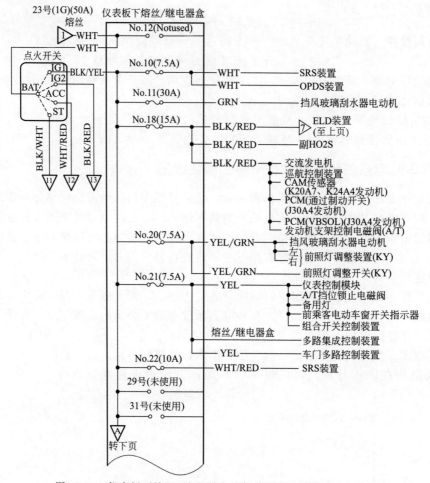

图 10-34 仪表板下熔丝/继电器盒处部分配电电路和定位（一）

1. 启动系统电源电路

（1）一路 蓄电池正极→起动机 B 端子。

（2）二路 蓄电池正极→No.22 熔丝→No.23 熔丝→点火开关→起动机切断继电器触点→起动机 S 端子→起动机切断继电器线圈→变速器挡位开关。

2. 电动天窗电源电路

蓄电池正极→No.22 熔丝→No.23 熔丝→No.28 熔丝→天窗电动机电路。

3. 驾驶员座椅和前乘员座椅电源电路

蓄电池正极→No.22 熔丝→No.20 熔丝→

- No.14 熔丝→驾驶员座椅前上下电动机电路。
  驾驶员座椅滑动电动机电路。
- No.16 熔丝→驾驶员座椅后上下电动机电路。
  驾驶员座椅倾斜电动机电路。
- No.15 熔丝→驾驶员座椅加热电路。
  前乘员座椅加热电路。
- No.13 熔丝→前乘客电动座椅倾斜电动机电路。
- No.17 熔丝→前乘客座椅滑动电动机电路。

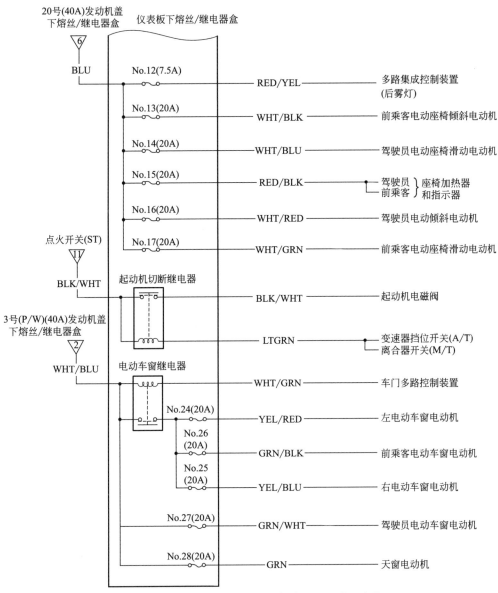

图 10-35　仪表板下熔丝/继电器盒处部分配电电路和定位（二）

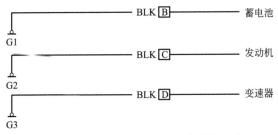

图 10-36　发动机室内部分线束搭铁电路

B—蓄电池搭铁电缆；C—发动机搭铁电缆 A；D—发动机搭铁电缆 B

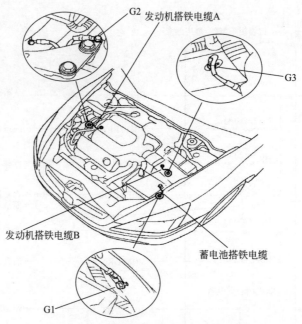

图10-37　发动机室内部分线束搭铁定位

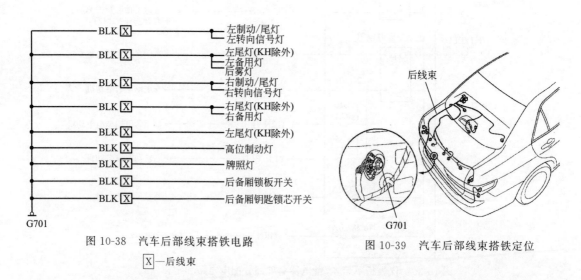

图10-38　汽车后部线束搭铁电路
X—后线束

图10-39　汽车后部线束搭铁定位

第五节　汽车电气常用检测工具的使用

1. 跨接线（图10-40和图10-41）

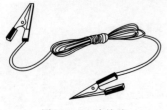

图10-40　跨接线

警告：切勿将跨接线直接跨接在蓄电池的两端或蓄电池正极和搭铁之间。

2. 试灯

(1) 无源试灯（图10-42和图10-43）　试灯的局限性在于它不能显示出被检电路点的电压值是多少。

警告：不提倡用试灯检测计算机控制的电路。

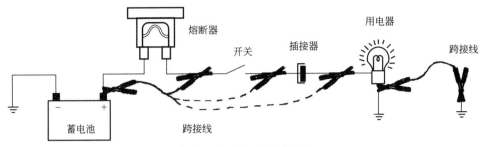

图 10-41　跨接线的使用

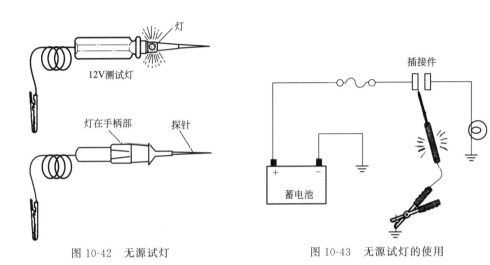

图 10-42　无源试灯　　　　　　图 10-43　无源试灯的使用

（2）有源试灯（图 10-44）　有源试灯同无源示灯类似，只是自带一个电池电源，连接到一条导线的两端上时，试灯内灯泡点亮，可用于测试线路的通断。

警告：不能用有源示灯测试带电电路，否则会损坏试灯。

3. 数字万用表（图 10-45）

数字式万用表的使用步骤如下。

① 选择合适的测量挡位。

② 将表的测试头放在适当的输入端。

a. 黑表笔通常插在公共端（COM）。

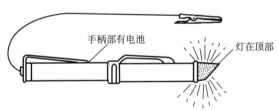

图 10-44　有源试灯

b. 当测量电压、电阻或二极管时，红表笔通常插在有"VΩ"标签的位置端。

c. 当测量电流时，红表笔通常插在有"A"或"mA"标签的位置端。

③ 选用适当的量程。

④ 注意根据选择的挡位正确读数。

4. 通用模拟式万用表（图 10-46）

由于模拟式万用表比高阻抗的数字式万用表有更高的输出，在测量二极管和电子元件的电阻值时模拟式万用表比数字式万用表更精确。

注意：当今车辆上的电路极大部分是晶体管电路，当检查这些电路电阻时，要用 10 兆欧姆或更大阻抗的电阻表。另外，要确认被测电路的电源已经断开，否则由汽车电气系统供电的电路会损坏装备或提供虚假读数。

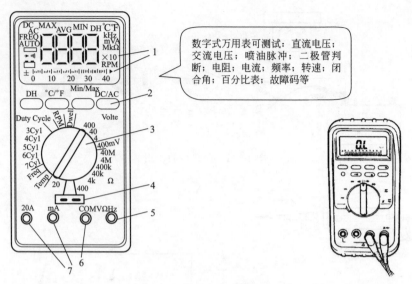

图 10-45 数字式万用表

1—4 位数字及模拟量（棒形图）显示器；2—功能按钮；3—测试项目（功能）选择开关；4—测量温度插座；5—测量电压、电阻、频率、闭合角、频宽比（占空比）及转速公用插座；6—公共接地插座；7—测量电流插座

5. 汽车万用表（图10-47）

可测量交直流电压与电流、电阻、频率、电容、占空比、温度、闭合角、转速；也有一些新功能，如自动断电、自动变换量程、模拟条图显示、峰值保持、数据锁定、电池测试等。

为实现某些功能，汽车万用表还配有一套配套件，如热电偶适配器、热电偶探头、电感式拾取器及 AC/DC 感应式电流钳等。

6. 汽车示波器（图10-48～图10-50）

示波器是显示被测量的瞬时值轨迹变化情况的仪器。利用狭窄的、由高速电子组成的电子束，打在涂有荧光物质的屏面上，就可产生细小的光点。在被测信号的作用下，电子束在屏面上描绘出被测信号的瞬时值的变化曲线，便于人们研究各种电现象的变化过程。普通示波器有显示电路、垂直（Y 轴）放大电路、水平（X 轴）放大电路、扫描与同步电路、电源供给电路五个基本组成部分。另外，还可以用它测试各种不同的电量，如电压、电流、峰峰值、频率、相位差、调幅度等。

图 10-46 通用模拟式万用表

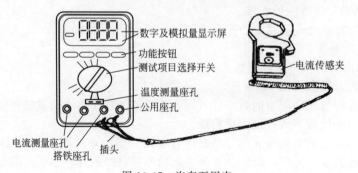

图 10-47 汽车万用表

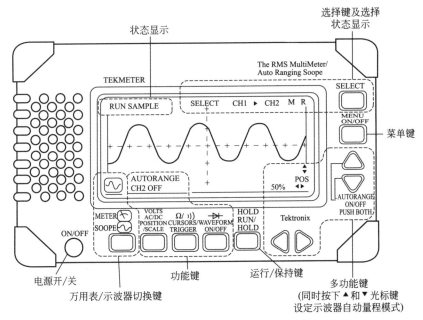

图 10-48　VANTAGE MT2400 汽车示波器正面

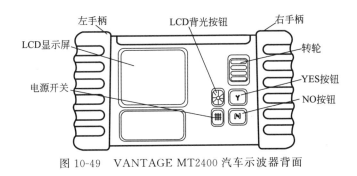

图 10-49　VANTAGE MT2400 汽车示波器背面

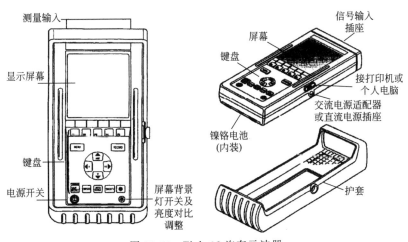

图 10-50　Fluke98 汽车示波器

7. 故障诊断仪

汽车故障诊断仪是车辆故障自检终端。汽车故障诊断仪（又称汽车解码器）是用于检测汽车故障的便携式智能汽车故障自检仪，用户可以利用它迅速地读取汽车电控系统中的故障，并通过液晶显示屏显示故障信息，迅速查明发生故障的部位及原因。故障诊断仪通过数据通信线以串行的方式获得控制电脑的实时数据参数，包括故障信息、实时运行参数、控制电脑与诊断仪之间的相互控制指令。故障诊断仪有两种，即通用诊断仪和专用诊断仪。如车博士、金奔腾、正原和元征 X-431 等都是效果不错的诊断仪。

（1）通用诊断仪（图 10-51） 通用诊断仪的主要功能有控制电脑版本的识别、故障码的读取和清除、动态数据参数显示、传感器和部分执行器的功能测试与调整、某些特殊参数的设定、维修资料及故障诊断提示、路试记录等。通用诊断仪可测试的车型较多，使用范围较宽，但它与专用诊断仪相比，无法完成某些特殊功能。

（2）专用诊断仪（图 10-52 和图 10-53） 汽车故障诊断仪是维修中非常重要的工具，一般具有如下几项或全部的功能：读取故障码；清除故障码；读取发动机动态数据流；示波功能；元件动作测试；匹配、设定和编码等功能；英汉辞典、计算器及其他辅助功能。

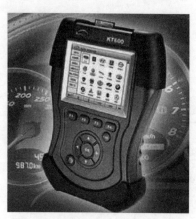

图 10-51　金德 KT600 汽车诊断仪

图 10-52　通用 TECH-2 专用诊断仪

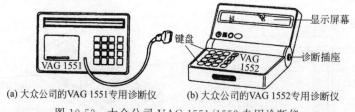

(a) 大众公司的VAG 1551专用诊断仪　　(b) 大众公司的VAG 1552专用诊断仪

图 10-53　大众公司 VAG 1551/1552 专用诊断仪

故障诊断仪大都随机带有使用手册，按照说明极易操作。一般来说有以下几步：在车上找到诊断座；选用相应的诊断接口；根据车型，进入相应诊断系统；读取故障码；查看数据流；诊断维修之后清除故障码。

参 考 文 献

[1] 朱帆.汽车电气设备电路解析与故障检修 [M].北京：化学工业出版社，2016.
[2] 王中海.汽车电气设备构造与维修 [M].北京：化学工业出版社，2015.
[3] 杨维俊.图解汽车电气维修技术 [M].北京：化学工业出版社，2015.
[4] 刘岩.汽车电气设备拆装与检测 [M].北京：化学工业出版社，2013.
[5] 王雅.图解汽车电气维修精选 [M].北京：化学工业出版社，2013.
[6] 姚科业.汽车电气故障诊断与检修 [M].北京：化学工业出版社，2014.
[7] 杨智勇.汽车电所结构与维修 [M].北京：化学工业出版社，2014.